E. von Schenckendorff, F. A. Schmidt

Jahrbuch für Volks- und Jugendspiele

Achter Jahrgang 1899

E. von Schenckendorff, F. A. Schmidt

Jahrbuch für Volks- und Jugendspiele
Achter Jahrgang 1899

ISBN/EAN: 9783742816801

Hergestellt in Europa, USA, Kanada, Australien, Japan

Cover: Foto ©Thomas Meinert / pixelio.de

Manufactured and distributed by brebook publishing software (www.brebook.com)

E. von Schenckendorff, F. A. Schmidt

Jahrbuch für Volks- und Jugendspiele

Jahrbuch

für

Volks- und Jugendspiele.

Herausgegeben von

E. von Schenckendorff und **Dr. med. F. A. Schmidt,**

Vorsitzenden des Zentral-Ausschusses
zur Förderung der Volks- und Jugendspiele in Deutschland.

Achter Jahrgang.

1899.

Leipzig,
R. Voigtländer's Verlag.
1899.

Inhalt.

I. Die Volks- und Jugendspiele in Theorie und Praxis.

A. Abhandlungen allgemeinen Inhalts.

III. Spielkurse für Lehrer und Lehrerinnen.

IV. Mitteilungen des Zentral-Ausschusses aus dem Jahre 1898.

I. Die Volks- und Jugendspiele in Theorie und Praxis.

A. Abhandlungen allgemeinen Inhalts.

1. Staatsminister Dr. Gustav von Goßler in seiner Wirksamkeit für die körperliche Erziehung.

Von Schulrat Professor Dr. Euler, Berlin.

Als ich zum erstenmal 1880 die Ehre hatte, bei Gelegenheit der Turnvorstellung vor dem hochseligen Kaiser Wilhelm, dem damaligen Unterstaatssekretär im Unterrichtsministerium, Herrn von Goßler, vorgestellt zu werden, gedachte dieser im freundlichen Zwiegespräch des Turnens und besonders der Turnspiele und bekundete dabei eine so umfangreiche und eingehende Kenntnis aller turnerischen Dinge, daß ich des höchsten erstaunt war. Ich mußte mir selbst eingestehen, daß er in der Kenntnis der Spiele mich weit übertraf.

Es war dies eine Frucht seines Jugendlebens.

Am 13. April 1838 in Naumburg a./S. als Sohn des späteren Kanzlers im Königreich Preußen geboren, erhielt Gustav von Goßler seine Gymnasialbildung in Potsdam und von 1855 ab in Königsberg i./Pr. Von früher Jugend an übte er seine Kräfte, zunächst auf dem schön gelegenen Brauhausberg bei Potsdam, dann in der Turnhalle zu Königsberg. „Ich bin," sagte er in einer Rede im preußischen Abgeordnetenhause vom 24. März 1890, „des Mittags schwimmen gegangen, und des Nachmittags wurde zwei bis drei Stunden geturnt; ich bin ziemlich fleißig dabei gewesen, und es ist mir ganz gut bekommen. Wenn ich heute vor Ihnen stehe, so verdanke ich das der guten Jugenderziehung, die ich in Potsdam und anderwärts gehabt habe." Groß geworden ist von Goßler aber auf dem freien Turnplatz zu Potsdam, und er konnte später nicht ohne Bewegung an dem verödeten Platz auf dem Brauhausberge vorübergehn.

Die körperlichen Übungen trieb von Goßler auch als Student in Berlin, Heidelberg, Königsberg und auch noch als Referendar fleißig und mit bestem Erfolg fort. Neben dem Turnen und Fechten wurde auch das Rudern, das Schwimmen, das Eislaufen, das Segeln, wurden also alle Formen und Arten der Stählung körperlicher Kraft und Gewandtheit gepflegt, und er war, wie er selbst einmal bemerkt hat, in den meisten nicht unerheblich über das Maß der Mittelmäßigkeit hinausgekommen.

1864 war von Goßler Gerichtsassessor in Insterburg, 1865 zuerst stellvertretender, dann wirklicher Landrat im Kreise Darkehmen, 1874 Hilfsarbeiter im Ministerium des Innern, 1877 Mitglied des Reichstags, 1878 Rat im Oberverwaltungsgericht, 1879 Unterstaatssekretär im Unterrichtsministerium und Präsident des Reichstags, 1881—1891 Unterrichtsminister. In letzterer Stellung war ihm die reichste Gelegenheit geboten, für das Turnen und das Turnspiel, welches ihm nicht weniger am Herzen lag als ersteres, zu wirken. Allbekannt und über Preußens Grenzen hinaus gepriesen und gefeiert ist von Goßlers „Ministerial-Erlaß, betreffend die Beschaffung von Turnplätzen zur Förderung des Turnens im Freien und zur Belebung der Turnspiele“ vom 27. Oktober 1882.

Da in dieselbe Zeit die Bemühungen des Amtsrichters Hartwich in Düsseldorf um bessere Pflege des Körpers und des Gemütes fielen, hielt man diesen für den eigentlichen „intellektuellen Urheber“ des Goßler'schen Erlasses, welcher Annahme aber Hartwich selbst als unbegründet entgegentrat.

Wie der Erlaß entstanden ist, hat Herr von Goßler unter dem 3. April d. J. Herrn von Schenckendorff mitgeteilt. Diese Mitteilung bietet allgemeines Interesse und verdient daher, im vollen Wortlaut hier wiedergegeben zu werden. Herr von Goßler schreibt:

„Der Oktober-Erlaß ist auf dem alten Turnplatz auf dem Brauhausberge entstanden. Am 18. Mai 1882 war unerwartet der Referent für Universitätsangelegenheiten, Geheimer Ober-Regierungsrat Dr. Goeppert, mit mir im gleichen Alter stehend, einer schweren Krankheit erlegen. Sein Hinscheiden vermehrte die schon erheblichen Schwierigkeiten meines Amtes um ein Bedeutendes. Um die neue Sachlage in Ruhe zu überdenken, fuhr ich am Nachmittage nach Potsdam, ging von den Jägerschießständen durch eine Einsattelung, wo wir in unserer Jugend Räuber und Stadtsoldat gespielt hatten, bergauf und befand mich plötzlich auf dem gänzlich verwilderten Turnplatze, auf welchem ich in den Jahren 1848 bis 1855 geturnt hatte. Ich durchschritt den Turnplatz in allen seinen Teilen vom Barlaufplatze und dem Schwebebaum an bis hinten zu den Gerköpfen, überdachte meine eigene turnerische Entwicklung, welche auf dem vom Apotheker Hahn in Merseburg 1848 gegründeten Turnplatze ihren Ausgang nimmt und in der Turnhalle auf dem Viehmarkte zu Königsberg ihren Abschluß findet, und verglich den wüsten Turnplatz auf dem Brauhausberge in Gottes herrlicher Natur mit der engen staubigen Halle am Bassinplatz, wo die Potsdamer Jugend damals turnte. Waren wir mit der edlen Turnkunst, welche sich aus der frischen Luft in den geschlossenen Raum zurückgezogen, auf dem richtigen Wege? Ist die Turnkunst Selbstzweck oder nur ein — wenn auch wichtiges — Glied in der Erziehung unseres Volkes zur Gesundheit? Diese und ähnliche Fragen bewegten mein Inneres. Sie ließen mich nicht mehr los, und der Erlaß vom Oktober gab die erste Antwort."

In dem Goßler'schen Erlaß wurden die Turnplätze und auf ihnen das Turnen, besonders die volkstümlichen Übungen im Freien und die Turnspiele wieder in ihr Recht eingesetzt. Die alten, zum Teil in die Jahn'sche Zeit zurückreichenden, meist schön gelegenen Plätze bevölkerten sich wieder mit turnenden und spielenden Schülern; nicht wenige Städte schufen aber auch mit großen Kosten neue Plätze, die den alten an Umfang und günstiger Lage nicht nachstanden.

In den Direktorenversammlungen wurde das Turnspiel Gegenstand eingehender Beratungen, Vorträge über die Bewegungsspiele wurden gehalten, zahlreiche Aufsätze desselben Inhalts geschrieben und eine ganze Spiellitteratur entwickelte sich allmählich.

Dies alles ist auf den Goßler'schen Spielerlaß zurückzuführen. In ihm wurzelt auch die 1889 von Görlitz ausgehende Spielbewegung unter Herrn von Schenckendorff und Direktor Eitner.

Minister von Goßlers Interesse für das Turnen und Turnspiel, überhaupt alle Leibesübungen, beschränkte sich aber nicht auf die männliche Schuljugend, auch die weibliche war für ihn ein Gegenstand der Sorge, ja sie erstreckte sich auch auf die studierende Jugend, und selbst dem Vereinsturnen stand er nahe.

Betreffs des Turnens an höheren Schulen äußerte 1883 die Kgl. preußische wissenschaftliche Deputation für das Medizinalwesen in einem Gutachten, daß sie die Anregung, welche der Minister gegeben, mit großer Freude begrüßt und namentlich der Erlaß vom 27. Oktober

1882, die Turnspiele betreffend, als einen wahren Fortschritt anerkannt habe.

Bedeutungsvoll ist, was von Goßler über das Turnen im Freien und in der Halle bemerkt. Er zog das erstere vor. Es turne sich zwar in letzterer gut, ja sehr viel besser. Für die Unterrichtsverwaltung, welche die körperliche Entwicklung im Durchschnitt zu verfolgen habe, sei aber kein Zweifel darüber, daß die Hallen nur als Ergänzung einzutreten haben, wenn die Witterungsverhältnisse das Turnen im Freien nicht ermöglichen. Er halte bei Gymnasien, vor allem auch bei Seminaren an der Regel fest: keine Halle ohne Platz, die Einrichtung der Halle mit besonderem Schutz gegen schädliche Einwirkungen, mit guter Ventilation zur Beseitigung des Staubes. Die Aussprüche über die Nervosität unserer Kinder, über Überbürdung u. s. w. hängen wesentlich damit zusammen, daß eine angemessene Abwechselung zwischen körperlicher und geistiger Arbeit in großen Städten nicht eintreten könne. Nur zwei Turnstunden in der Woche genügten ihm nicht; bei einer Revision des Lehrplans der höheren Lehranstalten sei auch dies in Erwägung zu ziehen. Bekanntlich sind seit 1891 drei Turnstunden in der Woche angesetzt.

Auch das Turnen auf der Universität und überhaupt die Leibesübungen, auch die Waffenübungen einbegriffen, wurden von dem Minister möglichst gefördert. Er klagte 1882 in einer Abgeordnetensitzung, daß die deutsche studentische Jugend sich zu sehr der körperlichen Übung entziehe. Es wäre sehr erwünscht, wenn der Überschuß der Kraft, welcher nach seiner Meinung in der Universitätszeit gesammelt werden müsse, auch für das spätere Leben voll erhalten werden könnte. „Wir alle wissen, daß, wer auf Universitäten seinen Leib und seine Leibeskraft geübt und gestählt hat, von einem reich gesammelten Kapital in späterer Zeit zehren kann.“ Auch 1883 erklärte der Minister, er sei entschieden der Meinung, daß ein junger Mensch seine körperlichen Kräfte üben müsse; er habe die Pflicht gegen sich selbst, aber auch dem Vaterlande gegenüber. Aber nicht allein das Turnen hatte er im Auge; auch das Rudern, das Schwimmen, das Eislaufen, das Segeln, kurzum, alle Formen und Arten der Stählung körperlicher Kraft und Gewandtheit erkannte er als gleichberechtigt an.

Wiederholt kam von Goßler darauf zu sprechen, so 1884, 1885. Es sei ihm ziemlich einerlei, sagte er 1890 im Abgeordnetenhaus, ob einer schlage, ob einer rudere, ob er reite oder turne, wenn er nur etwas für die körperliche Ausbildung thue. „Wenn in diesen glänzendsten

Jahren (der Universitätszeit) der Körper nicht mehr geübt wird, so ist er für die körperliche Übung verloren, er kann machen, was er will."

Auch die akademischen Turnvereine erfreuten sich des Ministers Wohlwollen, besonders der akademische Turnverein in Berlin. Erwähnung verdient seine Äußerung bei Gelegenheit des siebenundzwanzigsten Stiftungsfestes dieses Vereins 1887. Der Durchschnitt der Leistungen sei allerdings die Hauptsache, für jeden alten Turner sei es jedoch ein Genuß, zu sehen, „wie beim Gipfelturnen die Besten ihre Kräfte messen, und die besten Turner finden selbst ihre Freude und ihr Glück darin."

Die Turnspiele des akademischen Turnvereins in Schönholz bei Berlin erweckten dem Minister „die schönsten Erinnerungen an die eigenen Jugendtage". Er wünsche, daß alle auf die glücklichen Tage dieser Jugend im ferneren langen Leben mit voller Genugthuung zurückblicken möchten.

Auch dem übrigen Vereinsturnen wandte Minister von Goßler sein Interesse zu. Er schätzte die Leistungen der Berliner Turnvereine und sprach ihnen wiederholt seine Anerkennung aus. Als 1882 der Verein „Berliner Turnerschaft" an den Minister ein Dankschreiben für seine warme Teilnahme an ihrem Turnen richtete, bemerkte dieser in seinem Antwortschreiben unter anderem, daß ihm insbesondere auch die auf das Turnen der Lehrlinge gerichteten Bestrebungen in hohem Maße erfreulich seien. Er könne nur wünschen, daß diese gute Sache, welche wohl geeignet sei, die jungen Leute vor mancherlei Verirrungen zu bewahren und sittlich zu kräftigen, einen weiteren gedeihlichen Fortgang gewinnen möge.

Bei Gelegenheit des fünfundzwanzigsten Stiftungsfestes der „Berliner Turnerschaft" 1888 hielt von Goßler eine Ansprache, in der er seine Freude aussprach, daß das Vereinsturnen seiner Zusammengehörigkeit mit dem großen Ganzen des Staatslebens sich bewußt geworden sei, daß es, innerhalb desselben stehend, die Beziehung zu Kaiser und Reich pflege. Und daß die Berliner Turnerschaft der Lehrlinge, welche in Berlin wohl den schwersten Stand hätten, so warm und mit solcher Hingabe sich annehme, sei als eine wahrhaft edle That zu preisen.

Ganz besonders lag dem Minister aber auch das Mädchenturnen am Herzen.

Am 5. Februar 1884 sprach er sich im Abgeordnetenhaus über das Mädchenturnen eingehend aus. Es sei einiges aus seiner Rede wörtlich wiedergegeben.

„Wie der Staat vom Manne verlangt, daß er auch seine Körperkräfte in den Dienst des Staates giebt und sich für diesen Dienst tüchtig macht, so darf auch der Frage nicht ausgewichen werden: was wird aus der Körperentwicklung derer, von denen die Gesundheit der künftigen Geschlechter und damit die Zukunft des Staates abhängt?" — „Die Frage, wie das Mädchenturnen eingerichtet werden soll, ist dahin zu beantworten, daß der Turnunterricht keinesfalls ein solcher sein darf, welcher dem Turnen der Knaben identisch zu betrachten ist. Die Eigentümlichkeit des Mädchens, bei dem es vor allem auf Wahrung der weiblichen Würde und auf die Erweckung des Gefühls dafür ankommt, muß bei Anordnung des Turnunterrichts sorgsam beachtet werden. Die ganze Natur des Mädchens muß den Ausschlag geben." — „Wir haben uns bei Einführung des Mädchenturnens die große Aufgabe gestellt, daß das Mädchen in den Stand gesetzt wird, seinen Körper zu beherrschen, denn allein in der Beherrschung des Körpers entwickelt sich Anmut und Grazie. Dies hat insbesondere auch dahin geführt, besondere Aufmerksamkeit dem Reigen zuzuwenden, und wir sind allmählich fortschreitend dahin gelangt, den Reigen zu immer größerer Mannigfaltigkeit zu entwickeln, und zwar nicht bloß den Gehreigen und den Gesangreigen, sondern auch den Tanzreigen." Letzteren vergleicht der Minister mit dem jetzigen Tanze und bemerkt, daß die Unterrichtsverwaltung sich ein Verdienst erwerbe, der auf Irrwegen begriffenen Tanzkunst dadurch entgegen zu treten, daß sie die Grazie und Schönheit in den Körperbewegungen wieder mehr zu ihrem Rechte bringe. Auch des Schlittschuhlaufens und Schwimmens der Mädchen gedachte v. Goßler. „Ein gut geleitetes Schlittschuhlaufen ist nicht allein eine der schönsten Vergnügungen, sondern auch eine der kräftigsten Übungen. Und was das Schwimmen anbelangt, so ist es in meinen Augen das Ideal der Ideale für die harmonische Ausbildung des Körpers." Der Minister bezeichnete es schließlich als den Wunsch und das Bestreben der Unterrichtsverwaltung, „das Schulleben unseres Volkes allmählich in Bahnen zu leiten, in welchen auch unsere Mädchen sich darüber klar werden, daß auch die Ausbildung ihres Körpers zu ihren Pflichten gehört, und daß sie, wenn sie dieser Pflicht nachkommen, auch etwas thun, wofür der Staat ihnen zu Dank verpflichtet sein muß."

Von Interesse ist eine Verfügung des Ministers von Goßler vom 3. April 1890, betreffend die Laufübungen im Turnunterricht. Vielleicht bin ich nicht im Irrtum, wenn ich annehme, daß die Verfügung vom Minister persönlich entworfen ist. In der Anweisung zur Ausführung der Laufübungen heißt es: „Der Lauf gehört zu den wirksamsten Übungen des Turnens. Durch allmählich gesteigerte Laufübungen wird die Thätigkeit der Lunge und des Herzens vermehrt, der Stoffwechsel befördert, die Körperwärme erhöht und eine Kräftigung der Rumpf- und Beinmuskulatur, vornehmlich der Brust- und Atmungsmuskeln, bewirkt. Auch für Verhältnisse des Lebens ist die Fähigkeit, ausdauernd oder schnell zu laufen, häufig von großer Bedeutung."

„Laufübungen sollen daher oft vorgenommen werden. Am besten geschieht dies im Freien, auf festem, staubfreiem Kiesboden oder kurzgehaltenem Rasen an kühlen, windstillen Tagen. Mäßige Winterkälte schadet nicht; bei rauhen Ost- und Nordostwinden soll nicht gelaufen werden, in keinem Falle gegen den Wind. Auch in einer staubfreien Turnhalle, bei leicht angefeuchtetem Fußboden und geöffneten Fenstern, ist die Vornahme von Laufübungen nicht bedenklich. Dagegen erscheinen Laufübungen in künstlich erwärmten, durch Gas oder durch sich erhitzende Lampen beleuchteten Hallen nicht ratsam. Beim Lauf ist auf eine natürliche, gute Körperhaltung und auf eine elastische Bewegung zu achten" (es wird dies näher ausgeführt). „Während des Laufens," heißt es dann weiter, „soll ruhig und langsam, in der Regel mit geschlossenem Munde, durch die Nase geatmet werden; die Kleidung soll leicht und bequem sein, sie darf Hals und Brust nicht beengen. Der Kopf sei unbedeckt. Nach Beendigung des Laufens dürfen die Übenden nicht still stehen oder gar sich niederlegen, sie werden vielmehr eine Zeitlang mit ruhigen Schritten umhergehen oder einige ruhige, leichte Freiübungen auszuführen, bei kühler oder bewegter Luft auch die Überkleider anzulegen haben."

Nachdem angegeben ist, welche Schüler aus Gesundheitsrücksichten von den Laufübungen fernzuhalten seien, und daß auch bei gesunden Schülern Überanstrengung zu vermeiden sei, werden verschiedene Formen des Laufes besprochen; als am meisten zu übende Form wird der Dauerlauf bezeichnet, von 2—3 Minuten beginnend und allmählich auf 15 Minuten zu steigern. Der Schnellauf (als Wettlauf) ist im Freien ebenfalls zu üben, zunächst auf 35—70, später bis 150 Schritt. Auch Abwechselung in den Laufformen ist statthaft, desgleichen Lauf mit Belastung, über Hindernisse (in Verbindung mit Springen, Voltigieren, Klettern). Den Schluß macht die Aufzählung von Laufspielen.

Am 1. März 1891 wohnte Minister von Goßler einem Schauturnen der drei Berliner Turngaue: Turnerschaft, Turnrat und Turngemeinde bei. Er hielt bei dieser Gelegenheit eine längere Ansprache, in der er die Ziele des Turnens pries.

In demselben Jahre 1891 trat von Goßler von seinem Ministerposten zurück. Bald aber erfolgte seine Berufung als Oberpräsident der Provinz Westpreußen. —

Aus Anlaß seines Ausscheidens aus dem Staatsdienste widmete ihm der Ausschuß der Deutschen Turnerschaft eine Adresse (Leipzig-Lindenau, 20. April 1891, unterzeichnet von Dr. med. F. Goetz). Aus Goßlers Erwiderung (Naumburg, 27. April 1891) mögen folgende Sätze hier Aufnahme finden, welche einen zusammenfassenden Überblick über die leitenden Gesichtspunkte seiner Thätigkeit gestatten:

„. . . Lebhaft empfinde ich, wie wenige von den Zielen bereits erreicht sind, welche für die körperliche Entwicklung unserer Jugend, für die Herstellung eines angemessenen Gleichgewichts zwischen geistiger und leiblicher Arbeit mir vorschweben. Anregungen sind in verschiedener Richtung gegeben, mancherlei Maßnahmen befinden sich noch in der Vorbereitung. Eine weitere Dezentralisation der Lehrerausbildung, eine stärkere Heranziehung der akademisch Gebildeten zur Turnlehrerprüfung, die ausgedehntere Ausbildung von Schwimmlehrern, namentlich im freien Wasser, sind angebahnt. Das Schulturnen, welches sich wieder mehr aus der Halle in das Freie zurückzieht, richtet sich immer sorgfältiger nach hygieinischen Gesichtspunkten, nimmt möglichst auf die Entwicklung der einzelnen Schüler Rücksicht und überwindet in steigendem Maße die Vorurteile des Elternhauses und die Bereitwilligkeit der immer noch zu zahlreichen Ärzte, ohne Würdigung der Verschiedenartigkeit der Übungen Befreiung von allem Turnunterricht zu verlangen. Die Laufbewegungen, das Spielen im Freien, so gewinnbringend für die Entwicklung der leiblichen und moralischen Fähigkeiten, findet, wenn auch langsam, immer mehr Verständnis und Anklang. Das Mädchenturnen erringt sich stetig weitere Anerkennung.

Auch das Vereinswesen zeigt, soweit ich es überschauen kann, manche erfreuliche Züge. Abgesehen von dem größeren Ernst, mit welchem im Verhältnis zu früheren Zeiten die freiwillig übernommenen Pflichten erfüllt werden, werden immer neue Kreise für die Turnsache gewonnen, und auch innerhalb der der Einwirkung der Unterrichtsbehörden unterstellten Jugend nehmen die Turnvereine an Ausdehnung zu.

Was aber noch am meisten zu wünschen übrig läßt und die ernste Aufmerksamkeit aller verdient, welchen die Entwicklung unseres Volkes am Herzen liegt, ist die Gewinnung unserer akademischen Jugend für körperliche Übungen. Die vor zwei Jahren erfolgte statistische Aufnahme, welche sich auf alle Arten körperlicher Übungen erstreckte, lieferte, auch in Anbetracht der Inanspruchnahme für den militärischen Dienst, für die Mehrzahl der Hochschüler ein unerfreuliches Bild. Auf der andern Seite ließ sie aber auch erkennen, daß da, wo zweckmäßige Einrichtungen der akademischen Jugend zur Verfügung gestellt waren, die Neigung und die Lust zur Benutzung wachsen. Der Versuch, mit Hilfe des Staats, der Gemeinden und der Vereine dem Notstand abzuhelfen, sind bisher nur von mäßigem Erfolge begleitet gewesen, das Ziel ist indes ein zu bedeutsames, als daß die Anstrengungen, es zu erreichen, nicht gesteigert werden sollten.

Die Bereitwilligkeit der Städte, bei Aufstellung der Bebauungspläne und Anlegung von Parkanlagen Spielplätze für die Jugend anzuweisen, nimmt zu, aber auch hier fehlt noch viel, ehe ein erträglicher Zustand in den Großstädten erreicht ist, namentlich mangelt es noch fast überall an Gelegenheiten, daß die Kinder unter einer angemessen gegliederten Aufsicht im Anschluß an die Turnstunden spielen und zweckmäßig ihre Zeit für die Erfrischung benutzen. Auch hier ist der Vereinsthätigkeit noch ein weiter Spielraum gestattet.

Noch viele Bemerkungen ließen sich an das Schreiben des geehrten Ausschusses knüpfen. Dankbar bleibt aber anzuerkennen, daß das Gebiet, welches der Ausschuß vertritt, zweckentsprechend gegliedert ist, in stetiger Entwicklung ausgebaut wird und Hunderttausenden unserer Volksgenossen Gelegenheit zur Kräftigung darbietet. Möge die Deutsche Turnerschaft, wie bisher, an dem großen Werke unverdrossen mitarbeiten, unserem Vaterlande ein gesundes, frisches und frohes Geschlecht zu erziehen. . . ."

Als die Vorbereitungen zu dem I. Deutschen Kongreß für Volks- und Jugendspiele zu Berlin am 3. und 4. Februar 1894 getroffen wurden, war auch Herr von Goßler zu dem Kongreß eingeladen worden. Seine Antwort ist in das Jahrbuch für Volks- und Jugendspiele, dritter Jahrgang, 1894, S. 209 ff., aufgenommen. Wegen seiner Verdienste um die Entstehung des Zentral-Ausschusses und um die Förderung der Spielbewegung wurde Herr von Goßler in der Sitzung vom 30. Juni 1894 zu Thale zum Ehrenmitglied ernannt.

In jener an Herrn von Schenckendorff gerichteten Antwort schildert von Goßler treffend die Beziehungen seines Spielerlasses zu dem Zentral-Ausschuß. Er sagt: „Als es galt, den im Jahre 1882 gegebenen Anstoß über die Grenzen des Schulhofes hinaus in das öffentliche Leben zu tragen, und das Verständnis dafür zu eröffnen, daß es sich nicht nur um eine Maßregel der Unterrichtsbehörde und nur um eine Sache des Schulturnens handle, daß vielmehr ein wichtiges Gebiet der Volkserziehung, insbesondere der Entwicklung der Kinder in den großen Städten, in Frage stehe, — da war es die von Ew. Hochwohlgeboren hervorgerufene Organisation, welche unter der weiteren Ausgestaltung durch den Zentral-Ausschuß das Verständnis erschloß und Gemeinden und Vereine zur werkthätigen Teilnahme aufrief." — —

Ist auf von Goßler die Aufnahme der Thätigkeit des Zentral-Ausschusses zurückzuführen, so ist es das Verdienst seines Nachfolgers, des Herrn Ministers Dr. Bosse, daß dieser den 1891 dann ins Leben gerufenen Zentral-Ausschuß nach jeder Richtung hin wirksam gefördert hat, indem er ihm jährlich erhebliche Beiträge zuwendete, ihn in seinen Maßnahmen den Schulen, Städten und Behörden gegenüber allezeit auf das Wärmste unterstützte, die Jahrbücher des Zentral-Ausschusses bei den Schulen und Seminaren verteilte und auch überall sonst, wo sich die Gelegenheit hierzu bot, der gedeihlichen Entfaltung dieser Bestrebungen wohlwollend die Hand bot. In gleicher Weise hat Dr. Bosse für das Turnen und die verwandten Leibesübungen sein lebhaftes Interesse bekundet. Aus dieser Wirksamkeit sei zur Einführung in die Gegenwart noch auf die folgenden Vorgänge hingewiesen.

Auf dem I. Deutschen Kongreß für Jugend- und Volksspiele zu Berlin am 3. und 4. Februar 1894 hielt Dr. Bosse eine Ansprache, in welcher er als die Auffassung der preußischen Unterrichtsverwaltung bezeichnete, „daß die Förderung des körperlichen Wohlbefindens, daß die körperliche Frische, die Stählung des Leibes weit hinausreicht über das bloß leibliche Gebiet, und daß sie tief hineinreicht in das Gebiet der Erziehung, ja auch darüber hinaus in das Gebiet der Sittlichkeit und in das Gebiet der intellektuellen und verstandesmäßigen Bildung, ja noch darüber hinaus in das Gebiet der rechten Wahrnehmung der bürgerlichen Berufe, auch der gelehrten Berufe, und daß damit unabsehbare Folgen an die Entwicklung sich knüpfen können, die seit einigen Jahren einen neuen Aufschwung genommen haben."

Noch in demselben Jahre, 28. Mai 1894, hat Minister Dr. Bosse einen Erlaß, betreffend Förderung der Turn- und Jugendspiele und die Bereitstellung von Spielplätzen an sämtliche Oberpräsidenten gerichtet.

Vom 5. Februar 1895 datiert ein Erlaß des Herrn Ministers, betreffend die Einrichtung von Kursen in den Jugend- und Volksspielen an den Universitäten für die Studierenden. Er veranlaßt die Rektoren der Landesuniversitäten, der Teilnahme der Studentenschaft an den von dem Zentral-Ausschuß ins Leben zu rufenden Kursen in den Jugend- und Volksspielen ihre Förderung angedeihen zu lassen.

Ein Ministerial-Erlaß vom 15. März 1897, in dem die größere Pflege der volkstümlichen Übungen empfohlen wird, ist in den turnerischen Kreisen mit großem Beifall aufgenommen worden; ebenso ein Erlaß vom 25. Oktober 1898, die Heizung und Reinigung der Turnhallen betreffend.

Man ersieht aus den vorstehenden Darlegungen, daß die Fürsorge für die leibliche Erziehung des Volkes bei der preußischen Unterrichtsverwaltung eine unausgesetzte und thatkräftige Förderung findet, und daß die aus freier Vereinsthätigkeit hervorgegangenen gleichartigen Bestrebungen allezeit der Unterstützung von dieser Seite sicher sein können.

---

2. Die physische Bedeutung der Leibesübungen.

Von Dr. R. Zander, a. o. Professor in der medizinischen Fakultät der Universität Königsberg i. Pr.

Leibesübungen aller Art werden gegenwärtig in einer Häufigkeit getrieben, wie man es vor einem Menschenalter kaum für möglich gehalten hätte. Überall kann man hören und lesen, daß Leibesübungen für die Gesundheit höchst zuträglich sind, daß eine harmonische Entwicklung von Körper und Geist das Ziel der Erziehung ist, daß nur in einem gesunden Körper ein gesunder Geist wohnt.

Es sind das allgemeine Redewendungen, die einer dem andern nachspricht, die in jedem Vortrage über Leibesübungen, in jedem Sportbuche wiederkehren, ohne daß an eine nähere Begründung gedacht wird.

Zweifellos können Leibesübungen auf verschiedene Organe des Körpers und auf den ganzen Körper einen Einfluß ausüben, aber dieser Einfluß kann ein sehr verschiedener sein. Die Leibesübungen sind in ihrem Wesen keineswegs gleichartig, es wird darum auch ihre Wirkung nicht die gleiche sein können. Es ist auch selbstverständlich, daß eine Übung, die im richtigen Maße betrieben wird, auf den Körper anders wirken muß, als wenn sie übermäßig oder unzureichend betrieben wird. Endlich wird die Individualität des Übenden von großer Bedeutung sein.

Alle Leibesübungen beruhen auf der Thätigkeit der Muskeln.

Die Muskelthätigkeit besteht darin, daß der Muskel sich verkürzt und dadurch die Teile, an denen er befestigt ist, einander nähert. Der Muskel führt durch die Verkürzung eine Bewegung aus und leistet eine mechanische Arbeit. Diese Arbeit besteht entweder darin, daß unser Körper als ganzer bewegt wird (Gehen, Klettern, Schwimmen u. s. w.), oder daß Teile des Körpers gegeneinander bewegt werden (Rumpfbewegungen, Freiübungen der unbelasteten Arme u. s. w.), oder daß wir eine fremde Last bewegen (Heben eines Gewichtes u. s. w.).

Muskeln, die sich häufig verkürzen, werden dicker und kräftiger; Muskeln, die dauernd oder sehr viel unthätig sind, werden dünner und schwächer. Die Verkürzung des Muskels wird durch einen Reiz ausgelöst, der vom Gehirn ausgeht und durch das Rückenmark und die Bewegungsnerven zum Muskel geleitet wird. Solche Reize entstehen im Gehirne, wenn wir den Willen und die Absicht haben, eine Bewegung auszuführen. Die Muskelthätigkeit steht demnach unter der Herrschaft unseres Willens, und wir können einen Muskel, den wir häufig in Thätigkeit versetzen, den wir „üben", kräftigen und leistungsfähiger machen.

Je nach der Art der Übung, die wir betreiben, ist die Wirkung verschieden.

Kraftübungen, d. h. Übungen, bei denen kleinere oder größere Muskelgruppen einmal oder einige Male eine verhältnismäßig große oder eine möglichst große Arbeit leisten, lassen die thätigen Muskeln sehr bald ermüden. Die Übung muß beendigt werden. Nach kurzer Zeit aber erholen sich die Muskeln und sind zu neuer Arbeit fähig. Werden solche Übungen öfters wiederholt, so nehmen die Muskeln an Dicke zu und vermögen immer größere Lasten zu bewältigen.

Zu den Kraftübungen gehören viele Übungen des Geräteturnens, Freiübungen mit Belastung, das Heben und Stemmen von schweren Gegenständen, das Steinstoßen, Ringen u. a.

Dauerübungen, d. h. Übungen, bei denen in rhythmischer Wiederholung immer dieselben Bewegungen, die die Muskeln nicht zum äußersten anstrengen, ausgeführt werden, ermüden erst nach längerer Zeit, und bei fortgesetzter Übung wird der Eintritt der Ermüdung immer weiter hinausgeschoben. Die Muskeln werden also ausdauernder, weniger leicht ermüdbar. Die Dickenzunahme der Muskeln ist dagegen nur gering.

Zu den Dauerübungen gehören das Gehen, Marschieren, Laufen, Bergsteigen, Schwimmen, Rudern, Radfahren u. a.

Durch möglichste Beschleunigung der Bewegung, wie z. B. beim Wettlauf, Wettschwimmen, Wettrudern, Wettradfahren, werden diese Übungen zu „Schnelligkeitsübungen". Je nachdem die Kraftleistung oder die Dauerleistung im Vordergrunde steht, wirken sie verschieden auf die Muskeln.

Der Besitz kräftiger und ausdauernder Muskeln ist gewiß in vieler Hinsicht erstrebenswert. Durch ausreichende Ausführung von Kraft- und Dauerübungen kann sich jedermann diesen Besitz verschaffen.

Einzelne Übungen werden vorzugsweise von den Armmuskeln, andere von den Beinmuskeln ausgeführt. Die Auswahl der Übungen ist so zu treffen, daß alle Muskeln gleichmäßig gekräftigt werden. Es geschieht das leider nur selten. Der eine fährt nur Rad und übt die hierbei nicht angestrengten Armmuskeln gar nicht; der andere bildet durch Gewichtstemmen nur seine Armmuskeln aus und kümmert sich nicht um die Beinmuskulatur. Die bevorzugten Muskeln entwickeln sich auf Kosten der vernachlässigten.

Es giebt Übungen, die ziemlich gleichmäßig die Muskeln des Rumpfes und der Gliedmaßen in Anspruch nehmen (Rudern, Schwimmen u. a.). Das gleiche Ziel wird erreicht, wenn Leibesübungen, die nur einzelne Muskelgruppen kräftigen, zweckmäßig zusammengestellt werden. So sollten z. B. Radfahrer, um die Armmuskeln zu kräftigen, fechten, hanteln oder Keulen schwingen.

Das deutsche Turnen hat sich die Aufgabe gestellt, durch die verschiedenartigsten Übungen eine gleichmäßige Ausbildung der Muskulatur zu erreichen, und, meiner Ansicht nach, vermag es diese Aufgabe zu erfüllen.

Den Vorwurf, der dem Turnen wiederholt gemacht ist, daß es die natürlichen Bewegungen des Gehens, Stehens, Laufens, Werfens vernachlässige und die zum großen Teile „unnatürlichen" Gerätübungen bevorzuge, halte ich nicht für berechtigt. Gewiß ist es von höchster Wichtigkeit, daß Gehen, Stehen, Laufen und Werfen tüchtig geübt werden. Daneben haben aber Übungen, die auch solche Muskelgruppen kräftigen, die im täglichen Leben von geringerem Werte zu sein scheinen, ihre Berechtigung. Die nicht vorauszusehenden Zufälligkeiten des Lebens können auch an diese Muskeln gelegentlich Anforderungen stellen, denen sie ungeübt nicht gewachsen sind.

Wenn beim Turnen die Armübungen vielfach bevorzugt werden, so hat das seinen Grund wohl darin, daß die Armmuskeln bei unserer Jugend zumeist sehr schwach sind. Während die Beinmuskeln beim Gehen und Laufen und bei den Bewegungsspielen geübt werden, ist die Übung der Armmuskeln gewöhnlich eine ganz ungenügende. Das Versäumte muß nachgeholt werden. Es ist auch zweckmäßig, daß der linke Arm ebenso gekräftigt wird wie der rechte.

Nicht besonders gute Leistungen in einzelnen Übungen, auch nicht in den „volkstümlichen Übungen", sondern die sichere Herrschaft über die ganze Muskulatur sollte das Ziel jeder körperlichen Ausbildung sein. Das Wesen der Erziehung, der körperlichen ebenso wie der geistigen, besteht nicht darin, daß man die besonders gut entwickelten Eigenschaften des Individuums hauptsächlich übt und nur das lernt, was praktische Verwertung im Leben finden kann.

Jeder Reiz, den das Gehirn zu dem Muskel sendet, löst eine einzige Verkürzung des Muskels aus, die so schnell vorübergeht, daß der ganze Vorgang uns als eine „Zuckung" des Muskels erscheint. Folgen mehrere Reize rasch hintereinander, so hält die Verkürzung des Muskels so lange an, als die Reizung währt. Bei den Leibesübungen kommen nur solche kürzer oder länger andauernde Verkürzungen vor. Je länger die Verkürzung eines Muskels oder einer Muskelgruppe währt, eine um so größere Zahl von Reizen, von Willensimpulsen ist nötig. Je größer die Last ist, die bewegt werden soll, um so stärkere Reize müssen den Muskeln zugesandt werden, um so größer ist also die Willensanstrengung. Starke Reize sind auch nötig, wenn die Verkürzung des Muskels sehr schnell eintreten soll, wenn es sich, wie z. B. beim Fechten, darum handelt, blitzschnell einen Hieb des Gegners zu parieren.

Der ermüdete Muskel wird nur durch starke Reize erregt. Das Arbeiten in der Ermüdung ist deshalb ganz besonders anstrengend.

Die Thätigkeit des Gehirns bei Leibesübungen beschränkt sich nicht darauf, Erregungsreize zu den Muskeln zu senden. Die Muskeln arbeiten bei allen Bewegungen, selbst bei den allereinfachsten, nicht einzeln, sondern „koordiniert". Teils wirken sie gemeinsam, um eine Bewegung zu stande zu bringen, teils in entgegengesetztem Sinne und halten dadurch die Bewegung in genau abgemessenen Grenzen. Dazu kommt noch, daß das Gleichgewicht des Körpers, das wegen der aufrechten Haltung ein sehr labiles ist, bei jeder asymmetrischen Stellung und Belastung leidet. Um es wiederherzustellen, bedarf es einer komplizierten Muskelthätigkeit.

Alle, auch die einfachsten Bewegungen nehmen die koordinierende Thätigkeit des Gehirns in Anspruch. Sie sind uns nicht angeboren, sie müssen erlernt werden. Das Ergreifen eines Gegenstandes, das Sitzen, das Stehen, das Gehen erlernt das junge Kind, wie jeder weiß, durch Versuchen und fortgesetztes Üben. Später ist es nicht anders. Jede bisher nicht ausgeführte Bewegung muß erlernt werden.

Bei den Versuchen werden anfangs Muskeln mitbenutzt, die für das Zustandekommen der Bewegung nicht geeignet sind. Diese „Mitbewegungen" unterlassen wir, wenn uns die Bewegung geläufig geworden ist. Die Bewegung erfordert jetzt weniger Kraft und erscheint uns „geschickt".

Eine Hauptaufgabe des deutschen Turnens ist es, durch Unterdrückung der unzweckmäßigen Mitbewegungen die Übungen geschickt zu machen. Mit Recht legt das Turnen auf die gute Haltung bei jeder Übung, also auf eine vollkommene Koordination der Bewegungen das größte Gewicht.

Durch häufige Wiederholung einer Bewegung entsteht im Gehirn ein bleibendes Erinnerungsbild des ganzen komplizierten Vorganges. Wenn durch einen Willensimpuls die Bewegung in Gang gesetzt ist, so erfolgen alsdann die Erregungen der Muskeln in richtiger Stärke, Zahl und Reihenfolge, ohne daß für jede einzelne Erregung eine besondere Willensthätigkeit des Gehirns nötig wird. Die Bewegung wird „mechanisch" ausgeführt. Die meisten Bewegungen des täglichen Lebens gehen so vor sich. Im Halbschlaf, ja sogar im vollen Schlaf kann man gehen.

Bewegungen, deren Ausführung uns gewöhnlich gar nicht zum Bewußtsein kommt, und die von dem Nervensystem keine nennenswerte Leistung erfordern, nehmen, wenn sie mit großer Schnelligkeit oder mit einem großen Aufwande von Kraft ausgeführt werden, das Nervensystem stark in Anspruch.

Dauerübungen, die wir so lange geübt haben, daß wir sie vollkommen „beherrschen", verlangen vom Gehirn keine Anstrengung. Werden sie aber mit großer Schnelligkeit ausgeführt, wie beim Wettlauf, Wettschwimmen, Wettrudern, Wettradfahren, so bedarf es einer starken Willensanstrengung.

Soll das Gehirn geschont werden, so sind Dauerübungen von mäßiger Schnelligkeit und Dauer am Platze. Übermäßig lange fortgesetzte Dauerübungen greifen das Gehirn stark an. Als Folgen der Überanstrengung des Gehirns stellen sich Erregungszustände ein, die sich bis zu vorübergehenden Wahnsinnsanfällen steigern können, Schlaflosigkeit und lange andauernde Erschöpfungszustände, Unlust zu Bewegungen, Unfähigkeit, nennenswerte Leistungen zu stande zu bringen, Gereiztheit, melancholische Stimmung.

Die Sportleute bezeichnen die nervöse Erschöpfung, die nach einem übermäßigen Training sich einstellt, als „Übertrainiertsein". Es bedarf oft monatelangen Enthaltens von Leibesübungen, bis vollkommen normale Verhältnisse sich einstellen.

Das Gehirn beherrscht wohl die Koordination derjenigen Bewegungen, welche wir sehr häufig ausführen; der Zufall aber verlangt von uns bisweilen Bewegungen, die uns nicht geläufig sind. Für solche unvorhergesehenen Möglichkeiten will uns das Turnen vorbereiten. In den Frei-, Ordnungs- und Gerätübungen lernen wir eine große Zahl von koordinierten Bewegungsformen kennen und beherrschen, die zwar für das praktische Leben zum Teil ohne Bedeutung sind, uns aber „mit bereiten Bewegungsformen für jede Körperlage versehen" (E. du Bois-Reymond).

Besonders häufig tritt an das Gehirn die Aufgabe heran, durch geeignete Thätigkeit der Rumpfmuskeln das Gleichgewicht zu erhalten oder das verlorene Gleichgewicht wieder herzustellen. Es ist besonders schwierig, das Gleichgewicht zu bewahren, wenn wir uns auf abschüssigem, unebenem Boden bewegen müssen, wenn wir auf einem runden Balken einen Gießbach zu überschreiten haben, wenn wir einen schmalen Berggrat am Rande des Abgrundes passieren, oder wenn wir nur auf einem Fuße oder auf einem Teile desselben zu stehen gezwungen sind. Die verschiedenartigsten „Gleichgewichtsübungen" des Turnens, Reiten, Radfahren und andere Übungen gewöhnen uns daran, schnell die richtige Bewegung zur Herstellung des Gleichgewichts auszuführen.

Wenn Leibesübungen von dem Gehirn nicht nur die Willensimpulse für die Kontraktion der Muskeln, sondern auch andere seelische Thätigkeiten verlangen, wie aufmerksame Beobachtung der äußeren Umstände, Überlegung, Entschließung, so wächst die Arbeitsleistung des Gehirns.

Das tägliche Leben verlangt nicht selten, daß blitzschnell alle diese seelische Thätigkeiten von statten gehen, damit die richtige Bewegung gemacht wird, um einer Gefahr zu entgehen.

Leibesübungen, die Geistesgegenwart, Schlagfertigkeit, die Fähigkeit zu schnellster, plötzlicher Koordination verlangen und diese Eigenschaften weiter ausbilden, sind Fechten, Ringen, Boxen, Fußball-, Thorball-, Schlagballspiel, Lawn-Tennis u. a. Fechten, Ringen und Boxen sind sehr anstrengende Übungen, weil sie nicht nur dauernde Aufmerksamkeit und blitzschnelle Koordination, sondern auch einen großen Aufwand an Kraft erfordern. Die Spiele zwingen nicht zu einer dauernden Thätigkeit, sondern bieten erholende Ruhepausen.

Komplizierte Freiübungen mit langatmigen Kommandos und Reigen strengen das Gehirn mehr als die Muskeln an, ihr Wert ist mehr ein pädagogischer.

Da die Muskelthätigkeit in so hohem Maße von dem Gehirn abhängig ist, so wird sie auch von allen denjenigen Umständen, die auf unser Seelenorgan, auf unsere Willenskraft anregend oder hemmend wirken, beeinflußt. Sind wir fröhlich gestimmt, so erscheint uns die Arbeit leichter, drückt uns der Kummer, so führen wir sie mit Mühe aus. Angst und Schrecken wirken lähmend. Zorn und Lebensgefahr verleihen bisweilen übermenschliche Kräfte. Der Ehrgeiz stachelt zu den höchsten Leistungen und verführt dazu, Leben und Gesundheit aufs Spiel zu setzen.

Nervösen und neurasthenischen Personen sind Leibesübungen, die an die Thätigkeit des Gehirns große Anforderungen stellen, nicht zu empfehlen. Dagegen nützen ihnen anerkanntermaßen die das Gehirn wenig anstrengenden Dauerübungen, wie Radfahren, Bergsteigen, Gehen, Laufen, Schwimmen u. s. w., sofern die Übungen nicht übermäßig lang ausgedehnt werden.

Ob für einen gesunden Menschen die Leibesübungen nach angestrengter Geistesarbeit eine Erholung bieten, darüber gehen die Ansichten auseinander. Auf Grund von Experimenten behaupten Mosso, Kräpelin, Keller, Bettmann u. a., daß dies nicht der Fall ist, daß nur durch völlige körperliche und geistige Ruhe eine wirkliche Erholung geschafft wird. Die Experimente sind keineswegs einwandfrei. Sie stehen mit den Experimenten anderer Untersucher (z. B. Marion E. Holmer) und mit den Erfahrungen des täglichen Lebens im Widerspruch. Zahllose Personen finden eine Erholung von geistiger Arbeit durch einen Spaziergang, eine Radfahrt und andere leichte Körperübungen. Angesehene Pädagogen, z. B. Hermann Schiller, haben an ihren Schülern beobachtet, daß die geistige Leistungsfähigkeit nach leichten Körperübungen zunimmt. Die Schüler stürmen nach Schluß des Unterrichts in wildem Drängen aus der Klasse und tummeln sich in lebhaften Bewegungs- und Kampfspielen. Nicht die im Unterrichte teilnahmlos träumenden Schüler, sondern die aufmerksamen und regen pflegen außerhalb der Klasse besonders eifrig bei den Balgereien und beim fröhlichen Umhertollen beteiligt zu sein. Instinktiv wählt der durch Geistesarbeit Angestrengte Körperbewegungen als Erholung. Andere Teile des Gehirnes als die bei der Geistesarbeit beschäftigten erregen die Muskelthätigkeit. Selbstverständlich verlangen auch diese einen Kraftaufwand und einen Stoffverbrauch seitens des Gehirns. Aber die Erholung, der Ersatz des verbrauchten Materials, erfolgt sicherlich schneller, wenn durch geeignete Muskelübungen der Blutumlauf und die Atmung beschleunigt werden, als wenn diese Thätigkeiten träge von statten gehen, wie es bei der unthätigen Ruhe der Fall ist. Nicht Übungen, die einen besonderen Aufwand von Kraft,

Schnelligkeit und gespannter Aufmerksamkeit erfordern, sondern Übungen, die Blutzirkulation und Atmung energisch anregen und doch an das Gehirn nur mäßige Anforderungen stellen, also die Dauerübungen haben eine erholende Wirkung.

Die Stoffwechselvorgänge sind in dem thätigen Muskel außerordentlich viel lebhafter als in dem ruhenden. Der thätige Muskel ist blutreicher, er nimmt aus dem Blute mehr Sauerstoff auf und giebt an dasselbe mehr Kohlensäure ab als der ruhende. Das Herz muß deshalb kräftiger arbeiten, um den Muskeln die größere Blutmenge zuzutreiben. Die Lungen müssen mehr Sauerstoff aufnehmen und Kohlensäure abscheiden. Das Blut, das in den thätigen Muskel einströmt, wird anderen Organen entzogen, und dadurch werden die Stoffwechselvorgänge in diesen beeinträchtigt. Die Muskelthätigkeit beeinflußt demnach Zirkulation, Atmung und Stoffwechsel.

Das Herz zieht sich beim Erwachsenen durchschnittlich 72 mal in einer Minute zusammen und preßt das Blut in die Pulsadern. Schon bei gewöhnlichem ruhigen Gehen vermehrt sich die Pulszahl, d. h. die Zahl der Zusammenziehungen des Herzens auf 80, beim schnellen Gehen auf 100, beim Steigen auf 100 bis 120, bei maximalen Muskelanstrengungen, wie Wettlauf, Wettrudern, Wettradfahren, auf 200 bis 250. Nach Beendigung der Muskelthätigkeit geht die Pulszahl nicht sofort, sondern erst allmählich auf die Norm zurück. Nach langandauernden anstrengenden Übungen findet man die Pulszahl noch nach mehreren Stunden erhöht.

Das Herz ist ein Muskel, der sich von den Körpermuskeln dadurch unterscheidet, daß er dauernd Tag und Nacht, das ganze Leben lang thätig ist, ohne daß unter den gewöhnlichen Verhältnissen Ermüdung eintritt.

Bei gesteigerter Arbeit, wie sie vor allem durch Muskelthätigkeit erzeugt wird, zeigt das Herz früher oder später Ermüdungserscheinungen und zwingt zum Abbruch der Muskelthätigkeit.

Das Herz kann durch geeignete und richtig betriebene Leibesübungen an die Arbeitsvermehrung allmählich gewöhnt werden, es kann wie ein Körpermuskel gekräftigt und ausdauernder gemacht werden. Ein kräftiges, nicht leicht ermüdendes Herz ist für den Körper von höchstem Werte.

Vor allem sind es Dauerübungen, die das Herz günstig beeinflussen. Sie bewirken eine mäßige Vermehrung der Pulszahl. Durch fortgesetzte Übung wird der Zeitpunkt, in dem die Ermüdung des Herzens sich geltend macht, immer weiter hinausgeschoben. Schließlich aber tritt sie doch ein. Wird dann das Herz zu weiterer Arbeit gezwungen, so vermag es nicht mehr, seinen ganzen Inhalt bei jeder Zusammenziehung in die Pulsadern hineinzutreiben. Da bei jedem Erschlaffen der Herzkammer Blut nachrückt, so wird die Herzkammer ausgedehnt. Die Arbeit ist nun doppelt erschwert und kann von dem ermüdeten Herzen nicht mehr bewältigt werden. Der Pulsschlag wird unregelmäßig und setzt aus, es stellen sich Atemnot und Ohnmachtsgefühl ein, und die Muskelthätigkeit muß unterbrochen werden.

Leichtere Grade der Herzdehnung schwinden meistens ohne weitere schädliche Folgen. Es können aber daraus auch dauernde Schäden entstehen. Das sogenannte „reizbare Herz“, dessen Symptome Herzklopfen und Kurzatmigkeit bei jeder, auch geringfügigen Körperanstrengung, Aussetzen des Pulses und Angstgefühl sind, kann als Folge einer einmaligen Herzdehnung sich bilden. Bei häufiger vorkommender übermäßiger Anstrengung des ermüdeten Herzens kann sich eine bleibende Erweiterung, ein lebensgefährliches Leiden entwickeln. Wird die Übung sehr schnell betrieben, so wird die Pulszahl viel höher, und die Ermüdung des Herzens stellt sich viel früher ein und kann die gleichen Folgen haben wie die übermäßig lang ausgedehnte Übung.

Die Gefahr der Herzdehnung ist für das ungeübte Herz viel größer als für das durch allmählich gesteigerte Arbeit geübte. Ist die Herzmuskulatur durch Krankheit oder infolge von Alkoholgenuß geschwächt, so ist diese Gefahr in erhöhtem Maße vorhanden.

Durch Übungen, die das Herz zu einer längere Zeit andauernden, mäßig erhöhten Thätigkeit veranlassen, wird die Herzmuskulatur derber, fester, elastischer und widerstandsfähiger gegen Ermüdung und Dehnung.

Übungen, die das Herz zwingen, längere Zeit hindurch sehr schnell und kräftig sich zusammenzuziehen, bewirken, daß nach einiger Zeit eine Verdickung der Herzwand entsteht. Ein mäßiger Grad von Hypertrophie gilt vielfach als erstrebenswert, weil er das Herz zu größeren Leistungen befähigt; höhere Grade von Herzhypertrophie sind gewiß immer bedenklich.

Infolge der stärkeren Aktion des hypertrophischen Herzens wächst der Blutdruck in den Pulsadern, und unter der dauernden Blutdrucksteigerung leidet die Gefäßwand, sie wird übermäßig ausgedehnt und büßt an Elastizität ein. Vielfach wird angenommen, daß die dauernde Blutdrucksteigerung eine der Hauptursachen der „Arteriosklerose“ ist, einer Erkrankung, die zu frühzeitigem Tode Veranlassung giebt.

Solange die anstrengenden Leibesübungen, die das Entstehen der Herzhypertrophie bewirkten, betrieben werden, pflegen Krankheitserscheinungen zu fehlen. Sobald aber diese Übungen aufhören, degeneriert das Herz, das für die gewöhnliche Lebensarbeit zu stark ist. Beschleunigt wird dieser Prozeß durch unmäßigen Lebenswandel und vor allem durch Alkoholmißbrauch. Viele Sportleute, die während des Trainings und der Zeit der Wettkämpfe äußerst mäßig leben, verfallen nach Schluß der Übungen in das Gegenteil.

Die Wirkungen der Kraftübungen auf das Herz sind geringfügig, solange die Kraftleistung unbedeutend ist. Leichte Kraftübungen, wie viele Frei- und Gerätübungen des Turnens, bei denen die Muskeln nicht mit äußerster Kraftentfaltung arbeiten, steigern die Pulsfrequenz nicht erheblich, und bald nach Beendigung der Übung ist die Pulszahl wieder normal. Erfordern die Kraftübungen eine maximale Leistung der Muskeln, so wird der Rumpf durch Einhalten des Atems und durch Wirkung der Bauchpresse starr gemacht, um eine feste Stütze zu schaffen, gegen die die Gliedmaßen mit voller Muskelkraft bewegt werden können. Der hohe Druck, der dabei in der Brusthöhle entsteht, bewirkt eine schnelle Entleerung des Blutes aus den Herzkammern, eine Erschwerung des Einfließens des Venenblutes in die Vorkammern und eine Zurückstauung des Venenblutes. Nach Beendigung der Übung hört der hohe Druck im Brustkasten auf, weil die Bauchpresse außer Thätigkeit gesetzt und eingeatmet wird, und nun stürzt das zurückgestaute Venenblut in das Herz und dehnt die Vorhöfe und die dünnwandige rechte Kammer. Je länger die Übung währt, um so länger hemmt der hohe Druck im Brustkasten die Thätigkeit des Herzens und den Blutumlauf. Derartige, häufig wiederkehrende und langwährende Störungen der Herzthätigkeit können zu Entartungen des Herzmuskels, zu Herzerweiterung und zu Kreislaufstörungen führen. Ja es sind Todesfälle bekannt infolge von übermäßigen Kraftleistungen, denen das Herz nicht gewachsen ist.

Wenn die Leibesübungen für das Herz solche Gefahren haben können, wäre es dann nicht besser, alle Leibesübungen zu unterlassen und das Herz zu schonen? Diese Frage ist mit einem entschiedenen Nein zu beantworten. Die Zahl derjenigen, deren Gesundheit Schaden leidet, weil sie Leibesübungen gar nicht oder in ungenügendem Maße betreiben, ist viel größer als die Zahl derjenigen, die durch ein Übermaß der Leibesübungen ihre Gesundheit zu Grunde richten.

Leute, die weder im Berufe, noch in selbstgewählten Leibesübungen ihre Muskeln üben, haben ein schwaches, wenig leistungsfähiges, leicht ermüdendes Herz, dessen schlaffe Muskulatur schon durch geringfügige Anstrengungen leicht geschädigt werden kann. Das schwache Herz treibt das Blut träge durch die Blutgefäße, und es leidet darum die Ernährung der Organe. Der Rückfluß des Blutes aus den Organen, der durch Muskelthätigkeit ganz direkt gefördert wird, ist verlangsamt, und deshalb entsteht in den Organen eine Blutstauung. Verarmung des Blutes an Sauerstoff, Blutarmut, Bleichsucht, Verfettung der Organe, Krampfadern, Hämorrhoiden, Störungen im Pfortaderkreislaufe, schlechte Verdauung u. s. w. sind Leiden, die sehr häufig als Folge ungenügender Muskelthätigkeit auftreten.

Leibesübungen sind für alle Menschen, die in ihrem Berufe nicht die Muskeln anstrengen, notwendig, um die Gesundheit zu erhalten. Kraftübungen haben, wenn sie nicht maximale Muskelleistungen erfordern, keinen großen Wert für die Zirkulationsorgane; wenn aber große Muskelgruppen aufs äußerste angestrengt werden, so schädigen sie sogar Herz und Blutumlauf. Dagegen machen Dauerübungen, falls sie nicht übermäßig lange geübt werden, das Herz ausdauernder, weniger leicht ermüdbar, leistungsfähiger. Schnelligkeitsübungen führen leicht zur Erschöpfung des Herzens. Schnelligkeitsübungen, die aber Pausen zum Erholen des Herzens bieten, wirken auf das Herz und die Zirkulation sehr günstig.

Die Turnspiele, die eine energische Bewegung erfordern, Marschübungen, Laufen und Springen sind die Übungsformen des Turnens, die das Herz kräftigen. Gehen, Bergsteigen, Laufen, Springen, Schlittschuhlaufen, Skilaufen, Radfahren, Rudern, Schwimmen und die Bewegungsspiele sind die Leibesübungen, die unabhängig vom Turnen von zahlreichen Leuten als Leibessport betrieben werden. Zum Vorteil für das Herz geschieht dies, wenn die Übungen den Kräften der Übenden entsprechen, zum Schaden, wenn sie in übermäßigem oder unzureichendem Maße (z. B. langsames Spazierengehen) ausgeführt werden.

Die Lungenatmung wird durch Muskelthätigkeit in hohem Maße gesteigert.

Die Zahl der Atmungen in einer Minute beträgt beim Erwachsenen im Schlafe 10—12, beim Gehen 20, beim schnellen Gehen 26, beim Steigen 30 bis 60, bei Maximalleistungen im Wettlauf, Ruderwettkampf u. s. w. 100 bis 140.

Das Einatmen der Luft erfolgt durch Muskelthätigkeit. Wenn der Brustkasten durch diese vergrößert wird, so strömt durch Nase oder Mund, durch den Schlund und die Luftröhre Luft in die Lunge ein und dehnt sie aus. Das Ausatmen erfolgt gewöhnlich passiv, durch das Zusammensinken des beim Einatmen ausgedehnten Brustkastens; es kann aber durch Muskelthätigkeit unterstützt werden.

Beim Manne wird gewöhnlich die Vergrößerung des Brustkastens hauptsächlich durch die Kontraktion des Zwerchfells, eines kuppelförmigen Muskels, der zwischen Bauch- und Brusthöhle ausgespannt ist, bewirkt. Da sich bei der Kontraktion des Zwerchfells der Bauch etwas vorwölbt, so nennt man diese Art der Atmung Bauchatmung. Von Brustatmung spricht man, wenn die Vergrößerung des Brustkastens hauptsächlich durch Heben der Rippen bewirkt wird. Die Brustatmung ist ausgiebiger als die Bauchatmung; sie wird deshalb auch immer angewandt, wenn viel Luft eingeatmet werden soll und bei Atemnot.

Bei Frauen, die den unteren Teil des Brustkastens und den oberen Bauchabschnitt durch ein fest umgelegtes Schnürleibchen oder ein anderes enganliegendes Kleidungsstück unbeweglich machen, vergrößert sich der Brustkasten durch Erweiterung seines oberen, nicht umschlossenen Abschnittes.

Die Menge der Luft, die bei jedem Atemzuge ein- und ausgeatmet wird, ist nicht gleich. Je tiefer geatmet wird, um so mehr reine Luft wird mit jedem Atemzuge aufgenommen und um so mehr verunreinigte Lungenluft wird ausgeschieden. Bei dem gewöhnlichen Atmen wechselt etwa 1/6 des gesamten Luftgehaltes der Lungen, bei sehr tiefem Atmen über 4/5. Die „Atmungsgröße“ oder „Vitalkapazität“, d. h. diejenige Luftmenge, welche nach tiefstem Einatmen durch tiefstes Ausatmen entleert wird, schwankt bei gesunden Männern zwischen 3000 und 4000 ccm, bei Frauen zwischen 2000 und 3000. Sie ist abhängig von der Größe und Ausdehnungsfähigkeit des Brustkastens und von der Kraft der Atemmuskeln.

Durch die Atembewegungen wird die Blutzirkulation mechanisch beeinflußt. Die Thätigkeit des Herzens und vor allem das Einfließen des Venenblutes in das Herz wird durch tiefes Einatmen sehr befördert. Bei oberflächlicher Atmung treten Stauungen im Pfortaderkreislauf auf, tiefes Atmen beschleunigt denselben.

Die Hauptbedeutung der Atmung besteht darin, daß sie durch Vermittelung des Blutes allen Organen den für ihre Thätigkeit nötigen Sauerstoff zuführt und aus ihm die Kohlensäure entfernt.

Unzureichende Atmung ist für alle Organe schädlich und erzeugt zahlreiche Krankheiten. Ein Hauptfaktor beim Entstehen der Bleichsucht ist unzureichende Atmung; Verdauungsstörungen aller Art, Leberkrankheiten, Gallensteinbildungen, Zirkulationsstörungen, Neigungen zu Ohnmacht, Schwindelgefühl, Kopfweh findet man besonders häufig bei Personen, die ungenügend atmen.

Bei den meisten Menschen erweist sich die Atmung als unzureichend, wenn sie ungewohnte schnelle oder anstrengende Bewegungen auszuführen haben, beim Laufen, Steigen, Tanzen u. a. Durch Atemlosigkeit werden sie gezwungen, die Bewegung zu unterbrechen.

Durch richtig gewählte Leibesübungen kann die Atmung gesteigert werden zum Heile des ganzen Körpers; durch Leibesübungen allein können die Atmungsorgane leistungsfähiger gemacht werden, um auch erhöhten Anforderungen zu genügen.

Ist die Beweglichkeit des Brustkastens mangelhaft, so kann sie durch sog. Atemgymnastik verbessert werden; wo die Atemmuskeln schwach sind, können sie durch direkte Atemübungen, wie langsames, tiefes Einatmen, Einhalten der Luft u. s. w. gekräftigt werden. Es sind dies aber nur unwesentliche Hilfsmittel. Eine Kräftigung der Atmung, eine anhaltende Steigerung der Leistung der Atmungsorgane ist nur durch Muskeltätigkeit zu erreichen, die das Atmungsbedürfnis vermehrt. Die Atmung kann nur einige wenige Minuten hindurch von uns willkürlich langsam oder schnell, tief oder oberflächlich ausgeführt werden, dann ändert sich gegen unsern Willen der Atmungsmodus durch Selbstregulierung, wie es das Atmungsbedürfnis des Körpers erfordert. Es gilt deshalb, das Atmungsbedürfnis zu steigern. Ist dies geschehen, so arbeiten die Atmungsorgane ohne unser Zuthun mit vermehrter Energie.

Alle Leibesübungen, vor allem aber Dauer- und Schnelligkeitsübungen, steigern das Atmungsbedürfnis und kräftigen die Atmungsorgane.

Durch schnelles Gehen, durch Bergsteigen, durch allmählich immer mehr ausgedehnten Dauerlauf, durch Schlittschuh- und Skilaufen, durch Schwimmen, Radfahren und Rudern wird die Atmung für längere Zeit beschleunigt. Die Atemlosigkeit, die anfangs frühzeitig auftrat, wird immer weiter hinausgeschoben und stellt sich später überhaupt nicht ein, wenn die Übungen nicht in großer Schnelligkeit ausgeführt werden oder nicht so lange ausgedehnt werden, daß Ermüdung der Muskeln eintritt.

Wettlauf, Wettschwimmen und alle anderen ohne Pause ausgeführten Schnelligkeitsübungen erzeugen naturgemäß viel früher Ermüdung der Muskeln und Atemlosigkeit. Schnelligkeitsübungen mit Ruhepausen dagegen, wie die Bewegungsspiele, wirken, wie die Dauerübungen, im höchsten Maße günstig auf die Atmungsorgane.

Diese Übungen wirken auf die Atmungsorgane aber nur dann günstig, wenn richtig geatmet wird. Die Atmung muß durch die Nase erfolgen, damit die Luft erwärmt, von Staub befreit und mit Feuchtigkeit gesättigt wird. Die Übung muß in guter, aufrechter Haltung ausgeführt werden, weil diese allein eine ausgiebige Ausdehnung des Brustkastens gestattet. Jede die Ausdehnung des Brustkastens und Bauches beengende Kleidung ist unbedingt zu verwerfen. Von Beginn der Übung an soll möglichst tief und langsam geatmet werden. Es ist darauf zu achten, daß unter Mitwirkung der Muskeln aktiv vollständig ausgeatmet werde. Die Übungen sollen soviel wie möglich in reiner, staubfreier Luft ausgeführt werden. Die günstige Beeinflussung der Atmungsorgane äußert sich auch darin, daß der Brustumfang und die „Atmungsgröße" anwachsen.

In ganz anderer Weise werden die Atmungsorgane durch Kraftübungen in Anspruch genommen. Wenn ein Muskel mit voller Kraft arbeiten soll, so muß das eine Ende desselben festgestellt werden. Soll die Hand kraftvoll gegen den Arm bewegt werden, so muß der Arm feststehen, soll der Arm eine Last gegen den Rumpf bewegen, so muß der Rumpf fixiert werden. Wenn wir bei geschlossener Stimmritze durch Zusammenziehung der Bauchmuskeln aktiv ausatmen, so wandelt sich der ganze Rumpf in eine starre Säule um, an der die Gliedmaßenmuskeln einen festen Ursprung haben.

Die Kraftübungen bewirken demnach eine „Anstrengung" großer Muskelbezirke und eine starke Kohlensäurebildung in diesen Muskeln. Die Zirkulation ist aber behindert, da Brust- und Baucheingeweide stark zusammengepreßt sind, und die Atmung wird angehalten, solange die Kraftleistung währt. Es leidet darunter die Ernährung aller Organe und zwar um so mehr, je länger die Kraftleistung währt.

Daß Kraftübungen die Atemorgane nicht leistungsfähiger machen, erhellt unter anderem aus der Thatsache, daß oft außerordentlich starke Athleten eine sehr geringe Vitalkapazität der Lungen besitzen.

Kraftübungen können die Atemorgane direkt schädigen. Wie angenommen wird, kann als Folge häufig ausgeführter anstrengender Kraftübungen, nach Heben schwerer Lasten u. s. w. sich chronische Lungenblähung (Lungenemphysem) entwickeln.

Auf den allgemeinen Stoffwechsel und auf die Ernährung des gesamten Körpers üben die verschiedenen Formen der Leibesübungen nicht den gleichen Einfluß aus.

Dauerübungen bewirken durch die Steigerung der Atmung und Zirkulation, daß alle Organe häufiger von sauerstoffhaltigem Blute durchflossen, also besser ernährt werden. Aus der besseren Versorgung des Gehirns mit Sauerstoff erklärt sich wohl das angenehme subjektive Gefühl von Kraft und Lebensmut, das man beim Ausführen von Leibesübungen empfindet.

Dauerübungen steigern wegen des großen Verbrauches von Material in den thätigen Muskeln das Nahrungsbedürfnis. Nur wenn durch übertrieben schnelle oder langwährende Dauerübungen eine übermäßige Ermüdung oder gar Erschöpfung entstand, bleibt diese Wirkung aus. Appetitlosigkeit nach einem Marsche, nach einer Radfahrt oder einer andern lange ausgedehnten Übung ist ein Zeichen dafür, daß die Übung zu lange währte, daß sie die Kräfte des Ausführenden überstieg.

Der große Blutzufluß zu den thätigen Muskeln hat zur Folge, daß das Blut anderen Organen entzogen wird. Vor allem sind es die Bauchorgane. Die Verdauung liegt deshalb während der Dauer der Übung darnieder, weil die Verdauungssäfte nicht genügend von den blutarmen Drüsen ausgeschieden werden. Daraus ergiebt sich die bekannte Regel, daß die Übungen nicht unmittelbar nach der Nahrungsaufnahme stattfinden sollen.

Auch das Trinken vor oder während der Übungen ist zu vermeiden, weil dadurch die Blutmenge vermehrt und die Herzarbeit gesteigert wird.

Fördernd wirken die Übungen auf die Verdauung, indem der Inhalt des Darmkanals durch die abwechselnde Verkleinerung und Erweiterung des Bauchraumes mechanisch vorwärts geschoben wird.

Solange die Leibesübungen nicht bis zur Übermüdung getrieben werden, wird dabei nur Fett verbrannt. Erst wenn trotz Ermüdung die Übung weiter ausgeführt wird, wenn sich Atemnot einstellt, wenn die Sauerstoffaufnahme hinter der Kohlensäure-Ausscheidung zurückbleibt, dann findet ein Zerfall von Eiweißsubstanz statt, und die Harnstoffausscheidung nimmt zu. Wenn durch einen energischen Training der Körper sehr stark von Fett befreit ist, so wird bei den Übungen ein gesteigerter Eiweißzerfall eintreten.

Kraftübungen haben nur dann eine fördernde Wirkung auf den Stoffwechsel, wenn die Muskeln nicht bis zur vollkommenen Ermüdung arbeiten, im anderen Falle findet ein Eiweißzerfall statt. Wenn Kraftübungen eine Feststellung des Rumpfes durch Einhalten des Atems und Wirken der Bauchpresse nötig machen, so werden mit der Zirkulation und Atmung auch die Stoffwechselvorgänge für die Dauer der Übung ungünstig beeinflußt und um so stärker, je länger die Übung währt.

In neuerer Zeit ist von mehreren Ärzten nachgewiesen worden, daß im Anschlusse an langdauernde Übungen, wie Radfahren, Rudern, bei manchen Personen vorübergehend Eiweiß im Harn auftritt. Die Ansichten gehen darüber auseinander, ob es sich dabei um eine Schwäche der Nieren handelt, aus der eine Erkrankung der Nieren entstehen kann, oder ob diese Erscheinung ganz belanglos ist.

Auf das Skelettsystem üben die Leibesübungen in zwiefacher Hinsicht einen Einfluß aus.

Die Knochen werden durch den Zug der Muskeln zu Leisten und Vorsprüngen ausgezogen, es wird also die Oberfläche der Knochen durch die Muskeln modelliert. Gleichzeitig nimmt die Festigkeit der Knochen zu.

Die Weichteile, durch die die Knochen verbunden werden, die Gelenkbänder, die Knorpel- und Faserhaft, sind bei jugendlichen Individuen dehnbar und elastisch und werden mit zunehmendem Alter immer fester und starrer. Durch fortgesetzte Leibesübungen kann das Starrwerden der Weichteile bis ins hohe Alter hinein aufgehalten und die Beweglichkeit und Gelenkigkeit der Jugend, wenn auch nicht vollständig, so doch wenigstens teilweise, bewahrt werden.

Turnen, Schwimmen, Rudern und solche Leibesübungen, bei denen die meisten Muskeln in Thätigkeit versetzt werden, sind besonders geeignet, um auf die knöchernen und weichen Teile des Skeletts günstig zu wirken.

Aus dem Mitgeteilten*) geht hervor, wie verschieden die Wirkung der Leibesübungen auf die einzelnen Organe ist, je nach der Art der Leibesübungen und je nach der Weise ihrer Ausführung.

Werden Leibesübungen unterlassen, so hat der ganze Körper Schaden davon. Die Muskulatur atrophiert, leistet deshalb wenig und ermüdet leicht. Die Knochen werden frühzeitig brüchig, die Weichteile des Skeletts werden starr, und der Körper wird vor der Zeit steif und unbeweglich. Das Herz wird schlaff, treibt träge das Blut durch den Körper, zieht sich schon bei geringfügigen Anstrengungen

*) Der beschränkte Raum, der mir für diese Auseinandersetzungen zur Verfügung gestellt war, gestattete mir nicht, meine Ansichten über die Einwirkungen der Leibesübungen auf unseren Körper näher auseinanderzusetzen und zu begründen. Für diejenigen, welche Ausführlicheres hierüber wissen wollen, verweise ich auf meine Vorträge über „Die Leibesübungen und ihre Bedeutung für die Gesundheit“, die in Teubners Sammlung wissenschaftlich-gemeinverständlicher Darstellungen aus allen Gebieten des Wissens, „Aus Natur und Geisteswelt“ demnächst veröffentlicht werden.

übermäßig schnell zusammen und zwingt durch frühzeitige Ermüdung zur Unterbrechung der Arbeit. Die mangelhafte Blutzufuhr zu den Organen hat eine verminderte Leistung derselben zur Folge. Durch Behinderung des Abflusses des venösen Blutes entstehen Stauungen, vor allem in den Bauchorganen und in den Beinen. Die Atmung erfolgt oberflächlich, das Blut erhält nicht die nötige Sauerstoffmenge, und deswegen treten Bleichsucht und alle möglichen Störungen in den Organen, vor allem auch in den nervösen Organen auf, die für ihre Thätigkeit viel Sauerstoff nötig haben.

Die Leibesübungen wirken verschieden, je nachdem sie Kraftübungen oder Dauerübungen sind.

Die Kraftübungen veranlassen eine Dickenzunahme und Steigerung der Arbeitskraft der Muskeln, sie strengen das Gehirn an, weil sie eine starke Willensanstrengung nötig machen. Zirkulation, Atmung und Stoffwechsel werden von ihnen ungünstig beeinflußt, wenn sie mit großer Kraft ausgeführt werden. Tritt die Kraft aber gegen die Geschicklichkeit zurück, so steigern sie in mäßigem Grade die Thätigkeit des Herzens und der Lunge und die Stoffwechselvorgänge. Von großer Bedeutung sind sie aber, abgesehen von der Steigerung der Muskelkraft und der Kräftigung des Skeletts, weil sie die Koordinationsthätigkeit des Gehirnes üben.

Dauerübungen kräftigen die Muskeln, indem sie dieselben weniger leicht ermüdbar machen. Sehr günstig wirken sie auf Zirkulation, Atmung, Stoffwechsel. Das Gehirn strengen sie wenig an, weil die Bewegungen ganz mechanisch, ohne besondere Willensanstrengung ausgeführt werden. Übermäßig lange ausgedehnte Dauerübungen wirken schädlich auf alle Organe.

Schnelligkeitsübungen werden, je nachdem sie den Charakter von Kraftübungen oder von Dauerübungen haben, eine verschiedene Wirkung haben. Besonders günstig wirken Schnelligkeitsübungen mit Erholungspausen, wie die Bewegungsspiele. Sie fördern eine schnelle Koordination, kräftigen die Muskeln, regen Zirkulation, Atmung und Stoffwechsel an. Das einzige, was auszusetzen bleibt, ist, daß die Haltung des Körpers nicht die nötige Berücksichtigung findet.

Der körperlichen Erziehung der Jugend dient bei uns das Turnen, das ein offizieller Unterrichtsgegenstand geworden ist. Es erstrebt eine gleichmäßige Ausbildung aller Muskeln, übt systematisch die Koordination, steigert durch Kraftübungen die Muskelkraft und die Geschicklichkeit und durch Dauer- und Schnelligkeitsübungen die Ausdauer der Muskeln, des Herzens und der Lungen. Daß das Turnen sein Ziel nicht immer erreicht, liegt zum Teil daran, daß für diese vielen Aufgaben die Übungszeit allzu kurz bemessen ist. Eine Zeitlang wurde beim Turnen die Ausbildung der Muskeln und der Koordinationsthätigkeit des Gehirns zu sehr bevorzugt. Seitdem die volkstümlichen Übungen und vor allem seitdem die Bewegungsspiele von den Turnern mit Eifer betrieben werden, sind auch die Zirkulations-, Atmungs- und Stoffwechselorgane wieder zu ihrem Recht gekommen.

Die Leibesübungen, die außerhalb des Rahmens der Jugenderziehung von jung und alt ausgeführt werden, haben für den Körper einen sehr verschiedenen Wert. Die einen kräftigen die gesamte Muskulatur, andere nur die der Arme und Beine. Die einen regen Herz und Lungen zu erhöhter Thätigkeit an, die anderen beeinflussen Zirkulation und Atmung nur wenig. Die einen erfordern eine starke Willensenergie, die anderen stellen an die Hirnthätigkeit so gut wie gar keine Anforderungen. Einzelne genügen auch allen Anforderungen, die Leibesübungen überhaupt zu erfüllen vermögen. In dem einen Falle wird es nötig sein, diese oder jene Muskelgruppe oder die gesamte Muskulatur zu kräftigen, in dem anderen, die koordinierende Hirnthätigkeit zu üben, in dem dritten Falle, Herz und Lungen leistungsfähiger zu machen. Bei dem einen wird das Gehirn, bei dem anderen das Herz oder die Lunge zu schonen sein.

Bei der Wahl der Leibesübungen werden diese Gesichtspunkte leider nur selten berücksichtigt, und daher bringen die Leibesübungen nur allzu oft keinen Nutzen.

Auch die Art und Weise, wie die Leibesübungen betrieben werden, ist gar oft verkehrt. Wie bei allem Lernen sollte mit kleinen Aufgaben begonnen werden. Erst wenn durch Übung die Organe so weit gekräftigt sind, daß sie diese kleinen Aufgaben leicht ausführen, sollte zu höheren Leistungen geschritten werden. Das Müdigkeitsgefühl, das beim Anfänger sich frühzeitig einstellt, muß überwunden werden, damit die Übung eine Kräftigung zur Folge hat. Tritt aber wirkliche Ermüdung ein, so muß die Übung beendet werden. Wird sie bis zur Übermüdung, bis zur Erschöpfung fortgesetzt, so wirkt sie schädlich.

Das richtige Maß einzuhalten ist schwer. Nach beiden Richtungen wird gefehlt. Entweder werden die Leibesübungen in unzureichendem Maße ausgeführt und erzielen deshalb keine bleibende günstige Wirkung, oder sie werden im Übermaße betrieben, und es stellen sich schädliche Folgen ein. Die Beschaffenheit und Leistungsfähigkeit der Organe und der Grad des Geübtseins bilden den Maßstab für die Größe der Arbeit, die der Einzelne zu leisten vermag.

Durch fortgesetzte Übung kann die Leistungsfähigkeit wohl gesteigert werden, aber diese Steigerung hat ihre Grenze, die wiederum für jeden individuell verschieden ist.

Die Kenntnis der physiologischen Wirkungsweise der Leibesübungen auf die Organe setzt uns in den Stand, zu beurteilen, ob eine Übung uns zuträglich und nützlich ist oder nicht. Jeder, der Leibesübungen ausführt, sollte sich diese Kenntnis verschaffen und zum Heile seines Körpers verwerten!

— · — —

3. Über die Belebung der Jugendspiele an der deutschen Volksschule*).

a. Berichterstatter Königl. wirkl. Rat Weber, München.

Die Aufgabe, welche mir heute gestellt worden, ist eine so umfassende, daß ich bei der Fülle des Stoffes fast fürchten muß, mich in Gebiete zu verirren, die fernzuhalten vielleicht im Augenblick angezeigt wären. Ich werde mich beschränken, so gut ich kann, bitte aber, mich zu warnen, wenn ich, noch dazu in so vorgerückter Zeit, etwa zu weitschweifig werden sollte.

Zunächst möchte ich bemerken, daß nicht ich zuerst berufen worden bin, über dieses Thema einen Bericht zu geben, ich war nur als Korreferent aufgestellt. Mit Fug und Recht war von seiten unserer Leitung ein norddeutscher Herr in Aussicht genommen, was ich um so begreiflicher finde, da ja in unserer Vereinigung hier die Süddeutschen nur einen ganz minimalen Bruchteil bilden. Auch müssen hier einige Unterschiede der Volksschule Nord- und Süddeutschlands erst erklärt werden.

Das Wort „Volksschule" ist für uns Süddeutsche ein Begriff, der sich nicht mit den norddeutschen „Volks- und Bürgerschulen" deckt. Wir verstehen unter „Volksschule" nur die eine, ungeteilte Schule, welche für das Volk gehört; wir haben keine öffentlichen sogenannten Bürgerschulen, sondern nur die eine Schule, und das ist diejenige Schule, welche wenigstens 90 Prozent der ganzen Bevölkerung die einzige Summe des Unterrichts und der Erziehung vermittelt, die sie überhaupt im Leben erhalten. Hier in dieser Schule ist aber kein Unterschied zwischen den Ständen: der Sohn des Ministers sitzt neben

*) Vortrag, gehalten in der Sitzung des Zentral-Ausschusses zu Berlin am 15. Januar 1899. Nach der stenographischen Aufnahme.

dem Sohne seines Bureaudieners. Und gerade dieser durch die Volksschule gehende demokratische Zug ist es, der uns Süddeutschen — ich will hoffen im guten Sinne des Wortes — noch lange nachhängt: wir sind ja alle mehr oder minder mit einem gewissen Tropfen demokratischen Öles gesalbt. Diesen Begriff der Volksschule bitte ich festzuhalten, wenn ich im Laufe meiner Erörterungen nur von ihr spreche.

Wenn wir nun fragen: Wie kommt es denn, daß der Zentral-Ausschuß jetzt erst dazu sich aufrafft, die zur Debatte stehende Frage zu stellen? so giebt die Geschichte unseres Zentral-Ausschusses in seiner Thätigkeit die hinreichende Erklärung. Der Zentral-Ausschuß hat für die Spielbewegung in der Volksschule längst vorgearbeitet, insbesondere dadurch, daß er mit aller Entschiedenheit versucht hat, die Behörden für die Sache zu interessieren, dann durch die Einführung der Spielkurse, ferner durch die Feststellung der Methode für diese Spiele. Das sind Dinge, welche darauf abzielten, das Spiel in der Volksschule ins Leben zu rufen und wach zu halten. Das Jahrbuch selbst ist zum großen Teil für die Lehrer und für diejenigen Behörden, denen Schulen unterstehen, eine Fundgrube von Gedanken und Anregungen, und ich bin der sicheren Überzeugung, daß daraus auch schon viel Gutes gerade nach dieser Seite hin geschaffen worden ist.

Wie kann nun das Spiel in den Volksschulen festen Boden fassen? Das ist eine Frage, die sich sehr schnell aufwerfen, aber nur sehr umständlich beantworten läßt. Die Verhältnisse liegen so verschiedenartig, als es Städte, als es Dörfer giebt; in der Stadt steht die Sache wieder anders als auf dem Lande, in katholischen Gegenden anders wie in protestantischen, in Industrieorten anders wie in den Orten, wo sich überwiegend Landbevölkerung befindet. Kurz und gut: es sind so weit auseinandergehende Beziehungen, daß es sehr schwer ist, hier irgend einen Kanon aufzustellen, nach dem verfahren werden kann. In der Regel ist es so: es muß sich an dem für die Erweiterung der Spielbewegung in Aussicht genommenen Ort ein Mann finden, der für die Sache begeistert ist, der verständig und einflußreich genug ist das rechte Wort auszusprechen, auf das seine Mitbürger hören; und dieser Mann ist es, um den herum sich ein Verein legen soll, und dieser Verein muß nun die Sache in die Hand nehmen. Es ist das der gewöhnliche Hergang, wie er in den meisten Städten bei der Einführung von Jugendspielen zu verzeichnen ist. Natürlich sind sofort die Magistrate und vor allem die Gemeindekollegien, die den Geldsäckel festhalten, in Bewegung zu setzen und warm zu stimmen, damit sie ein Verständnis für die Sache erhalten und auch die nötigen

Opfer zu bringen bereit sind; denn die Durchführung von Spielen in der Volksschule ist nur dann möglich, wenn auch die unerläßlichen finanziellen Opfer gebracht werden. Wir können nicht überall mit idealen Kräften rechnen; ich habe die Lehrer nicht gefunden, die mit unentwegter Ausdauer alle die Sonntagnachmittage opfern, welche das Jugendspiel in Anspruch nimmt; aber ich habe Lehrer um mich, die ihre Sache verstehen, ein warmes Herz für die Jugend, aber auch ein solches für ihre Familie haben, der sie sich an Sonntagen und an freien Nachmittagen widmen müssen. Darum benötige ich hier Geld, und ohne dieses Geld giebt es keine Sicherung des Spiels in der Schule. Vor allem brauche ich die Lehrer. Das ist nun das allerwichtigste, wenn ich überhaupt einen Spielbetrieb in einer Schule sichern will. Wo ich nicht einen begeisterten, ausdauernden Lehrer habe, der die Sache versteht, mit Hingebung arbeitet, da wird natürlich nie ein Geschäft mit dem Spiel zu machen sein. Da werden Anläufe und Anstrengungen in Hülle und Fülle gemacht, die aber rasch wieder verpuffen, wenn der rechte Lehrer nicht gefunden ist, und nach kurzer Zeit ist die Geschichte schlimmer als zuvor. Wir haben aus unseren Spielkursen, die überall im Deutschen Reich geführt worden sind, zu konstatieren, daß eine ganze Reihe von solchen Lehrern, die aus denselben gekommen sind, wie taube Blüten abgefallen sind, und man hat gar keine Wirkung in der Heimatstadt verspürt, von der sie ausgeschickt waren, um als Apostel für das Spiel zurückzukehren. Hier brauche ich das Herz: man muß ein Verständnis für das Jugendspiel, man muß Freude und Begeisterung für die Jugendfröhlichkeit haben. Wer dieses väterlich-freundliche Herz nicht besitzt, der soll dem Spiele fern bleiben; er verdirbt mehr, als er nutzt; die Lehrer, welche zu verknöchert sind, und welche nur durch Geld in Bewegung gesetzt werden, sind die gefährlichsten Spielverderber, die können wir für unsere Zwecke nicht brauchen.

Aber ich gehe anderseits nicht so weit, daß ich einem Manne, der mit ganzer Kraft und Hingebung arbeitet, zumute, er solle das um Gottes willen thun. Unsere realen Verhältnisse sind nicht so gelagert und unsere Lehrer nicht so gut bezahlt, daß letztere nicht eine Nebeneinnahme willkommen heißen. Also die Behörden müssen das Geld bereit legen. Sie müssen aber auch nicht glauben, daß sie schon alles gethan haben, wenn sie einen kleinen Posten in ihren Etat eingesetzt haben. Nein! — Lehrern, welche sich um die Schule durch ihre rege Anteilnahme und die Pflege der Spiele verdient gemacht haben, sollte zu rechter Zeit auch ein freundliches Wort über ihre Arbeit und Bestrebungen gesagt und die Zufriedenheit der Stadtbehörde kundgegeben werden. Gerade den Lehrern thut es oft recht wohl, wenn ihnen eine derartige Anerkennung ausgesprochen wird.

Wenn ich sage: der Lehrer ist und bleibt die Seele des Spiels, so muß ich natürlich beifügen, daß er dazu vorgebildet werden soll. Der freundliche, sonnenhelle Blick, den wir heute in den Spielbetrieb der preußischen Schullehrerseminare gethan haben, ist mir geradezu überraschend gewesen, und mich befiel mehrfach ein Gefühl des Neides, daß es nicht überall so glänzend steht, wie es in den bezeichneten Seminaren der Fall gewesen sein soll. Ich erinnere mich auch an eine Enquete, die unser Ministerium vor etwa zehn Jahren veranstaltet hat; damals wurde an die Lehrerseminare und die Präparandenschulen, welche für die Seminare vorbereiten, die Frage gerichtet, ob sie denn ausreichende Turn- und Spielplätze hätten. Darauf wurde u. a. auch von dem Inspektor einer Präparandenschule berichtet: für unsere Turn- und Spielbedürfnisse ist ein ausreichender Schulhof vorhanden; derselbe ist 56 qm groß!

Nun kann man sich also denken, wie da gespielt wurde! Demzufolge möchte ich mit Nachdruck betonen: in den Seminaren muß insbesondere für einen zweckdienlichen, ausreichenden Spielplatz gesorgt werden. Da fehlt es noch durchgehends — wenigstens bei uns im Süden —, und ich spreche es ganz offen aus, daß unsere Agitation entschieden auch dahin gehen muß, daß an den Lehrerbildungsanstalten Spielplätze geschaffen werden, welche den berechtigten Ansprüchen und Anforderungen des Spieles genügen.

Damit, daß wir, bis diese Forderung erfüllt ist, bloß diese kleinen Rundspiele betreiben, diese Kinkerlitzchen, wie es heißt, ist wenig gedient. Ich stehe zwar nicht ganz auf dem Standpunkt, daß wir derartige Sachen immer entbehren können; denn ein Kind von 6, 7, 8 Jahren spielt weder ohne, noch mit Aufheben Fußball; da müssen wir Spiele haben, welche ganz klein und einfach sind. Und solche zu gestalten, sind nicht alle Lehrer im stande. Aber die Seminaristen brauchen auch Spiele, die sie selbst befriedigen und erfreuen, und darum müssen wir fordern, daß in den Lehrerbildungsanstalten auf die Herstellung geeigneter Spielplätze und die Erlernung von Spielen aller Art ein viel größeres Gewicht gelegt werde.

Wir in Bayern haben in unseren Schulen noch einen weiteren Faktor zu berücksichtigen, und das ist das klösterliche Element. Ein großer Teil unserer katholischen Mädchenschulen liegt in den Händen von Frauenklöstern. Ich kann aber nicht konstatieren, daß diese Klöster eine Abneigung gegen das Spiel zeigten — gegen das Turnen: ja, aber gegen das Spiel: nein. Und die Mädchen, die aus der Volksschule kommen, sind ja, wie vielleicht wo anders auch, vollständig der Privatindustrie der Institute ausgeliefert. Wir haben keine Staatsanstalten, welche die Mädchen weiter fortbildeten, während bekanntlich für alle Nuancen der Knabenbildung eine Unsumme von Anstalten geschaffen ist.

Zusammenfassend kann ich nur sagen: gründen wir in den einzelnen Städten Vereine, wenden wir uns an bereits bestehende, die gemeinnützige Zwecke, Volksbildungs- oder gesundheitliche Zwecke verfolgen. Diese werden mit uns Hand in Hand gehen, und durch diese müssen wir dann auf die Magistrate und andere Behörden einwirken. Begeistern wir in erster Linie die Lehrer, bringen wir unsere jungen Lehrer dazu, daß sie eine Freude am Spiel haben; arbeiten wir, damit wir Einfluß auf weite Bürgerkreise, wie auf die Behörden gewinnen; dann können wir sicher darauf rechnen, daß in den Städten etwas Bleibendes und Nachhaltiges für das Spiel der Volksschule geschieht.

Es ist das ja eine Sache, in der bereits sehr viel vorgearbeitet worden ist, und der Einfluß, den der Zentral-Ausschuß auch bei uns im Süden errungen hat, ist ein ganz bedeutender; ich spüre ihn in meiner amtlichen Thätigkeit bei jeder Gelegenheit und weiß es von den Behörden, wie sehr seine Bestrebung geschätzt wird; der Ausschuß heißt aber, nebenbei gesagt, immer „v. Schenckendorff". Die Jahrbücher gehen hinaus in eine Menge von Städten, und ich kann Ihnen die Versicherung geben: sie werden — nicht gelesen; sie werden in die Registraturen gegeben und harren dort einer freudigen Auferstehung entgegen. Aber wenn unter 1000 Städten 900 versagen, so bin ich dankbar dafür, wenn 100 durch das Jahrbuch angeregt werden. Das geschieht, und das hat auch schon seinen Nutzen.

Und nun zur Dorf-, zur Landschule; diese ist ungleich schwieriger in Bewegung zu setzen. In einer großen Anzahl von deutschen Städten ist auf seiten der Behörden doch eine gewisse Intelligenz wahrzunehmen. Diese Intelligenz mute ich sogar sämtlichen Städten zu, die über 3000 Einwohner haben.

Wir haben aber auch noch andere Bezirke, in welchen diese Einwohnermasse nicht erreicht wird, und wo diese Intelligenz doch vorhanden ist. Aber trotzdem bleibt die Schwierigkeit bestehen, in den Dörfern für gemeinsame Bestrebungen einen Boden zu schaffen. Ich kann Ihnen übrigens eine tröstliche Versicherung geben, und das ist dir, daß es keineswegs die Geistlichkeit ist, die dem Spiel entgegentritt. Ich will Ihnen ein sehr drastisches Beispiel berichten.

Wir haben vor drei Jahren die Anregung gegeben, es sollte im Kreise Oberbayern, der eine ungemessene Menge von Landbevölkerung in sich schließt, auf den Dorfschulen das Bewegungsspiel eingeführt werden. Die Kreisregierung überlegte sich den Vorschlag, sie wies ihn nicht zurück, aber zu seiner Ausführung brauchte sie Geld; das Geld mußte vom Landrat bewilligt werden. Die Kreisregierung sah sich deshalb veranlaßt, sich zuvor an die Distriktsschulinspektoren zu wenden und von ihnen Gutachten zu erholen über den Zweck und Nutzen von solchen Spielen. Und das sind durchwegs sehr fromme und ultramontane Herren; die große Anzahl von diesen Distriktsschulinspektoren hat sich warm dafür ausgesprochen und damit anerkannt, daß es ein Vorteil und ein Nutzen ist, wenn die Bauernjungen auch das Bewegungsspiel trieben.

Wir haben in Oberbayern eine Bevölkerung, die außerordentlich gesund und kernig, aber schwer anzuregen ist, dabei aber eine Rauflust besitzt, wie sie nur ein Wettspiel wünschenswert erscheinen lassen kann.

Doch die Schulung, die Disziplinierung dieser Stammeseigenschaft fehlt, und deswegen hat die Kreisregierung im vergangenen Jahre mit vollem Recht einen Spielkursus für oberbayerische Lehrer angeordnet. Dieser Spielkursus ist von sämtlichen Bezirken des Kreises beschickt worden. Es sind natürlich Unterstützungen gegeben, und die Forderung ist weiter gestellt worden, daß jeder der Herren, welche den Spielkursus besucht hatten, vor einer Bezirkslehrerkonferenz auch einen Bericht zu machen und Spielvorführungen zu leiten habe. Wenn in dieser Weise gearbeitet wird, dürfte sich auch in der Dorfschule das Spiel allmählich und langsam einbürgern. Aber dazu gehören Lehrer, die wir brauchen können. Von einem alten, gebrechlichen Lehrer ist doch nicht zu erwarten, daß er jetzt auf einmal, auf Befehl der Kreisregierung, seine paar Dutzend Knochen zusammenrafft und mit den Schülern spielt. Das geschieht nicht. Und jener junge Lehrer, der bloß auf das Wirtshaus und auf den deutschen Diskus, das Kegelspiel, bedacht ist, wird auch kein Mitarbeiter für uns werden. Der Lehrer, den wir verlangen, muß eben ein ideal angelegter Lehrer sein, und solche giebt es im deutschen Lehrerstande glücklicherweise doch recht viele. Aber anfänglich darf in der Dorfschule kein Kind zum Spiel gezwungen werden. Die Erlaubnis zur Anteilnahme am Spiel muß als Belohnung für Fleiß und gute Führung hingestellt werden. Nur wenn der Lehrer sagt: es dürfen nur diejenigen spielen, welche sich in der Woche ausgezeichnet haben — dann wird schon der Ehrgeiz der Kinder und Eltern zur Wertschätzung des Spieles führen. Unsere Kreisschulinspektoren erkundigen sich, wenn sie hinauskommen in die Landschule, dort auch um das Spiel, und da finden sie durchgehends, daß nur dort das Spiel in Blüte steht, wo es von einem frischen, schneidigen Lehrer geleitet wird.

Also hier komme ich wieder auf die Hauptforderung zurück: Gebt uns tüchtige Lehrer!

Nun ist aber nicht die Sache allein mit den Knaben abgethan. Vorzüglich in den Städten muß ganz entschieden darauf gehalten werden, daß insbesondere auch den Mädchen ihre verderbliche „Sitzsamkeit“ abgewöhnt wird. Es giebt eine große Anzahl Mütter, welche es überhaupt den Mädchen mißgönnen, daß sie auch mal in den Hof hinuntergehen und mit ihren Freundinnen herumspringen dürfen. Das Mädchen freut sich gerade so sehr an dem frischen Bewegungsspiel wie der Knabe, und die so oft beliebte Leisetreterei sagt dem gesunden Mädchen keineswegs zu. Es hat mit seinem Körper mal für eine hochwichtige Angelegenheit einzutreten; und von seiner Kraft und Gesundheit hängt zum großen Teil das Leistungsvermögen der Nachwelt ab. Eben deswegen muß unsere Erziehung im Mädchenschulwesen nach dieser Seite hin ganz geändert werden. Gebt uns unser gesundes deutsches Mädchen wieder, erzieht es nach vernünftigen Grundsätzen in deutschem Geist, bildet sein Gemüt, und kräftigt seinen Körper, und mit unserer Nachkommenschaft im Deutschen Reiche wird es ungleich besser bestellt sein!

Wenn wir für die Volksschule das Spiel verlangen, dulden wir nie, daß man uns entgegnet: ja, für die Knaben, für die Mädchen aber nicht! — Nein erst recht für die Mädchen, in erster Reihe für die Mädchen, und dann erst für die Knaben. Der Knabe hat an und für sich Gelegenheit genug und vom Vater und von der Mutter die poetische Lizenz, sich mit den Nachbarbuben herumhauen zu dürfen. Das verbietet ihm weder die Sitte, noch das Gesetz. Aber wehe dem armen Mädchen, wenn es sich so ungezogen aufführen wollte!

Es ist notwendig, daß wir diesen oft schon ausgesprochenen Gedanken immer wieder hinausschleudern in die Bevölkerung; wir müssen das so oft sagen, daß es im ganzen Deutschen Reich wiedertönt. Es giebt eine Reihe von Städten, in denen man einfach meint: Ei was — Spiel, das ist ja nichts als Müßiggang. Das brauchen wir doch in unseren Schulen nicht. Die Wichtigkeit des Spiels ist noch nicht entfernt überall anerkannt, und wenn so einzelne große Zentren vorhanden sind, in denen das Spiel eifrig und verständnisvoll gepflegt wird, so müssen diese mit Nachdruck auch dafür wirken, daß die Gedanken, die bei ihnen verwirklicht sind, hinausgetragen werden in die kleinen Städte, in die Dörfer und in die ganze Umgebung. Das ist gleichfalls eine Forderung, deren Erfüllung ich auch von den Städten, in denen das Volksschulwesen und das Volksschulspiel in Blüte stehen, verlange. Dadurch erweitern sich diese Zentren immer mehr und mehr, und in konzentrischen Kreisen werden wir dann unsere Bestrebungen allmählich erfüllt sehen. An Geduld und Ausdauer darf es uns allerdings nicht fehlen; solche Dinge brechen wir nicht übers Knie; da muß hundertmal immer wieder angeknüpft werden, wenn auch alle bisherigen Stricke bereits gerissen sind, und wir dürfen uns die Mühe nicht verdrießen lassen, auch die Einwohnerschaft allmählich zu gewinnen. Hat sich irgendwo ein tüchtiger Spielbetrieb eingelebt, so ist es Thatsache, daß sich allmählich die Einwohnerschaft dazu bekehrt — langsam, aber sicher.

Gerade von den Sozialdemokraten nimmt es mich am allermeisten wunder, daß sie nicht mit ganzer Entschiedenheit dafür eintreten, daß in den Städten, in den Industriezentren, möglichst große Spielplätze von Stadt wegen geschaffen werden; ihre Kinder gerade hätten den meisten Nutzen davon. So aber verkümmern sie in elenden Wohnstuben und in solchen Aufenthaltsorten, wo eine gesunde Menschenblüte nicht aufkommen kann. Sie gehören hinaus ins Freie — unter Aufsicht, unter Gesetz, und das ist es, was ich immer und immer wieder den Sozialisten zurufen möchte: „Sorgt doch dafür, wo ihr die Macht habt, warum thut ihr es nicht? Ihr versündigt euch an euren Kindern und schädigt diese für ihr ganzes Leben.“ Daß die Volksschule spielen darf, ist insbesondere dort geboten, wo die Industrie jeden Fleck ausnützt. Die Bevölkerung der großen Städte ist ja ganz scheußlich zusammengedrängt. Ich, ein geborener Münchener, kann Sie versichern: da, wo wir als Knaben unsere frohen, lärmenden Spiele gespielt haben, stehen jetzt hundert und hundert Häuser, jeder Quadratcentimeter ist überbaut und ausgenützt, Luft und Licht den ganzen Quartieren genommen, und eben deswegen ist es nach meinem Dafürhalten eine hochwichtige Aufgabe, daß wir uns ernsthaft mit der Durchführung der Spiele für die Volksschule beschäftigen. Hier haben Sie die Basis für die weitere Entwicklung der Spiele. Die Knaben und Mädchen, welche in der Volksschule ernsthaft gespielt, werden auch später als Fortbildungsschüler ganz entschieden die alte Vorliebe weiter pflegen.

Sie sehen, meine Herren, die Aufgabe, die uns mit der Absicht, das Spiel in der Volksschule durchzuführen, gestellt wird, ist eine umfassende, und wir müssen uns zunächst darauf beschränken, überallhin Anregungen zu geben. Wir können natürlich bei der Auswahl der Lehrer, bei der Bestimmung der Spiele, bei der Anlage der Plätze nicht mitreden. Wir können nur raten, aufklären, anregen. Bezüglich der Schulhöfe sei erwähnt, daß sie meist nur für gewöhnliche, kleine Zwecke ausreichen. Oft sind sie zu klein, nicht minder oft auch recht staubig. Ich würde nicht spielen lassen, wenn der Staub aus allen Fugen des Schulhofes herausdringt.

Wenn Sie mich fragen: Welche Spiele sollen denn in der Volksschule getrieben werden? so antworte ich: Für die verschiedenen Altersstufen verschiedene Spiele! Ich kann die unteren Stufen nicht anders beschäftigen als mit kleinen, leichten Spielen, für welche kein nennenswertes Geistesvermögen notwendig ist und keine große körperliche Leistungsfähigkeit. Aber wenn es weiter hinaufgeht in die oberen Stufen, dann werden Sie gut thun, wenn Sie kräftige Spiele spielen lassen, und wenn Sie den Schüler auch allmählich dazu bringen, sich selbst im Wettkampfe mit anderen zu üben. Ich empfehle nicht, in der Volksschule schon die nicht immer gesunden Reize des Wettspieles zu pflegen, in der Volksschule verlange ich die ganze Naivetät der Jugend; da soll das Kind spielen, weil es Freude am Spiel hat; eine Nebenabsicht aber soll nicht damit verbunden werden.

Ich muß zum Schlusse eilen: wir müssen zu unseren Zwecken in Verbindung treten und die Verbindung erhalten in erster Reihe mit Männern, welche ein Herz und ein Verständnis für die Sache haben; wir müssen unsere Verbindung aufrecht erhalten insbesondere mit den Magistraten und da in erster Linie mit den Schulräten. Denn, unter uns gesagt, die haben doch einen ganz gewaltigen Einfluß. Also mit ihnen müssen wir uns in erster Reihe gut stellen.

Es ist dann notwendig, daß wir aber auch mit den Behörden, mit den mittleren wie oberen Schulbehörden, immer in Kontakt bleiben wie bisher. Das wirkt zurück auf die Volksschule.

Anderseits wollen wir unsere Spielkurse, wie wir sie gehabt haben, nicht verlästern, sondern beibehalten und, wo es nötig ist, verbessern; denn diese Spielkurse haben doch eine große Anzahl von begeisterten, sachverständigen Lehrern ausgebildet und haben eine Unsumme von Gedanken und Anregungen gegeben, welche ins Land hinausgetragen worden sind, und wenn diese Lehrer oft, durch Mißstände gezwungen, in ihrer Stadt das Spiel auch nicht durchführen konnten, so haben sie doch, nachdem sie ihre Anregung gehabt haben, mit ihren Kollegen weiter darüber gesprochen und so die Gedanken wieder in weitere Kreise getragen.

So will ich denn schließen. Ich bin mir recht wohl bewußt, wie lückenhaft mein Vortrag gewesen, wie unzureichend die Sache erschöpft ist. Aber hierfür brauchten wir ungleich mehr Zeit, als mir jetzt eingeräumt ist.

b. Mitberichterstatter Oberturnlehrer Schröder, Bonn.

M. H., ich bin als Mitberichterstatter in der glücklichen Lage, den Ausführungen des Herrn Rates Weber allenthalben zustimmen zu können. Es ist zweifellos, daß die Thätigkeit des Zentral-Ausschusses in erster Linie den Spielen der Schüler an den höheren Lehranstalten und den Spielen der Erwachsenen zu gute gekommen ist, während die große Masse der deutschen Jugend, die in den Volksschulen in Stadt und Land in Knaben- und Mädchenschulen vereinigt ist, von der ganzen Thätigkeit weniger berührt wurde. — Ich gebe gern zu, daß es rühmliche Ausnahmen giebt, daß u. a. in Magdeburg, in Altona, Görlitz auch die Volksschuljugend in größerem Maße als in anderen Städten zum Spiele geführt wird. Aber im allgemeinen wird es wohl zutreffen, daß in der Volksschule weniger gespielt wird als in der höheren Schule. Über die Gründe brauchen wir hier ja nicht zu reden; es genügt hier für uns, wenn wir die Thatsache anerkennen, und wenn wir unserseits das Beste thun, um möglichst auch die Volksschuljugend zum Spiele zu führen. Ich verzichte darauf, hier ganz bestimmte Vorschläge zu machen. Ich möchte hier nur einige Anregungen geben, wie diese Angelegenheit durchzuführen ist.

Die erste — ich kann selbstverständlich hier nur für Preußen reden und nicht für ganz Deutschland — wäre, daß wir auch den Mädchen der Volksschule einmal das Geschenk der Leibesübungen gäben. Es ist ja ungemein schwierig, direkt das Turnen in allen Mädchenschulen Preußens einzuführen. Auch selbst in den größeren Städten würde das bei uns im Rheinland auf große Hindernisse stoßen. Aber etwas anderes ist es, ob es nicht möglich ist, den Mädchen gerade in der besseren Jahreszeit die Spiele zu gewähren.

Die zweite wäre, daß wir auch in der Volksschule der Erweiterung des Spielbetriebes etwas näher träten. Unsere ministeriellen Bestimmungen gestatten uns, daß wir die Turnstunde auch zur Einübung von Spielen benutzen. Selbstverständlich kann man von dieser Erlaubnis in vielen Fällen keinen Gebrauch machen. Wenn die Turnstunde in die Schulzeit fällt, können wir die Schulhöfe nicht zur Einübung von Spielen benutzen; denn das Jubelgeschrei der Kinder, was in den Ohren des spielleitenden Lehrers vielleicht wie Engelsstimmen klingen wird, würde dem Lehrer, der im Schulzimmer unterrichtet, mehr wie Indianergeheul vorkommen, und wenn wir hier der Erweiterung der Spielbewegung Vorschub leisten wollen, so möchte ich die Anregung geben, ob es nicht möglich wäre, gerade die Sommerzeil nur zur Vornahme von Ordnungs-, Frei- und Stabübungen und zum Spielen zu verwenden, und zwar auf Plätzen, die nicht an einer Schule liegen, sondern auf besonders eingerichteten Spielplätzen. Die Gerätübungen, die auf der Mittelstufe vorgenommen werden, können für den Teil des Jahres unbedenklich fortfallen; diese Übungen können ganz gut in der Winterzeit nachgeholt werden. Dasselbe trifft auch für die Oberstufe zu. Ich bin in diesem Sommer in der Lage gewesen, den größten Teil meines Turnunterrichts auf dem Spielplatz abzuhalten. Unsere Turnhalle war abgebrochen, und ich mußte mich deshalb beschränken auf die Ausführung von Ordnungs- und Freiübungen und Spielen. Ich kann nur sagen: es ist in vorzüglicher Weise gegangen, und ich habe die Hoffnung, daß das, was etwa an turnerischer Übung versäumt worden ist, sich jetzt während des Winters reichlich nachholen läßt. Es ist keine Frage — und Sie werden alle mit mir der gleichen Meinung sein —, daß es gerade für unsere Volksschüler, die ja teilweise in ihren Wohnungsverhältnissen durchaus nicht so vorzüglich gestellt sind, besonders in gesundheitlicher Beziehung eine Wohlthat ist, wenn sie weit mehr als es bis jetzt geschieht, in die frische und freie Luft geführt werden. Das ist besonders von Bedeutung und Wichtigkeit gerade für die Schüler der Unter- und Mittelstufe. Ich erwähne hier nur ein Wort, die Blutarmut.

Allerdings läßt sich diese Änderung nicht durchführen, ohne daß nicht eine Anregung von oben gegeben wird. Wird diese aber von seiten der Behörden gegeben, dann zweifle ich nicht, daß in einer Reihe von Städten dieser Anregung Folge geleistet werden kann und besonders der Turnunterricht auf dem Lande gefördert werden wird. Schwierigkeiten sind allerdings zu überwinden, und das ist vor allem die, in welche Zeit diese Stunden gelegt werden können. Sie können selbstverständlich nicht mitten in die Schulzeit gelegt werden, sondern auf den Nachmittag, sodaß die Kinder direkt zum Spielplatz gehen können und von dort sofort nach Hause. Wir haben diese Einrichtung treffen müssen und sie hat sich bewährt.

Eine weitere Frage wäre, die Zahl der Spielplätze zu vermehren.

Sollten diese Anregungen auf Widerstand stoßen, dann möchte ich vorschlagen, daß wir uns an die Vereine und Magistrate wenden und die Einführung besonderer Spielstunden an den freien Nachmittagen beantragen. Wir haben in dieser Beziehung in Bonn auch einige Erfahrungen gemacht. Im Jahre 1882 haben wir einen Verein für Körperpflege gegründet und für unsere Volksschüler freiwillige Spiele eingerichtet. Nun hat sich aber ein Übelstand gezeigt, daß die Kinder gerade von dem System zum Spiele kamen, dessen Lehrer auf dem Spielplatze thätig waren, und wenn es uns auch gelang, die Schüler anderer Systeme auf den Spielplatz zu bringen, so haben wir doch die Erfahrung machen müssen, daß sie nie ausgehalten haben. Es müßte in dieser Beziehung deshalb noch eins bedacht werden, daß nämlich eine Reihe von Lehrern, und zwar von jedem Schulsystem ein Lehrer, mit der Leitung des Betriebes betraut würde. Die Stadt müßte selbstverständlich veranlaßt werden, die Lehrer für ihre Thätigkeit zu entschädigen. Auf Idealismus darf man in dieser Beziehung nicht so sehr rechnen, besonders wenn die Einrichtung von Dauer sein soll. Das kann vielleicht einen Sommer hindurch verlangt werden, aber die fortgesetzte Inanspruchnahme der Lehrer zur Ausübung einer freiwilligen Thätigkeit würde unbillig sein.

Das sind meine Anregungen, die ich Ihnen geben wollte. Ich sehe von bestimmten Vorschlägen ab; denn das eine verkenne ich nicht: die Sache liegt hier schwieriger als bei den höheren Schulen, wo der Idealismus mehr in den Vordergrund tritt.

4. Die älteste Schrift über Turnen und Volksspiele (Lucians Anacharsis).

Von Oberlehrer Cunze, Braunschweig.

Guts Muts Gymnastik erschien 1793, Jahn eröffnete 1811 seine Turnanstalt in der Berliner Hasenheide, die Bewegung für Volksspiele begann überhaupt erst um den großen Krieg und ward mächtiger nicht vor dem letzten Jahrzehnt unseres Jahrhunderts. Aber diese Bestrebungen für eine allseitige Ausbildung des Leibes sind nicht nur jung, sondern auch künstlich von einzelnen Männern unternommen, sie sind Edelreiser, auf den alten Stamm Germanias aufgepfropft, die zwar fröhlich angegangen sind, aber die geilen, wilden Triebe noch lange nicht erstickt haben. Sie haben auch in Sitte und Brauch des deutschen Volkes noch längst nicht die ihnen gebührende Geltung, das bezeugt vor anderem ihre Vernachlässigung in der Litteratur. Wir haben wohl Fachschriften in großer Zahl und Turnlieder, aber die Litteraturgeschichte kennt unsere Stoffe, Aufgaben und Ziele nicht, und weite Kreise, ja gestehen wir es, die große Masse des deutschen Volkes steht auch deshalb unseren Bestrebungen noch vielfach fremd und verständnislos gegenüber.

Wie ganz anders war das im alten Griechenland! Von der Macht des Turnens und der Spiele im Volksleben zeugt nicht nur eine Fülle von Nachrichten, wie die, daß die Hellenen, da Xerxes schon an den Thermopylen stand, wie sonst die olympischen Spiele begingen, sondern namentlich ihre herrliche Litteratur. Sie ist von Homer bis auf die Epigrammatiker der Kaiserzeit ganz voll von Verherrlichungen dieser Volkssitte. Der 23. Gesang der Ilias, in dem die Spiele zu Ehren des Patroklos beschrieben werden, entzückte unsern Schiller so, daß er urteilte, wer das gelesen hätte, könne nie ganz unglücklich werden. In der Odyssee besiegt der Held die gewandten Phäaken im Schleudern der Wurfscheibe und fordert sie zum Wettkampfe im Sprung und Schuß, im Ringen und Faustkampfe heraus. Selbst die Tragiker fröhnen diesem hervorstechenden Brauche ihres Volkes, es sei nur an die ergreifende Schilderung der Wettfahrt in Sophokles' Elektra erinnert. Aber förmlich gepachtet als ihre Domäne hatten diese wichtige Seite des griechischen Volkstums die drei großen Lyriker des V. Jahrhunderts, Simonides, Pindar und Bakchylides. Während von den Siegesgesängen des ersten nur kümmerliche Bruchstücke vorhanden sind, können wir seit dem glücklichen Funde 1896 in Ägypten die Lieder des liebenswürdigen Bakchylides mit den längst bekannten des pathetischen Pindar vergleichen. Die Tiefe der Kluft, die vor der Hand noch zwischen griechischem und deutschem Empfinden auf diesem Gebiete gähnt, wird dadurch deutlich, daß wir es uns zunächst noch gar nicht vorstellen können, Dichter wie Klopstock und Wieland — mit ihnen dürfte man die beiden Hellenen vergleichen — besängen die Sieger in den Sedanfestspielen oder den bevorstehenden Nationalfesten.

Die Griechen waren in ihrer klassischen Zeit zu naiv, Turnen und Spiele gehörten zu sehr zu ihrem Leben, als daß sie darüber reflektiert hätten; das thut man ja erst, wenn man etwas Neues einführen will, oder wenn etwas Altes abzusterben droht. Höchstens daß sie, die sich den Barbaren besonders durch die gesunde Harmonie von Leib und Geist, von natürlicher Sinnlichkeit und Seelenadel überlegen fühlten, weiche, bleiche Barbaren zur Schau stellten, um so durch Vergleich des eigenen Vorzuges mit Stolz bewußt zu werden (König Agesilaos in Ephesos 395). Die erste Schrift der griechischen und damit der Weltlitteratur, die den Wert des Turnens und der Turnspiele erörtert, ist wohl Lucians Dialog Anacharsis. Lucian war dazu allerdings besonders geeignet. Er war kein Grieche von Geburt; er stammte aus Samosata (Samsat) am oberen Euphrat im nördlichen Syrien. Er stand also diesem hellenischen Brauche, den er nicht unbewußt mit der Muttermilch aufgenommen, sondern erst durch seine hellenistische Erziehung hatte kennen und würdigen lernen, unbefangener, objektiver gegenüber; er lebte weiter im II. nachchristlichen Jahrhundert, wo die griechische Herrlichkeit schon zur Rüste gegangen war und auch diese Grundlage des echten Hellenentums abzusterben drohte. Lucian war, bevor er still in Athen der Philosophie lebte, als Professor der Rhetorik durch den größten Teil der alten Welt gereist, in allen bedeutenden Städten seine Vorlesungen haltend, er hatte dabei das Leben der verschiedenen Völker scharfen Auges beobachtet; so ist sein Urteil als das eines geistreichen und erfahrenen Mannes gewichtig. Meist ist er nur bekannt als loser Spötter, der mit wahrhaft Heine'schem Witz den Aberglauben und Unglauben des Heidentums geißelt; aber seine Abhandlungen und Versuche verbreiten sich über ziemlich alles, was damals die Menschen bewegte. So äußerte er sich auch über Gymnastik und Wettkämpfe. Um seiner Darstellung größeren Reiz und mehr Gewicht zu geben, schuf er einen Dialog und legte die Gründe, die Turnen und Wettkämpfe empfehlen, dem weisen Solon in den Mund, indes der Skythe Anacharsis, der in der That um 600 v. Chr. nach Griechenland aus Wißbegier gekommen war, geeignet schien, die Rolle des Banausen zu spielen, der, nur auf den platten Nutzen bedacht, das ideale Moment dieser Erziehung nicht zu würdigen versteht. (1788 gebrauchte Barthélemy für seine begeisterte Schilderung Griechenlands aus ähnlichen Gründen die Gestalt des jungen Anacharsis.) Die seit Platon beliebte Form des Dialogs widerstrebt unser nüchternen Zeit; deshalb soll im folgenden, wenngleich dadurch das schöne Kunstwerk zerbrochen wird, nur der Gedankengang und der Hauptinhalt des Gespräches mit Übersetzung einiger besonders anziehenden Stellen gegeben werden. Dabei gebrauchen wir Worte, wie Turnen, Spiele, Volksspiel u. a. im heutigen Sinne.

Anacharsis — so ist die dichterische Einkleidung — wird von seinem Gastfreund Solon in Athen umhergeführt, um das Leben und

Treiben der Griechen kennen zu lernen. Sie kommen in ein Gymnasium, d. h. eine Turnanstalt, wo gerade alles in Thätigkeit ist, und der Barbar, der nie so etwas gesehen hat, weiß gar nicht, was er zu diesem Thun sagen soll, er wähnt, er sei in eine Irrenanstalt geraten. „Was machen die jungen Leute da? Sie umfassen einander und suchen sich niederzuwerfen, schnüren sich die Kehle zu, winden und wälzen sich wie die Schweine. Und dabei sah ich eben noch, wie sie, nachdem sie sich ausgezogen hatten, sich salbten und einander ganz friedlich einrieben, und jetzt rennen sie in unbegreiflicher Leidenschaft wie die Wilden die Köpfe zusammen. Ja, da hat einer seinen Gegner an den Beinen hochgehoben und läßt ihn zu Boden fallen, wirft sich nun auf ihn und läßt ihn nicht hoch, sondern stößt ihn in den Staub, schlägt ihm die Beine um den Bauch und würgt den Unglücklichen, den Arm um den Hals geschlungen" u. s. w. Kurz, der Skythe beschreibt aufs anschaulichste einen leidenschaftlichen Ringkampf. Solon erwidert, diese Einrichtungen, die ihm jetzt so fremdartig und närrisch erschienen, würden ihm bei näherer Kenntnis so nützlich und angenehm vorkommen, daß er bald sich mit im Staube wälzen werde. Diese Zumutung dünkt aber dem Skythen so abgeschmackt, daß er mit dem Dolche droht, käme ihm einer damit. Überlegen lächelnd erläutert darauf der Athener die verschiedenen Übungen, die in einer Turnanstalt gepflegt würden und in Wettkämpfen ihre Krönung fänden. Da er aber als Siegespreise Kränze nennt, bricht der realistisch rechnende Gast in ein höhnisches Gelächter aus und meint, darum brauche man sich nicht so zu quälen und gefährden, solch Zeug könnte man doch billiger sich verschaffen. Auch wie Solon hinzufügt, die Kränze seien natürlich nur das Siegeszeichen, die Hauptsache sei der Ruhm, hat der fremde Gast nur ein Bedauern für die Verblendeten, die sich nicht entblödeten, vor dem ganzen Volke einander zu mißhandeln, und für die Zuschauer, die ihre Geschäfte vernachlässigten, um so etwas anzusehen. Solon entgegnet, ihn, den Worte nicht überzeugten, würden die Spiele selbst belehren, wo er da männliche Tapferkeit, Schönheit, Gewandtheit und Kraft aufs herrlichste entfaltet sähe. Aber jener fürchtet, er würde nur lachen, wenn er Schönheit, Kraft und Gewandtheit nicht für hohe, erhabene Güter aufwenden, sondern schänden sähe für Kränze und Äpfel, und spottet noch mehr über diese Thorheit, als er vernimmt, nicht alle Kämpfer, sondern nur der eine Sieger erhalte den wertlosen Preis. Solon erwidert: „Du hast noch nicht über den Staat nachgedacht, sonst würdest du nicht die besten Sitten, wodurch der Staat gedeiht und die Bürger gehoben werden, tadeln." Anacharsis giebt das zu, er habe aber gerade deswegen seine Heimat verlassen und Griechenland aufgesucht, um die besten Bräuche und Sitten kennen zu lernen, und er würde ihm, der ihm wegen seiner politischen Weisheit gerühmt sei, unermüdlich hierüber zuhören. Und Solon ist gern bereit, ihm zunächst die Erziehungsgrundsätze der Griechen auseinanderzusetzen. „Wir veranstalten diese Übungen nicht der Wettkämpfe wegen, daran beteiligen sich doch immer nur wenige, sondern damit die Jugend dadurch dem Vaterlande und sich selbst ein höheres Gut erwerbe. Wir haben nämlich noch einen andern Wettkampf, an dem sich alle guten Bürger beteiligen, und sein Preis ist kein Kranz, sondern etwas, in dem das ganze Menschenglück enthalten ist, die persönliche Freiheit wie die des Vaterlandes, Ruhm, Reichtum, Teilnahme an den heimischen Festen und das Heil der Angehörigen, kurz, alles, was man sich von den Göttern wünscht. Das alles erspriеßt aus dem Wettkampfe, zu welchem diese Übungen und Mühen führen." Da nun der Skythe meint, das hätte er nur gleich sagen sollen, statt von den Siegeskränzen zu sprechen, bemerkt der Athener, die gehörten durchaus dazu, entsprängen derselben Auffassung, das wolle er ihm jetzt im Zusammenhange beweisen. Anacharsis ist sehr einverstanden, bittet aber, daß sie in den Schatten gingen, er ertrüge das Jauchzen der Zuschauer, ja auch die glühende Sonne hier nicht, wundere sich auch, daß der bejahrte Solon die Hitze mit Behagen zu ertragen scheine. Solon sagt, das verdanke er dem Turnen und Spielen, führt dann aber seinen Gast nach einer schattigen Bank und beginnt, nachdem er ihn aufgefordert hat, bei Unklarheiten ihn zu unterbrechen: „Wir sehen als unseren Staat und unsere Stadt nicht sowohl das Land und die Häuser an, sondern die Bürger. Denn wie die Seele in uns, so erfüllen, besorgen, thun und behüten die Bürger alles. Nun sorgen wir freilich auch für den Leib des Staates dadurch, daß wir ihn schmücken und befestigen, besonders aber suchen wir die Menschen edel und kräftig zu machen. Dadurch leben sie glücklich im Frieden und retten den Staat aus Kriegsnot und sichern sein Gedeihen. Die früheste Erziehung überlassen wir dem Hause; sind die Kinder aber weit genug, das Schöne zu fassen, und kommt Ehrgefühl, Scham und Scheu samt der Sehnsucht nach dem Guten in ihnen hoch, ist auch ihr Körper kräftiger, ausdauernder geworden, so bieten wir ihnen Wissenstoff und geistige Übungen, gewöhnen sie besonders an Arbeit. Wir halten es nämlich nicht für genug, daß einer nur wächst an Leib und Geist, wie er eben wächst, sondern wir bedürfen für sie noch der Erziehung und Bildung, wodurch die guten Anlagen sich ganz anders entwickeln und Schlechtes zum Guten umgebildet wird. So verhüllen und schützen auch die Bauern die Bäume, so lange sie klein und niedrig sind, daß die Winde ihnen nicht schaden; sind aber die Schößlinge kräftiger, so schneidet man das Geile aus und läßt sie von den Winden wiegen und schütteln, um sie fruchtbarer zu machen." Nachdem dann Solon kurz abgeschweift ist über die geistigen Erziehungsmittel der Griechen, kommt er aufs Turnen: „Sind die Leiber nicht mehr zu zart und schwach, so entblößen wir sie, um sie an die Luft zu gewöhnen; wir setzen sie jeder Jahreszeit aus, damit sie weder von der Hitze leiden, noch bei Kälte versagen. Dann salben wir sie mit Öl ein und kneten sie, damit sie geschmeidiger werden. Denn es ist närrisch zu wähnen, Öl nütze dem lebendigen Leibe nicht, während doch selbst das tote Leder dadurch zäher und dauerhafter wird. Weiter haben wir mannigfache Übungen ersonnen und lassen die Jugend durch Lehrer im Faustkampfe und im Faustringkampfe unterweisen, daß sie sich gewöhnt, Mühen zu ertragen, Schläge auszuhalten und nicht aus Furcht vor Wunden zurückzuschrecken. Dadurch werden zwei gute Eigenschaften in ihnen wachgerufen, sie werden mutig in Gefahren, ohne ängstlich ihr Leben zu schonen, dazu aber stark und kräftig. Beim Ringen lernt man fallen, ohne sich zu schaden, leicht aufstehen, stoßen, sich winden, den Gegner umfassen und würgen — keine unnützen Fertigkeiten bei der Verwendung in Waffen. Offenbar wird ja ein solcher Turner den Feind bei einem Zusammenstoße leichter durch Beinstellen stürzen und sich selber, wenn er fällt, aufs schnellste aufrichten. Dies ist nämlich alles Vorbereitung zum Waffenkampfe, und nach unserer Überzeugung haben wir viel bessere Krieger an so geübten Leuten, deren Leib durch Kneten und Turnen geschmeidig und gestählt und dem Gegner unüberwindlich geworden ist. Denn nun erkennst du wohl, wie die in Waffen sind, die schon nackt den Feinden Furcht einflößen können; sie haben kein träges, weiches Fleisch, noch bleiche Magerkeit, wie im Schatten verkümmerte Weiber, die zittern und gleich in Schweiß gebadet verschnaufen, zumal wenn die Sonne wie eben zur Mittagszeit glüht. Wozu könnte man die Leute gebrauchen, die ewig durstig, keinen Staub ertragen und, wenn sie Blut sehen, gleich ohnmächtig werden und vor Angst sterben, bevor sie in Schußweite kommen und zum Handgemenge? Unsere jungen Leute sind von der Sonne gebräunt, männlichen Antlitzes und zeigen Mut, Schneid und Feuer; sie erfreuen sich der besten Gesundheit, sind weder steif und dürr, noch von schwerfälliger Dicke, sondern in den rechten Maßen umrissen, sie haben das unnütze, überflüssige Fleisch durch das Schwitzen abgegeben, aber was Kraft und Stärke bringt, vom Schlechten rein und frisch bewahrt. Denn das Turnen thut uns an den Leibern denselben Dienst wie das Worfeln am Getreide, wodurch Spreu und Hachel wegweht, indes die Frucht rein gesondert und gehäufelt wird. Die natürliche Folge des Turnens ist so Gesundheit und Ausdauer. Erst spät würde so ein Turner anfangen zu schwitzen und selten schwach werden. Wie wenn man — ich komme wieder auf das Getreideworfeln — zu gleicher Zeit ins Korn und ins Stroh Feuer würfe, das Stroh rasch verbrennte, das Korn aber nur allmählich, ohne große Flamme glößend sich verzehrte, so wird auch Krankheit und Mühsal einen solchen Körper nicht leicht besiegen. Sind doch seine inneren Organe gut ausgebildet und das Äußere gar fest dagegen gesichert, sodaß weder Sonne, noch Kälte unheilvoll eindringen kann. Und gegen Erschöpfung hilft die lange aufgespeicherte Lebensglut. Denn starkes Mühen und Arbeiten im voraus ist keine Kraftvergeudung, sondern die Stärke, in Übung gehalten, wächst. Auch im Lauf bilden wir die Jugend aus und gewöhnen sie, sowohl lange auszuhalten, wie auch schnell das Ziel zu erreichen, und gelaufen wird nicht auf festem, hartem Boden, sondern in tiefem Sande. Ebenso lernt sie, Gräben und andere Hindernisse zu überspringen mit Gewichten in den Händen. Weiter schleudern sie den Ger um die Wette. Vielleicht hast du in der Halle eine Erzscheibe, einem kleinen Schilde ähnlich, gesehen; auch damit werfen sie, und das kräftigt die Schultern und giebt den Gliedern Geschmeidigkeit. Lehm aber deckt hier den Boden, damit man ohne Schaden falle, zudem nimmt dadurch die Schlüpfrigkeit zu, was nicht wenig die Anstrengung erhöht, wenn man einander so fest fassen und trotz der Glätte halten muß. In diesem Lehm einen aufzuheben, der eingesalbt ist, schwitzt und den Händen entschlüpfen will, halte nicht für gering. Das alles ist, wie schon bemerkt, nützlich für den Krieg, wenn man da einen wunden Freund heben und retten oder auch einen Feind fassen und hoch durch die Luft hertragen will. Deshalb übertreiben wir diese Übungen und stellen zu schwere Aufgaben, damit geringere leicht gelöst werden. Der Staub dagegen dient dazu, beim Umfassen das Entschlüpfen zu hindern. Hat man sich im Lehme geübt, einen glatten, schlüpfrigen Leib festzuhalten, so gewöhnt man sich hier, den Händen sich zu entwinden. Auch hemmt der Staub, indem er sich auf die Poren legt, den hervorbrechenden Schweiß, hält so die Kraft an und hindert den Wind schadend einzudringen. Zudem nimmt der Staubsand den Schmutz und macht die Haut glänzender.

Ich möchte dir gern einen jener bleichen, im Schatten lebenden Gesellen und einen beliebigen Turner, der Staub und Schmutz abgewaschen hat, vorstellen und dich fragen, wem du gleichen möchtest. Du würdest sicher gleich beim ersten Anblick, auch ohne sie in ihrem Thun zu prüfen, lieber kernfest sein als verzärtelt, verweichlicht und blaß aus Mangel an Blut.

Darin also üben wir unsere Jugend, überzeugt, daß sie so unserm Staate ein wackerer Hort und ein Schutz unserer Freiheit werde, den Feinden überlegen beim Angriff, ein Schrecken unserer Nachbarn, die sich uns so meist furchtsam fügen. Im Frieden jagt unsere wackere Jugend keinen schändlichen Dingen nach, noch wird sie aus Müßiggang hochmütig; und darin besteht doch wohl das Gemeinwohl, das Glück des Staates, wenn die Jugend sich dadurch als tüchtig im Krieg und im Frieden erweist, daß sie dem Ideale nachtrachtet."

Anacharsis ist durch diese Darstellung durchaus nicht für das Turnen gewonnen, sondern spottet gar arg über dieses eitle Zeug, diese zwecklose Kinderei, diesen Zeitvertreib müßiger Jünglinge und meint, wer frei und glücklich sein wolle, habe sich im ernsten Waffenhandwerk zu üben, ja er glaubt, wenn er jetzt sein kurzes Schwert zöge, könne er allein die ganze Turnhalle erobern, die eben noch hochroten Turner würden sich bleich vor Schreck hinter den Bildsäulen verstecken; nur den gütigen Göttern hätten die wehrlosen Griechen zu danken, daß sie noch nicht geknechtet wären. Solon widerlegt das durch die Geschichte und fügt hinzu, daß sie natürlich in Wehr und Waffen gegen den Feind zögen, wegen ihrer trefflichen Ausbildung des Sieges gewiß. Es fehle den Griechen wahrlich nicht an Waffen, aber sie trügen im Gegensatze zu dem friedlosen Barbaren keine im Frieden und im Lande. Und auf den Vorwurf des Skythen, die Griechen vergeudeten unnütz durch diese Übungen ihre Kraft, entgegnet der weise Solon, die Körperkraft gleiche nicht sowohl dem Weine, der ausfließend das Faß leer lasse, sondern der Hydra, der für einen verlorenen Kopf immer zwei neue wüchsen, ein ungeübter Leib werde freilich durch Mühen geschädigt, einem Lichte gleich, das durch den Wind erlösche; aber wie ein Feuer durch Luftzufuhr nur immer stärker angefacht werde, so steigere sich auch durch stete Übung die Kraft des ausgebildeten Turners. Endlich hob er nochmals die bedeutende Wirkung der Volksspiele hervor, wodurch der edelste Wetteifer die ganze Jugend beseele. „Tilgte man aber die Liebe zum Ruhme aus dem Leben, was würde da noch Gutes erblühen? wer würde dann noch eine Heldenthat vollbringen wollen? Wer aber im Spiele um einen Kranz solche Siegeslust zeigt, der wird sich im Kampfe für Vaterland, für Weib und Kind und für die Heiligtümer der Götter wohl bewähren." Auch die beliebten Hahnenkämpfe reizten den Mut. Doch die Jugend in Waffen gegeneinander kämpfen zu lassen, sei roh und tierisch und würde gerade die Besten aufopfern. Solon macht darauf seinen Gast auf die besonderen Spiele und Kämpfe in Sparta aufmerksam, auf das Peitschen am Altare der Artemis u. s. w. Aber der kritische Barbar läßt sich durchaus nicht von seiner Zweifelsucht heilen, er bleibt dabei, dies ganze System der Erziehung sei grundverkehrt und lächerlich, ganz ebenso wie die heutigen banausischen Gegner des Turnens und der Volksspiele durch keine Gründe und Beweise, am wenigsten durch Beispiele von ihrer vorgefaßten Meinung sich abbringen lassen. Solon giebt es endlich auf, den Barbaren für hellenische Ideale empfänglich zu machen.

Wie dieser Durchblick zeigt, bringt Solon-Lucian ziemlich alle die Gründe vor, die auch wir noch heute für das Turnen und die Turnspiele ins Feld führen. Es sind Gesichtspunkte, die von weitem Blick zeugen, die nicht kurzsichtig nur das nächste Ziel zeigen, sondern als den erhabenen Endzweck wie jeder Erziehung, so auch dieser Bestrebungen das individuelle Glück und zugleich das Gemeinwohl hinstellen.

---

5. Die Bedeutung der Leibesübungen für das weibliche Geschlecht.

Von Dr. R. Zander, a. o. Professor in der medizinischen Fakultät der Universität Königsberg i. Pr.

Überall finden wir die Frauen eifrig bei der Arbeit, ihren Wirkungskreis zu erweitern und Berufsarten, die bis jetzt unbestritten den Männern zufielen, sich zu eigen zu machen. Sie scheuen keine Mühe und Arbeit, um dies Ziel zu erreichen. Man fordert Mädchengymnasien, damit die Mädchen sich gleich den Jünglingen für Universitätsstudien vorbereiten können. Man bemüht sich, den Mädchen eine bessere geistige Ausbildung zu geben, damit sie den Männern erfolgreich Konkurrenz machen können. Es beginnt sich auch in Frauenkreisen die Erkenntnis zu verbreiten, daß bei der gesteigerten intellektuellen Ausbildung auch eine bessere physische Ausbildung nötig sei, als sie bisher gemeinhin die Mädchen genossen haben. In dem einleitenden Programm zu der neubegründeten „Deutschen Turn-Zeitung für Frauen" *) wird hervorgehoben, daß „die heutige Frau den Anforderungen, die das neue Leben an sie stellt, nicht immer gewachsen" sei, daß es ihr an Körperkraft fehle.

Dem Streben, durch Turnen, Spiel und Sport auch die weibliche Jugend gleich der männlichen körperlich für das Leben vorzubereiten, steht vielfach die Ansicht, daß sich Leibesübungen für Frauen nicht „schicken", noch hindernd im Wege. Auf die Frage der Schicklichkeit soll hier nicht eingegangen werden. Die Ansichten darüber sind viel zu schwankend, viel zu sehr der Mode unterworfen. Niemand findet es heute mehr unschicklich, daß Mädchen und Frauen Schlittschuh laufen und schwimmen. Man hält es beinahe für selbstverständlich, daß ein gebildetes Mädchen Lawn Tennis spielt; das Radeln der Frauen wird aber noch täglich von vielen als „unweiblich" bezeichnet.

Von Ärzten ist die Frage, ob Leibesübungen den Frauen zuträglich seien, wiederholt bejaht worden. Selbstverständlich wird dies aber nur dann der Fall sein, wenn die Leibesübungen in richtiger Weise betrieben werden. In dem Aufsatz über „Die physische Bedeutung der Leibesübungen" habe ich versucht klar zu legen, wie die verschiedenen Arten der Leibesübungen auf die einzelnen Organe unseres Körpers wirken, welchen Einfluß es hat, wenn Leibesübungen gar nicht oder in unzureichendem Maße betrieben werden, welchen Schaden im Übermaße betriebene Übungen bringen können. Das richtige Maß allein bringt Vorteile. Dieses richtige Maß ist nicht allgemein festzustellen, es richtet sich nach der Individualität, nach der Geübtheit des Übenden und ist von allerlei sonstigen Verhältnissen abhängig. Was in dem erwähnten Aufsatze ganz allgemein ausgeführt ist, gilt natürlicherweise auch für die Frauen.

Auch für die Frauen sind kräftige, ausdauernde Muskeln, feste Knochen, bewegliche Gelenke ein wertvoller Besitz; auch von den Frauen erheischen die Zufälligkeiten des Lebens die Fähigkeit schneller und sicherer Koordination der Bewegungen; auch für die Frauen ist es wichtig, daß Herz und Lungen erhöhte Leistungen zu vollbringen vermögen, und daß der Stoffwechsel nicht träge und stockend sei.

Zur Entwicklung aller dieser Eigenschaften ist für die weibliche Jugend das Turnen als Unterrichtsgegenstand in die Schulen ein-

*) Herausgegeben von Martha Thurm, Krefeld 1. Januar 1899.

geführt, und in einer großen Zahl von Mädchenschulen wird bereits seit Jahren regelmäßig geturnt.

Ich bin der Meinung, daß das Schulturnen für unsere weibliche Jugend ebenso wie für die männliche die erstrebten Ziele wohl erreichen könnte, wenn darauf mehr Zeit verwendet würde. Oberlehrer Dr. von Kobilinski in Königsberg*) verlangt die Mitwirkung des Hauses an der körperlichen Ausbildung der Schüler. „Nur körperlich besonders gut beanlagte Schüler werden," wie er ausführt, „in der Turnstunde allein eine gymnastische Durchbildung erhalten, wie sie das Ziel des Turnunterrichts sein muß, die Mehrzahl bleibt, wenn sie auf die körperlichen Übungen in der Schule beschränkt ist, hinter den wünschenswerten Durchschnittsleistungen weit zurück." Ich lasse es dahingestellt, ob es möglich ist, im Hause das nachzuholen, was die Schule wegen der kurz bemessenen Zeit nicht zu leisten vermag, stimme aber mit Dr. von Kobilinski darin vollkommen überein, daß das Turnen, wie es jetzt betrieben wird, nicht ausreicht.

Das Mädchenturnen hat sich etwas abweichend von dem Knabenturnen gestaltet; es ist aber im Prinzip durchaus geeignet, alle die Eigenschaften zu entwickeln oder zu kräftigen, die zu einer vollkommenen körperlichen Ausbildung gehören. In der Praxis ist es aber noch weit unzureichender als das Turnen der männlichen Jugend.

Nach meinen Erfahrungen wird beim Mädchenturnen die Ausbildung der Geschicklichkeit auf Kosten der Ausbildung von Kraft und Ausdauer der Muskeln zu sehr bevorzugt. Es ist gewiß sehr gut, daß auf die geschickte, anmutige Ausführung der Übungen ein großes Gewicht gelegt wird, aber mehr als bisher muß für die Kräftigung der Muskulatur geschehen. Das Turnen soll nicht ausschließlich Grazie, sondern hauptsächlich Kraft und Ausdauer verschaffen.

Weit verbreitet ist noch das Vorurteil, daß die Kraft nicht eine Eigenschaft der Frau ist. Wie irrig diese Ansicht ist, geht aus der Thatsache hervor, daß auch die Frau durch Übung ihre Muskelkraft zu beträchtlicher Höhe steigern kann. Man braucht nicht an die staunenerregenden Kraftleistungen zu denken, wie man sie in den Schaustellungen der Variété-Theater zu sehen bekommt, oder an Dauerleistungen wie das Zwölftage-Fahrrennen der Damen in London im Dezember 1896. Mancherlei Hausarbeiten, die die Frauen mit Leichtigkeit ausführen, stellen nicht unbedeutende Kraftleistungen und teilweise sehr beträcht-

*) Die Mitwirkung des Hauses an der körperlichen Ausbildung unserer Schüler. Zeitschr. f. Turnen und Jugendspiel. 7. Jahrg. No. 15.

liche Dauerleistungen dar. Durch Übung wird die Kraft und Ausdauer, die die Hausarbeiten verlangen, erworben.

Auch für Frauen, die nicht genötigt sind, durch körperliche Arbeit ihren Lebensunterhalt zu verdienen, sind kräftige, ausdauernde Muskeln von hohem Werte wegen des großen, gesundheitsfördernden Einflusses, den sie durch ihre Thätigkeit auf Zirkulation, Atmung und den allgemeinen Stoffwechsel ausüben. Es ist deshalb gewiß richtig, daß schon in der Schule durch systematisch betriebene Leibesübungen die Muskeln gekräftigt und ausdauernd gemacht werden.

Daß das Schulturnen in dieser Hinsicht so wenig leistet, hat nicht zum geringsten seinen Grund darin, daß die Turnlehrerinnen zumeist selbst nur geringe Muskelkraft besitzen und sich vor einer energischen Kräftigung der eigenen Muskeln und der Muskeln ihrer Schülerinnen scheuen, weil anstrengende Übungen nicht nur für unweiblich, sondern auch für ungesund gelten.

Daß die Muskulatur der meisten Turnlehrerinnen nicht so durchgebildet ist, wie man es verlangen müßte, liegt, wie ich Dr. Gerson*) beistimme, nicht zum geringsten daran, daß beim Examen der Turnlehrerinnen zu niedrige Anforderungen an die Kraft und die turnerischen Leistungen der Examinandin gestellt werden. Die Muskelkraft der Damen, die vor der Kommission in Königsberg, der ich angehöre, in den letzten zehn Jahren die Prüfung abgelegt haben, war fast ausnahmslos sehr gering. Durch Steigerung der Anforderungen ist das Durchschnittsmaß der Kraft etwas gewachsen, hat aber noch lange nicht die meiner Meinung nach zu fordernde untere Grenze erreicht. „So kläglich gering," sagt Dr. Gerson, „sind die Forderungen im Examen der deutschen Turnlehrerin! Hier steckt die faule Wurzel des elenden Zustandes in unserm Mädchenturnen. Hier muß energisch Wandel geschaffen werden!"

Wenn die Turnlehrerin den Besitz gut geschulter Muskeln aus eigener Erfahrung zu schätzen weiß, wird sie auch das Bestreben haben, ihre Schülerinnen mit diesem wertvollen Besitze auszurüsten. Freilich wird dieses Streben, das muß zugegeben werden, vielfach gehemmt durch Rücksicht auf das, was als unschicklich und als ungesund angesehen wird.

Über das, was schicklich ist, gehen die Ansichten weit auseinander.

*) Die Hygieine des Mädchenturnens. Zeitschr. f. Turnen und Jugendspiel. 7. Jahrgang. No. 4.

Schaler*) z. B. verlangt, daß aus Schicklichkeitsgründen tiefes Beugen der Kniee und Spreizen der Beine gänzlich unterlassen werde. Vor- und Rückschwingen der Beine im Stütz auf dem Barren bis zur Holmhöhe gilt wohl allgemein als schicklich, über die Holmhöhe hinaus gilt es vielfach als unerlaubt. Warum ist es unschicklich, wenn Mädchen einen Teil des bekleideten Beines der Genossin gelegentlich bei einer Übung zu sehen bekommen? Es gilt doch nicht als unschicklich, daß junge Mädchen auf dem Balle vor Männern einen Teil des Oberkörpers entblößen!

Da beim Mädchenturnen doch nur ausnahmsweise Männer zugegen sind, so sollte keine Übung für unschicklich gelten, die dem Körper zuträglich ist.

Welche Übungen für die Gesundheit förderlich und welche schädlich sind, darüber sind die Ansichten sehr geteilt. Hoch- und Weitsprung wird von den einen als schädlich bezeichnet und ganz verboten, von den anderen auf ein geringes Maß beschränkt, von noch anderen aufs wärmste empfohlen. Der eine erklärt Schwungübungen für gefährlich, der andere für nützlich. Es giebt wenig Übungen, die allgemein gleichartig beurteilt werden. Da ist es denn für die gewissenhafte Lehrerin gewiß oft recht schwer, die Auswahl zu treffen.

Besonders gelten alle Übungen, die etwas Muskelkraft erfordern, vielen für ungeeignet, weil sie die Beckenorgane ungünstig beeinflussen sollen. Diese Annahme ist keineswegs unberechtigt. Wenn die Turnenden mit einem Korsett bekleidet sind, so halte ich jede Übung, die eine Drucksteigerung in der Bauchhöhle veranlaßt, also jede Kraftübung, die ein Einhalten des Atems und eine Thätigkeit der Bauchpresse nötig macht, für schädlich. Da das Korsett eine Ausdehnung des unteren Teiles des Brustkastens und des oberen Abschnittes der Bauchhöhle verhindert oder doch erschwert, so wirkt der Druck auf den unteren Bauchabschnitt, auf die Beckenorgane. Je fester das Schnürleibchen anliegt, je mehr die Übung anstrengt, um so stärker werden die Beckeneingeweide gegen den Beckenboden gedrängt und ihre Befestigungen gezerrt. Nicht weil die weiblichen Beckenorgane anders gebaut sind als die männlichen, sondern weil eine unzweckmäßige Bekleidung benutzt wird, wirken anstrengende Leibesübungen schädlich.

Solange das Korsett getragen wird, sind alle Übungen, die auf eine Kräftigung der Muskulatur abzielen, meiner Ansicht nach schädlich.

*) Über die Grundzüge bei der Auswahl der Turnübung für Mädchen s. Amtl. Turnzeitung.

Im Mädchenturnen werden leider auch die Dauer- und Schnelligkeitsübungen, die in erster Reihe zur Kräftigung der Herz- und Lungenthätigkeit und zur Steigerung der Stoffwechselvorgänge berufen sind, gewöhnlich nicht genügend berücksichtigt. Es liegt das zum Teil daran, daß das Mädchenturnen fast ausschließlich auf die Turnhalle angewiesen ist, zum Teil daran, daß der Wert jener Übungen nicht genügend erkannt ist.

Es wird zwar Dauerlauf geübt, aber nicht ausreichend. Das Korsett behindert die Atmung, und die Ausscheidung der Kohlensäure durch die Lungen ist sehr schnell eine ungenügende, sodaß die Übung vorzeitig abgeschlossen werden muß.

Es wird auch gespielt, aber meistens sind es, wie Professor Kehler*) hervorhebt, bis in die oberen Klassen hinauf „die bewegungs- und gedankenarmen Spiele der Kleinkinderschulen, läppische Singspiele und Ähnliches". Lauf- und Ballspiele in frischer Luft, die durch ausgiebiges und schnelles Laufen Kraft und Ausdauer der Muskeln, des Herzens und der Lungen erzeugen, die durch rasches, blitzschnelles Drehen, Wenden und Bücken Gewandtheit und Geschicklichkeit der Bewegungen, Schärfe der Augen und Geistesgegenwart schaffen, sind für die Mädchen das Richtige. Bewegungsspiele in frischer Luft sind für junge Mädchen das beste Mittel, um das Entstehen von Bleichsucht und Störungen in der Entwicklung zu verhüten.

Wiederum aber ist es das Korsett, das die Erfolge der Spiele sehr stark beeinträchtigt. Da es die Atmung behindert, so ist ein anhaltendes und schnelles Laufen sehr erschwert. Die Behinderung der Zirkulation, die es bewirkt, lassen den günstigen Einfluß der Bewegungen auf den allgemeinen Stoffwechsel nicht zu stande kommen. Der Anatom Professor Henke**) führt die schon mehrfach bei geschnürten jungen Damen beobachteten plötzlichen Todesfälle darauf zurück, daß bei mageren Personen die Zirkulation in der unteren Hohlvene, die das Blut der ganzen unteren Körperhälfte zum Herzen führt, durch festes Schnüren vollständig unterbrochen wird.

Soll das Turnen, sollen die Spiele im Freien der Gesundheit förderlich sein, will eine Frau ohne Schaden für die Gesundheit Rad fahren oder eine andere anstrengende Leibesübung ausführen, dann

---

*) Über Schulturnspiele. Zeitschr. f. Turnen und Jugendspiel. 6. Jahrg. No. 19.

**) Der Raum der Bauchhöhle des Menschen und die Verteilung der Eingeweide in demselben. Archiv für Anatomie und Physiologie 1891.

muß das Korsett und jedes die Taille fest umschließende Kleidungsstück abgelegt werden.

Zahlreiche Ärzte haben in Abhandlungen und Vorträgen wiederholt darauf aufmerksam gemacht, daß das Korsett der Gesundheit Nachteile bringt. Die schädigende Wirkung aller die Atmung beschränkenden Kleidungsstücke ist bei den Leibesübungen um so größer, je mehr die Atmung gesteigert wird. Es kann darum nicht oft genug die Forderung wiederholt werden, daß Leibesübungen nur in einer Kleidung stattfinden dürfen, die die Atemthätigkeit in vollster Ausgiebigkeit ermöglicht. In England sollen die Damen bei den Leibesübungen vielfach kein Korsett tragen. Dr. Combe*) berichtet, daß in Lausanne die Schülerinnen fast ausnahmslos zum Turnen ohne Korsett erscheinen. Der russische Unterrichtsminister Bogolerow soll, wie ich einer Zeitungsnotiz entnehme, verfügt haben, daß in den russischen Mädchenschulen das Korsetttragen verboten werde.

Sollte in Deutschland nicht zu erreichen sein, daß die Frauen sich zu ihrem Wohle von der herrschenden Mode emanzipieren? Alle bisherigen Versuche zu einer Reform der Kleidung sind, soweit sie mir bekannt geworden sind, Halbheiten, weil man wohl das Korsett verwarf, aber zu Surrogaten desselben griff, die vielleicht weniger schädlich, aber nicht unschädlich sind.

Für unsere um die Verbreitung der Leibesübungen hochverdiente Unterrichtsverwaltung ist es, meiner Ansicht nach, eine Pflicht, zu bestimmen, daß in den Schulen in einer zweckentsprechenden, nicht gesundheitsschädlichen Kleidung geturnt wird. Diese Bestimmung würde erreichen, was allen Bemühungen der Ärzte nicht erreichbar war.

Gegenwärtig wird in unseren Schulen eine besondere Turnkleidung nicht verlangt. § 7 der Bestimmungen für die Aufnahme von Turnlehrerinnen in die Königliche Turnlehrerbildungsanstalt vom 15. Mai 1894 sagt: „Eine besondere Turnkleidung wird nicht verlangt, nur dürfen die Kleidungsstücke die freie Bewegung des Körpers, namentlich der Arme, nicht hemmen. Das Kleid muß die Füße frei lassen." Bei den Turnlehrerinnen-Prüfungen setzen mir die Examinandinnen regelmäßig auseinander, wie schädlich das Korsett ist, und bei der praktischen Turnprüfung erscheinen sie ebenso regelmäßig eng geschnürt. Die Prüfungsordnung bietet nicht die Möglichkeit, diesem Unfug zu steuern.

Wenn die Leibesübungen den Frauen und Mädchen den vollen

*) Rapport sur le service médical des écoles de la ville de Lausanne pour l'année scolaire 1894—1895. Lausanne 1895.

Nutzen für die körperliche Entwicklung und für die Gesundheit bringen sollen, dann ist nötig:

1. daß die Übungen in einer gesundheitsgemäßen Kleidung ausgeführt werden,
2. daß die Übungen in so ausreichendem Maße ausgeführt werden, daß die Organe dadurch wirklich gekräftigt werden,
3. daß die Übungen, soweit irgend möglich, im Freien, in frischer, reiner Luft ausgeführt werden.

Selbstverständlich muß bei der Wahl der Übungen die individuelle Organisation in genügender Weise Berücksichtigung finden.

---

6. Turnspiel oder Sportspiel?

Vom städtischen Turnwart H. Schröder, Berlin.]

Die vom Zentral-Ausschuß für Volks- und Jugendspiele ins Leben gerufene Bewegung knüpfte an die Guts Muths-Jahn'sche Auffassung über Wert und Bedeutung der „Turnspiele" an. Das war richtig im historischen Sinne und klug in praktischer Hinsicht! Die Richtigkeit der genannten Auffassung war von keinem Menschen auch nur entfernt bezweifelt worden. Nichts lag demnach näher, als den alten Faden aufzunehmen und mit Fleiß weiter zu spinnen. Die wertvollen Auslassungen von Prof. Ed. Angerstein und Dr. F. A. Schmidt im „Jahrbuch" des Zentral-Ausschusses von 1892, S. 7—14, hatten mit wünschenswerter Deutlichkeit den Boden, auf dem die Arbeit des Zentral-Ausschusses vor sich gehen sollte, gekennzeichnet und umgrenzt, und auf diesen Boden zog der Zentral-Ausschuß auch viele von denen zu sich herüber, die zweifelnd und mißtrauisch oder gar ablehnend seinem Beginnen zusahen. Lehrer und Turner wurden seine Bundesgenossen, und will der Zentral-Ausschuß ernstlich, daß sein Werk nicht bloß eine Episode ist, sondern Bestand hat, so darf er auf diese Bundesgenossenschaft nie verzichten!

Durch die neue Spielbewegung ist für die eingangs erwähnte Auffassung ein größerer Kreis überzeugter Anhänger gewonnen und der Spielbetrieb wesentlich verbessert worden. Die zahlreichen Versammlungen und Veröffentlichungen des Zentral-Ausschusses selbst, Vorträge und Aufsätze seiner Mitglieder in Vereinen bezw. Zeitschriften verschiedener Art, mancherlei Kundgebungen solcher Ärzte, Schriftsteller u. s. w., die durch ihn für die Sache interessiert worden sind — das alles hat wie durch tausend größere und kleinere Kanäle die von ihm vertretenen Anschauungen dem ganzen Volke in dessen verschiedenen Schichten zugeführt. Und was die Hauptsache ist: die in Schulen und Vereinen hervorgerufene praktische Arbeit zeigt dem Auge der Gesamtheit eine Ergänzung der körperlichen Erziehung und Ausbildung, deren sichtbarer Wert anerkannt werden muß und darum die allgemeinste Teilnahme hervorruft. Bei dieser Arbeit hat der Hinblick auf das englische Beispiel gute Dienste geleistet. Nicht allein, daß Spiele, die jenseits des Kanals zu hoher Entwickelung gelangt waren, bei uns in Aufnahme gekommen sind: auch unsere eigenen Spiele wurden feiner ausgebildet und dadurch für unsere Jugend anziehender gemacht. Die Veranstaltung von Wettspielen gab den Spielenden einen starken Antrieb zur höchsten Anspannung ihrer Kräfte und Fähigkeiten; zugleich lenkte sie auch das Interesse vieler Angehörigen und — die Schaulust der Menge auf die Bewegungsspiele.

Wettspiele haben ihre Berechtigung; sie sind wertvoll als Agitationsmittel, als Probierstein für körperliche Leistungsfähigkeit und für Vervollkommnung der Spielregeln; allzuhäufig wiederholt, führen sie aber zum Sport. Der Zentral-Ausschuß hat bisher zwischen Turnen und Sport glücklich die Mitte gehalten. Bleibt er in dieser Beziehung fest, so kann es seiner Einwirkung gelingen, einerseits dem Turnen, wo es etwa versteift und entartet ist, frisches Leben und naturgemäßen Betrieb wieder zu verschaffen, anderseits den Spielbetrieb vor Auswüchsen, wie sie in Amerika und England häufig sind und auch bei uns einzureißen drohen, zu bewahren. Damit würde unser deutsches Turnwesen seinen Anlagen gemäß vervollkommnet und der Sport veredelt, im deutschen Sinne nationalisiert, dem Turnen näher geführt. Den Boden segensreicher Vermittelung würde der Ausschuß aber verlassen, wenn er das Wettspiel übermäßig betonen wollte. In den Augen der unerfahrenen Jugend und der gedankenlosen Menge wird das Wettspiel leicht zum Selbstzweck, das Spiel zum Spielsport. Haben nicht schon auch ernste Männer uns zu beweisen gesucht, daß wir heutiges Tages nicht mehr von „Bewegungsspiel“, „Schulspiel“, „Turnspiel“ u. s. w. zu sprechen hätten, sondern daß es „Sportspiel“ heißen müsse? Und das bedeutet doch nichts anderes, als daß an Stelle des Turnspiels das Sportspiel treten solle.

Die Pflege des „Sportspiels“ gehört nicht zu den Aufgaben des Zentral-Ausschusses! Herr von Schenckendorff hat im Jahre 1892 erklärt (vgl. „Jahrbuch“ 1893), das Spiel sei eine Ergänzung des

Turnens, beides, Turnen und Spielen, gehöre eng zusammen. Das Sportspiel ist aber kein Teil des Turnens, sondern des Sports. Wie der Name „Sport", so ist auch die Sache, die durch ihn bezeichnet wird, nicht auf deutschem Boden entstanden, sondern aus fremdem Lande bei uns eingeführt worden. Betrachten wir das Turnen in seiner von Guts Muths und Jahn ihm vorgezeichneten Gestalt und den Sport in der idealisierten Form, wie etwa Dr. Rolfs sie in „Zeitschrift für Turnen und Jgdsp." V, 193 ff. entworfen hat — also beide ohne die in der Wirklichkeit ihnen anhaftenden Mängel, Irrtümer und Auswüchse —, so steht zweifelsohne das Turnen höher als der Sport. Kein System und keine Methode der Leibesübung reicht an das Turnen heran, weder in ästhetischer Beziehung, noch in Hinsicht seiner Vollkommenheit als Brauchkunst des Lebens, wie seiner hygienischen Brauchbarkeit und Anpassungsfähigkeit für jeglichen Kräftezustand, für jedes Alter und Geschlecht. Der Geist des Turnens ist geboren aus dem klassischen Geist der griechischen Gymnastik. Wie diesem Geist das Wesen des Sports nicht entspricht, und wie, nebenbei bemerkt, unserem Sprachgefühl die geschmacklose Wortbildung „Sportspiel" zuwider ist, so stehen die „Turnspiele" in einem entschiedenen Gegensatz zu den „Sportspielen". Letztere sind eben Sport; sie sehen demnach ihren Zweck bei hochgesteigertem Ehrgeiz und leidenschaftlicher Erregung der Ausübenden allein im Wettkampf und in der einseitigen Höchstleistung vor einer Menge, deren hervorstechendste Eigenschaft die ungezügelte Schaulust und das Bedürfnis nach sinnlicher Aufregung ist; — erstere räumen vor allem der harmlosen Freude und der gemütvollen Hingabe an gesellige Erholung einen Platz ein, ohne indessen den Wettkampf und die Erzielung höchster Leistungsfähigkeit auszuschließen oder zu vernachlässigen.

Der Zentral-Ausschuß ist verpflichtet, an der ursprünglich eingeschlagenen Richtung festzuhalten. Diese Richtung ist: Pflege des Turnspiels, das ist des Bewegungsspiels im Sinne der Turnväter Guts Muths und Jahn, nicht im Geiste des modernen Sports. Ersteres wird gespielt, weil man am Spiel um seiner selbst willen Freude und Befriedigung empfindet; man spielt es nicht einzig deshalb, weil man im öffentlichen, den Ehrgeiz aufstachelnden, leidenschaftliche Erregung hervorrufenden Wettspiel den Sieg erringen will, der von einer erregten Menge beklatscht und von gewissen Tagesblättern und Sportzeitschriften verzeichnet wird. Wenn man gemeint hat, einer im Zuge unserer Zeit liegenden Stimmung entgegenkommen zu müssen, so ist das nur gut zu heißen; wenn man ferner gewillt war, Mängeln und Einseitigkeiten in der Turnauffassung entgegenzutreten, so verdient das die gleiche Anerkennung. Aber es darf auch nicht übersehen werden, daß die erwähnte Stimmung durchtränkt ist von ausländischem Geist und auslandssüchtigen Neigungen. Sie muß deshalb, soll sie unserem Volke frommen, von einsichtigen und erfahrenen Männern im vaterländischen und volkstümlichen Sinne *geleitet* und *berichtigt* werden. Dies vorausgesetzt, darf man sagen, daß die Sportfreudigkeit unserer Zeit eine erfreuliche Erscheinung ist; ohne solche Voraussetzung ist jedoch ihr Nutzen zweifelhaft, im besten Falle nur einseitig. — Die Zugeständnisse, die der Zentral-Ausschuß der Sportrichtung gemacht hat, sind groß genug gewesen. Jetzt ist es nun Zeit, daß er mit Entschiedenheit alle weiteren Ansprüche zurückweist. Tief genug haben seine Bestrebungen jetzt Wurzel geschlagen, daß er es wagen kann, auf die Zustimmung der Freunde und Förderer des Spielsports, der Verkleinerer des deutschen Turnens und des Turnspiels, zu verzichten!

Ohne diesen entschiedenen Verzicht wäre ein Abfall zahlreicher Freunde vom Zentral-Ausschuß unausbleiblich! Mit Hingabe und Freudigkeit haben Turnlehrer und Turner es übernommen, die vom Zentral-Ausschuß gegebenen Anregungen in die *That* zu verwandeln. Gern werden sie auch weiter seiner Führung folgen, ja ihre Zahl wird sich verdoppeln und verdreifachen, wenn sie sehen, daß sie nicht auf das Gebiet des Sports hinübergeleitet werden sollen, und wenn die Befürchtung bei ihnen schwindet, daß sie dem Sport gefällige Handlangerdienste leisten sollen. Nur dem deutschen *Turnspiel* wollen sie dienen!*)

---

*) Die Ausführungen des Herrn Verfassers sind im wesentlichen wohl als eine Warnungstafel zu erachten gegen eine Entwicklung der Volks- und Jugendspiele nach der sportlichen Richtung, wie sie vorstehend gekennzeichnet worden ist.

Wie der Zentral-Ausschuß als solcher zu dieser Frage steht, ist in den Leitsätzen enthalten, die jüngst erst in der Hauptversammlung im September 1897 zu Altona angenommen und im Jahrbuch 1898 auf Seite 255 veröffentlicht worden sind. No. 1 der Leitsätze lautet:

> Wettspiele sind zu empfehlen, weil sie bei richtiger Durchführung den Betrieb der Spiele fördern, doch *sollen sie nie zum Selbstzweck werden* ....

Im Leitsatz 4 heißt es:

> Veranstaltung und Leitung soll bei Turn- und Spielvereinen von deren *Vorstand*, bei Schulwettspielen vom *Direktor und Lehrerkollegium* ausgehen ....

Damit ist die Stellung des Zentral-Ausschusses klar gekennzeichnet. Wenn

7. Die Gefahren des Radfahrens für Knaben und Mädchen unter 16 Jahren.

Von Dr. med. Hans Reck, Braunschweig.

Diejenigen Organe des menschlichen Körpers, welche in erster Linie beim Radfahren in Betracht kommen, sind die Organe des Kreislaufes und der Atmung, Herz und Lungen. Es wird demgemäß auch diese Organe eine schädliche Einwirkung, welche durch das Radfahren hervorgerufen werden kann, in erster Linie treffen, wie anderseits ein richtiges und vernünftiges Betreiben dieses Sports ebenfalls diesen Organen in erster Linie zu statten kommen wird.

Den Herz- und Lungenkranken wird man nur ausnahmsweise und nur unter den größten Vorsichtsmaßregeln das Radfahren gestatten können; aber es wird auch bei gesunden Menschen die Frage, ob das Radfahren vertragen wird, vor allem danach entschieden werden müssen, wie namentlich das Herz und in zweiter Linie die Lungen auf das Radfahren reagieren.

Daß durch übermäßiges Radfahren thatsächlich anatomisch nachweisbare Veränderungen des Herzens eingetreten sind, ist ärztlicherseits anerkannt. Dr. Albu hat eine größere Anzahl von Wettrennfahrern auf der Fahrradbahn in Halensee untersucht. Er hat gefunden, daß der Spitzenstoß des Herzens in einzelnen Fällen sowohl nach außen um

---

Abweichungen hiervon vorgekommen sein sollten, so kann der Zentral-Ausschuß als solcher nur dann verantwortlich gemacht werden, wenn er entweder selbst die Sportspiele in dem von dem Herrn Verfasser dargelegten Sinne begünstigte, oder wenn, seinem Bestreben entgegen, sich bereits eine wirkliche Bewegung dafür in Spielvereinen oder bei den Schulen geltend gemacht hätte. Wie der Zentral-Ausschuß sich aber sehr wohl bewußt ist, daß hier für die von ihm vertretene Bewegung eine Klippe liegt, geht daraus hervor, daß auf dem in Königsberg i./Pr. am 25. und 26. Juni bevorstehenden IV. Deutschen Kongreß für Volks- und Jugendspiele auch der folgende Punkt auf die Tagesordnung gesetzt worden ist: „Welche Vorteile und Nachteile sind mit den Wettspielen der Spielvereinigungen verbunden?" Es wird sich hier also Gelegenheit bieten, die von dem Herrn Verfasser angeregte Frage eingehend zu erörtern. Nur eines setze ich schon heute hinzu. Eine wirklich kräftige, lebensvolle Spielbewegung wird immer nur im allgemeinen die Mittellinie halten können. Das liegt im Begriffe des Lebens, und das gilt auch von ihren einzelnen Erscheinungen, hier also den Wettspielen. Bleiben die Wettspiele hinter der Mittellinie zurück, so wird der Zentral-Ausschuß die Kräfte anzuregen, anzufeuern haben; bringen sie darüber hinaus, so hat er zur Mäßigung, zur Rückkehr zu mahnen.

von Schenckendorff.

1—2 Fingerbreiten, als nach unten um einen bis zwei Zwischenrippenräume verlagert wird. Die Grenzen der Herzdämpfung verschieben sich nach links und unten um ebendieselben Maße, in einzelnen Fällen allerdings weniger, fast gar nicht, in anderen dagegen um so stärker.

Bei dem ältesten Rennfahrer fand er eine Verbreiterung der Herzdämpfung nach links bis zu drei Fingerbreiten außerhalb der normalen Linie mit Verlängerung des Spitzenstoßes bis zum siebenten Zwischenrippenraum, welcher normalerweise im fünften Zwischenrippenraum liegt.

Es sind das Erscheinungen einer akuten Erweiterung des Herzens, welche, wenn sie einmal in diesem Maße auftreten, fast niemals ganz zurückgehen. Es ist wohl außer Frage, daß derartige organische Veränderungen des Herzens nach übermäßigen anderen Schnelligkeits- und Dauerübungen ebenfalls eintreten können; das größte Kontingent stellen jedoch übertriebene Lauf- und Radfahrübungen.

Beim Laufen sind sich die meisten Menschen dieser Thatsache bewußt; beim Radfahren, dieser neuesten der Schnelligkeitsübungen, welche in den letzten Jahren so enorm an Ausdehnung zugenommen hat, entschieden nicht. Es legen sich gewiß viele Eltern, welche ihren Kindern das Radfahren erlauben, diese Frage nicht vor, und es dürfte angezeigt erscheinen, sie auf diese ihren Kindern drohende Gefahr aufmerksam zu machen.

Während beim Laufen, beim Schnellauf sowohl, wie beim Dauerlauf, der Läufer diese Übung zu unterbrechen oder in ihrer Schnelligkeit stark zu mäßigen gezwungen wird, sobald die ersten Zeichen von Herz- und Lungenermüdung sich bemerkbar machen, so ist es anders beim Radfahren. Bei dieser, ich möchte sagen, mechanischen Übung, treten die Ermüdungserscheinungen selbst dem geübten Radfahrer viel weniger leicht zu Tage, weil eben die Kraftleistung, welche den Muskeln zugemutet wird, mechanisch bis zu einem äußersten Maße getrieben werden kann, ehe Herz und Lungen ihre Überanstrengung kundgeben, d. h. ehe ein kleiner und sehr beschleunigter Puls und eine flache, beschleunigte oberflächliche Atmung eintreten.

Können schon bei Erwachsenen derartige Überanstrengungen durch das Radfahren, ehe der Betreffende selbst es gewahr wird, eintreten, um soviel leichter bei Kindern, Knaben und Mädchen unter 16—18 Jahren, bei denen an das Herz normalerweise in der Entwicklung schon erhöhte Anforderungen gestellt werden, und welche so wie so schon leicht zu gefährlichen Übertreibungen körperlicher Übungen überhaupt und im besonderen des Radfahrens kommen.

Nach den Untersuchungen von Beneke hat von der Geburt bis zum vollendeten Wachstum der Umfang der Arterien nur um das Dreifache, der Umfang des Herzens aber um das Zwölffache zugenommen.

Es haben ferner die mannigfachen fieberhaften Affektionen, denen das Kindesalter ausgesetzt ist, mehr oder weniger eine schädliche Rückwirkung auf das Herzfleisch; sehr häufig gewinnt dasselbe seine volle Integrität wieder, wozu es jedoch nicht selten Monate und Jahre braucht; vielfach jedoch kommt es zu dauernden Veränderungen des Herzmuskels. Es liegen Beobachtungen vor, wo Kinder, welche Masern, Scharlach, Diphtherie oder andere Infektionskrankheiten überstanden hatten, in der ersten Zeit nach Ablauf der Krankheit keinerlei krankhafte Symptome von seiten des Herzens darboten; sobald sie jedoch, die vorher das Radfahren ohne üble Erscheinungen durchgeführt hatten, die Übungen wieder aufnahmen, Unregelmäßigkeit der Herzaktion, schwachen, beschleunigten Puls und alle übrigen Erscheinungen der Herzschwäche aufwiesen.

Also namentlich nach derartigen überstandenen Infektionskrankheiten drohen dem kindlichen Organismus Gefahren durch Radfahren.

Eine weitere Gefahr, welche mit dem Radfahren überhaupt, aber auch hier wieder im ganz besonderen für Kinder verbunden ist, ist die falsche Atmung, welche man so oft zu beobachten Gelegenheit hat. Stellt man beim Schnell- und Dauerlauf die Forderung, nicht durch den Mund, sondern durch die Nase zu atmen, so ist in noch höherem Maße diese Forderung beim Radfahren zu stellen und namentlich hier wieder für Kinder, welche so wie so schon leicht allein durch den Mund atmen. Dadurch werden die kindlichen Lungen- und Atmungsorgane in hohem Maße geschädigt, indem sie in schnellen Wiederholungen mit einer ungenügend erwärmten, zu trockenen und auch mit zu vielen Verunreinigungen beladenen Luft gefüllt werden; es können dadurch hartnäckige Katarrhe hervorgerufen werden, welche auf eine fernere Entwicklung des Organismus in nachträglichster Weise einzuwirken vermögen.

Wird der Erwachsene, der sich dieser Gefahr bewußt ist, ein langsameres Tempo einschlagen, sobald er mit offenem Munde zu atmen beginnt, so anders beim Kinde: es wird sich eben dieser Gefahr nicht genügend bewußt sein, bezw. werden, und wird, wenn es sich ein bestimmtes Ziel vorgesetzt hat, dieses Ziel zu erreichen suchen, ob es nun durch den Mund oder durch die Nase atmet. Ebensowenig wird es acht darauf geben, ob die Atmung eine zu beschleunigte und oberflächliche wird. Wiederholen sich derartige Schädigungen öfter, so können eben daraus namentlich für einen kindlichen Organismus dauernde Schädigungen entstehen.

Dazu kommt die namentlich bei Kindern so oft zu beobachtende schlechte und äußerst gesundheitsschädliche, stark nach vorn geneigte Haltung, welche aus dem falschen Verhältnis von Sattel zu Pedal und Lenkstange resultiert und welche auf Lunge und Herz des Kindes so äußerst nachteilig wirkt. Es ist eine täglich zu bestätigende Thatsache, daß diese vornüber geneigte Haltung, welche den Brustkorb zusammenpreßt und tiefes Atmen geradezu unmöglich macht, bei Kindern noch viel häufiger ist, als es schon bei Erwachsenen leider der Fall ist. Auf diesen Punkt sollten meines Erachtens Eltern und Erzieher in erster Linie achten.

Es scheint nicht ausgeschlossen, daß neben der ungenügenden Atmung durch diese falsche Haltung bei der Nachgiebigkeit und Weichheit des kindlichen Skeletts Verbiegungen und Verkrümmungen der Wirbelsäule eintreten können, wenn diese Schädigungen sich womöglich tagtäglich wiederholen.

Ein fernerer nachteiliger Einfluß, der bei Kindern in höherem Maße als bei Erwachsenen eintritt, ist der Druck, den ein schlecht konstruierter Sattel, der vielleicht auch noch unrichtig eingestellt ist, auf den kindlichen Organismus ausüben kann; es können dadurch, namentlich in den Entwicklungsjahren, meines Erachtens andauernde Schädigungen hervorgerufen werden.

Unfälle, die selbst dem geübtesten erwachsenen Radfahrer passieren können, werden bei Kindern relativ häufiger sein; denn diese pflegen die Schnelligkeit, mit der sie fahren, nicht in genügender Weise abzuschätzen. Man sieht, daß fast alle Kinder, welche ohne Begleitung Erwachsener fahren, zu schnell fahren. Bei diesem zu schnellen Fahren fehlt ihnen dann im Augenblick der Gefahr die Geistesgegenwart das zu thun, was die drohende Gefahr noch im letzten Augenblick abhalten und mildern kann.

Wie bei anderen körperlichen Übungen kommt es auch beim Radfahren der Kinder leicht zu unsinnigen und gefährlichen Übertreibungen; und gerade durch diese Übertreibungen werden die Gefahren, welche das Radfahren überhaupt mit sich bringt, für Kinder ganz besonders große sein.

Will man demnach Kindern, Knaben und Mädchen unter 16 Jahren, überhaupt das Radfahren gestatten, so muß dieses unter großen Vorsichtsmaßregeln, möglichst unter ständiger Kontrolle eines mit den event. Gefahren vertrauten Erwachsenen geschehen. Man muß sich vergegenwärtigen, welchen physiologischen Veränderungen das kindliche Herz namentlich in den Entwicklungsjahren unterworfen ist, und wie gerade hier Überanstrengungen dauernden Schaden bringen können. Es wird, wenn man Kindern das Radfahren gestattet, vor allem darauf zu achten sein, daß sie größere Touren überhaupt vermeiden, daß sie auch bei kleineren Touren nur langsam und mit richtiger Atmung fahren, daß sie eine gerade, aufrechte Haltung innehalten, daß ferner ein richtiger Sattel gewählt wird, und daß sie von den Übertreibungen des Rennsports absolut ferngehalten werden.

8. Wie ist der Bestand der Jugendspiele an den höheren Lehranstalten auf die Dauer zu sichern?*)

Von Realgymnasialdirektor Professor Fiehn, Hannover.

Aus den Berichten und Protokollen, welche dem Referenten vorliegen, geht hervor, daß mit wenig Ausnahmen das Thema von solchen Lehrern behandelt ist, welche Jugendspiele entweder selbst geleitet oder doch praktische Erfahrung auf diesem Gebiete gesammelt haben. Diese stehen, da in den meisten Fällen nur das Interesse für die Sache sie veranlaßt, sich den Jugendspielen zu widmen, ihrem Betriebe in der überwiegenden Mehrheit freundlich gegenüber, während in den Protokollen, in denen auch die übrigen zu Worte kommen, eine merkliche Abschwächung der Begeisterung zu Tage tritt.

Ref. kann nicht behaupten, daß er ein klares Bild von dem gegenwärtigen Betriebe der Jugendspiele an den höheren Schulen der Provinz erhalten hat, da nur in einzelnen Fällen die Berichte darüber genauere Auskunft geben. Einen ganz bestimmten Eindruck hat aber Ref. aus allen in Frage kommenden Ausführungen gewonnen, daß der Betrieb der Jugendspiele in der Provinz ein außerordentlich verschiedener ist. Während z. B. in Hannover mit großem Eifer gespielt wird, sieht man an anderen Orten die Bedeutung der Spiele als weit geringer an. Der Grund dieser Erscheinung ist offenbar in erster Linie in der Verschiedenheit der örtlichen Verhältnisse zu suchen.

---

*) Auszug aus dessen Bericht auf der Direktoren-Versammlung in Hannover 1898. Es werden in diesem Bericht zum Teil Anschauungen vertreten, mit welchen der Zentral-Ausschuß nicht einverstanden ist.

von Schenckendorff. Dr. Schmidt.

Während die Spiele in größeren Städten dringend geboten erscheinen, damit die Schüler überhaupt wieder spielen lernen und ihre Gesundheit im Freien kräftigen, ist dies selbstredend in kleineren Orten mit ihren freien Plätzen und der leicht zu erreichenden freien Umgebung viel weniger der Fall. Aber der vielfach schwache Betrieb der Spiele hat noch andere Ursachen. Es giebt trotz des außerordentlichen Eifers, welchen die für diese Frage begeisterten Männer, namentlich der Zentral-Ausschuß zur Förderung der Jugend- und Volksspiele in Deutschland, an den Tag legen, um ihre Ideen zu verbreiten, und trotz der Förderung, welche die Regierung der ganzen Bewegung angedeihen läßt, doch noch viele Schulmänner, welche — und in einzelnen Punkten wohl nicht mit Unrecht — meinen, daß man in dieser Sache zu weit gehe und durch allzu starke Betonung der körperlichen Ausbildung der Jugend auf anderem Gebiete schade. Aus dieser Verschiedenheit der Verhältnisse und Anschauungen scheint die Stellung des vorliegenden Themas hervorgegangen zu sein, um eine Klärung der Ansichten und dadurch vielleicht einen dauernden und gleichmäßigeren Betrieb der Jugendspiele herbeizuführen, soweit dies überhaupt möglich ist. Dem Ref. erscheint eine völlig gleichmäßige Ausführung unmöglich, auch nicht einmal wünschenswert, wohl aber glaubt er, daß in einigen besonders wichtigen Punkten Übereinstimmung herbeigeführt werden kann und muß. Daher wird er sich gestatten, genauer nur auf diese Hauptpunkte einzugehen und nebensächlichere, welche schon oft erörtert sind und vielfach ganz von der Örtlichkeit abhängen, beiseite zu lassen. Ebenso glaubt er nicht weiter auf den erziehlichen Wert und die Bedeutung der Jugendspiele im allgemeinen eingehen zu sollen. Aus der Fassung des Themas glaubt Ref. entnehmen zu können, daß von der Regierung die Jugendspiele als eine sehr wertvolle Einrichtung anerkannt werden, deren Bestand gesichert werden muß, wie dies auch in den Direktoren-Versammlungen, in denen bisher diese Frage erörtert wurde, immer mehr zum Ausdruck gekommen ist.

Ebenso ist in weiteren Kreisen jetzt wohl die Ansicht durchgedrungen, „daß wir in den Jugendspielen ein köstliches Gut für die Erziehung besitzen, nicht nur für die körperliche, sondern auch für die geistige Gesundheit und die Veredelung des ganzen Menschen“, und die meisten, welche die noch junge Spielbewegung in Deutschland beobachtet haben, werden sich der Überzeugung des Herrn von Bennigsen anschließen, „daß Großes erreicht werden wird, das für unsere Nation nicht ohne erhebliche Bedeutung ist, wenn von den Führern die Sache weiter behandelt wird wie bisher“.

Der Bestand der Jugendspiele ist auf die Dauer zu sichern durch Maßregeln in Bezug

1. auf die Teilnahme der Schüler,
2. auf die Leitung der Spiele,
3. auf die Ausführung der Spiele.

1. Die Teilnahme der Schüler.

Wenn diese Frage allen anderen vorangestellt wird, so geschieht dies deshalb, weil sie Ref. als die bei weitem wichtigste erscheint, mit deren richtiger Lösung die meisten Schwierigkeiten beseitigt sein würden. Es handelt sich einfach darum, ob die Schüler zur Teilnahme verpflichtet sein sollen oder nicht. In den Direktoren-Versammlungen in Hannover 1885 und Schleswig-Holstein 1886 ist der obligatorische Spielbetrieb nicht gefordert, in der Versammlung in Pommern 1891 ist die Einübung der Turnspiele in der dritten Turnstunde verlangt. Die letzte statistische Übersicht über Freiheit und Zwang bei der Beteiligung der höheren Schulen an den Spielen stammt, soweit Ref. bekannt ist, aus dem Jahre 1894 (vergl. Jahrb. f. Volks- und Jugendspiele, 1895, S. 275); nach ihr fand in Preußen an 475 Anstalten freiwillige, an 92 Anstalten pflichtmäßige Beteiligung statt, in der Provinz Hannover 45 gegen 9. Inzwischen hat sich in unserer Provinz nach dem Eindrucke, den Ref. aus den Berichten und Programmen entnommen hat, dies Verhältnis kaum verschoben; nach wie vor bildet der Zwang die Ausnahme, und es scheint fast, als ob die energische Forderung der Männer, welche die Förderung der Jugendspiele zu ihrer Lebensaufgabe gemacht haben, daß die Beteiligung der Schüler obligatorisch werde, nur wenig Aussicht auf Verwirklichung hat, wenn es dem Ermessen der Leiter der Anstalten überlassen bleibt, hierüber zu entscheiden. Aber es ist aus den Berichten trotz der augenblicklich noch fast überall üblichen Freiwilligkeit der Beteiligung doch ein Fortschritt in dieser Frage zu Gunsten der Sache zu erkennen; denn von den 37 Anstalten in der Provinz, welche in den aufgestellten Thesen überhaupt Stellung hierzu genommen haben, sprechen sich 23 gegen, aber doch 14 für die obligatorische Beteiligung aus. Es ist dies nicht so zu verstehen, als ob von diesen letzteren die nackte Forderung hingestellt wäre: die Schüler sind zur Teilnahme an den Jugendspielen zu verpflichten; es sind vielmehr mehrfache Bedingungen an diese allgemein hingestellte Forderung geknüpft, so z. B., daß für diesen Zweck ein Nachmittag frei gemacht, oder daß auf Wünsche der Eltern genügende Rücksicht genommen werde.

Aber abgesehen von solchen Einzelheiten, ist doch thatsächlich jetzt an 14 Anstalten der Provinz die Ansicht durchgedrungen, daß es sich empfiehlt, die Schüler zur Teilnahme zu verpflichten. Auf der Seite der Anstalten, welche sich gegen die Verpflichtung aussprechen, finden sich mehrere, die eine Erklärung der Schüler oder Eltern bei Beginn des Schuljahres fordern, um auf diesem Wege eine allgemeine Teilnahme zu erzielen. Wer sich dann zur Teilnahme verpflichtet, muß auch später erscheinen.

Die Gründe, welche gegen die Verpflichtung angeführt werden, sind schon oft hervorgehoben und besprochen. Es wird geltend gemacht, daß bei jedem Zwange das Spiel seinen eigentlichen Charakter verliere, die Kinder dem Elternhause zu sehr entzogen werden, Überbürdung eintrete, und Zwang dazu führe, den Schülern das Spielen zu verleiden. Die Freunde des Zwanges heben hervor, daß nur durch diesen etwas wirklich Gutes geleistet werden könne und bei freiwilliger Teilnahme die Gefahr vorliege, daß nur ein kleiner Teil der Schüler den Segen der Spiele genieße und gerade diejenigen nicht, welche dessen am meisten bedürfen.

Leider ist Ref. nicht in der Lage, hier angeben zu können, wie sich nun die Beteiligung der Schüler an den Anstalten der Provinz wirklich gestaltet hat, weil hierüber vielfach die Angaben fehlen. Daß bei den Anstalten, welche den Zwang eingeführt haben, fast alle Schüler, soweit sie nämlich nicht vom Turnunterricht dispensiert sind, an den Spielen teilnehmen, liegt auf der Hand; aber es findet sich doch auch eine erfreuliche Beteiligung bei Anstalten, an denen kein direkter Zwang herrscht, sondern nur reges Interesse, so z. B. in Hannover an mehreren Anstalten 61—82 %. An der Schule, wo der obenerwähnte Modus der freiwilligen Verpflichtung der Schüler stattfindet, beteiligten sich 90 %. Dem gegenüber muß jedoch auch festgestellt werden, daß nach den Berichten an manchen Anstalten der Provinz die Beteiligung der Schüler eine nur geringe ist und an einzelnen Jugendspiele außerhalb der Lehrstunden überhaupt nicht stattzufinden scheinen, sondern nur innerhalb der Turnstunden geübt werden. Es läßt sich demnach zunächst eine große Verschiedenheit des Betriebes feststellen und zweitens die Besorgnis nicht verschweigen, daß an manchen Orten der Betrieb der Jugendspiele wieder zurückgeht und mit der Zeit ganz einzuschlafen droht, wenn nicht neue Anregungen erfolgen.

Wenn Referent bislang zu jenen gehört hat, welche der freiwilligen Beteiligung das Wort redeten, so geschah dies aus dem Grunde, weil er der Meinung war und noch heute ist, daß die Schule vorläufig gar nicht das Recht hat, die Schüler zur Teilnahme zu zwingen; ebensowenig, wie es früher berechtigt gewesen wäre, die Teilnahme an mehr als 2 Turnstunden wöchentlich zu verlangen, kann jetzt mit Recht gefordert werden, daß die Schüler sich zu einer bestimmten Zeit zum Spielen unter Leitung der Schule einfinden. Wenn die Behörde thatsächlich die Anstaltsleiter gewähren läßt, welche die Teilnahme fordern, so ist das in diesem Übergangsstadium nach Ansicht des Referenten noch kein Beweis dafür, daß die Schüler wirklich allgemein zur Teilnahme gezwungen werden können. Was will der Direktor thun, wenn ein Vater erklärt, daß er seinen Sohn auch ohne Angabe irgend welcher Gründe nicht mitspielen lassen will? Er ist dem gegenüber völlig machtlos, und Referent würde es für einen Fehler halten, die heutzutage so überaus nötige Autorität der Schule irgendwie zu gefährden. Nun stellt sich aber heraus, daß die Spiele vielfach bei freiwilliger Teilnahme nur sehr lahm betrieben werden, und ihre Ausführung keineswegs den Wünschen und Forderungen entspricht, welche auch die Regierung oft und dringend ausgesprochen hat. Der Betrieb der Jugendspiele ist ein so außerordentlich verschiedener, hier durch großes Interesse gefördert, dort nur wenig beachtet, daß eine Änderung in der That wünschenswert erscheint. Soll diese wirklich durchgreifend nach der Richtung hin eintreten, daß die Schüler die Jugendspiele wieder erlernen und in den Schülern die vielseitigen Anlagen von Leib und Seele auf dem Spielplatze wieder zur Entfaltung kommen können, so möge die Regierung, die doch von dem hohen Wert der Spiele überzeugt ist, das entscheidende Wort sprechen und die Teilnahme an den Jugendspielen in gewissen Grenzen fordern, d. h. nicht weiter, als sich mit der sonstigen Ausbildung der Schüler und mit den Rechten des Elternhauses verträgt. Erst dann, wenn überall die Jugend spielen gelernt hat, wenn auch namentlich die Schwächlinge und Unlustigen herangezogen sind, kann übersehen werden, welcher Wert in den Spielen wirklich steckt. Der Einwand, daß ein Spiel aufhört, Spiel zu sein, wenn Zwang geübt wird, klingt zwar sehr bestechend; man möge aber bedenken, daß Kinder zu vielem gezwungen werden müssen, was ihnen gut ist, und wovon sie sich unbedingt fernhalten würden, wenn man sie gewähren ließe; die Hauptsache ist, daß ihnen aus der Sache wirklicher Vorteil erwächst, wenn auch durch Zwang, und darin stimmen in Bezug auf die Spiele doch jetzt die meisten überein. Auch glaubt Referent, daß die meisten

Schüler das Spielen nicht als Zwang empfinden werden, wenn es ihnen durch richtige Ausführung lieb und angenehm gemacht wird.

Daß noch manche Schwierigkeiten bei Einordnung von etwa zwei Spielstunden wöchentlich in den Lehrplan zu überwinden sind, kann nicht geleugnet werden; aber sie sind nicht unüberwindlich; wenn man wirklich etwas Reelles durch die Jugendspiele erreichen will, darf man vor ihnen nicht zurückscheuen. Am schwierigsten stellt sich die Frage bei den Anstalten, welche noch an vier Nachmittagen wissenschaftlichen Unterricht haben; es scheint, um dies gleich hier zu bemerken, durchaus wünschenswert, einen von diesen für die Spiele freizumachen, wie es z. B. im Herzogtum Braunschweig überall von den Behörden bewilligt ist. Sollte dies an einer Anstalt ganz unthunlich erscheinen, so bleibt schließlich noch der Mittwochnachmittag zur Verfügung. Doch wird hierüber noch weiter unten die Rede sein.

Wenn aber die Regierung diesen entscheidenden Schritt, wie sie es bei Einführung der dritten Turnstunde gethan hat, nicht thut, was dann? Ja, dann wird nach Ansicht des Ref. der Bestand der Jugendspiele wohl nicht allgemein auf die Dauer gesichert sein, da nach den Eindrücken, welche er gewonnen hat, ihm die Befürchtung der maßgebendsten Förderer der Sache, daß der ursprüngliche Eifer nachläßt und die Bewegung an vielen Orten im Sande verläuft, völlig gerechtfertigt erscheint. Wo die Ansicht herrscht, daß die Jugendspiele etwa infolge der örtlichen Verhältnisse überflüssig sind, wo sich namentlich der Leiter der Anstalt nicht von dem Werte der Spiele überzeugen kann, wo man glaubt, daß der Schüler durch sie seiner eigentlichen Aufgabe zu sehr entzogen und zu schädlichen Ausschreitungen, wie Sport und Vereinswesen, hingelenkt wird, da werden alle Empfehlungen der Behörden, alle Schriften über die Spielbewegung und alle Thesen der Konferenzen, die sich mit dieser Frage beschäftigen, nichts nützen — die Sache bleibt dann, wie sie ist. Wo jedoch den Jugendspielen ein wirklicher innerer Wert zugeschrieben wird, kann bei gutem Willen, auch wenn die Regierung bei der bisherigen bloßen Empfehlung beharrt, manches geschehen, um den Bestand zu sichern und die Sache zu fördern. Mag man die Schüler veranlassen, sich bei Beginn des Schuljahres zur Teilnahme zu verpflichten — ein Verfahren, welches freilich nach Ansicht des Ref. einem milden Zwange sehr ähnlich sieht — oder durch beständiges Zureden der Klassenlehrer, durch Beteiligung der Lehrer selbst eine möglichst große Teilnahme zu erzielen suchen, es giebt immer noch eine ganze Reihe von gesetzlichen Mitteln, die Spiele zu fördern — wenn man nur ernstlich will. Für die allerwichtigsten sieht Ref. nach seiner Erfahrung die richtige Leitung und die richtige Ausführung der Spiele an.

2. Die Leitung der Spiele.

Im engsten Zusammenhange mit der Frage der Beteiligung der Schüler steht die der Leitung der Spiele; denn wenn die Schüler zur Teilnahme gezwungen oder auch nur dringend veranlaßt werden sollen, muß auch eine durchaus regelrechte Leitung stattfinden. Während früher mehrfach als wünschenswert hingestellt wurde, daß die Schüler möglichst unter sich, unter selbstgewählten Führern spielten, sind jetzt wohl die meisten, welche praktische Erfahrung gesammelt haben, überzeugt, daß die Leitung durch Lehrer ausgeübt werden muß, wenn ordentlich gespielt werden soll.

Sehr gehen aber auch hier die Ansichten darüber auseinander, welche Lehrer die Leitung übernehmen sollen. Eine Reihe von Anstalten spricht allgemein den Wunsch aus, daß sachkundige Kräfte als Spielleiter angestellt werden, andere wollen nur den Turnlehrern oder doch nur solchen Lehrern, welche facultas im Turnen und durch Teilnahme an Spielkursen die nötige Kenntnis besitzen, die Leitung übertragen, während von anderer Seite gerade die Klassenlehrer, bezw. die Lehrer in den Hauptfächern, auch möglichste Beteiligung anderer Lehrer empfohlen werden.

Der Gesamteindruck, welchen Ref. aus den Vorschlägen über die Leitung der Spiele gewonnen hat, ist der, daß die Mehrzahl wirklich sachkundige Leitung, daneben aber eine möglichst ausgedehnte Beteiligung der Lehrer der Anstalt nach allen Richtungen hin wünscht. Ref. stimmt dieser Ansicht zu. Ein wirklich sachkundiger Lehrer muß an der Spitze des ganzen Betriebes stehen, dabei kommt jedoch nach Ansicht des Ref. nichts darauf an, ob er Turnlehrer von Fach oder wissenschaftlicher Lehrer ist, der die nötige Ausbildung etwa in der Turnlehrerbildungsanstalt, wo seit einigen Jahren auch Jugendspiele geübt werden, oder in den jährlich stattfindenden Spielkursen erhalten hat, wenn er nur seine Sache versteht und die geeignete Persönlichkeit dazu ist. Dieser eigentliche Leiter muß von den übrigen Lehrern der Anstalt, soweit sie können und wollen, unterstützt werden.

Eine unfreiwillige, etwa durch Vorstellungen des Direktors halb erzwungene Beteiligung hat gar keinen Wert, kann sogar lähmend einwirken. Wie die Lehrer sich an den Spielen beteiligen, ob mitspielend oder nur zusehend und ermunternd, braucht als nebensächlich wohl nicht weiter erörtert zu werden, jeder möge nach seinen Kräften wirken.

Es ergiebt sich daraus zunächst die Forderung, daß für das Vorhandensein geeigneter Spielleiter an den einzelnen Anstalten Sorge getragen wird. An manchen Anstalten, z. B. auch in Hannover, stehen die Turnlehrer, einer oder bei Doppelklassen zwei, von denen jedoch einer die eigentliche Führung haben muß, an der Spitze. Es scheint dies das Nächstliegende zu sein, weil die Turnlehrer die größte Erfahrung auf diesem Gebiete besitzen und in einem Teile der Turnstunde die Spiele einzuüben pflegen. Selbstverständlich müssen die Turnlehrer dafür eine angemessene Entschädigung erhalten. Schwieriger liegt der Fall, wenn die Leitung einem wissenschaftlichen Lehrer der Anstalt übertragen werden muß. Wo sich Lehrer finden, die aus Begeisterung für die Sache freiwillig die wahrlich nicht leichte Bürde auf sich nehmen, ist keine Schwierigkeit vorhanden; aber dieser Fall wird nicht oft vorkommen. Die Ansicht, daß jeder, der eines Amtes waltet, dafür auch eine entsprechende Entschädigung beanspruchen kann, wird nach den vorliegenden Berichten allgemein geteilt.

Wenn manche Direktoren der Ansicht sind, ein Lehrer könne zur Teilnahme verpflichtet und dürfe durch Herabsetzung der Pflichtstundenzahl entschädigt werden, kann sich Ref. nicht überzeugen, daß die Lehrer zur Beaufsichtigung gezwungen werden können, und daß eine Anrechnung auf die Pflichtstunden stattfinden darf, solange eben die Jugendspiele noch außerhalb des Lehrplanes stehen. Er nimmt in dieser Frage denselben Standpunkt ein wie bei der Verpflichtung der Schüler zur Teilnahme seitens der Schule und hält daran fest, daß diejenigen Lehrer, ob wissenschaftliche oder Turnlehrer, welche mit der eigentlichen Leitung beauftragt werden, durch angemessenes Honorar von der Regierung oder den Patronaten für ihre Thätigkeit zu entschädigen sind.

Zwei Punkte sind hier noch beiläufig zu erwähnen. Erstens wird mit Recht in vielen Berichten gefordert, daß möglichst vielen Lehrern, die sich dafür interessieren, Gelegenheit und die nötigen Mittel gegeben werden, sich an den jährlichen Spielkursen zu beteiligen, ferner daß besonders die Seminaristen und Kandidaten herangezogen werden. Übrigens werden die Spielkurse schon ziemlich eifrig benutzt; im Jahre 1896 beteiligten sich an 18 Lehrkursen 568 Lehrer, nachdem in den Jahren 1890—1895 schon 2398 Lehrer in 66 Kursen ausgebildet waren. Die Beteiligung ist kostenfrei. Zweitens ist in verschiedenen Berichten die Frage behandelt, ob es sich empfiehlt, zur Leitung der Spiele auch ältere Schüler heranzuziehen. Ref. meint, daß auch hier die örtlichen Verhältnisse entscheidend sein müssen. Sind die Spielabteilungen sehr groß und nicht genug Lehrer zur Beaufsichtigung vorhanden, so wird es nötig sein, die älteren Schüler zur Leitung heranzuziehen, jedoch muß dies seiner Ansicht nach nur ein Notbehelf sein, da namentlich die älteren Schüler viel lieber selbst mit ihren Klassen spielen.

3. Ausführung der Spiele.

Es kommt hier eine Menge einzelner Fragen in Betracht, deren Erledigung einerseits zum großen Teile so sehr von den örtlichen Verhältnissen abhängt, und über die anderseits eine so umfangreiche Litteratur vorhanden ist, daß Ref. glaubt, nur auf einzelne Punkte von allgemeiner Bedeutung näher eingehen zu sollen.

Es handelt sich um die Vorbereitung der Spiele in den Turnstunden, Aufstellung eines Spielplanes und richtige Auswahl von Spielen, Örtlichkeit, Zeit sowohl der regelmäßigen, wie außergewöhnlichen Spiele, möglichste Unbeschränktheit der Schüler bei den Spielen und Stellung der Schule zu den Spielvereinen der Schüler.

Für die Vorbereitung der Spiele kommt vor allem die Schlußbemerkung in der Vorschrift über das Turnen in den Lehrplänen in Betracht: „Turnspiele werden auf allen Stufen in geeigneter Auswahl vorgenommen.“ Diejenigen Anstalten, welche außerhalb der Schulzeit fallende Turn(oder Jugend-)spiele nicht für erforderlich halten und deshalb nicht pflegen, glauben jedenfalls den Vorschriften zu genügen, wenn sie innerhalb der drei obligatorischen Turnstunden auch Turnspiele vornehmen lassen. Ref. teilt diese Auffassung nicht; seiner Ansicht nach kann in der Einübung der Turnspiele innerhalb des Lehrplans nur die Grundlage gesehen werden, auf der in den eigentlichen Turn- oder Jugendspielen außerhalb der Schulzeit weitergebaut wird.

Er ist der Ansicht, daß zunächst dem Turnunterricht selbst sein volles Recht gewahrt bleiben muß. Wird hier zu viel Zeit durch Spielen abgebröckelt, so geht der große Nutzen des planmäßigen Turnens, wie es sich jetzt so erfreulich entwickelt hat, verloren.

Ein innerer Zusammenhang zwischen Turnen und Spielen ist jedoch sehr wohl herzustellen, wie schon Jahn forderte: „Die Spiele schließen sich genau an die Turnübungen und bilden mit ihnen eine große Ringelkette. Ohne Turnspiele kann das Turnwesen nicht gedeihen, ohne Spielplatz ist ein Turnplatz gar nicht zu denken.“ So bezeichnet auch Wickenhagen-Rendsburg das Jugendspiel als die edelste Perle des angewandten Turnens. Aber eine Vorschrift dem Turnlehrer zu machen, zu bestimmten Zeiten und in bestimmter Ausdehnung während der Turnstunden spielen zu lassen, hält Ref. nicht für richtig. Der Turnlehrer muß freie Hand haben, muß spielen lassen können, wenn das Wetter sich dazu eignet und die Schüler einer solchen Auffrischung und Erholung bedürfen oder sie verdienen. Auch hier kommt viel darauf an, ob bei der Turnhalle ein genügend freier Platz zum Spielen vorhanden ist; in der Turnhalle spielen zu lassen, hält Ref. für schwer ausführbar und in gesundheitlicher Hinsicht für bedenklich. Jedenfalls aber soll der Turnlehrer dafür sorgen, daß die wichtigsten Spiele, wie Ballspiele, Barlauf und Fußball, im Laufe des Jahres während der Turnstunden eingeübt werden. Ref. steht somit auf dem Standpunkte der Direktorenversammlung zu Hannover 1885, welche als These angenommen hat: „Die Turnspiele müssen im Turnunterricht, für welchen das Turnspiel eine willkommene Erweiterung und Ergänzung bildet, eingeübt werden," während die Direktorenversammlung in Schleswig-Holstein 1886 beschlossen hat: „Die Einübung der Spiele ist in den Spielstunden vorzunehmen, jedenfalls nicht in den Turnstunden."

In der Frage, ob nach einem festen, zu Beginn des Schuljahres anzusetzenden Spielplane gespielt oder ob den Schülern freie Wahl der Spiele gelassen werden soll, erklären sich Berichterstatter, welche infolge längerer Erfahrung besonders sachkundig erscheinen, unbedingt für einen festen Plan. Ref. entscheidet sich nach eigener Erfahrung für einen Spielplan, weil er der Ansicht ist, daß sich eine gewisse Ordnung sehr wohl mit der Freiheit des Spielens verbinden und sich nur auf diese Weise erreichen läßt, daß die Schüler mit der Zeit alle empfehlenswerten und am Orte gebräuchlichen Spiele genau kennen lernen. Überläßt man ihnen die Wahl der Spiele, so entsteht von vornherein Streit, da der eine dies, der andere jenes will, und es geht sicher ein Teil der Zeit verloren. Wohl aber empfiehlt es sich, während der Spielzeit namentlich bei den unteren und mittleren Klassen mehrfach zu wechseln.

Über die richtige Auswahl der Spiele möchte Ref. nur bemerken, daß hier eine allgemeine Regel nicht aufzustellen ist. Jede Schule möge besonders die ortsüblichen Spiele pflegen, und sonst quäle man die Schüler nicht mit Spielen, die ihnen kein Vergnügen machen. Direktor Lion-Leipzig spricht die Befürchtung aus, daß man zu wenig Rücksicht darauf nehme, was orts- und landesüblich ist, indem man sich mehr bemühe, etwas, wovon man irgendwo einen guten Eindruck empfangen habe, in die Jugend hineinzutragen, anstatt es mit besonnenem Vorgehen aus ihr herauszulocken. Er schlägt vor, nach und nach eine Spielform aus der andern zu entwickeln, aber keine Spielform im Laufe der Zeit eher aufzugeben, als bis sie gut gespielt wird.

Die Spielplatzfrage, im Grunde eine der wichtigsten, weil ohne einen ausreichenden Spielplatz nicht mit Erfolg gespielt werden kann, scheint nach den Berichten an vielen Anstalten der Provinz noch nicht genügend gelöst zu sein. Die Klagen über zu kleine oder zu fern von der Schule liegende Plätze kehren oft wieder. Es hat keinen Wert, hier Maßregeln zu erörtern, welche zu einer befriedigenden Lösung führen könnten, da die ganze Frage von den lokalen Verhältnissen abhängt. Wenn die Regierung die Spiele obligatorisch macht, werden auch hier die Schwierigkeiten gehoben, d. h. die nötigen Mittel zur Beschaffung eines ausreichenden Spielplatzes gewährt werden.

Von Wichtigkeit erscheint die Frage, wann gespielt werden soll, ob an einem oder mehreren Nachmittagen, ob an einem an und für sich freien, also Mittwoch und Sonnabend, oder an einem für diesen Zweck freizumachenden Nachmittage. Schließlich sind hier die regelmäßigen Spiele zu unterscheiden von den außergewöhnlichen, wie sie von vielen Referenten bei bestimmten Veranlassungen, namentlich am Sedantage, gewünscht werden. Mit dieser letzten Frage wird Ref. zwei weitere verbinden, ob und in welchem Umfange es zu empfehlen ist, durch Wettspiele den Eifer der Schüler anzufeuern, und wie sich die Schule zu Spielvereinigungen der Schüler zu stellen hat, die mit den Wettspielen im Zusammenhange zu stehen pflegen.

Für die Fortsetzung der Spiele das ganze Jahr hindurch treten nur wenige Anstalten ein. In dieser Forderung wird nach Ansicht des Ref. nicht hinreichend bedacht, daß in der Provinz Hannover das Klima in der ersten Hälfte des Frühlings, im Spätherbst und Winter nicht derartig zu sein pflegt, daß ein irgendwie regelmäßiger Betrieb von Spielen im Freien möglich und rätlich erscheint. Dazu kommt aber noch die Überlegung, ob die Schüler nicht die kühlere Jahreszeit sehr nötig haben zu ernster geistiger Arbeit, die im Sommer in der That manche Unterbrechung findet. Ref. fürchtet, daß die besonders eifrigen Freunde der Jugendspiele zu weit gehen mit derartigen Forderungen und dadurch der Sache vielleicht schaden. Aber auch in ihren Kreisen werden Stimmen laut, welche das Spielen im Winter nicht für angezeigt halten; so sagt z. B. Lion im Katechismus der Bewegungsspiele: „Das Bewegungsspiel im Freien verbietet sich im Winter von selbst" und weiterhin: „Die Spielthätigkeit ist zum Winterschlaf gezwungen." Wenn dagegen Schmidt-Bonn auf das Beispiel verweist, welches unser Heer und die Engländer geben, die auch in der kalten Jahreszeit spielen, so möchte Ref. dagegen bemerken, daß in beiden Fällen ganz andere Verhältnisse vorliegen. Überhaupt scheint ihm der Hinweis auf das sogenannte Musterspielen der Engländer etwas Mißliches zu haben und für uns von keiner großen Bedeutung zu sein; denn bei den Engländern muß das Spiel für die körperliche Ausbildung das leisten, was bei uns die militärische Ausbildung bewirkt, und die wissenschaftliche Ausbildung steht in England entschieden nicht auf der Höhe wie bei uns.

In betreff der Ausdehnung der Spielzeit spricht sich weiter die Mehrzahl der Berichte dafür aus, daß jeder Schüler nur an einem Nachmittage spielen und die Spielzeit etwa 2 Stunden umfassen soll. Dies genügt nach Ansicht des Ref. vollkommen, der an seiner Anstalt nur 1½ Stunde spielen läßt und diese Frist wegen der weiten Entfernungen in Hannover für ausreichend und zweckmäßig erachtet. An welchem Nachmittage gespielt wird, ist im Grunde gleichgültig und hängt von den lokalen Verhältnissen ab. Wo, wie in Hannover, der wissenschaftliche Unterricht auf den Vormittag gelegt ist, kann man leicht einen Nachmittag für das Spielen ganz frei halten; von dem Sonnabend wird man absehen, weil dieser besser für das Haus frei bleibt. Wo noch an vier Nachmittagen Unterricht stattfindet, wird man Mittwoch wählen müssen, wenn es nicht möglich sein sollte, einen Nachmittag durch Verschiebung der Stunden, etwa auf die fünfte Morgenstunde am Mittwoch und Sonnabend, für das Spielen frei zu machen. Ref. meint, daß hier jede Anstalt freie Hand haben muß, da viel Eigentümliches dabei in Frage kommt, namentlich auch die Entfernung des Spielplatzes von der Schule und seine Größe.

Ein besonders lebhafter Streit hat sich nun in den letzten Jahren über die Frage der außergewöhnlichen Spiele entsponnen. Sollen bei besonderen Gelegenheiten, namentlich bei patriotischen Festen und Gedenktagen, Spiele, die sich voraussichtlich immer mehr zu öffentlichen Wettspielen ausdehnen würden, veranstaltet werden? Sollen diese innerhalb des Rahmens einer Anstalt oder zwischen mehreren derselben Stadt oder gar zwischen Schulen verschiedener Orte stattfinden? Wie soll endlich die Schule sich zu Spielvereinen der Schüler stellen, die hauptsächlich durch derartige Wettkämpfe ins Leben gerufen werden?

Lassen wir zunächst die Freunde dieser außergewöhnlichen Spiele zu Worte kommen. Nicht weniger als 18 Anstalten sprechen sich in den Verhandlungen direkt für öffentliche Wettspiele aus, ferner andere in allgemeinerem Sinne, daß den Jugendspielen bei Volksfesten künftig der breiteste Raum eingeräumt werde. Dabei stellt sich heraus, daß die Berichterstatter, zum Teil Turnlehrer, sich meist sehr energisch für Wettspiele auch zwischen verschiedenen Anstalten aussprechen, die Konf. aber sich sehr viel kühler und mehrfach ganz ablehnend dagegen verhalten.

Die Veranstaltung von Wettspielen wird deshalb als wünschenswert hingestellt, weil dadurch der Spieleifer erhöht und das Interesse des Publikums wachgerufen werde; dies soll hauptsächlich bei Wettspielen zwischen verschiedenen Anstalten der Fall sein. Die meisten Berichterstatter berufen sich dabei auf die Thatsache, daß die Direktorenversammlung von Schleswig-Holstein 1895 sich veranlaßt gesehen hat, als letzten Leitsatz ihrer Verhandlungen über das Turnspiel die Forderung aufzustellen: „Wettkämpfe der Schüler verschiedener Anstalten in der Weise, wie sie der Nordalbingische Turnlehrerverein veranstaltet hat, enthalten eine reiche Fülle von Anregungen und sind in jeder Weise zu fördern." Noch entschiedener treten dafür Männer auf, welche an der Spitze der Bewegung für Jugendspiele stehen, wie Koch-Braunschweig. Dieser beruft sich auf die guten Erfahrungen, die man mit den sogenannten Wanderpreisen z. B. bei den höheren Schulen Berlins gemacht habe, wo sich 1896 16 höhere Schulen beteiligten, und hofft, daß das Beispiel des Herrn Oberpräsidenten von Schleswig-Holstein, der zur Beschaffung eines Wanderpreises für Provinzial-Wettspiele von Schülern der höheren Schulen der Provinz eine Summe bewilligt hat, bald Nachahmung finden werde. So kommt er zu dem Resultat, daß ohne Wettspiele ein reges Spielleben auf die Dauer nicht gedeihen kann, daß, wer das Spiel will, wer die ganze deutsche Jugend zu lebhaftem Spiele ins Freie hinausbringen will, auch die Mittel wollen muß, d. h. verständig geregelte Wettkämpfe, die allein auf die Dauer ein lebhaftes Spielleben sichern und die weitesten Kreise zur Beteiligung heranlocken. (Jahrbuch für Volks- und Jugendspiele 1897.)

Direkt gegen Wettspiele sprechen sich nur sehr wenige Anstalten aus; aber es ist wohl anzunehmen, daß manche, welche sich über diesen Punkt nicht geäußert haben, von Wettspielen weniger oder nichts wissen wollen, da diese sonst wohl von ihnen besprochen wären. Ref. nimmt folgenden Standpunkt ein: Wettspiele abzuhalten innerhalb der eigenen Anstalt zwischen verschiedenen Abteilungen, z. B. Parallelklassen, hält er bei besonderen Gelegenheiten für durchaus angebracht und geeignet, den Spieleifer zu erhöhen, also den Bestand der Jugendspiele mit zu sichern. Am liebsten wäre es ihm, wenn das Publikum zu solchen Veranstaltungen nicht herangezogen und somit nur um der Sache selbst willen gewetteifert würde. Indessen wird sich dies manchmal nicht gut vermeiden lassen und mag auch immerhin geeignet sein, das Interesse zu erhöhen. Ref. verhehlt sich aber nicht, daß schon durch das Einüben der verschiedenen Abteilungen für diese Wettkämpfe Unruhe in die Spiele hineingetragen, leicht Streit und Eifersucht zwischen den Schülern, ein gewisser Übereifer und Zurückdrängen der körperlich schwächeren Elemente bewirkt werden kann. Nehmen jedoch die Vorübungen nur wenig Zeit in Anspruch und wird vor allem das eigentliche Ziel gewahrt, an einem frohen Gedenktage fröhlich und harmlos in der freien Natur innerhalb der Schulgemeinschaft seiner Freude durch Spielen Ausdruck zu geben, so mag jede Anstalt, wenn es ihr zweckmäßig erscheint, solche Wettspiele gern veranstalten. Nicht aber kann Ref. trotz aller Anpreisungen Wettspiele unter Schülern verschiedener Anstalten empfehlen. Es mag sich sehr schön ausgenommen haben, als 1895 der Nordalbingische Turnlehrerverein den versammelten Direktoren sorgfältig eingeübte Wettspiele vorführte; man ist leicht geneigt, unter dem Eindrucke einer derartigen Schaustellung sich dafür auszusprechen; aber es scheint Ref. doch sehr bedenklich, dieser ihm geradezu gefährlich erscheinenden Bewegung, die durch Vorgänge in Berlin hervorgerufen ist, das Wort zu reden. Allgemein wird jetzt darüber geklagt, daß die Interessen unserer Schüler sich zersplittern, nur mit Mühe wird ihnen die nötige Rücksicht auf die eigentlichen Aufgaben der Schule, auf ihre geistige Ausbildung, abgezwungen, immer mehr greift die Ablenkung durch allerhand sportliche Interessen um sich — wie kann es da gut sein, wenn nun auch die Schule noch solche Bewegung auf ihre Fahne schreibt! Bei derartigen Wettkämpfen zwischen einzelnen Schulen und Städten kann es gar nicht ausbleiben, daß die Schüler namentlich in der Zeit, in der diese stattfinden sollen, viel mehr an die Spiele denken als an ihre Aufgaben in der Schule, daß ihr Streben und Ehrgeiz in ganz falsche Bahnen gelenkt wird. Auch verspricht sich Referent wenig Gutes von der unvermeidlichen engeren Berührung der verschiedenen Anstalten. Entweder tritt eine verdrießliche Spannung ein, die, einmal vorhanden, schwer zu beseitigen ist, oder es entspinnt sich ein flottes Zusammenleben, auch wahrlich nicht zum Besten der Schulen. Also hüten wir uns lieber vor dieser neuen Unruhe in dem Leben unserer Schüler, das wahrlich, namentlich in größeren Städten, schon unruhig genug sich gestaltet, und überlassen wir es jeder Anstalt, Jugendspiele auch in Gestalt von Wettkämpfen im Rahmen der eigenen Schule bei passenden Gelegenheiten mit oder ohne Publikum zu veranstalten. Der Bestand der Jugendspiele darf von den Wettspielen nicht abhängen. Sollte die oben erwähnte Ansicht des Prof. Koch, daß ohne Wettspiele ein reges Spielleben auf die Dauer nicht gedeihen könne, richtig sein, dann stände es nach Ansicht des Ref. um den inneren Wert der Jugendspiele, durch den allein sie sich einbürgern und Bestand gewinnen können, herzlich schlecht.

In Bezug auf die Frage, wie sich die Schule zu Spielvereinigungen von Schülern stellen soll, kommt Ref. zu demselben Resultate wie bei der verwandten der Wettspiele: Glaubt der Direktor an seiner Anstalt infolge der bestehenden Verhältnisse ohne Schaden für die Hauptaufgaben der Schule eine freiwillige Spielvereinigung in den nötigen Grenzen gestatten zu können, so möge er es thun; wenn der Verein richtig geleitet und überwacht wird, so kann er wohl im stande sein, die Interessen der Jugendspiele zu fördern. Liegt aber die Gefahr nahe, daß der Spielverein, z. B. ein Fußballklub, oft mit anderen ähnlichen Vereinen in Berührung kommt, nach anderen Städten reisen muß, um Wettkämpfe zu veranstalten, so würde Ref. derartige Veranstaltungen nicht gestatten, weil sie weit über den Rahmen der Schule, auch der eigentlichen Jugendspiele hinausgehen und große Gefahren für die Sittlichkeit der Schüler in sich bergen.

Ref. wies schon im Eingange des Berichts darauf hin, daß zu den Maßregeln, welche geeignet seien, die Jugendspiele zu fördern, auch die gehöre, daß man den Schülern die Spiele so angenehm wie möglich gestalte. Nach seinen Erfahrungen kommt auf die möglichste Unbeschränktheit der Schüler beim Spielen sehr viel an. Natürlich müssen auch hier, selbst wenn auf die Dauer die Teilnahme eine freiwillige bleiben sollte, die Schüler an Zucht gewöhnt werden und Strammheit an den Tag legen, sonst aber möglichst frei sein Auf dem Spielplatz muß das Ziel der Erziehung darin erblickt werden, daß die Schüler aus sich selber den Geist der Ordnung und Zucht hervorbringen. Es kommt hier viel, fast alles auf den Leiter der Spiele an. Wenn ein Schüler auf dem Spielplatze oft gescholten wird, wenn die einzelnen Abteilungen nicht über den für sie abgesteckten Platz einmal hinauslaufen dürfen, wenn ihnen nicht gestattet wird, das Spiel häufiger zu wechseln, wenn sie sich nicht nach Herzenslust auf dem Rasen tummeln können, sobald das Spiel es erlaubt, so kommen sie eben nicht wieder oder nur ungern, wenn sie müssen, und der eigentliche Nutzen ist jedenfalls dahin. „Von dem Spielplatz muß jede Reglementiererei fernbleiben.“

Am Schlusse dieser Betrachtungen spricht Ref. noch den Wunsch aus, daß die Kollegen, welche keine oder nur geringe Erfahrung auf dem Gebiete der Jugendspiele besitzen und sich bislang nicht dafür erwärmen konnten, ihre Aufmerksamkeit einmal der reichhaltigen Litteratur über diese Frage zuwenden, um sich genau zu informieren. Die ganze Bewegung, von Überschreitungen abgesehen, scheint Ref. eine durchaus gesunde, die sich auch ihres inneren Wertes wegen nicht aufhalten lassen wird. Je mehr aber die Lehrer der höheren Schulen selbst an der Bewegung teilnehmen, selbst Anregung geben und zugleich die Auswüchse beschneiden, um so eher läßt sich erreichen, daß die richtige Bahn innegehalten und vielleicht großer Schaden auf anderem Gebiete vermieden wird.

---

9. Über den verbindlichen Besuch der Jugendspiele an den höheren Lehranstalten und die dritte Turnstunde*).

a. Berichterstatter Professor Wickenhagen, Rendsburg.

Wäre es üblich, einem mündlichen Vortrage ein Motto vorauszuschicken, dann würde ich die Worte wählen, welche Se. Majestät Kaiser Wilhelm II. in den „Verhandlungen über die Fragen des höheren Unterrichts“ zu Berlin am 4. Dezember 1890 sprach:

„Es muß davon abgegangen werden, daß der Lehrer nur dazu da ist, täglich Stunden zu geben, und daß, wenn er sein Pensum absolviert hat, seine Arbeit beendigt ist. Wenn die Schule die Jugend so lange dem Elternhause entzieht, wie es geschieht, dann muß sie auch die Erziehung und die Verantwortung für diese übernehmen.“

Diese Worte enthalten einen Mahnruf, der überall da in Erinnerung gebracht werden sollte, wo über die Ziele der Schularbeit Betrachtungen angestellt werden. Ihre Wahrheit ist besiegelt durch die Aufnahme und Beurteilung, welche sie im Volke gefunden. Sie sind nicht nur von unsern Landsleuten beherzigt und ins Leben übersetzt worden, auch jenseits der Grenzen hat man sie vernommen und will daraus lernen. So verschmäht es der französische Gelehrte Dr. Tissié-

---

*) Vortrag auf dem III. Kongreß für Volks- und Jugendspiele zu Bonn 1898.

Bordeaux nicht, in seinem eben erschienenen Werke „La fatigue et l'entraînement physique" (Paris, F. Alcan, 1897) die Blicke seiner Leser mit dem Zitat „lorsque l'école enlève les jeunes gens à la maison paternelle pour un temps aussi long qu'elle le fait, il faut qu'elle se charge aussi de l'éducation et ne prenne la responsabilité" (S. 337) auf den gekrönten Erzieher Deutschlands hinzulenken.

Jenen Berliner Verhandlungen verdanken wir unsere dritte Turnstunde und unsern Schulspielbetrieb: der 4. Dezember 1890 ist der Geburtstag unserer heutigen Jugendgymnastik. Die in ihr gebotene Reform war selbstverständlich nicht ein glücklicher Gedanke des Augenblicks; sie war längst durch Mahnungen und Forderungen einsichtsvoller Jugendfreunde und durch ernste Erscheinungen der Zeit vorbereitet. Das große Verdienst Sr. Majestät besteht darin, dem Sehnen und Wünschen des Volks mit dem Stempel des „sic volo, sic iubeo" Erfüllung verschafft zu haben. — Es muß das von vornherein festgelegt werden, um die irrige Meinung zu zerstreuen, als ob der Lehrer und insbesondere der Turnlehrer erobernd vorgegangen wäre und in eitler Verblendung oder maßloser Begehrlichkeit für sein Fach Zugeständnisse ertrotzt habe. Dazu hat er vielleicht am wenigsten Veranlassung; denn so wie die Verhältnisse zur Zeit liegen, ist ein Teil des gymnastischen Unterrichts Ehrendienst, der an den Idealismus und die Opferfreudigkeit hohe Forderungen stellt, weil nur in selteneren Fällen für die aufgebotene Mühe ein klingendes Äquivalent geboten werden kann. Auch die Schule hat auf den Lauf der Dinge keinen unmittelbaren Einfluß gehabt, und doch haben Unerfahrene ihr mit Vorwürfen aller Art zu Leibe rücken wollen: Wahrlich, so hört man da und dort, auf dem Gebiete des kindlichen Spiels solltet ihr Schulmeister euere Weisheit für euch behalten; denn das ist nun einmal ein Betriebsfeld, wo der Lehrling klüger ist als der Meister!

Und doch, wie gering ist die Zahl der Väter, welche unter den heutigen Verhältnissen dem gereifteren Knaben Wahl des Spiels und der Kameradschaft frei überlassen mögen! Wie selten die Erscheinung, daß der Vater dem Sohne beim jugendlichen Zeitvertreib oder in harmloser Erholungsstunde als Freund und Berater selbst zur Seite stehen kann! Die Zeiten, heißt es, sind zu ernst — leider für jung und alt —; schon während des Sextanerjahres lassen es die Eltern am Treiben nicht fehlen: mit dem und dem Lebensjahre muß der Junge von der Schulbank herunter sein, ein Sitzenbleiben in Sexta bedeutet die erste Niederlage im Kampfe ums Dasein; denn sie verschafft den glücklicheren Genossen den Vorsprung eines ganzen Jahres.

Man mag es ja immer bedauern, daß das Wesen der Zeit eine Schädigung beschaulicher Familienerziehung mit sich bringt, und daß wir einem modernen Spartanertum immer näher kommen; aber die Thatsache liegt doch einmal vor. Die Bevölkerungszunahme — besonders in Deutschland —, die Art unseres gewerblichen und gesellschaftlichen Lebens, der Arbeitswettstreit der Klassen und Stände haben uns manche natürliche Pflicht gegen den Nachwuchs vergessen lassen. Über den Rechten der Erwachsenen sind die der Jugend vernachlässigt. Die neuere Spielbewegung ist ein Massenappell der Kinder an die Schule. Da dem Hause zur Erhaltung oder Belebung eines zur Gesundheit unentbehrlichen Bewegungsspiels nichts mehr und nichts weniger denn alles fehlte: Plätze, Leitung, Zeit, Kameradschaft u. s. w., so übertrug man die Anwaltschaft der Schule und erhoffte von ihr Hilfe; von den Lehrern forderte man die Dienste, welche in besseren Zeiten der Vater selbst verrichtete. Das Privatschulwesen erkannte diesen Kulturzustand eher als der Staat; so entstanden denn die Kindergärten, Lehrspielplätze, Unterhaltungsstunden u. s. w. und verbreiteten sich, einem längst gefühlten Bedürfnis entsprechend, bald über Stadt und Land. In allen diesen Einrichtungen ist die Spielpflicht längst verwirklicht, und weil man stillschweigend den Fingerzeigen des natürlichen Lebens nachgegangen ist und nicht — wie es leider bei uns in Deutschland gewöhnlich — mit Theoretisieren und Philosophieren Zeit vergeudet hat, ist diese Einrichtung in ihrer gesunden Weiterentwicklung nie gehemmt oder als „philisterhaft“ in ihrem Wesen beanstandet worden.

Für den Staat gab es bei der Befriedigung jenes Volksbedürfnisses allerdings wesentlich höhere Schwierigkeiten. Das Vertragsverhältnis zwischen Elternhaus und Schule ist verschoben, wenn der letzteren ein Mehr von Pflichten zugewiesen wird, ohne daß sich der Staatsbürger eine Mehrbelastung durch Schulgeldsteigerung gefallen lassen möchte. Der Vater will empfangen, aber nicht geben; denn der Staat, meint er, hat ja doch den Gewinn, wenn ein gesundes Geschlecht heranwächst. So ist das Projekt der Einfügung des Spielbetriebs in unsere Lehrpläne ein viel verwickelteres als es auf den ersten Blick erscheint; es ist eine soziale, finanzielle, pädagogische Frage und ihre Lösung hat die Beseitigung jenes Mißverhältnisses zwischen Schule und Haus, Staat und Bürgerschaft zur Voraussetzung.

Unter solchen Umständen sind die Leiter unserer höheren Schulen bislang aus dem Experimentieren nicht herausgekommen. Besonders in großen Städten zeigten sich arge Schwierigkeiten. Woher den Platz, Zeit, Geld, Lehrkräfte nehmen? Daß das Spiel, wenn man auf ideale Erfolge rechnen wollte, in dem dreistündigen Turnunterricht nicht untergebracht werden könnte, lehrten schon die ersten Beobachtungen; denn nur selten befindet sich unmittelbar neben der Schule ein freier Platz, wie man ihn fürs Spiel braucht; sodann ist eine Stunde Zeit für die Arten, welche in höheren Schulen eingeführt zu werden verdienen, zu wenig; Spielabteilungen und Turnabteilungen decken sich nicht u. s. w. In rechter Erkenntnis dieser Bedenken wurde denn auch schon in der Abgeordnetensitzung des März 1892 vom Vertreter des Ministers der Gedanke ausgesprochen, daß das Jugendspiel wohl aus dem Dreistundenunterricht Nahrung erhalten, nicht aber mit ihm vermengt werden solle.

Trotz- und alledem blieb da, wo die Not am größten, nichts anderes übrig, als Spiel und Turnen mit der vorgeschriebenen Dreistundenzahl abzufinden. Man that das vielfach in der Weise, daß man zwei Stunden dem Turnen, eine dem Spiele einräumte. Alle Direktoren, welche diesem Wege gefolgt sind, haben damit die Spielpflicht anerkannt. Mochten sie's thun, der Not gehorchend, nicht dem eigenen Triebe: jedenfalls haben wir einen weiteren Beweis, daß Theorie und Praxis, Wünschen und Handeln nicht immer zusammengehen. Übrigens belehrte die ungezwungene Heiterkeit und jugendliche Natürlichkeit der unter den Augen des Lehrers wirkenden Burschen manchen Spielpflichtgegner, daß es besser sei, da mit Grundsätzen und Idealen zu Hause zu bleiben, wo man noch keine praktischen Versuche gemacht habe.

Sehen wir uns nun nach den Anstalten um, welche einen besonderen planmäßigen Spielbetrieb neben den Turnstunden einrichten konnten. Wie hat sich die Schule mit den so entstehenden Extrastunden abgefunden? Zwischen zwei Methoden hatte man die Wahl:

1. Die mit Leitung und Aufsicht betrauten Lehrer sind verpflichtet, sich während der vorgeschriebenen Zeit auf dem Platze aufzuhalten; den Schülern ist freie Wahl gelassen.

2. Lehrer und Schüler sind verpflichtet, die angesetzten Spielstunden zu besuchen.

Daß diese beiden Grundformen nur an vereinzelten Stellen rein durchgeführt werden konnten und hie und da nach pädagogischen Kreuz- und Querzügen allerhand Modifikationen erfahren haben, läßt erkennen, mit welchen Schwierigkeiten man selbst da noch zu rechnen hat, wo man verhältnismäßig noch am besten daran war, d. h. wo sich die Hauptbedingungen der Platzbeschaffung, Aufsicht u. s. w. erledigen ließen.

Unterwerfen wir, ehe wir diesen Faden der Betrachtung weiter spinnen, den Begriff „Spiel" einer kurzen Betrachtung.

Die ältere Pädagogik findet sich mit dem Worte „Spiel" sehr kurz ab und begnügt sich mit einer allgemein gehaltenen Definition. In neueren Arbeiten geht man, wie es der erziehliche Wert der Sache erfordert, weit gründlicher vor. So unterscheidet Professor Toischer („Theoretische Pädagogik und Didaktik" in Dr. Baumeisters Handbuch der Erziehungs- und Unterrichtslehre für höhere Schulen) zwischen dem unbewußten Kinderspiel und dem bewußten und planmäßigen Turnspiel. Das eine ist subjektiver, das andere objektiver Natur. Eingehender wird das Kapitel behandelt von Dr. Witte, Das Ideal des Bewegungsspiels und seine Verwirklichung (St. Petersburg, Buchdruckerei der Kaiserlichen Akademie der Wissenschaften 1896) und von Professor Wickenhagen, Turnen und Jugendspiele (Sonderausgabe aus Dr. Baumeisters Handbuch, München, Beck 1898). Eine scharfe Zerlegung des Spielbegriffs giebt auch der Franzose Dr. Tissié in einem Vortrage gelegentlich des internationalen Kongresses für Spiel und Sport in Le Havre de Grace 1897 (vgl. Zeitschrift für Turnen und Jugendspiele Jahrg. VII S. 69). — Hier können nur die Hauptgesichtspunkte berührt werden.

Im Spiele bringt der Säugling im Vollgenuß der erwachenden Lebenskraft die ersten Äußerungen des geistigen Wirkens — also des Denkens — und des körperlichen Arbeitens unmittelbar und frei aus sich heraus zur Darstellung. So sehen wir das Kind im Bette mit den eigenen Füßen spielen. Später sucht der Junge auf dem Sandhaufen seine Freude mit Graben und Wühlen. Bei alledem läßt er sich lediglich von seinen inneren Regungen, dem Schaffensbedürfnis, leiten. Wollte man ihm die Freiheit des Handelns nehmen, man raubte ihm damit zugleich das Lebenselement der Freude. — Mit dem Anwachsen der geistigen Reife entwickelt sich der Nachahmungstrieb Das Spiel nimmt allmählich eine andere Gestalt an; es erhält mehr und mehr einen objektiven Inhalt. Die Richtlinien des Arbeitens werden dem Knaben von außen her durch das Spielgesetz gegeben. Gesetz und Pflicht aber sind voneinander untrennbar. An die Stelle der Freiheit tritt die Pflichterfüllung. Damit sind wir beim Turn- oder Bewegungsspiel angelangt. Das Gesetz giebt hier dem einzelnen seine

Rolle, bestimmt das Maß seiner Leistungen, schreibt ihm die Arbeitszeit vor; es macht den Schüler zum Gliede einer Gemeinschaft, der er sich mit seinem Willen unterwerfen und aus der er sich nicht willkürlich loslösen soll: es fordert Fügigkeit, Gehorsam, Ordnungs- und Kameradschaftssinn. Als Gegengabe bietet es inneres und äußeres Wohlbefinden: den Genuß edler Freundschaftspflege, das Wonnegefühl sich steigernder Kraft und Geschicklichkeit. Fassen wir das Bisherige zusammen, so werden wir sagen:

1. Das Kinderspiel hat vollkommene Freiheit des Handelns zur Voraussetzung; sein Ziel ist lediglich Zeitvertreib, Unterhaltung (subjektives Spiel).

2. Das Turnspiel hat Pflichterfüllung zur Voraussetzung; es will Freude spenden, die Gesundheit kräftigen, den Charakter bilden (objektives Spiel).

Man wird aus dem Vorigen erkennen, daß „Turnspiel“ und „Pflicht“ sehr eng miteinander verwachsen sind, und die Wahrheit liegt auch gewißlich nicht zu tief vergraben, daß Pflicht da gefordert werden muß, wo zur Pflichterfüllung erzogen werden soll. Im folgenden wollen wir noch einen Schritt weiter gehen. Auch Erziehung und Zwang lassen sich nicht voneinander trennen; denn jede Erziehung verlangt, daß der Geleitete seinen Willen dem des Leiters unterordne. Das Wort „Freiheit“ ist ja für das Ohr eine schier liebliche Musik, und doch bedenken nur wenige, daß der Begriff nur im streng philosophischen Sinne eine nicht mißzuverstehende Bedeutung als Gegensatz zur „Notwendigkeit“ besitzt, während in jeder andern Verbindung beigefügt werden muß, wovon befreit werden soll. Jeder Zwang zum Guten ist für den Menschen eine Wohlthat und eine Befreiung von leiblichen oder sittlichen Gefahren. An dieser Wahrheit wird niemand zu rütteln vermögen; sie giebt uns auch hier die festen Richtlinien für unsere organisatorischen Maßnahmen; und sie hat sie schon einmal bei einer ganz analogen Veranlassung gegeben. Die Kabinettsordre vom 6. Juni 1842 führte in Preußen das Turnen als notwendigen Bestandteil der Schulerziehung mit dem Zusatze ein: „Dabei muß jedoch die Teilnahme der Schüler an diesen Übungen lediglich von dem freien Ermessen der Eltern oder ihrer Stellvertreter abhängig bleiben.“ Wer hätte es auch damals gewagt, dem Turnen der Freiheitskriege das Freiheitsmäntelchen abzustreifen! Und doch ging die Praxis ihre eigenen Wege. Spätere Verordnungen brachen mit dem alten System aus guten Gründen. So lautet die vom 31. März 1882: „Der Unterricht im Turnen ist für alle Schüler obligatorisch; Befreiung davon hat der Direktor auf Grund eines ärztlichen Zeugnisses, in der Regel nur auf die Dauer eines Halbjahrs, zu erteilen." Nun decken sich Turnen und Spiel allerdings nicht vollkommen; denn letzteres trägt die Freiheit in sich. „Es ist Erziehung in Freiheit gegenüber der Gewöhnung an Disziplin; aber dieser Unterschied liegt in der Ausübung beider Thätigkeiten. Wenn nun aber der Schüler zu gewissen Zeiten sich frei bewegen darf, im Gegensatz zu den Übungen nach Befehl in der Schulstunde, so ist darum noch nicht gesagt, daß er zu dieser Bewegung nicht durch Schulgesetze und Vorschriften angehalten und bei ihr vom Lehrer überwacht werden könne." (Witte.)

Wer sich heutzutage noch auf den Satz stellt „Spiel und Zwang schließen sich aus", der hat über den Zweck und das Wesen des Turnspiels eben noch nicht genügend nachgedacht. Die Schule kann als Erziehungsstätte des Zwanges nicht entraten, und das Spiel kann Gesetz und Pflicht nicht entbehren. Wer das bezweifelt, der mache praktische Versuche; er dürfte sich aber bald überzeugen, daß er Luftschlösser gebaut hat, und sehen, wie Ordnung und Sittsamkeit, sobald der Reiz der Neuheit geschwunden ist, von der Roheit überwuchert wird, und daß der planmäßige Spielkampf wüsten Balgereien das Feld räumen muß. Es gilt eben auch hier das Wort aus Schillers Wallenstein:

> Wo viel Freiheit, ist viel Irrtum,
> Doch sicher ist der schmale Weg der Pflicht.

Man braucht also wahrlich kein Prophet zu sein, um zu sagen, daß eine Methode, welche den Lehrer zur Leitung verpflichtet, während den Schülern die Teilnahme am Spiele freigelassen wird, kein langes Leben fristen kann. Ich gehe sogar noch einen Schritt weiter und sage: es ist ein sehr gewagtes pädagogisches Experiment, den Lehrling über den Meister zu stellen, dem unerfahrenen Burschen ein Recht der Selbstbestimmung zuzugestehen, welches sich selbst Erwachsene in ihren gegenseitigen Beziehungen nicht einräumen. Der Geist ist willig, aber das Fleisch ist schwach; unter dieser Wahrheit verbleiben wir bis zur Stunde, wo sich der Geist aus der irdischen Hülle loslöst. Auch Erwachsene erziehen sich zur Pflicht; wer hätte das nicht erfahren? Seit Jahren leite ich eine Alteherren-Riege, die durchweg aus gereiften Männern der gebildeten Stände besteht. Die Mitglieder haben gewechselt, es ist aber noch kein Lehrgang abgehalten, ohne daß sie auf Grund freien Übereinkommens und ohne die geringste Anregung meinerseits die Besuchspflicht in Gestalt von kleinen Strafgeldern sich auferlegt hätten. Dieselbe Erfahrung habe ich als Mitglied eines Dilettantenorchesters gemacht. Solche Erscheinungen sind, wie jeder aus Erfahrung weiß, nicht vereinzelt, brauchen auch keineswegs als Spezifikum des Landes zu gelten, wo die allgemeine Wehrpflicht ihre Wiege stehen hat.

Wer Spiele praktisch geleitet und Umschau in Nachbargebieten gehalten hat, der weiß von kritischen Stunden zu berichten und stellt sich, selbst auf die Gefahr hin, von der Studierstube aus als Philister gebrandmarkt zu werden, dem pädagogischen Idealismus sehr skeptisch gegenüber.

Wie lauteten doch die Worte Sr. Majestät? „Wenn die Schule die Jugend dem Elternhause entzieht, muß sie auch die Erziehung und die Verantwortung für diese übernehmen." Jetzt frage ich aber mit Direktor Weck-Reichenbach (vergl. Zeitschr. f. Turnen und Jugendspiel II, S. 149): Wer bürgt für die leibliche Sicherheit der Schüler während der Spielzeit? Man antwortet: Der aufsichtführende Lehrer. Der wird sich hüten; es sei denn, daß die Schule ihm die Mittel zu einem geordneten Spielbetriebe in die Hand giebt. Die freie Spielstunde setzt den Jungen nämlich Gefahren aus, die der Lehrer gar nicht abwenden kann. Ein Beispiel, und zwar kein erfundenes, wird den Beweis erbringen: In einer Stadt bestand freier Spielbetrieb; die Schüler hatten die Wahl zwischen Kommen und Wegbleiben. Eines Tags traf die Trauernachricht ein, daß ein Knabe in einem benachbarten See ertrunken sei. Wie können die Eltern, hieß es, dem Jungen aber auch das Baden ohne Aufsicht gestatten! Sie waren nicht zu verurteilen; der Junge hatte, wie sich herausstellte, das Haus unter dem Vorgeben verlassen, er gehe zum Spielplatze, war aber mit einigen Kameraden an die verhängnisvolle Badestelle gegangen. — Der Vater hat seinen Kummer für sich behalten; wäre der Fall vor die Ohren der Alarmpresse gekommen, dann hätte die Frage „Spielfreiheit oder -pflicht" vielleicht eine sehr schnelle Lösung gefunden. — Mir selbst ist's begegnet, daß einem Schüler die Uhr — angeblich aus dem Spielschuppen — verschwunden war. Der Vater verlangte von mir Ersatz. Ich legte ihm dar, daß ich unter den nun einmal bestehenden Verhältnissen keinerlei Bürgschaft übernehmen könne und wolle. Er gab seine Ansprüche auf, aber nicht, ohne eine Einrichtung, die Erziehung und Freiheit seltsam vereine, einer giftigen Kritik zu unterziehen. — Und in der That, man muß sich fragen, ob die Schule ein Recht hat, Veranstaltungen zu treffen oder zu begünstigen, die Leben und Eigentum gefährden, ohne daß anderseits dem elterlichen Hause irgend ein erziehliches Äquivalent geboten wird.

Ja, ohne etwas Nötigung geht's natürlich nicht, lautet ein stereotyper Einwurf in der Fachpresse, und dann wird einem auseinandergesetzt, welche Schleichwege man sich ausgetüftelt hat, um dem verhaßten Worte „Pflicht“ auszuweichen. Der eine hat dieses, der andere jenes mehr oder weniger unmoralische Mittelchen, das der „Freiheit“ als Rettungsanker hingeworfen wird. Bei uns, heißt es, wird zu Anfang der Spielzeit gefragt: Wer will sich beteiligen? Die, welche sich melden, werden zum Erscheinen verpflichtet (!). Ob man hierbei von „Freiheit“ noch reden kann, mag jeder selbst entscheiden; jedenfalls hat diese Maßnahme einen Fehler, daß nämlich denen, welchen das Spiel vielleicht den meisten Gewinn bringen würde, eine Hinterthür zum Entschlüpfen gelassen ist. An anderen Orten redet man von „moralischem Druck“ in verschiedenen Varietäten, bei dem dann erfahrungsgemäß ein elementarer physischer Druck zuweilen Nachschubdienste leisten muß. Hier zeigt der Ordinarius allwöchentlich die drohende Faust, dort der Direktor, „man hat ja doch mancherlei Mittelchen, den Jungen seinem Willen unterzuordnen.“ — All solche Geschäftskniffe sollte die Schule verschmähen, denn mit ihnen ist keinem Menschen gedient. Hier gilt der radikale Satz: Ist's gut, dann soll's bestehen; ist's schlecht, dann mag's vergehen!

Die Parteien haben sich übrigens im Laufe der Zeit sehr scharf und klar geschieden: alle Männer mit praktischer Erfahrung — darunter eine große Reihe von Direktoren — sind Anhänger der Spielpflicht; die Theoretiker, welche der technischen Spielleitung niemals näher getreten sind, betrachten sich als Hüter der Spielfreiheit (vergl. die bezüglichen Aufsätze in der „Zeitschr. f. Turnen und Jugendspiel“).

Immer wieder einmal versucht die letztere Partei, bei Erörterung der Frage den Glauben zu erwecken, als ob die Spielpflichtforderung in der Neuzeit von einigen Querköpfen und Philistern in die Welt gesetzt wäre. Die Litteratur lehrt das Gegenteil. Schon Friedrich von Klumpp hat in seiner Bearbeitung zu GutsMuths Spielen jenen Gedanken in lichtvoller Weise berührt: „Die Spielerziehung soll Gehorsam fordern und Freiheit bieten. Es klingt freilich beinahe als Widerspruch 'zum Spiele zwingen' und erinnert an gewisse gezwungen-freiwillige Lebehochrufe; allein der besonnene Erzieher wird sich dadurch nicht abschrecken lassen; denn er weiß wohl, daß ein solcher Zwang nur im Augenblicke als Zwang erscheint.“ — Jahn hatte keine Veranlassung, Stellung zu nehmen, denn seine Arbeit galt den breiten Massen des Volks. Wäre die Frage an ihn, der in dem

Frühlingswehen allgemeiner Wehrpflicht arbeitete, herangetreten, er würde sich auf die Antwort nicht lange besonnen haben. Übrigens fehlt's auch nicht an praktischen Proben, die durchaus zu Gunsten der Spielpflicht ausgefallen sind. Es mag hier an Braunschweig erinnert werden. Die Besucher der dortigen Plätze rühmen einstimmig die Munterkeit und natürliche Freude der Jugend. Neuerdings ist man auch an andern Orten (z. B. Blankenburg) dem Beispiele Braunschweigs gefolgt.

Immer wieder holt der Gegner die „freien" Engländer als Bundesgenossen heran; dabei wird aber vergessen, daß die englischen Schulen Internate sind, in denen der Begriff der Freiheit kaum besteht. Der Knabe hat während seiner Freistunden nicht etwa die Wahl zwischen Turnspiel und Straßenpromenade oder Wirtshausbesuch; er ist für bestimmte Zeiten auf den Platz gebannt! (Dasselbe, was wir wollen!) Das Spiel ist für ihn einziges Mittel kameradschaftlicher Unterhaltung, deshalb macht er davon gern Gebrauch, und es wird ihm zum bleibenden Bedürfnis. An unsern deutschen Internaten ist's, wie ich aus meiner Schulzeit in Pforta bezeugen kann, durchaus nicht anders. Eine besondere Spielaufsicht ist unter solchen Umständen nicht nötig; der Geist und Charakter der Anstalt schwebt schützend über dem Ganzen.

Nach alledem bleibt, wie mir scheint, nur ein Weg offen: „Die Schule hat die Turnspiele in grundsätzliche und geordnete Pflege zu nehmen. Die Schüler sind zur Teilnahme verpflichtet; Befreiungen erfolgen durch den Direktor auf besonderen Wunsch der Eltern." Auf diese Weise wird die freie Wahl den Schülern entzogen und dahin verlegt, wo sie allein Daseinsberechtigung hat: in die Hände der Eltern. Mit dem Schulturnen, dem die Zeit von drei Wochenstunden gewahrt bleiben muß, unterhält es enge Verbindung; beide unterstützen sich gegenseitig, stehen aber im übrigen selbständig nebeneinander.

Es kann niemandem beikommen zu glauben, daß mit der Durchführung jener Sätze alle Klippen überstiegen wären. Mit den finanziellen Schwierigkeiten haben wir hier nicht zu rechnen. Besitzt das Spiel soviel Kraft für Gesundheit und sittliche Bildung, daß Haus und Vaterland auf guten Ernteertrag rechnen können, dann dürfen die Mittel nicht gescheut werden; es bleibt ja doch zu bedenken, daß die Einführung des Spiels zeitlich etwa mit der Beschränkung der Militärdienstzeit zusammengefallen ist. Aber auch an technischen Hemmnissen fehlt es nicht. Wir brauchen Lehrkräfte. Sie werden uns mit der Zeit zuwachsen und damit gar mancher erziehliche Gewinn. Auch wir Lehrer knüpfen ja unsere Hoffnungen an die Spielpflicht: nicht Last, sondern Lust soll sie uns bringen. Jung und alt werden sich näher treten und sich mit wachsendem Vertrauen begegnen. Der Lehrer wird sich im Verkehr mit der lachenden Jugend vor vorzeitigem Greisentum bewahren, sich Lebensfrische und Nervenstärke erhalten. Er wird das finstere Amtsgesicht verlieren und sich im wahrsten Sinne des Wortes zur Schulmeisterschaft erheben. Dann dürfte auch für ihn die Pflicht zum Bedürfnis werden und die Überzeugung sich immer mehr befestigen, daß die Pflege des leiblichen und sittlichen Erbgutes eine Pflicht nicht allein gegen die Schule, sondern gegen sich selbst, gegen das Vaterland und, wenn anders das apostolische Wort bestehen bleibt: „Wisset ihr nicht, daß euer Körper ein Tempel des heiligen Geistes ist? Denn ihr seid teuer erkauft", auch eine Pflicht gegen das Christentum ist.

Leitsätze des Berichterstatters.

1. Das Schulspiel verfolgt nicht allein den Zweck, der Jugend Freude und Unterhaltung zu bieten, sondern es hat als Zweig der körperlichen Erziehung die weitere wichtige Aufgabe zu erfüllen, die Gesundheit zu kräftigen und den Charakter zu bilden.
2. Mit dem Schulturnen unterhält es enge Verbindung; beide unterstützen sich gegenseitig, stehen aber im übrigen vollständig nebeneinander.
3. Wie der Betrieb des Turnens, so ist auch der des Spiels von der Schule in grundsätzliche und geordnete Pflege zu nehmen.
4. Die Schüler sind zum Besuche des Spielplatzes verpflichtet. Begründeten Gesuchen der Eltern um Befreiung von der Spielpflicht ist stattzugeben.

b. Mitberichterstatter Direktor Professor Raydt, Leipzig.

Meine verehrten Damen und Herren, ich habe den Auseinandersetzungen des Herrn Berichterstatters nicht mehr vieles hinzuzusetzen, da ich prinzipiell ganz und gar mit ihm auf demselben Standpunkt stehe und im besonderen mit seinen Leitsätzen völlig einverstanden bin. Ich habe mir aber erlaubt, um das, worauf es meiner Ansicht nach jetzt hauptsächlich ankommt, recht deutlich hervortreten zu lassen, noch einen Nebenleitsatz zu Nr. 3 aufzustellen, welcher lautet:

„Auch da, wo für das Turnen schon drei Stunden festgesetzt sind, ist den Spielen mindestens ein schulfreier Nachmittag in der Woche zu widmen."

Ich habe das nicht gethan, weil es irgendwie im Gegensatz zu dem stünde, was der Herr Hauptberichterstatter ausgeführt, sondern nur zur Klarstellung der Öffentlichkeit gegenüber; denn die Leitsätze gehen in die Welt, und da schien es mir wichtig zu sein, ausdrücklich zu sagen: „Auch da, wo für das Turnen schon drei Stunden festgesetzt sind, ist den Spielen mindestens ein schulfreier Nachmittag in der Woche zu widmen."

Wir vom Zentral-Ausschuß für Volks- und Jugendspiele wollen ja ebenfalls die Vermehrung des Turnens befördern. Der Verwendung der dritten Turnstunde in Preußen sind wir noch vor ihrer wirklichen Einführung näher getreten, und ich kann wohl sagen, daß, wenn wir damals dazu geraten hätten, diese Turnstunde zum Spielen zu verwenden, vielleicht darauf Rücksicht genommen worden wäre. Aber wir sind von vornherein ganz und gar der festen Überzeugung gewesen, daß diese Turnstunde für die eigentlichen Zwecke des Turnens zunächst unbedingt verwandt werden muß, ganz besonders für die Zwecke des angewandten Turnens oder die volkstümlichen Übungen, welche bei dem methodischen Betriebe in zwei Turnstunden oft zu kurz kommen. Man kann aus dieser unserer Stellung, die wir von vornherein eingenommen haben, deutlich erkennen, daß die Ansicht, daß unser Schulturnen durch unsere Spielbewegung geschädigt würde, eine ganz und gar verkehrte ist, daß im Gegenteil die einzig richtige Ansicht die ist, daß auch das sogenannte Schulturnen durch unsere Spielbewegung mit in hohem Maße befördert worden ist. Das ließe sich nicht allein aus dieser einen Thatsache, sondern aus vielen anderen nachweisen.

Es ist aber irrtümlich, wenn behauptet wird, daß in den Turnstunden unser Jugendspiel längst vor uns seine Stätte gefunden hätte. Was wir unter Spiel verstehen, ist etwas ganz anderes, als was früher mal in den Turnstunden als kleiner Anhang getrieben worden ist. Auch insoweit liegt in obiger Behauptung ein Irrtum, als wir eben nicht in unser Spiel das Methodische der Turnstunde hinein haben, sondern eine freie Entwicklung des Spiellebens, ein freies Spielen wollen.

Hierzu genügt aber eine Turnstunde, die dritte Turnstunde, entschieden nicht. Also auch im Interesse des Spiels können wir uns nicht damit begnügen, daß man sagt: gut, wir wollen die dritte Turnstunde dazu verwenden. Wir müssen dazu mindestens einen schulfreien

Nachmittag in der Woche haben. Denn wenn die Schüler längere Zeit auf den meist von den Städten mehr oder minder weit entfernten Spielplätzen verweilen können, erst dann entwickelt sich unser freies Spiel richtig. Unter zwei Stunden Spielbetrieb läßt sich ein größeres Turnspiel nicht in richtiger Weise durchführen.

Nun könnte man fragen: ja, soll der Unterricht noch wieder um zwei Stunden gekürzt werden? Will man die Schule zwingen, zwei volle Stunden von dem Unterricht zu opfern? Nein, das liegt nicht in unserer Absicht. Es ist unsere Überzeugung — und speziell meine, die ich im Laufe eines 25jährigen Lehrerlebens immer mehr und mehr bekommen habe —, daß die geistige Arbeit, zu welcher unsere Schüler durch die Gymnasien und andere Schulen gezwungen werden, nicht schuld ist an dem nervösen Zustand der Jugend, über den so viel geklagt wird. Es wird höchstens in ganz seltenen Ausnahmefällen der Fall sein, daß ein Schüler an zu viel geistiger Arbeit krank wird. Nein, meiner Ansicht nach liegt die Hauptschuld an der verkehrten Verbringung der freien Zeit der Schüler. Gegen diesen Übelstand, der in der Neuzeit immer schlimmer wird, helfen nicht bloß Verbote, sondern am besten positive Maßregeln. Wir müssen das lange Sitzen im Wirtshaus nicht allein verbieten, sondern wir müssen da positive Gegenmaßregeln treffen, und die liegen darin, daß wir die Jugend zu kräftigster Bewegung in freier Luft, zur täglichen Körperübung anhalten. Unser Ideal ist, daß in gleicher Weise, wie tüchtige geistige Arbeit sich jeden Tag für den Schüler gehört, so auch für ihn eine tüchtige körperliche Übung jeden Tag erforderlich ist. Ich nenne das tägliche Baden, Schwimmen, Rudern, Radfahren, wenn es nicht sportlich ausartet, dann natürlich in erster Linie Turnen und unsere Jugendspiele in freier Luft; sie sind das kräftigste Gegenmittel gegen die entnervenden Jugendsünden, die ich in einer öffentlichen Versammlung nur andeuten kann, die aber das Leben unserer Jugend mehr schädigen als irgend welche geistigen Arbeiten.

Wir wollen also den Unterricht, die geistige Anspannung seitens der Schule für die Schüler nicht ermäßigen, das liegt nicht in meiner These, sondern diese geistige Anspannung kann ganz und gar ohne Schädigung aufrecht erhalten werden. Wir sehen, daß unsere Schüler, wenn sie körperlich sich kräftig bewegen, jeden Tag auch wieder frischer zu geistiger Arbeit werden. So sind sie im stande, das Pensum der Schule besser zu erledigen, als wenn sie ihre freie Zeit nur mit Vergnügungen zubringen, die meist hinterher bittere Hefe zurücklassen.

Dabei möchte ich auf einen Punkt hinweisen. Bei der Frage

der obligatorischen Spiele ist es von ganz ungemein großem Interesse, aus der Geschichte des Schulturnens zu erkennen, daß es mit dem Turnen ganz genau so gegangen ist, wie es jetzt mit unserem Schulspiel geht. Nur will ich hoffen, daß, entsprechend unserer Neuzeit, bei dem Schulspiel ein lebhafterer Gang eingehalten wird. In der ersten Verordnung über das Schulturnen vom 6. Juni 1842 wird gesagt, daß „die Leibesübungen als notwendiger Bestandteil unserer männlichen Erziehung anerkannt und in den Kreis der Volkserziehungsmittel aufgenommen werden. Dabei muß die Teilnahme der Schüler an diesen Übungen lediglich von dem freien Ermessen der Eltern oder deren Stellvertreter abhängig bleiben" — das ist ein Standpunkt, der jetzt dem Spiel gegenüber vielfach eingenommen wird —. Dann kam später am 10. September 1860 eine Verfügung, in der bedauernd hervorgehoben wird, daß „das Turnen an den höheren Schulen noch vielfach der nötigen Teilnahme und des wünschenswerten Aufschwunges entbehre". Das können wir jetzt ganz gewiß gerade so von unseren Spielen sagen. Denn wenn auch ein Aufschwung gegen früher zu konstatieren ist, so ist er doch noch lange nicht groß genug, wenn wir durch das Spiel erreichen sollen, was wir erreichen wollen und können. Ja, es läßt sich nicht verkennen, daß ein gewisser Stillstand auf diesem Gebiete augenblicklich eingetreten ist. Ein Stillstand bedeutet aber auch hier einen Rückschritt. Daher müssen wir wiederum ein kräftigeres Förderungsmittel bekommen, und das liegt darin, wenn die Regierung darauf hinarbeitet, die Schwierigkeiten, die dem obligatorischen Schulspiel noch entgegenstehen, mit der Zeit zu überwinden.

Dann wird in derselben Verfügung weiter hervorgehoben, es fehle an der Teilnahme der Lehrer; die Lehrer seien, indem sie nicht remuneriert wurden, selten dabei. M. H., es ist ja eigentümlich, daß 1860 für das Turnen ganz dasselbe gesagt wird, was jetzt den Jugendspielen gegenüber faktisch stattfindet. Aus der sehr bemerkenswerten statistischen Arbeit unseres Mitgliedes Dr. Woikowsky-Biedau geht hervor, daß die Lehrer an den höheren Schulen viel zu wenig, entsprechend der Würde und der Wichtigkeit der Sache, sich an den Jugendspielen beteiligen. Es soll damit kein Tadel gegen die Lehrer der höheren Schulen ausgesprochen werden, denn ich weiß sehr gut aus eigener Erfahrung, wie ungemein die Lehrer angespannt werden, und es ist faktisch von einem mit Korrekturen u. s. w. überbürdeten Herrn nicht zu verlangen, daß er seine wenige freie Zeit unentgeltlich, und ohne daß die Schule ihm diese Spielstunden als Pflichtstunden anrechnet, hergiebt. Aber wahr ist, daß dieser Standpunkt dem von

1880 hinsichtlich des Turnens gerügten Verhalten ganz entspricht, und das Heilmittel liegt nur in dem obligatorischen Jugendspiel.

Dann weiter! „Den jüngeren Schülern fehle das ermunternde Beispiel der älteren, bei denen die Neigung für häusliche Arbeiten, für Musik und Zeichnen u. s. w. überwöge. In den meisten Fällen sei aber Bequemlichkeit, Geschmack an den Erholungen und Vergnügungen der Erwachsenen und das Streben nach greifbar Nützlichem der eigentliche Grund der Versäumnisse." In dem letzten Satze liegt auch wieder eine genaue Schilderung dessen, wie es jetzt vielfach in unseren Schulen mit dem Jugendspiel bestellt ist.

Das Schulturnen hat hauptsächlich erst dadurch seine ungemein segenbringende Bedeutung gewonnen, daß es obligatorisch, zunächst in unseren höheren Schulen, geworden ist, und so wird es auch mit dem Jugendspiel sein.

Allerdings stehen der obligatorischen Einführung des Jugendspiels viele Schwierigkeiten entgegen, die auch von dem Herrn Hauptredner zum Teil gestreift worden sind, das weiß ich sehr gut. Aber in der Hauptsache sind diese Schwierigkeiten nur finanzieller Natur, und sie können und müssen überwunden werden. Es ist eine patriotische Pflicht, daß wir alle mit allen Kräften dafür eintreten. Denn es handelt sich bei dieser Frage nicht um eine Spielerei, sondern wir alle wissen, daß es sich um eine außerordentliche ernste Sache handelt, um die geistige und leibliche Gesundung unseres Volkes, um die richtige Gesamterziehung unserer Jugend und um das Wohl unseres geliebten deutschen Vaterlandes!

---

10. Wie können die Volksspiele an den Fortbildungs- und Fachschulen gefördert werden?*)

Von Stadtschulrat Platen, Magdeburg.

Es muß zweifellos anerkannt werden, daß der Zentral-Ausschuß zur Förderung der Volks- und Jugendspiele in Deutschland seit seinem Bestehen (1891) sich große Verdienste um die Hebung und Förderung vor allem der Jugendspiele in Stadt und Land erworben hat. Er hatte in erster Linie diesen Teil seiner Aufgaben zu lösen

*) Vortrag in der Sitzung des Zentral-Ausschusses zu Berlin am 14. Januar 1899.

sich bestrebt, und diese Lösung ist ihm in recht überraschender Weise gelungen. Dagegen muß ebenso anerkannt werden, daß der andere Teil der Aufgabe, die Förderung der Volksspiele, doch nur in bescheidenem Maße erledigt ist, was ja auch ganz natürlich ist. Man hat zuerst da eingesetzt, wo die Vorbedingungen zur Erlangung von Resultaten gegeben waren, bei der Schule und ihrer Arbeit an der Jugend, und hat dadurch, daß in den acht Jahren viel erreicht ist, weiten Kreisen Vertrauen zu der Arbeit des Zentral-Ausschusses eingeflößt. Mit aller Energie wird derselbe nunmehr an die Förderung auch der Volksspiele in Deutschland herangehen, und das ist keine leichte Aufgabe. Da ist es denn ein glücklicher Gedanke, auch hier wieder anzuknüpfen an die Schule, zwar nicht an die Volksschule, sondern an die Fortbildungs- und Fachschulen, die ja, Gott sei Dank, in unserem Vaterlande immer mehr und mehr Bedeutung und Ausbreitung finden. Und inwiefern ist es denn berechtigt, für die Förderung der Volksspiele eine Verbindung mit diesen Schulen zu erstreben?

Wohl wollen letztere in erster Linie ihren Zöglingen Können und Wissen aneignen, wollen sie hierdurch befähigen für den praktischen Beruf, während sie im Spiel vor allem den Körper stärken und stählen wollen. Beides vereint macht doch aber erst den ganzen Menschen, und Schule wie Spiel streben in letzter Linie dahin, eine volle sittliche Persönlichkeit auszugestalten. Grund genug für die Förderer der Spielbewegung, die Fortbildungsschulen zu ihren Bundesgenossen zu machen, aber wahrlich auch Grund genug für die Fortbildungsschulen, der Spielbewegung ernste Aufmerksamkeit zuzuwenden und die Hand zum Bunde zu reichen, wo sie sich ihnen darbietet, behufs Erzielung einer gedeihlichen Arbeit an der Jugend, welche bereits im Leben steht.

Und wie wird eine solche Verbindung erreicht werden können? Der Zentral-Ausschuß muß zunächst herantreten an sämtliche Leiter der Fortbildungs- und Fachschulen. Diese müssen erinnert werden an das Gemeinsame, was sie sowohl wie die Leiter der Spielbewegung in ihrer Arbeit erstreben, sie müssen dafür erwärmt werden, daß die Schüler neben ihrer geistigen Arbeit auch den Spielplätzen zugeführt werden, um in den Jahren, welche für die heranwachsende gewerbliche Jugend in sittlicher Hinsicht die gefährlichsten sind, ein Gegengewicht zu schaffen durch geistige und sittliche Durchbildung in den Schulen, wie durch körperliche Ausbildung und sittliche Durchbildung auf den Spielplätzen. Mit Leichtigkeit wird ein Schulleiter, der erst warm geworden ist für die Spielbewegung, auch seine Lehrer für die Sache interessieren, und das gesamte Kollegium wird es in seiner Hand haben, die ihm anvertraute Jugend nicht nur in die Schule, sondern auch zu frischem, fröhlichem Spiel auf die Spielplätze zu bringen. Und bei der naturgemäßen Verbindung, welche zwischen den Fortbildungsschulen und den Lehrherren, vor allem den Innungen, an jedem Orte bestehen muß, wenn die Schule prosperieren soll, kann es gar nicht fehlen, daß die Lehrer, sei es durch persönliche Besprechungen, sei es durch Vorträge, die Lehrherren auch für diese Weise der Ausbildung ihrer Lehrlinge derartig gewinnen werden, daß die Meister den Lehrlingen die Teilnahme an den Volksspielen womöglich als Bedingung beim Eintritt in die Lehre auferlegen, während die Schule eine solche Teilnahme selbstredend nur als eine freiwillige ihrerseits wünschen kann. Hat nun die Volksschule zur rechten Zeit ihre Schüler an das Jugendspiel gewöhnt, so wird, falls die Fortbildungsschule und die Lehrherren den eintretenden Lehrling sofort gleichfalls auf die Spielplätze entsenden, der heranwachsende Jüngling nur das fortsetzen, was ihm längst lieb und wert geworden, und der Erfolg der vereinten Arbeit der Schulen und der Lehrherren an der gewerblichen Jugend in dieser Richtung kann nicht ausbleiben.

Ganz naturgemäß werden die vorgenannten Faktoren die weitere Verbindung mit den Turnlehrern, bezw. den Turnvereinen suchen müssen; denn diese werden die Leiter für die Spiele stellen müssen. Die ganze Spielbewegung an einem Orte wird sich von selbst dann eine leitende Spitze suchen in einem Ausschuß, dem die Leiter, bezw. Lehrer der Fortbildungs-, bezw. Fachschulen, Meister, Turnlehrer, bezw. Mitglieder der Turnvereine angehören, wobei es denn ganz gleichgültig ist, von welcher Stelle die Anregung zur Bildung eines solchen Ausschusses ausgeht. Dieser hat dann eine mehrfache Aufgabe: auf der einen Seite sorgt er für den ordnungsmäßigen Betrieb der Spiele. Er beschafft Plätze, stellt die Leiter, sorgt dafür, daß die Lehrer der Fortbildungs- und Fachschulen sowie die Meister und Lehrherren fleißig den Spielplatz besuchen, um ihr Interesse für die Sache zu zeigen und so auch das Interesse der Jugend für dieselbe zu wecken und zu fördern. Er setzt die Spielzeiten fest, wobei ernstlich zu erstreben sein wird, daß neben den Sonntags-Nachmittagen Abendstunden in der Woche, ja, wenn irgend möglich die Nachmittagsstunden am Sonnabend, wie in England, für die Spiele gewonnen werden. Er vereinbart und stellt fest, welche Spiele gespielt werden sollen, wobei er vor allem auf die an dem betreffenden Orte althergebrachten oder in dem einzelnen Landesteil heimischen Spiele wird Rücksicht nehmen müssen. Und auf der andern Seite pflegt er die notwendigen Beziehungen zu den Behörden. Diese hat er dahin zu bringen, daß sie ihr warmes Interesse der Spielsache entgegenbringen, daß sie Spielplätze einrichten, daß sie Mittel gewähren, um diese Plätze auszustatten und die Geräte zu beschaffen, daß endlich auch Mittel bereit gestellt werden, um den Leitern der Spiele für ihre Arbeit eine entsprechende Entschädigung zu geben. Es ist ja überaus anerkennenswert, wenn sich für die Leitung Kräfte zur Verfügung stellen, welche ein Honorar nicht erwarten, es wird aber sehr schwierig sein, dies für längere Zeit durchzusetzen. Weiter wird der Ausschuß rege Verbindung mit der Presse zu knüpfen haben. Diese ist ja stets bereit, einer guten Sache zu dienen; sie daher recht reichlich in Anspruch zu nehmen, wird Sache des Ausschusses sein.

Ist so alles gethan, was einer fröhlichen Entwicklung der Volksspiele förderlich ist, so werden am einzelnen Orte die Früchte der Arbeit nicht fehlen. Dann erstrebe man aber auch die Einrichtung von Volksfesten, bei welchen die Volksspiele neben den Jugendspielen einen breiten Raum einnehmen. Sicher ist, daß solche Volksfeste, von Zeit zu Zeit abgehalten und gut vorbereitet, das Interesse für das Volks- und Jugendspiel an den einzelnen Orten mächtig stärken und beleben werden. Soll aber etwas Einheitliches geschaffen werden, so wird es vor allem die Aufgabe des Zentral-Ausschusses sein, eine enge Verbindung mit dem Deutschen Verein für das Fortbildungsschulwesen — Vorsitzender Pache-Leipzig — herzustellen. Dieser hält im Herbste seine Generalversammlung in Frankfurt a./M. ab. Auf derselben muß hingewiesen werden auf das Gemeinsame, was der Zentral-Ausschuß für Volksspiele erstreben, sowie jener Verein für das Fortbildungsschulwesen, auf das große Ziel, welches ihre Arbeit, wenn auch auf verschiedenem Wege, erreichen will: die Ausbildung des ganzen Menschen, die Durchbildung einer sittlichen Persönlichkeit. Dort in Frankfurt muß ein fester Bund geschlossen werden zwischen den Männern der Fortbildungsschule und den Förderern der Spielbewegung; das wird eine gewaltige Anregung für ganz Deutschland geben, das wird das Werk der Jugenderziehung um ein gut Stück weiter bringen! Der erste Schritt ist schon gethan: der Zentral-Ausschuß hat bereits ein Mitglied des Vorstandes des Vereins für das Fortbildungsschulwesen sich zugewählt; sicher werden weitere Schritte folgen.

---

11. Ferienspiele für Mädchen*).

a. Berichterstatterin Fräulein Martha Thurm, Krefeld.

Ehe ich zur Entwicklung des mir gestellten Themas übergehe, sei mir gestattet, meiner Freude Ausdruck zu geben darüber, daß der Zentral-Ausschuß sich entschlossen hat, der Frau nunmehr auch als Ergänzung ihrer praktischen Thätigkeit auf dem Gebiete der Volks- und Jugendspiele die thätige Teilnahme an seiner Kongreß-, an seiner theoretischen Arbeit zu gestatten. Ich betrachte diese ehrenvolle Berufung als den öffentlichen Beweis der Zufriedenheit dieser großen nationalen Körperschaft mit der bisherigen bescheidenen praktischen Thätigkeit unserer Frauen auf dem Boden der Spiel- wie der Körperbewegung überhaupt und wünsche, daß dieser Beweis diesen und anderen Frauen ein Sporn zu weiterer und verstärkter Arbeit auf vorbesagtem Gebiet sei.

Wo soviel edles Wissen, soviel Lebenserfahrung, soviel Thatkraft und Gemeinsinn und soviel Menschenliebe und Vaterlandstreue beisammen sind wie heute hier an den wonnigen Ufern des alten Vaters Rhein, da ist es herrlich, aber auch schwer, ein Körnlein hinzuzuthun zu der großen Aussaat, die diese wackeren Förderer einer gewaltigen Sache, diese Urheber einer im menschlichen und vaterländischen Sinne wahrhaft großen und einschneidenden That ausgeworfen haben. Herrlich ist es, zu wissen, daß in einer Zeit, wo unter dem Druck eines harten Lebens unter Tausenden das Ideal — dieser Himmelsfunken im menschlichen Herzen — zu erlöschen droht, es doch noch genug Geister giebt, in denen das heilige Feuer nicht erstorben ist. Mutig haben diese Geister das sinkende Banner edlen Denkens, opferwilliger Nächstenliebe ergriffen, kräftig haben sie es emporgeschwungen und eine große Gefolgschaft dankt ihnen heute bereits ihr mannhaftes Streben. Dem Guten, dem Schönen wird auch heute noch der Sieg, besonders wo es, wie bei unserer nationalen Turn- und Spielbewegung mit der Notwendigkeit gepaart einhergeht; die Geschichte lehrt uns und die Achtung vor dem Menschentum, die Selbstachtung zwingt uns, gerade da eine tiefe, wenn auch oft uneingestandene Sehnsucht nach dem Idealen zu erkennen, wo die materiellen Interessen im Leben den Vorrang gewonnen haben, und diese auch unsere Zeit wie ein roter Faden durchziehende Sehnsucht wird der beste Helfer sein zur Er-

*) Vortrag auf dem III. Kongreß zu Bonn 1898.

reichung unseres großen Zieles, das da heißt geistige und körperliche Erstarkung des Volkes. — Herrlich ist es auch, mitraten und -thaten zu dürfen bei diesem schönen Streben, mitzustürmen, wenn es gilt, in die leider allzufesten Burgen Trägheit, Lauheit und Unvernunft eine Bresche zu schlagen, mitzubauen an einem Werk, das wie kein zweites berufen ist, das böse Wort von einer Degeneration der Menschheit nicht in Erfüllung gehen zu lassen, sondern der geistigen Verflachung und körperlichen Versumpfung Einhalt zu thun, um so und in noch manch anderen Beziehungen das zu sein, was es sein soll: ein Miterlöser aus sozialer Not. Ist die Kraft des Einzelnen oft vielleicht auch nur eine bescheidene und ist es vielleicht auch nur ein winziger Bruchteil des Volkes, dem wir sie widmen können — nimmer doch sollen wir versäumen, diese Kraft zu geben,

Denn nur aus vielem Geringen kann einst ein Ganzes erstehn,
Sieh' aus der sickernden Quelle wächst der gewaltige Strom.

Drum sage ich: jeder soll helfen am Werke; nichts nützt es, wenn wir die Vaterlands-, die Volks- und Menschenliebe immer nur im Munde führen, aber herrlich ist es, dem Bruder auch wirklich Bruder, der Schwester auch wirklich Schwester zu sein.

Nun sagte ich vorher aber auch: „Es ist schwer, zu der großen Aussaat noch ein Körnlein hinzuzuthun“ — lassen Sie sich das nicht anfechten, denn wozu der Schöpfer die Kraft und die Liebe gegeben, das zu thun ist niemals zu schwer.

Ich habe in meiner Einleitung wiederholt das rein Menschheitliche, Humane, das der Spielbewegung ob ihrer Vielseitigkeit in so reichem Maße innewohnt, vor das Vaterländische und Volksfreundliche gestellt, und dazu hat mich in erster Linie das Wort „Ferienspiel“ bewogen. Keine Frage — jede Art gemeinsamer Spielarbeit entwickelt unter den Spielgefährten eine gewisse schöne Brüderlichkeit, die selbst den anfänglich zum Spiel gebrachten gesunden Egoismus: ich will mich stärken, ich will gesunden, ich will mich vergnügen in etwas zurückdrängt und in echte Spielfreude und Kameradschaftlichkeit wandelt: keine Frage auch, daß den Führern, Lenkern und Leitern der großen und kleinen Spielorganisationen opferwillige und unerstickbare Humanität innewohnen muß, wenn ihr Werk gedeihen soll, aber erst recht gehört eine tiefe Menschenliebe dazu, wenn wir Ferienspiele im rechten Sinne für unsere Jugend, und da wieder in erster Linie für die schwächliche Jugend der armen und weniger begüterten Volksklassen ins Leben rufen wollen. Gewiß — schwächliche und kränkliche Kinder giebt's leider auch in den höheren Schulen sattsam, aber sie haben meist eine sorglose Jugend, und der Wohlstand ihrer Eltern gestattet ihnen die Ferien da und dort zu verleben, wo Frau Natur ein Fleckchen Erde mit besonderer Schönheit ausgestattet hat; und müssen sie auch einmal daheim bleiben, so erblühen diesen Sprößlingen begüterter Klassen hundertfältig andere Ferienfreuden — ihnen sind die Ferien wirklich der Sonnenschein im Schulleben. Anders bei den Kindern, denen die Schule in viel häufigeren Fällen, als uns das alltägliche Leben sehen läßt, eine wahre Zufluchtsstätte vor den Unbilden häuslichen Elendes ist — ihnen bringen die Ferien keinen Sonnenschein. Und es sind auch Kinder, Kinder, die das gleiche Empfinden haben, wie ihre glücklicheren Altersgenossen, ja die vielleicht ein viel heißeres Sehnen nach Freiheit und Lebensfreude in sich tragen, als jene, weil es für sie seltene und darum viel kostbarere Dinge sind; nicht gerade ausschließlich mit solchen armen Kindern, aber in erster Linie für sie sollte man die Ferienspiele ins Leben rufen.

Es giebt glückliche Gemeinden, die von einer Armut im bittersten Sinne des Wortes innerhalb ihres Bezirkes nicht reden können, aber es giebt weitaus mehr Gemeinden, wo der Kampf mit diesem bösesten Feind eines menschenwürdigen Daseins kein Ende nehmen will, und in diesem Kampf stehen in der vordersten Reihe die Großstädte und die industriereichen Distrikte unseres Landes. Ich habe nicht nötig, Ihnen wehe zu thun, indem ich Sie an die größte und folgenschwerste Wunde aller Zeiten und jeder Menschheit führe, die doch keine irdische Kunst, keine weltliche Macht heilen kann; ich habe nicht nötig, Sie in das Trostloseste und Erbarmungswürdigste des sozialen Elendes, in das lichtlose Dasein vieler tausend armer Kinder einzuführen: endlose Statistiken haben Sie von dem Dasein, von dem Wachsen des unbesiegbaren Feindes überzeugt, und wie es vielen ergeht, die beim Anblick einer wirklichen Wunde ein förmlich körperliches Mitempfinden verspüren, so geht es uns, wenn wir einen Blick von der sonnigen Höhe sorgloseren Lebens in den unausfüllbaren Abgrund der Armut werfen.

Wohl, wir können nicht heilen, aber wir können mildern; Regierungen, kirchliche und weltliche Behörden, freie Vereinigungen jeder Art entfalten nach allen Richtungen hin eine schöne und segensreiche Thätigkeit, um der sichtbaren Not der armen Landeskinder nach Möglichkeit abzuhelfen; ich erkenne aber in dem Ferienspiel, diesem jungen Zweig unserer Bestrebungen, der allerdings, wie gesagt, mehr in humanitärer, in sozialer als in nationaler Richtung seinen Schwerpunkt hat, ich erkenne in diesem Ferienspiel ein kostbares Mittel, um im besonderen dem armen Kinde, das ja doch auch der Träger künftiger Generationen ist, nicht nur in körperlicher und gesundheitlicher, sondern auch in ethischer, seelischer Beziehung aufzuhelfen; ich wüßte kein Unternehmen, das in so inniger Weise der körperlichen Erstarkung auch die seelische Kräftigung, die Veredlung des bei diesen armen Geschöpfen vielfach brach liegenden Gemütslebens zugesellt, wie gerade unsere Ferienspiele es zu thun im stande sind, wenn deren Einrichtung und Fortführung in rechter Weise in die Hand genommen werden.

Aus den Berichten der Vereine, die die Ferienspiele ihrer Jahresordnung eingefügt haben, ersehen Sie meist nur die praktischen Erfolge, die diese Vereine mit der Neuerung erzielt haben; ich will damit gewiß keinen Tadel aussprechen, denn das Wichtigste und Notwendigste zum dauernden Bestehen eines Unternehmens sind die praktischen Erfolge; aber das für die Wahrnehmung menschlichen Leides besonders geschärfte Auge des Leiters der Spiele soll unablässig Aussehen und Wesen der Kinder beobachten, um zu erfahren und zu berichten, was wir Leiterinnen und Leiter der Ferienspiele in Krefeld, der arbeiterreichen Seidenstadt am Niederrhein, und wohl auch andere, längst erfahren haben, nämlich, daß der Erfolg auf seelischem Gebiet, trotz des nur kurzen Genusses der goldenen Freiheit, dem in gesundheitlicher Richtung völlig gleichsteht. — Kommen da solch arme an Leib und Seele verkümmerte Kinder, die vielleicht nur harte Arbeit und lieblose Behandlung, dumpfe Stuben und enge Gassen kennen, auf den Spielplatz, so stehen sie erst wohl schüchtern oder auch störrisch bei Seite und schauen staunend in das bunte, sorglose Treiben; ein ganz neuer Begriff vom Leben geht ihnen auf und allmählich geht die Spannung im Blick in einen wahrhaften Sehnsuchtsstrahl über; dann treibe das Herz den Leiter, diese zu einem selbständigen Beitritt meist viel zu schüchternen Kinder anzuregen. Es kostet manchmal viele Worte, ja sogar ein bischen Zwang, ehe die Kinder aus ihrer Zurückhaltung heraustreten; aber dann! — Sie spielen fast ununterbrochen, bringen jede Stunde, die sie sich daheim abringen können, auf dem Platz zu, ihre Gefolgschaft an gleich armen Kameraden wird größer und reiht der Verein seinen Spielen eine Speisung der durch die lebhafte Körperbewegung in Luft und Sonne hungrig gewordenen Kinder hinzu, so vertilgen sie nach einigen Tagen oftmals unglaubliche Mengen, d. h. wenn man es ihnen gestattet. Die Kinder lachen und singen so sorglos mit den besser gestellten Spielern um die Wette, als läge hinter ihnen kein trauriges „zu Hause"; strömte ihnen aus den Spielen nur für kurze Stunden diese Vergessenheit, es wäre viel gewonnen, aber Licht, Luft und sorglose Freiheit, dieses göttliche Dreigestirn, dem sich im Spiel harmlose Jugendfreude zugesellt, schaffen, daß wir am Ende der fröhlichen Spielzeit andere Wesen in den vorher so leidvollen Kindern erblicken, wenn auch an ihnen noch lange nicht alles ist, wie es sein sollte. Ich schilderte in diesem Bild nur eine besondere Klasse Kinder, die mir ganz entschieden unserer Hilfe bedürftig erscheint; den Spielplatz sollen aber, wie schon gesagt, etwa nicht nur ausschließlich solche arme Kinder bevölkern, sondern es muß jedem Kinde freistehen, an den Spielen teilzunehmen und übergenug giebt es unter den Mädchen besser situierter Eltern, denen, wie schon erwähnt, eine durchgreifende Auffrischung des Körpers not thut; die Statistiken über die sogenannten Schulkrankheiten, unter denen Blutarmut und Bleichsucht, Nervosität, Rückgratsverkrümmungen und das Heer der Augenkrankheiten einen erschreckenden Raum einnehmen, liefern den traurigen Beweis. Ganz besonders müssen wir sorgen, daß auf dem Spielplatz weder Stand noch Konfession in die Erscheinung tritt. Das freie Spiel stirbt, wie alles, wo diese Dinge zu Handhaben kleinlicher Regungen und irdischen Haders herabgewürdigt werden; die Kinder müssen sich nur als gleichberechtigte Spielgefährten betrachten lernen, jede Sonderung ist zu unterdrücken, damit wenigstens das Kind nicht verlernt, sich und seinesgleichen nur als Mensch zu betrachten, vielleicht nimmt doch eins oder das andere dieses brüderliche Gefühl mit in die Zukunft.

Deutlicher wird Ihnen das Wesen der Ferienspiele werden, wenn ich Sie in Kürze mit den Ferienunternehmen, die in unserem industrie- und deshalb arbeiterreichen Rheinland erstanden sind, vertraut mache.

Nicht weil ich zufälligerweise eine Vertreterin des Krefelder Vereins zur Förderung der Jugend- und Volksspiele bin, sondern weil dieser Verein zuerst den Versuch wagte Ferienspiele nach seiner Idee zu errichten, dann auch, weil ich unter allen mir bekannten Einrichtungen von dieser naturgemäß das klarste Bild geben kann, stelle ich diese Angaben voran.

Die infolge der neuen amerikanischen Zollgesetze gerade für die Krefelder Seidenindustrie traurigen Geschäftsjahre 1894 und 1895 brachten ganz besonders harte Zeiten für die große Arbeiterbevölkerung der Stadt, und trotzdem die humanitären Behörden und Vereine mit Hochdruck arbeiteten, konnte dem Elend doch nicht völlig gesteuert werden. Am schlimmsten machten sich die Folgen des kümmerlichen Lebens bei den Kindern, und unter diesen besonders bei den mehr wie die Jungen ans Haus gefesselten Mädchen bemerkbar, und in dem Gefühl, auch hier, soweit es ihm möglich, helfen zu müssen, zugleich angeregt durch die guten Erfolge der im Frühjahr eingeführten Mädchenspiele, begann sich der genannte Verein mit der Frage „Ferienspiel" zu beschäftigen. Man dachte auch an die Entsendung von sogen. Ferienkolonien in waldreiche, heilkräftige Gegend; die Erwägung aber, daß diese Einrichtung, so durchgreifend sie dem einzelnen Kinde vielleicht auch helfen mag, wenig praktisch erscheint mit Hinsicht auf eine große Masse bedürftiger Kinder, ließ uns davon absehen; denn trotz der großen Kosten, die ein solches Unternehmen verursacht, haben im Verhältnis zu dieser Masse doch nur einige wenige Kinder den Genuß davon, zudem erscheint es in Industriestädten durchaus nicht immer rätlich, die Kinder auf Zeit gänzlich von ihrer Familie zu entfernen, da die bittere Notwendigkeit des Mitverdienens der Kinder nun einmal nicht aus der Welt geschafft werden kann, und die Eltern im Interesse des Familienwohls ein gewisses Anrecht auf diese Mitarbeit haben.

Die Ferienspiele, die vorläufig nur auf die, eine Gelegenheit zu kräftiger, gesunder Bewegung am meisten entbehrenden Mädchen ausgedehnt wurden, organisierte man wie folgt. Durch das städtische Schulamt wurden die Lehrer der Volksschulen angewiesen, die kränklichsten und ärmsten Mädchen der zwei obersten Klassen, also 11—14jährige, dem Amt namhaft zu machen, das daraufhin diesen Kindern abermals durch die Lehrer, welche selbstredend das Zartgefühl dieser Kinder möglichst schonen müssen, die vom Verein gelieferten und auf den Namen des betreffenden Kindes lautenden Freibüchelchen zustellt. Dieses kleine Heftchen berechtigt zur kostenlosen Teilnahme an dem mit den Spielen verbundenen Frühstück und enthält für jeden Spieltag ein mit laufender Nummer versehenes perforiertes Blatt in besonderer Farbe, das nur von der Kassiererin und deren Gehilfinnen herausgenommen werden darf. Die Heftchen erleichtern ungemein die Kontrolle und Statistik, die abgegebenen Blätter die Arbeit der Kassiererin wie des Berechnungsausschusses. Eine Anzahl dieser Büchelchen stehen der Spielleitung zur Verfügung, um auch besonders bedürftigen Kindern anderer Klassen die Teilnahme zu ermöglichen. Selbstverständlich dürfen diese Heftchen nur im rechten Sinne verwendet werden, niemals aber als Belohnung für Fleiß u. s. w.; wir wissen, daß Dummheit und Trägheit oftmals nur die Folgen körperlichen Leidens sind. Zum Spiel allein hat übrigens jedes Mädchen dieser Altersstufe freien Zutritt; wenn es am Frühstück teilnehmen will, zahlt es eine kleine Summe. Die Mädchen versammeln sich morgens acht Uhr auf dem vorbestimmten Spielplatz, werden in Gruppen geteilt und das Spiel beginnt. Ein möglichst freies Bewegen der Kinder, ein größerer Spielwechsel als in den Stunden der Jahresspiele ist geboten, alles Schulmäßige muß fallen, man soll nie vergessen, daß die Kinder Ferien haben. Unarten oder Ausschreitungen, die erfreulicherweise äußerst selten zu Tage treten, sind hingegen energisch zu bestrafen. — ½10 Uhr beginnt die Frühspeisung, zu welcher die Kinder je nach Anzahl in zwei bis vier Gruppen geführt werden; jede Gruppe wird nach etwa 15 Minuten von einer anderen abgelöst und geht wieder zum Spiel. Das Frühstück, vor welchem Coupons und Geld abgenommen werden, besteht aus ³⁄₁₀ l vorzüglicher Milch und einem großen Weckchen. ½12 Uhr marschieren die Mädchen in geschlossenem Zuge wieder der Stadt zu, um am andern Morgen mit freudiger Miene wieder auf dem Platz zu erscheinen. Frühwanderungen in die nahe Umgebung, Schluß- und Sedanfeiern, zu welchen sich stets mehrere tausend Kinder, Knaben und Mädchen, einfinden, geben den Ferienspielen die nötige Abwechslung und eine besondere Würze. In Krefeld haben sich bisher immer etwa 25 Damen und ein Herr bereit gefunden, im Wechsel die Leitung der Spiele und Speisung ohne Entschädigung zu übernehmen — mag die Menschenliebe und Spielfreude auch anderwärts zu gleich guter That begeistern! Welchen Aufschwung diese Spiele in Krefeld trotz der gebesserten Lage unserer Arbeiter genommen haben, mögen folgende Zahlen beweisen: 1895 hatten wir durchschnittlich pro Tag 314 Kinder auf dem Platz, 1896: 564, 1897: 719; Tage mit einem Besuch von mehr als tausend Kindern konnten wir wiederholt verzeichnen. Die Krefelder Einrichtung, die trotz ihres Umfanges nicht sehr kostspielig ist (1700—2000 Mark jährlich), erwarb sich vieles Lob und wurde wiederholt von der Regierung anderen Städten zur Nacheiferung empfohlen. Da waren es nun zwei Perlen unseres gesegneten Rheinlandes, die diesem Ruf schon im Jahr darauf, 1896, nachkamen: das alte Aachen und das freundliche Bonn.

Auch Aachen, dem für Spielzwecke die Burtscheider Schulen angefügt wurden, gelangte zur Errichtung von Ferienspielen durch die Erwägung, daß eine große Zahl der ärmeren Schulkinder zu hausindustriellem Erwerb herangezogen werde. Auch dort war es nächst dem Verein zur Förderung der Jugend- und Volksspiele die Schulbehörde, die das Unternehmen mit Rat und That kräftig unterstützte. Die Organisation war insofern eine andere wie die in Krefeld, als in Aachen morgens von ½9—12 Uhr die Knaben und nachmittags die Mädchen spielten, und zwar ohne Zwischenlegung einer Speisung; nur bei den häufig veranstalteten Ausflügen in den nahen herrlichen Stadtwald wurden Milch und Brötchen verteilt, auch hier für die ärmeren Kinder unentgeltlich. Im Durchschnitt spielten täglich 340 Kinder aus Aachen und 230 aus Burtscheid auf den Plätzen. Auch hier haben die Ferienspiele nach jeder Richtung hin so günstige Erfolge gezeitigt, daß man dieselben auch in den kommenden Jahren durchführen wird.

Bonn, nicht allein die Stadt der Wissenschaft, nicht allein das Thor zur Schönheit des Rheines, sondern seit vielen Jahren auch der Sitz begeisterter Männer, die im Turnen, in jeder Körper und Geist fördernden Bethätigung unserer Kräfte eine Gewähr für des Volkes Macht und Größe, für des Volkes Bestehen erblicken, unter denen der Sinner vom alten Zoll, der Mann mit dem vaterlandsglühenden Herzen und der feurigen Sprache, Ernst Moritz Arndt, den Ehrenplatz einnimmt, das Bonn griff mit Freuden gleichfalls die Anregung zur Errichtung von Ferienspielen auf und sandte im Herbst 1896 eine große Zahl Kinder in die herrliche berg- und waldreiche Umgebung. Bonn zählt zu den glücklichen Städten, die viel weniger Armut in ihren Mauern beherbergen als die, wo die Faust den Hammer schwingt, oder das Weberschifflein unermüdlich seinen Weg macht; aus diesem Grunde gestalten sich natürlich auch die Spielverhältnisse anders als in den vorgenannten Städten. An schönen Tagen (an schlechten spielte man in der Turnhalle) zogen etwa 250 Kinder von 10—14 Jahren durch die prangende Landschaft zum herrlich gelegenen Waldspielplatz, wo sofort das lustige Spiel begann, um gegen 10 Uhr durch eine Frühstückspause angenehm unterbrochen zu werden; ⁴/₅ der Kinder bekamen Milch und Brot auch hier unentgeltlich. Den fröhlichen Schluß der fröhlichen Zeit bildete ein Ausflug durch die prächtigen Thäler und Höhen dieses an Naturschönheiten überreichen Landstriches nach Godesberg. Wahr ist das Wort, daß der innige Verkehr mit der Natur den Menschen besser macht, die Seele reiner stimmt — wir alle haben es an uns selbst in glücklichen Stunden erfahren —, wievielmehr muß da solch ein weiches, empfängliches Kinderherz aufgehen, um all das Gute aufzunehmen, was ihm bei solcher Schau, wie sie gerade dieses köstliche Stückchen Erde bietet, entgegenbringt.

Essen, die rauchgeschwärzte Zentrale rastloser Arbeit im dichtbevölkerten Ruhrgebiet, die Stadt der Zechen und Eisenindustrie, die Heimstätte zahlloser Arbeiterfamilien, trat 1897 in die Reihe der rheinischen Gemeinden, unter deren humanitären Einrichtungen sich die Ferienspiele einen dauernden Platz gesichert haben. Die Durchführung der Spiele war eine ganz ähnliche wie in Krefeld, nur erhielten sämtliche anwesende Kinder das Frühstück unentgeltlich. Es spielten im Durchschnitt täglich gegen 400 Kinder, und auch hier bildete die Sedanfeier den Glanzpunkt der Tage.

Reihte ich meinen Betrachtungen über die menschenfreundliche

Seite der Ferienspiele eine Darstellung der praktischen Ergebnisse an, so will ich nicht unterlassen, darauf hinzuweisen, daß die Errichtung dieser Spiele nicht nur dem besitzenden Volks- und Vaterlandsfreund eine herrliche Gelegenheit zur Bekundung seiner idealen Anschauung, den gemeinnützige Zwecke verfolgenden Vereinen ein schönes Ziel für ihre Mitwirkung und den verschiedenen Frauenvereinen ein neues, überaus schönes Feld für ihre dem Vaterland unentbehrlich gewordene, segensreiche Thätigkeit bietet, sondern daß diese Errichtung auch in gewissem Sinne ein Mittel ist, der Sozialdemokratie innerhalb der Familie Grund und Boden zu nehmen. Plaudernder Kindermund thut oft ein großes Werk, und ich betonte bei anderer Gelegenheit schon, daß dieses Kinderwort da und dort den Eltern, entgegen allen Einflüsterungen falscher Freunde, zum Bewußtsein bringt, daß man ihnen und vor allem ihren Kindern wohl will, daß man gerade in ihren durch das harte Schicksal oft verbitterten Kreisen den Glauben an eine Brüderlichkeit großziehen möchte, welcher das herrliche Apostelwort von der Liebe, die höher steht als Glaube und Hoffnung, voranschwebt. Vertrauend legen diese Eltern für kurze Zeit das Wohl ihrer Kinder in unsere Hände, und wenn wir am Schlusse der Zeit dieses schöne menschliche Vertrauen mit Gottes Hilfe rechtfertigen können, wenn wir die Kinder lebensfroher und gesünder den Eltern zuführen können, so empfinden wir nicht nur den Vollohn einer guten That, sondern haben hier und da vielleicht unwissentlich die böse Lehre, das häßliche Schlagwort vom brutalen Kapitalismus vom Thron gestürzt. Was wir aber in diesen Spielen dem Kinde selbst mit auf seinen oft so dunklen Lebenspfad geben, ist nicht nur die Festigung des Körpers, der so die Schwere des Daseins besser tragen lernt, es ist auch die unverlöschliche Erinnerung an, wenn auch nur kurze, so doch köstliche Jugendfreuden in Luft und Sonne — blühende Sommertage vergißt man auch im Winter nicht! Möchten sich doch recht viele finden, denen die Kraft gegeben ist, blühende Sommertage in eine freudlose Kindheit zu tragen und der leiblichen Not unserer Jugend den Garaus zu machen — der Jetztzeit zur Freude und kommenden Geschlechtern zum Segen!

b. Mitberichterstatter Turninspektor A. Hermann, Braunschweig.

Es ist mir schwer, nach den von so inniger, herzlicher Wärme, von so hoher Begeisterung für unsere Sache getragenen Worten des Fräulein Thurm diesen noch etwas hinzuzufügen. Es wird mir aber auch wiederum leicht, weil, wie ich anerkennen muß, durch den Vortrag von Fräulein

Thurm für diese unsere Volksspielsache neue Bahnen gewiesen sind. Ich möchte nur auf einige Punkte noch in aller Kürze hinweisen.

Wir haben, als wir mit unseren Ideen für die Förderung der Volks- und Jugendspiele auf den Plan traten, zuerst wohl daran gedacht, daß diese Spielbewegung ein Gegenmittel sein sollte gegen die sogenannte Überbürdung, und viele haben gemeint, es beträfe die ganze Spielbewegung in erster Reihe die sogenannten höheren Schulen, die an und für sich wenig von Luft und Sonnenschein bisher genossen hatten. Wir sind aber längst anderer Meinung geworden; wir sind der Ansicht, daß jede Vervollkommnung und Verbesserung von unten her beginnen muß (Sehr richtig!), vom gemeinen Volke her. Jahn hat mal in seinem „Volkstum" ein ganz vorzügliches Wort gesagt, wenn er sich so ausdrückt: „Der Baum wächst von unten herauf, der Staat vom sogenannten Volke oder großen Haufen in die Höhe. Im Volke oder gemeinen Manne artet die Urkraft des Volkes nach. So hat jedes Feuer immer unterwärts seinen Herd."

Wenn wir mit unserer Spielbewegung das ganze Volk erfassen wollen, so müssen wir nicht bloß die Schulen ins Auge fassen, welche durch äußere Mittel schon uns entgegenkommen und willig sich unserer Führung unterworfen haben, sondern wir müssen Mittel und Wege schaffen, unsere Ideen gerade in die Klassen unseres Volkes hineinzutragen, welche die unteren Volksschulen bevölkern, und hier hat ja Fräulein Thurm so klar nachgewiesen, welche Wirkungen ein solches Hineintragen in diese Klassen hat. Wer sie kennt, die armen Kinder der großen Städte, wer sie gesehen hat, diese bleichen Gestalten, wo die Nervosität schon in der Jugend in dem Körper steckt, wo Bleichsucht und Blutarmut großgezogen werden in den schlechten Wohnräumen, in den engen Schlafkammern und in den oft von der Sonne so wenig beschienenen Straßen, der wird ein herzliches Erbarmen fühlen mit dieser Kinderwelt und wird sorgen, daß ihnen endlich die Sonne „des Lichts und der Lebensquell" zu teil werde.

Es ist ja von den Ferienkolonien, von den Männern und Frauen, die an der Spitze dieser Bewegung stehen, vieles nach dieser Richtung hin gethan worden, aber ich meine, wäre die Idee der Volks- und Jugendspielbewegung etwas früher ins Leben gerufen worden als die der Ferienkolonien, es wäre vielleicht seitens der Ferienkoloniebestrebungen eine größere Annäherung nach unserer Seite hin gekommen. Wenn ich bedenke, daß mit den großen Massen von Geld im Verhältnis nur recht wenige Kinder in die Ferienkolonien geschickt werden können, so muß ich sagen, daß es mir, wie Fräulein Thurm auch richtig gesagt, hat, nicht richtig erscheint, auf eine so kurze Zeit von vielleicht vier Wochen diese Kinder ihrem elterlichen Hause zu entziehen, sondern daß es mir viel richtiger erscheint — und dafür bin ich immer eingetreten —, diese Bewegung zur Gesundung dieser Kinder nicht bloß im Sommer einige Wochen hindurch, sondern das ganze Jahr hindurch zu betreiben. Wir können mit den Spielen Ostern beginnen, wir können sie ausdehnen in den Ferien, wir brauchen sie erst abzuschließen mit dem Herbst. Also ein ganzes halbes Jahr hindurch können wir diese Kinder hinauslocken auf die freien Plätze, in die Natur, wo Licht und Sonne auf sie einwirken, und ich sollte meinen, wenn man ein halbes Jahr lang hindurch täglich das thut, so müßte das eine größere Nachwirkung haben als das, was man nur ein paar Wochen lang durch die Ferienkolonien zu thun bestrebt ist. Wenn etwa da besonders kränkliche Kinder sind, die in Bäder geschickt werden müssen, so können die abseits genommen werden. Wenn aber tagtäglich den Sommer hindurch die großen Scharen der Kinder unter Leitung von Lehrern und Lehrerinnen hinausgelockt werden auf die Spielplätze, die es ja vor allen Thoren giebt, dann, meine ich, muß eine viel nachhaltigere Wirkung auf die Gesundheit des ganzen Volkes ausgeübt werden. Wir müssen unser Ziel seitens des Zentral-Ausschusses darauf richten, daß wir uns in Verbindung zu setzen suchen mit denen, welche für die Ferienkolonien lange gearbeitet haben und noch immer arbeiten. Wenn wir die etwas für unsere Ideen gewinnen könnten, dann müßte es klar werden, daß man mit weniger Mitteln viel Größeres erreichen kann. Einen Beweis dafür liefert der so vorzügliche Bericht, den der Herr Kollege Reisch aus Dresden vom Jahre 1897 gegeben hat. Die Stadt Dresden steht ja in der Spielbewegung mit obenan. Im Jahre 1897 sind in Dresden 12208 Knaben und 23783 Mädchen aus allen Volkskreisen hinausgezogen und haben gespielt. Spiele der Frauen und Jungfrauen haben sich angeschlossen. Die Kosten haben insgesamt nur 1230,22 Mark betragen. Bedenken Sie, m. H., was ist das für eine geringe Summe gegenüber der großen Wohlthat, die ausgestreut worden ist.

Wir in Braunschweig schicken z. B. in diesem Jahre in die Ferienkolonien 126 Kinder im ganzen in vier verschiedenen Zwischenräumen. Was will das besagen: 126 zu den Tausenden von Kindern einer Stadt, die wie Braunschweig 126000 Einwohner hat! Es ist eine Geldsumme von 3 bis 4000 Mark erforderlich, um diesen 126 Kindern den Aufenthalt zu ermöglichen, die Lehrkräfte zu besolden, die Bäder zu bezahlen und die Kosten zu bestreiten, die entstehen, wenn die Kinder im Harz umherwandern.

Es geht dieser Ruf und Zug, für die Jugend zu sorgen, nicht nur für die männliche, sondern auch für die weibliche Jugend, jetzt durch alle Klassen, und es ist mir eine erfreuliche Erscheinung gewesen, daß mir unser verehrter Herr Vorsitzender, Herr v. Schenckendorff, einen Brief einer Dame zusandte, die Vorsteherin einer höheren Mädchenschule in Halberstadt ist, und die sagt: sie hätte jetzt eingesehen, wie notwendig es sei, der weiblichen Bevölkerung nicht bloß der unteren, sondern auch der höheren Stände eine Bewegung durch Turnen und Spielen zu geben. Sie hätte auch eine Einsicht in die Not, die gerade in den unteren Volksschichten herrschte, durch zwei ihrer Schwestern bekommen, von denen die eine an einer Idiotenanstalt, die andere an einer Irrenanstalt wirkte. Sie hätte mit Erlaubnis des Kreisschulinspektors oder Schulrats für ihre Schule versucht, eine Stunde wöchentlich für diesen Zweck zu gewinnen, und sie fände, nachdem es ihr gelungen, das zu gewinnen, wie vorzüglich sich diese Einrichtung bewährte.

Und wenn solche Bestrebungen aus allen Kreisen an uns herantreten, so zeugt das doch dafür, daß wir endlich gottlob! festen Boden gewonnen haben überall im Deutschen Reich, und daß wir nicht bloß festen Boden gewonnen, sondern auch die Herzen gewonnen haben, und wir wissen von Braunschweig aus, wo die Spielbewegung seit langem gepflegt wird, daß uns dieses auch seitens der Eltern gedankt wird. Wir haben an unserm Gymnasium seit 1872 gespielt, und ich habe in der letzten Zeit einmal versucht, diejenigen, die vor dem Spielbeginne mit Brillen da waren, zu zählen — wir hatten darüber ganz bestimmte Messungen von Dr. Reck — und diejenigen, die jetzt mit Brillen vorhanden sind. Und da findet sich denn die auffallende Thatsache, daß kaum noch ein Drittel der damaligen Zahl jetzt Brillen trägt. Und dieser Erfolg ist dem Umstande zu verdanken, daß das tagtägliche Hinausführen in die Luft einen guten Einfluß hatte. Ich kann auch berichten von der höheren Mädchenanstalt in Wolfenbüttel, einer Anstalt, die sich vom Kindergarten heraus bis zum Lehrerinnenseminar und weiter bis zur Turnlehrerinnen- und Industrielehrerinnenbildungsanstalt entwickelt hat. Die Mädchen — aus den höchsten Ständen — sind den ganzen Tag — Winter und Sommer —, wenn nicht das Wetter gar zu schlecht ist, draußen im Freien und treiben, wenn die Turnstunden für sie es gestatten, Spiele — ohne Hut und im Sonnenschein, und sie werden braun, wie wir es werden, wenn wir uns draußen bewegen; und alle fühlen sich wohl dabei.

Und nun, meine Damen und Herren, lassen Sie uns nicht mit

einer These schließen, nicht mit in Punkte zerlegbare Sätze, sondern lassen Sie uns, getragen von der Wärme, die Fräulein Thurm in uns entfacht hat, damit von hier scheiden, daß wir in unseren Kreisen für unsere Ideen wirken wollen, soviel in unseren Kräften liegt.

B. Abhandlungen besonderen Inhalts.

1. Die Palästra Albertina in Königsberg i. Pr.

Von Kurt Boege, stud. med., Königsberg i. Pr.

Am Anfang des Wintersemesters, am 22. Oktober, wurde in Königsberg die Palästra Albertina feierlich eingeweiht. Die Feier begann des Morgens mit einem Umzuge durch die Stadt und endete am Abend in dem Festsaal der Palästra, wo sich die Studentenschaft und mit ihr viele Bürger der Stadt versammelt hatten, um nach alt überlieferter Weise die neue Epoche des Studentenlebens in Königsberg zu begrüßen.

Nachdem, wie es in der Urkunde der Grundsteinlegung heißt, ein ehemaliger Königsberger Student, der praktische Arzt Herr Dr. med. Lange in New York, beseelt von Anhänglichkeit an die Albertina und durchdrungen von dem Wunsche, das Wohl ihrer jugendlichen Bürger zu fördern, die Anregung zur Errichtung einer Anstalt für die körperliche Ausbildung der hiesigen Studierenden gegeben und für diesen Zweck eine namhafte Stiftung gemacht hatte, und nachdem daraufhin ein Verein zusammengetreten war, dessen Aufgabe die Herstellung einer solchen Anstalt sein sollte, wurde bei Gelegenheit des 350jährigen Jubiläums der Universität Königsberg im Jahre 1894 die feierliche Grundsteinlegung*) vollzogen.

Die Gründung dieser Anstalt zeigt, daß man endlich daran gegangen ist, die Anschauung der Alten, die man zwar schon lange unter der studentischen Jugend teilt, auch zu verwirklichen. Wie die Alten in ihren Gymnasien die Bildung des Geistes und Körpers in gleichem Maße anstrebten, soll die neue Anstalt, die bisher einzig im Reiche

*) Der offizielle Bericht über diese Grundsteinlegung und ihre Vorgeschichte ist mitgeteilt in dem Buche: „Das Jubelfest des 350jährigen Bestehens der Albertus-Universität am 26. und 27. Juli 1894. Nach amtlichen Mitteilungen dargestellt von Dr. Hugo Bonk. Seite 81—87."

dasteht, den Studierenden ermöglichen und sie erinnern, die gegenüber der wissenschaftlichen Ausbildung zu sehr vernachlässigte Ausbildung und Stählung des Leibes eifriger zu betreiben. Kein Name war daher für sie geeigneter als Palästra Albertina. In *) ihr sollen die Studierenden „ohne erhebliche Kosten für sich Anregung, Gelegenheit und Anweisung zu allen ritterlichen Künsten finden. Es soll ihnen an dieser Stelle die Möglichkeit gegeben werden, ihre Gesundheit zu stählen, ihre körperliche Gewandtheit zu entfalten, sich an Geistesgegenwart zu gewöhnen. Sie sollen sich hier befähigen, die Anstrengungen ihres künftigen Berufslebens leichter zu ertragen. Sie sollen ferner hier die Überzeugung von der Notwendigkeit der Pflege des Körpers, von den segensreichen Folgen verständiger und geregelter körperlicher Übung auf Gemüt und Charakter gewinnen und endlich diese Überzeugung zum Nutzen unseres Volkes in ihr Amt und ihren Beruf mit hinweg nehmen."

Soweit der zur Verfügung stehende Raum es erlaubte, sollen endlich noch Vereinigungszimmer für die Korporationen eingerichtet werden. Ein Bauplan wurde von Herrn Regierungs- und Baurat Bessel-Lorck ausgearbeitet, der später auch die Ausführung geleitet hat. Aber obgleich von allen Seiten kleinere und größere Beiträge einliefen, so verstrich doch immerhin einige Zeit, mehr als drei Jahre, ehe die Direktion sich im stande sah, die Ausführung des Baues thatsächlich zu beginnen. Dies hatte das Gute an sich, daß die Wünsche, die sich unter der Studentenschaft geltend machten, um so reger, als diese sich für das Werk zu erwärmen anfing, berücksichtigt werden konnten. Vor allen Dingen mußte die Zahl der in Aussicht genommenen Korporationszimmer vermehrt werden. An Stelle der vier geplanten wurden sieben eingerichtet, zu denen jetzt noch ein achtes hinzugekommen ist, immer noch weniger als die Zahl der Korporationen, die sich in der Palästra ein Heim gründen wollten. Jetzt wohnen folgende Korporationen in hohen, geräumigen und schön eingerichteten Zimmern: im Erdgeschoß die Burschenschaft Gothia, der A.-W.-V. Albertia und der akademische Gesangverein; im zweiten Stockwerk die Turnerschaft Frisia, der akademisch-landwirtschaftliche Verein, die A.-W.-V. Pharmacia, der akademisch theologische Verein und die A.-W.-V. Cimbria. Die Einrichtung wurde in jeder Weise, z. B. durch Dampfheizung und elektrische Beleuchtung, vervollkommnet. Der Aufenthalt in der Palästra wurde den Studenten noch dadurch angenehmer gemacht, daß die zahl-

*) Worte aus der Rede des Herrn Geheimrat Professor Dr. Bezzenberger, des Vorsitzenden des Palästravereins, bei der Grundsteinlegung; l. c. S. 89 f.

reichen Freitische zum Teil dorthin verlegt wurden. Den Korporationen wurde sogar gestattet, soweit sie es wünschten, auf ihren eigenen Zimmern zu essen. Für alle anderen aber befindet sich in der ersten Etage des Hauptgebäudes der große, bequeme Speisesaal.

Der in der dritten Fließstraße in der Nähe des Tragheimer Thores gelegene Bauplatz, der von Herrn Dr. med. Lange selbst gestiftet war, umfaßte einen Raum von etwa sechzig Schritt im Geviert. Der Plan, von dem man ausging, war im wesentlichen der, daß der Gebäudekomplex einen in der Mitte gelegenen Hof, der im Sommer zugleich als Spielplatz dienen könnte, von allen Seiten umschließen sollte. In der Front steht das Hauptgebäude, den rechten Flügel nehmen der Turnsaal und das Badehaus ein; im linken Flügel liegen Wirtschafts- und Wohnungsräume; nach hinten wird der Hof durch eine Kegelbahn abgeschlossen. Das Gebäude ist einfach und doch geschmackvoll aufgeführt, in Anlehnung an Motive aus der nordischen Backsteingotik.

Die sieben Korporationszimmer sind auf das Hauptgebäude und die beiden Seitenflügel verteilt, wo gerade ein Raum dafür frei blieb. Die erste Etage des Hauptgebäudes nimmt zum größten Teil der geräumige Speisesaal ein, von dessen zwölf Fenstern fünf nach vorn und sieben auf den Hof hinausgehen. Seine Fenster, wie die der Wandelhalle, die sich rechts an ihn anschließt, sind mit Malereien geschmückt, die die Wappen der akademischen Korporationen Königsbergs, antike Köpfe und anderes darstellen. Links schließen sich an den Speisesaal das Billardzimmer an, in dem den Studenten zwei Billards zur Verfügung stehen, und das Lesezimmer, in dem die bekanntesten deutschen Zeitungen und Journale ausliegen; hoffentlich schließt sich hieran mit der Zeit auch eine kleine Handbibliothek an. In der zweiten Etage des Hauptgebäudes befinden sich dann die Fechtsäle und das Fechtlehrzimmer. Die Fechtsäle sind vielleicht etwas zu klein gebaut, doch war der Raum wohl nicht größer zu gewinnen. In der ganzen Länge des Speisesaals erstreckt sich nach dem Hofe zu eine breite, freie Terrasse, die im Sommer einen angenehmen, luftigen und kühlen Aufenthalt bieten wird. Von ihr führt auf den Hof eine breite Treppe hinab. Auch im Erdgeschoß liegen nach dem Hofe heraus zwei offene Hallen.

Zu allen diesen Räumen haben nun die Studenten unentgeltlich oder gegen eine geringe Gebühr Zutritt. Die Spielplätze, das Lesezimmer, der Turnsaal sind natürlich frei geöffnet. Auch für die Benutzung der beiden Billards wurde anfangs nichts erhoben; doch sah sich die Direktion bald genötigt, zur Bestreitung der Unkosten eine kleine Summe, 20 Pf. für die Stunde, zu erheben. Die Spielplätze, die schon vor dem Bau eingerichtet waren, sind leider durch die Gebäude etwas eingeengt. Es wird kaum möglich sein, daß mehr als zwei Gruppen zu gleicher Zeit spielen können. Ihre Benutzung ist derart geregelt, daß sich eine Gruppe, die zu einer bestimmten Zeit spielen will, am Tage vorher beim Spielwart meldet und das Spielzeug, das in reichlicher Menge angeschafft ist und unentgeltlich geliehen wird, belegt. Die Aufsicht über die Spiele wie über das Turnen hat Herr Fechtmeister Grüneklee übernommen. Wahrscheinlich werden sich die Verhältnisse wohl so gestalten, daß die einzelnen Korporationen oder Verbände für bestimmte Stunden den Spielplatz das ganze Semester hindurch belegen. Es sollen selbstverständlich alle neueren Spiele dort geübt werden: Cricket, Croquet, Lawn-Tennis, Fußball, Faustball u. s. f.

Der Turnsaal ist bereits für die verschiedenen Abende belegt worden. Zwei Abende in der Woche zu je zwei Stunden turnt die Turnerschaft Frisia, die auch andere Kommilitonen aufgefordert hat, sich an ihren Übungen zu beteiligen. Zwei Abende haben wöchentlich, und zwar auch je zwei Stunden, die Nichtinkorporierten belegt, je einen Abend der Verband wissenschaftlicher Korporationen und die Burschenschaften. Die Geräte sind alle neu angeschafft und vorzüglich gearbeitet. Fast alle Arten von Geräten sind vorhanden, sodaß reichlich Abwechselung in den Übungen geboten ist. Damit sich aber die Kommilitonen auch durch Anleitung im Turnen vervollkommnen, haben sich Riegen gebildet, die unter der besonderen Aufsicht eines selbstgewählten Vorturners üben. So haben z. B. die Nichtinkorporierten vier Riegen gebildet, die nach folgendem Plane turnen:

1. Riege:	2. Riege:	3. Riege:	4. Riege:
Reck,	Bock,	Barren,	Springel,
Klettern (Tau, wagerechte Leiter),	Sturmspringen,	Schaukelbank,	Pferd,
Ringe,	Kasten,	Gewichtheben,	Tisch,
Pferd,	Reck,	Springel,	Barren,
Barren,	Springel,	Reck,	Bock,
Schaukelreck,	Pferd,	Klettern,	Sturmspringen,
Gewichtheben,	Tisch,	Ringe,	Kasten,
Springel.	Barren.	Pferd.	Reck.

Dazu kommen dann noch an sonstigen Übungen: Freiübungen, Übungen mit der Keule und Rundlauf. Die Beteiligung am Turnen ist leider nicht so rege, wie es wünschenswert wäre, trotzdem noch dazu von

Herrn Geheimrat Dr. Bezzenberger Schau- und Wetturnen der Kommilitonen in Aussicht genommen sind. Die Korps, der Verein deutscher Studenten, der akademische Gesangverein und die katholische Studentenverbindung Tuisconia haben sich im verflossenen Semester nicht an den Übungen beteiligt.

Da die Turngeräte leicht hinweggeschafft werden können, so ist der Turnsaal auch zu anderen Zwecken verwendbar. Er ist zu gleicher Zeit Festsaal. Hier hat der Einweihungskommers stattgefunden; hier sollen künftig auch alle anderen studentischen Festlichkeiten, sei es der ganzen Studentenschaft, sei es einzelner Korporationen, stattfinden. Große, allgemeine Kommerse, Studentenversammlungen, Bälle, Tanzkränzchen und andere Feiern, wie sie die Stiftungsfeste und Verbandsfeste ja öfter mit sich bringen. Früher mußte dazu immer der Saal der Börse oder anderer Gesellschaften gemietet werden. Vermöge seiner Größe — er hat auf jeder Längsseite fünf hohe breite Fenster — ist er aber auch zum Radfahren geeignet. Ein Radfahrerklub besteht unter der Königsberger Studentenschaft noch nicht. Vorläufig hat sich Herr Rehländer, der im Erdgeschoß der Palästra eine Filiale errichtet hat und gleichzeitig Sportsrequisiten jeder Art liefert, erboten, unentgeltlich den Kommilitonen Räder zum Lernen zu leihen und ihnen selbst Stunden darin zu erteilen.

Endlich giebt der Turn- und Festsaal der Direktion noch die Möglichkeit, einen, wenn auch nur geringen Teil der Unterhaltungskosten der Palästra aufzubringen, denn die Pacht des Wirtes kann allein die Unterhaltung nicht decken. Der Saal ist nämlich ständig an zwei Abenden in der Woche an Radfahrerverbände vermietet, wird aber auch sonst für Gesellschaften und Bälle hergegeben. Da so häufig Turnabende der Kommilitonen ausgefallen sind — aus leicht erklärlichen Gründen mußten natürlich die Kommilitonen vor solchen geschlossenen Gesellschaften zurücktreten —, hat sich Herr Geheimrat Bezzenberger entschlossen, einen Vorhang herrichten zu lassen, der den Turnsaal in zwei getrennte Räume scheidet, sodaß künftighin auch zwei Gruppen nebeneinander ungestört turnen können.

Die Benutzung der Kegelbahn, die noch vor Weihnachten dem Gebrauch übergeben worden ist, ist in ähnlicher Weise geregelt wie die der Spielplätze und der Billards. Sie ist an den Ökonomen verpachtet, der von den Spielenden für die Stunde eine Gebühr von 60 Pf. am Tage und 1,20 Mk. bei Licht erhebt. Wenn die Bahn frei ist, kann sie jederzeit benutzt werden; wer dagegen im voraus belegen will, muß sich am Tage vorher in eine Liste eintragen. Auch hier haben sich bereits mehrere Korporationen um regelmäßige Kegelabende bemüht. Übrigens kann die Bahn auch von Nichtstudierenden benutzt werden. Wie es mit dem Baden sich gestalten wird, läßt sich noch nicht voraussagen, da das Badehaus noch nicht vollständig eingerichtet ist. Doch soll der Zutritt zu den Bädern nur gegen eine, allerdings unbedeutende Summe gestattet sein. Den Hauptraum des Badehauses nimmt das Schwimmbassin ein; selbstverständlich sind auch Duschen und Einzelbäder eingerichtet.

Damit endlich den Studenten jede Art der Körperübung ermöglicht sei, hat sich Herr Geheimrat Bezzenberger in Unterhandlungen mit der Königsberger Schützengilde eingelassen, um den Studenten die Erlaubnis zu verschaffen, in ihren Schießständen, die vor dem Steindammer Thor gelegen sind, auch in diesem Sport sich zu üben. Die Bemühungen des Herrn Geheimrats Bezzenberger sind auch von Erfolg gekrönt worden, denn die Schützengilde hat sich bereitwilligst erboten, den Studenten auf gewisse Stunden ihre Schießstände zur Verfügung zu stellen. In welcher Weise die Schießübungen, die im Sommer beginnen sollen, geleitet werden, darüber ist man sich noch nicht einig. Es soll mit Modell 71, mit Jagdbüchsen und Pistolen geschossen werden; im Sommer auch auf bewegliche Ziele, Tontauben u. a.

So ist den Kommilitonen alle Möglichkeit gegeben, ihre körperlichen Geschicklichkeiten in jeder Weise auszubilden, sich einen gesunden Körper zu erhalten. Sie können baden, schwimmen, radfahren, turnen, fechten, schießen, Billard spielen, die englischen Rasenspiele üben; und was das wesentlichste ist, alles dies ist ihnen an einem Ort und gegen nichts oder geringes Entgelt geboten. Möge der hochherzige Gründer durch die eifrige Benutzung des Gebotenen geehrt werden, dadurch wird ihm am besten gedankt sein.

---

2. Die Bannerkämpfe der höheren Schulen Schleswig-Holsteins am 10. September 1898 zu Neumünster.

Von Professor Wickenhagen, Rendsburg.

Die turnerische Festlichkeit, über die im folgenden berichtet werden soll, bildet eine Fortsetzung jener Massenübungen, wie sie seit einer Reihe von Jahren an den höheren Schulen Schleswig-Holsteins mit stets steigender Beteiligung gepflegt werden (vgl. Jahrbuch IV S. 141 und V 118).

Die Eindrücke, welche Teilnehmer und Zuschauer von dem Kampffelde in Schleswig 1895, Jahrb. V, 118, mit nach Hause genommen, waren anregend genug, um der aus kleinen Anfängen weitergeleiteten Veranstaltung neue Lebenskraft für die Zukunft zu verleihen; überdies fehlte es, wie es sich alsbald zeigte, nicht an wirksamer Unterstützung von außen. Am 11. Dezember 1896 erfolgte seitens Sr. Exzellenz des Oberpräsidenten Herrn v. Steinmann die Widmung eines Banners: es sollte bei den gemeinsamen Kämpfen als Wanderpreis Verwendung finden. Damit hatten die letzteren in der landesüblichen Form ihre Weihe erhalten: eine nicht zu unterschätzende Errungenschaft, die allerdings gleichzeitig die Pflicht auferlegt, an dem Charakter der Ein-

richtung treulich festzuhalten. — Nach der Losung „In der Schule für die Schule“ stehen unsere „Olympien“ auch ferner unter der Aufsicht und Leitung des Königl. Provinzial-Schulkollegiums, der Direktoren, Kollegen und — besonders in technischer Beziehung — des Nordalbingischen Turnlehrervereins; sie ziehen dann weiter ihren Nährstoff aus dem Entgegenkommen einer opferwilligen und nüchternen Bevölkerung. So scheint sich — und wir möchten's wünschen — eine bescheidene Schuleinrichtung, die ursprünglichen Grenzen überflutend, zu einer Art von Volksfest emporschwingen zu wollen, das Eltern und Schüler zusammenführt und den Nachweis liefert, daß stoffliches Genießen nicht die unerläßliche Vorbedingung der Lebensfreude zu sein braucht. Und gerade an solchen Freudentagen fehlt es uns. Übrigens giebt auch die Mischung von alt und jung, Lehrern und Schülern u. s. w. die beste Schutzmauer gegen die Gefahren sportlicher Übertreibungen oder jugendlicher Unziemlichkeiten.

Als Feldzeichen eines — gottlob! friedlichen — Kampfes trägt unser Banner die Aufschrift:

„Ans Vaterland, ans teure, schließ dich an,
Das halte fest mit deinem ganzen Herzen.“

So geleitet es die Jugend zum erstenmal auf den Kampfplatz und stellt den einzelnen einer unbekannten Gegnerschaft gegenüber, ihn in edler Kameradschaft zu schulen und in der Pflicht, seine Kräfte für die Mitwelt, die heimatliche Bildungsstätte, für das engere Vaterland einzusetzen.

Jugendlust und lichter Sonnenschein gehören zusammen, und in der That, der Himmel Neumünsters war uns gnädig. — Gegen 10 Uhr vormittags trafen die letzten Schülerabteilungen in der Feststadt ein. Nach Verteilung der Quartierkarten ordneten sich die Scharen, und unter Vortritt eines Trommlerkorps und einer von der Stadt bereitwilligst gestellten Musikkapelle nahm der Festzug, aus etwa 250 auswärtigen und über 1000 ortsansässigen Schülern bestehend, seinen Weg nach dem mit Flaggenmasten sinnig geschmückten und mit allen erforderlichen Einrichtungen wohl versehenen Spielplatze. Dem Tagesprogramm zufolge sollte der Vormittag turnerischen Vorführungen von seiten der Gastgeber vorbehalten bleiben. Sofort nach Eintreffen erfolgte unter den Augen einer vielköpfigen Zuschauermasse der Aufmarsch von 1000 Schülern aller Ortsschulen zu Massenfreiübungen. Das Kommando führte der Gymnasialturnlehrer Raue, und zwar von dem Dache des Spielschuppens, welcher die Befehlstribüne ersetzen mußte. Die gut vorbereiteten Leistungen wurden sehr beifällig aufgenommen. Auch die dann folgenden Reigen einiger Mädchenschulen, namentlich der den Abschluß bildende Schleierreigen fesselten das Interesse der Umstehenden in hohem Maße.

Damit war die Vormittagsarbeit erledigt. Nach einem geordneten Einzuge in die Stadt zerstreuten sich die Schüler in die Bürgerhäuser zum Mittagessen. Rühmlich verdient hier hervorgehoben zu werden, daß die Einwohner erheblich mehr Quartierkarten zur Verfügung gestellt hatten, als untergebracht werden konnten. Lehrer und Gäste vereinigten sich inzwischen mit einer größeren Anzahl von Bürgern der Stadt zu einem Festessen im Bahnhofshotel.

Für den Nachmittag lautete der Tagesbefehl: Abmarsch 3 Uhr; Beginn der Bannerkämpfe 3½ Uhr. Diesmal zeigte der Zug eine etwas veränderte Gestalt. An seiner Spitze erschien wiederum von Musik begleitet, das Preisbanner, von Schülern des Schleswiger Domgymnasiums getragen. Dann folgten die jugendlichen Kämpfer, fast ausnahmslos in weißleinenen Kniehosen und wollenen Hemden, vielfach hohe und kernige Gestalten; die beiden Kieler Anstalten, Gymnasium und Oberrealschule, führten ihre Schulfahnen mit sich. Den Schluß bildeten die Neumünsteraner. Aus allen Teilen der Provinz waren Kollegen erschienen, die zum Teil Kampfrichterdienste übernommen hatten; zugegen war ferner der Königl. Provinzialschulrat Herr Dr. Brocks-Schleswig und eine große Zahl von Direktoren; auch die Vertreter der Stadt Neumünster, insbesondere Herr Bürgermeister Röhr, schenkten der Feier von Anfang bis zu Ende ihre volle Teilnahme.

Es mag an dieser Stelle auf die beiden ersten Paragraphen unseres Grundgesetzes verwiesen werden, welche folgenden Wortlaut haben:

§ 1. Die Bannerkämpfe finden alle drei Jahre statt. Sie bestehen abwechselnd in einem Fünfkampfe für Schüler nur der mittleren und in einem Spiele für Schüler aller Klassen.

§ 2. Gleichzeitig mit dem Fünfkampfe um das Banner findet auch ein Fünfkampf der nach § 1 davon ausgeschlossenen oberen Klassen der Vollanstalten statt, bei dem die siegende Schule durch einen Eichenkranz mit Schleife ausgezeichnet wird.

Da für den vorliegenden Fall Fünfkampf (Hochsprung ohne Brett, Kugelstoßen, Weitsprung, Schleuderballweitwerfen und Lauf auf 100 m) angesetzt war, so lief satzungsgemäß neben dem Bannerein Kranzkampf, ersterer für mittlere, letzterer für höhere Klassen. Für den ersteren waren Riegen aus folgenden Anstalten erschienen: Ratzeburg (Gymn.), Wandsbeck (Gymn.), Hadersleben (Gymn.), Schleswig

(Gymn.), Kiel (Gymn.), Altona (Realgymn.), Kiel (Oberrealsch.), Odeslœ (Realprogymn.), Itzehoe (Realsch.), Elmshorn (Realsch.), Blankenese (Realsch.), Marne (Realsch.), Neumünster (Progymn.); für den letzteren: Wandsbeck (Gymn.), Kiel (Oberrealsch.), Altona (Realgymn.), Hadersleben (Gymn.), Rendsäburg (Gymn.). Jede Mege bestand aus fünf Mann.

Als beste Einzelleistungen in den Bannerkämpfen wurden eingetragen: Hochsprung 1,75 m (schottisch): Ratzeburg. — Weitsprung 5,4 m: Oldesloe. — Kugelstoßen 13,60 m: Altona. — Lauf $12\,^3/_5$ Sek.: Wandsbeck.

Als beste Gesamtleistungen: Hochsprung 7,35 m: Kiel (Oberrealsch.) — Weitsprung 24,12 m: Altona (Realgymn.) — Kugelstoßen 56,87 m: Altona (Realgymn.) — Schleuderball 229,48 m: Altona (Realgymn.) — Laufen $64\,^2/_5$ Sek.: Wandsbeck (Gymn.).

Über die Kranzriegen läßt sich leider einzelnes nicht berichten, da die Listen abhanden gekommen sind.

Das Banner gelangte in den Besitz von Altona (Realgymn.); der Kranz in den von Wandsbeck (Gymn.) Die Übergabe erfolgte nach etwa 4—5 stündigem Ringen der Beteiligten in feierlicher Weise auf dem Platze.

An die praktische Arbeit schloß sich noch eine kritische Besprechung aller Leistungen, auf die einzugehen hier zu weit führen würde.

Von verschiedenen Seiten wurde ein gerechter Ausgleich zwischen großen und kleinen Anstalten für unbedingt notwendig gehalten (die Schülerzahl der Schulen bewegt sich zwischen 488 und 75!) — Über Einzelheiten giebt die Zeitschrift für Darnen und Jugendspiel VII, Nr. 14 nähere Auskunft.

Rühmlich verdient auch diesmal das musterhafte Betragen aller Schüler hervorgehoben zu werden. Über Ausschreitungen ist keinerlei Klage geführt. In den Erfrischungszelten wurde nur kohlensaures Wasser und Kaffee verschenkt.

Nachwort. Am 14. Januar 1899 waren die „Bannerkämpfe" Gegenstand der Verhandlungen innerhalb des Zentral-Ausschusses (Sitzung in Berlin). Der bezügliche Bericht der „Zeitschrift für Turnen und Jugendspiel" hat folgenden Wortlaut (Jahrg. VII, S. 346):

„Als erster Punkt stand auf der Tagesordnung ein Vortrag von Professor Wickenhagen über die schleswig-holsteinischen Bannerwettkämpfe, auf den wir hier nicht näher einzugehen brauchen, da über die Wettkämpfe selbst seiner Zeit eingehend in diesen Blättern berichtet worden ist. Der Vortrag wurde von der Versammlung mit lebhaftem Beifall entgegengenommen. Aus der an denselben sich anschließenden Debatte, die sich im übrigen durchweg den genannten Wettkämpfen freundlich gegenüberstellte, seien wegen ihrer grundsätzlichen Wichtigkeit nur die beiden Fragen herausgehoben, die Rat Weber an die Versammelten richtete, ob nämlich durch derartige Wettkämpfe keine Beunruhigung unter den Schülern hervorgerufen würde, und ob nicht die schwächeren und mittelguten Turner, bezw. Schüler durch das stärkere Hervortreten der besten Kräfte in ihrem Turn- und Spieleifer geschädigt würden. Die zweite dieser Fragen wurde von allen Rednern einstimmig verneint; in Bezug auf die erstere wurde zwar zugegeben, daß durch ein bevorstehendes Wettspiel die Gedanken der Schüler mehr als gewöhnlich von dem Spiel in Anspruch genommen würden, doch wurde anderseits hervorgehoben, daß das nur als ein Vorteil für die Sache angesehen werden könne, und daß eine Vernachlässigung anderer Pflichten nirgends festzustellen gewesen sei."

---

8. Übersicht über die Turn- und Spielverhältnisse bis zum 20. April 1899 auf den deutschen Universitäten und technischen Hochschulen im Sommerhalbjahr 1898.

Von Dr. phil. Johannes Rissom, Heidelberg.

(Siehe die Tabelle im Anhang.)

Als im Spätherbst vorigen Jahres der Vorsitzende des Zentral-Ausschusses, Herr Direktionsrat von Schenckendorff, mich aufforderte, eine Statistik über die Turn- und Spielverhältnisse unter der deutschen Studentenschaft zu liefern, damit der Zentral-Ausschuß ein deutliches Bild von dem gegenwärtigen Stand bekäme und eine Übersicht darüber, wo seine Hilfe in Zukunft notwendig sei, willigte ich nur zögernd ein, da ich die Schwierigkeit bei der Sammlung des erforderlichen Materials sehr wohl erkannte. Nur im Hinblick auf die Vorteile, welche die Studenten durch die Beihilfe des Zentral-Ausschusses in der Förderung der Leibesübungen genießen, und in der Erwägung, daß die Turn- und Spielbewegung durch das Eingreifen bewährter Kräfte einen weiteren Aufschwung nehmen könnte, erklärte ich mich zur Übernahme des Auftrages bereit.

Um bei einer möglichst kurzen und präzisen Fragestellung doch alles Wesentliche für eine Statistik auszudrücken, stellte ich folgende 12 Punkte auf:

.........., den ... Dezember 1898.
(Ort)

Übersicht über die Turn- und Spielverhältnisse an der Universität .... im Sommerhalbjahr 1898.

1. Ist ein Turnlehrer von der Universität angestellt?
2. An wie vielen Tagen wird unter demselben geturnt und wie lange?
3. Besitzt die Universität eine Turnhalle (eigene oder gemietete)?
4. Besitzt die Universität einen Spielplatz (eigenen oder gemieteten)?
5. Werden andere Turnhallen benutzt? Wie viele? Von wem?
6. Werden andere Spielplätze benutzt? Wie viele? Von wem?
7. Sind die Turnhallen genügend ausgestattet, oder haben sie besondere Vorzüge? Welche?
8. Entsprechen die Spielplätze einfachen Anforderungen, oder sind besondere Einrichtungen getroffen (z. B. Haus für Geräte mit Badeeinrichtung, Duschen u. s. w.)?

	Wer leitet das Turnen?	Durchschnittl. Besuch?
9. Wie oft und wie lange jedesmal wird geturnt?		
a) von Korporationen		
b) von Nichtinkorporierten		
c) von Vereinigungen		
10. Wie oft und wie lange jedesmal wird gespielt?		
a) von Korporationen		
b) von Nichtinkorporierten		
c) von Vereinigungen		
11. Turnen in bürgerlichen Turnvereinen oder sonstigen Verbänden (welchen?) die Studenten? Wie oft und wie lange jedesmal?		
12. Werden Spielkurse abgehalten? Wer beteiligt sich an denselben?		

Für die Richtigkeit

....

....

Zugleich hatte ich als Muster für die Beantwortung einen Fragebogen willkürlich ausgefüllt. Beide sandte ich Anfang Dezember an 113 studentische Korporationen mit diesem Begleitschreiben:

Heidelberg, 3. Dezember 1898.
Neue Schloßstraße 10.

Liebe Turngenossen!

Wer die Bestrebungen des Zentral-Ausschusses zur Förderung der Jugend- und Volksspiele seit seinem Bestehen beobachtet hat, der weiß, wie viel derselbe zur Erweckung und Belebung derselben beigetragen hat, und wie allerorten das Interesse an körperlicher Bethätigung und die Lust am Spiele zugenommen hat.

Seit dem Jahre 1895 hat der Zentral-Ausschuß auch auf die akademische Jugend seinen Wirkungskreis ausgedehnt und studentische Spielkurse eingerichtet in der festen Zuversicht, daß die Studenten als die berufenen Führer unseres Volkes später in ihren leitenden Stellungen als Männer das Interesse für das körperliche Wohl desselben wahren und erfolgreich wirken würden. Ich erinnere daran, daß 1895 bereits auf 11 Hochschulen Spielkurse abgehalten wurden, an denen nahezu 1000 Studenten teilgenommen haben. Mit wachsender Fürsorge ist der Zentral-Ausschuß auch in den letzten Jahren thätig und will dieselbe in Zukunft mit demselben Eifer fortsetzen.

Um nun aber ein deutliches Bild davon zu gewinnen, wo sein Eingreifen im kommenden Semester besonders nötig und seine Hilfe zur gedeihlichen Entwicklung und Förderung der guten Sache erforderlich ist, bedarf der Zentral-Ausschuß

einer Übersicht über den Stand der körperlichen Bethätigung im Turnen und Spielen

auf den Hochschulen. Se. Hochwohlgeboren Herr Landtagsabgeordneter v. Schenckendorff, Vorstand des Zentral-Ausschusses, hat mich mit der Sammlung des Materials betraut und mich beauftragt, ein diesbezügliches Rundschreiben an sämtliche Hochschulen zu senden. Daß diese Aufgabe nur schwer erfüllt werden kann, ist leicht begreiflich, da ich mich in erster Linie nur an die Herren Universitäts-Turnlehrer (soweit solche überhaupt angestellt sind) und an die akademischen Turnvereine (A. T. B. und V. C.) zu wenden in der Lage bin. Außer letzteren pflegen aber noch eine ganze Reihe von Korporationen ohne direktes Turnprinzip, und Vereinigungen, deren Namen sich zum größten Teile meiner Kenntnis entziehen, Spiel und Sport. Soweit mit Hilfe von Zeitschriften und Universitätskalendern dieselben ermittelt werden konnten, sind sie um Auskunft gebeten worden. Soll aber die Statistik den Anforderungen genügen, eine vollständige Übersicht über den gegenwärtigen Stand zu werden, und den Erfolg erzielen, dem Zentral-Ausschuß den Weg zu seiner weiteren Thätigkeit zu zeigen, so ist es klar, daß ich unter den angegebenen schwierigen Verhältnissen bei der Ermittelung der turnenden und spielenden Studenten der weitestgehenden Unterstützung der Herren Turnlehrer und der verehrlichen akademischen Turnvereine bedarf. Ich bitte dieselben daher ebenso dringend wie höflich, im Interesse der Sache außer der Beantwortung der Fragen über ihre eigenen Turn- und Spielverhältnisse auch über andere, soweit sie ihnen irgendwie bekannt sind, möglichst eingehende Angaben machen zu wollen.

Gewünscht werden die Angaben über den Stand im letzten Sommersemester.

Als Muster für die Ausfertigung des Fragebogens habe ich eine willkürlich gewählte Zusammenstellung beigefügt. Da der Zentral-Ausschuß die Statistik bereits am 30. Dezember in Händen haben will, erbitte ich geziemend die Zusendung an mich bis spätestens zum 21. Dezember.

Gut Heil und studentischen Gruß.

Dr. phil. Johannes Rissom.

Außerdem schrieb ich an einzelne Mitglieder des Zentral-Ausschusses in Universitätsstädten und noch an Personen, bei denen ich eine Kenntnis über die Turn- und Spielverhältnisse auf den Hochschulen erwarten konnte, und bat um Mithilfe.

War ich von vornherein darauf gefaßt, daß meine Anfrage von mancher Seite nicht beantwortet werden würde, so muß ich doch berichten, daß diese Befürchtung nur zum kleinsten Teile eingetroffen ist, nachdem ich zu Anfang Januar eine dringende Mahnung an die Säumigen gesandt hatte. Anderseits haben die einzelnen Korporationen in dankenswerter Weise übereinander nach Möglichkeit ausführlich berichtet, sodaß wesentliche Lücken in der Statistik nicht vorhanden sind.

Ein Blick auf die Zusammenstellung zeigt, daß auf manchen Hochschulen, selbst ohne Unterstützung von seiten des Senates, Turnen und Spielen eifrig gepflegt wird, während auf anderen wiederum die Verhältnisse noch sehr im Argen liegen, wofür „Gießen" wohl das traurigste Beispiel ist. Ist es eigentlich nicht verwunderlich, wenn an den Bildungsstätten des Geistes noch so wenig dafür gesorgt wird, daß auch der Körper zu seinem Recht kommt, daß auch ihm Gelegenheit geboten wird, sich zu bilden? Wir wollen nicht verkennen, daß in den letzten Jahren auch auf diesem Gebiete schon vieles besser geworden ist, nicht zum wenigsten durch das Eingreifen des Zentral-Ausschusses, seitdem er mit Eifer und Geschick auf einzelnen Hochschulen Spielkurse abgehalten hat (vergl. Statistik Kolonne 29). Ich erinnere an jenen flammenden Aufruf des Zentral-Ausschusses an die deutsche Studentenschaft (Jahrb. IV, 316) und den denkwürdigen Erlaß vom 5. Februar 1895 von Sr. Excellenz dem Herrn Minister Dr. Bosse an die Rektoren der Universitäten betreffs der Spielkurse (Jahrb. V, 150). Auch das war ein guter Schritt vorwärts, als für die Hebung der Leibesübungen an den Hochschulen 15000 Mark in den Etat des preußischen Abgeordnetenhauses für 1896/97 eingestellt wurden (Zeitschrift für Turnen und Jugendspiel IV, 352). Aber wir sehen, daß die Träger des Turnens und Spielens die akademischen Turnvereine sind, und daß außer diesen nur wenige Studenten die Körperpflege betreiben, wenn ich das Fechten der schlagenden Korporationen außer acht lasse. Daß jene aber ihre Aufgabe mit ganzem Ernst erfaßt und gute Früchte gezeitigt haben, ist in diesem Buche von berufener Seite früher mehrfach ausgesprochen und anerkannt worden.

Zum besseren Verständnis halte ich es für notwendig, hier eine kurze Skizze von der Entstehung und Entwicklung der jetzt bestehenden beiden großen Turnverbände zu entwerfen, indem ich im übrigen auf die Litteratur verweise, und zwar besonders auf den trefflichen, ausführlichen Aufsatz von Herrn Oberlehrer Dunker-Hadersleben in der Zeitschrift für Turnen und Jugendspiel, Jahrg. V, 33 u. 50, dem in der Hauptsache nur die Ereignisse der beiden letzten Jahre nachzutragen sind.

Es ist bekannt, daß zu Anfang des Jahrhunderts die Burschenschaften mit großem Eifer körperliche Übungen getrieben haben, und daß mit ihrer Unterdrückung auch die Turnsache immer mehr in Abgang gekommen und das Interesse für dieselbe allmählich vollkommen verloren gegangen ist. Seit dem Jahre 1860 kann man eigentlich erst wieder von dem Aufleben der Turnerei auf den Universitäten sprechen, und das Jahr 1872 — die Gründung des Kartellverbandes akademischer Turnvereine —, sowie das Jahr 1883 — die Trennung des Kartellverbandes in die beiden gegenwärtig bestehenden Turnverbände — sind zwei bedeutende Daten in der Entwicklungsgeschichte des akademischen Turnens. Diese beiden Verbände, der akademische Turnbund (A. T. B.-Verband nicht farbentragender akadem. Turnvereine) und der Vertreter-Konvent (V. C.-Verband der farbentragenden akadem. Turnerschaften), haben das Erbe der Burschenschaften angetreten und bewahren es getreulich. Auf den meisten Universitäten und technischen Hochschulen haben diese Verbände ihre Zweigvereine, und zwar umfaßt der A. T. B. 23 Vereine, während der V. C. bereits deren 32 hat. Ausführliche Angaben finden sich im „Handbuch des A. T. B." und im „Vademecum für den deutschen V. C.-Studenten"; beide Bücher erscheinen im Verlag von Hoffmann, Leipzig-Reudnitz. Die regelmäßig herausgegebenen Zeitschriften sind für den A. T. B. die akademischen Turnbundsblätter, Kuntze-Berlin, und für den V. C. die akademische Turnzeitung, Hoffmann-Leipzig. Vgl. auch Dr. Brendicke, Bilder aus der Geschichte der Leibesübungen, Leipzig, Reclam, S. 137 und folgende.

Wenn nun auch beide Turnverbände dasselbe Prinzip haben, so unterscheiden sie sich doch wesentlich dadurch, daß der A. T. B. seine ganze Kraft dem Turnen widmet, wogegen der V. C. infolge seiner Bestimmungsmensuren auf das Fechten großes Gewicht legen und viel Zeit verwenden muß. Dazu kommt, daß der A. T. B. Mitglied der

Deutschen Turnerschaft ist und mit ihr gemeinsam an der Ausbreitung der edlen Turnsache arbeitet, während das Verhältnis des V. C. zur Turnerschaft noch nicht endgültig geregelt ist. Daß der A. T. B. sich auf kleinen und großen Turnfesten stets rege beteiligt, das beweisen die Siegespreise, welche die Wetturner sich errungen, davon zeugen die Urkunden, welche die Musterriegen heimgebracht haben. Ich erinnere auch an das ehrende Zeugnis von Herrn Prof. Küchenmeister, welcher in seiner Ansprache beim ersten Turnfest des A. T. B. in Arnstadt im Jahre 1893 hervorhob, daß „die Leistungen des A. T. B. sich denen der Deutschen Turnerschaft ebenbürtig anreihen" (Zeitschrift f. T. u. J. II, 190). Natürlich war der A. T. B. auch auf dem letzten deutschen Turnfest in Hamburg vertreten. Hier zeigte er als Sondervorführung mit einer Abteilung von 92 Mann zum erstenmal das Säbelschulfechten in tadelloser und exakter Weise, stellte zum allgemeinen Riegenturnen an den Geräten 14 Riegen und führte außerdem Turnspiele vor (Festzeitung für das IX. Deutsche Turnfest S. 139, Oberlehrer Heinrich). Turnen und Spielen wird gleichmäßig von den akademischen Turnvereinen betrieben, und daß beide Verbände Tüchtiges leisten, haben sie wiederum im Jahre 1897 auf ihren Turnfesten bewiesen (Jahrb. VII, 174 und 181; Zeitschrift VI, 192 und 214). Es ist gewiß eine erfreuliche Thatsache, daß bereits 55 akademische Korporationen das Turnprinzip auf ihre Fahne geschrieben haben; aber immerhin bilden sie nur einen verschwindend kleinen Teil der Gesamtheit der Studentenschaft, und es ist zu wünschen, daß das Wort Sr. Königl Hoheit des Prinzen Rupprecht von Bayern auf dem zweiten Turnfest des A. T. B. immer mehr sich erfülle, „es möge eine möglichst große Zahl Akademiker zu solchen Verbänden sich scharen".

Die Statistik zeigt, daß auch andere Korporationen anfangen, sich der hohen nationalen Bedeutung der Körperpflege wieder bewußt zu werden, denn es haben einige Burschenschaften bereits das Turnen wieder aufgenommen, und an einzelnen Universitäten turnen und spielen der V. D. St. (Verein deutscher Studenten) und die evang.-christl. Verbindung Wingolf, sowie einige meist wissenschaftliche Vereine; aber es wird noch lange dauern, bis die Pflege der Leibesübungen Gemeingut des deutschen Studenten geworden ist. Gewiß hat Angelo Mosso recht, wenn er behauptet, „daß die akademische Jugend in ihrem eigenen Interesse handeln würde, wollte sie die verflachende und versumpfende Leidenschaft für Kaffeehaus und Kneipe aufgeben und ihr Vergnügen in ähnlichen Spielen im Freien wie ihre Studiengenossen in Oxford und Cambridge suchen" (Zeitschrift III, 357); aber solange die Forderung von Prof. Baumann in seinem Buche über „Volksschulen, höhere Schulen und Universitäten" nicht in Erfüllung gegangen ist, „daß bei jeder Universität in Zukunft große und schattige und je nach Bedarf auch sonnige Plätze für Turnen und körperliche Spiele vorhanden sein sollen," solange, sage ich, nicht der Staat und die Universität in gleicher Weise wie für die Bildung des Geistes auch für die Ausbildung des Körpers Mittel und Wege schaffen, solange wird das erhoffte Ziel in weiter Ferne stehen.

„Wir müssen fortfahren, der akademischen Jugend neue Ziele zu stecken und in ihr die Freude an der Entwicklung ihrer körperlichen Kräfte zu erwecken," schreibt von Goßler an Wickenhagen (Zeitschrift V, 304). Der Zentral-Ausschuß will sich dieser Aufgabe in dankenswerter Weise unterziehen, und wir wollen hoffen, daß seine Bemühungen den gebührenden Erfolg haben werden.

Gut Heil seinen Bestrebungen zum Wohle der Studentenschaft und zum Besten des Vaterlandes!

---

4. Die Spiele auf dem IX. deutschen Turnfest in Hamburg.

Von J. Sparbier, Hamburg-Eimsbüttel.

Wenn es noch einer Rechtfertigung für die Thätigkeit des Zentral-Ausschusses bedurft hätte, so wäre sie ihm im verflossenen Jahre beim IX. deutschen Turnfeste zu Hamburg geworden; nicht allein, daß die Spiele hier einen bedeutenden Teil der turnerischen Leistungen ausmachten, sondern sie standen auch im Brennpunkte des Interesses und bildeten neben den allgemeinen Stabübungen, dem Frauen- und Knabenturnen der Vereine und Schulen zugleich einen wichtigen finanziellen Faktor. Noch ein anderes konnte erfreulich begrüßt werden: verschwunden war bis auf eine Ausnahme der alte Hang der Turnvereine, Kleinkinderspiele vorzuführen; was gezeigt wurde, fast immer in Form eines Wettspieles, ließ erkennen, daß in den meisten Vereinen die bessern und schwierigeren Spiele mit Eifer und Erfolg gepflegt worden waren, sodaß man nicht mit Unrecht das IX. Turnfest als einen Markstein in der Geschichte des deutschen Spielbetriebes bezeichnen dürfte, der unverrückbar feststeht.

Schon die Zahl der Spielpartieen wirkt imponierend. Angemeldet waren 14 Fußball-, 34 Faustball-, 10 Schlagball-, 14 Schleuderball-

und 8 Barlaufmannschaften. Außerdem wurden noch 5 andere Spiele vorgeführt, nämlich Harpastum, Stoßball, Tamburinball, Klootschießen und Kurnik. Einige der sonst noch verabredeten Partieen sind nicht zu stande gekommen, doch wurde dieser Ausfall durch einige Spiele, die sich noch nachträglich entwickelten, mehr als ausgeglichen. Nach einer ungefähren Berechnung haben an den Spielen insgesamt 700 Turner und Turnerinnen teilgenommen, eine Zahl, die man nur dann richtig beurteilen wird, wenn man bedenkt, daß die Spielvorführungen in Beziehung auf die Zahl der Teilnehmer ungefähr mit dem Turnen der Musterriegen auf gleiche Stufe zu stellen sind.

Als Regeln für die Spiele waren ganz allgemein die vom technischen Ausschuß herausgegebenen angenommen worden; Uneinigkeiten ergaben sich, dank den Vorarbeiten des Spielausschusses, nur in wenigen Fällen; die Geräte (24 Fußbälle, 28 Schleuderbälle, 24 Schlagbälle, eine entsprechende Zahl von Schlaghölzern, Fußballmalen, Grenzfähnchen u. s. w) waren fast alle neu; die Beschaffenheit des Bodens und die Anlage der Spielplätze fanden allgemeinen Beifall. Es waren zwei Fußball- und zwei Faustballplätze, ein Barlauf- und ein Schlagballplatz vorhanden; außerdem waren noch eine Schleuderballbahn und eine Stafettenlaufbahn eingerichtet worden. Leider konnte die letzte nicht in ihrer ganzen Länge auf Rasen angelegt werden.

Die Vorbereitung der Spiele hatte zum erstenmal bei einem deutschen Turnfeste in den Händen eines gesonderten Spielausschusses gelegen, dem folgende Herren angehörten: Dr. Schnell als Vorsitzender, J. Sparbier als Schriftführer, Dir. Dr. Reinmüller, E. Fischer, Abel, O. Landau, H. Flügge und W. Rönn. Für die Beurteilung der Spiele hatte dieser Ausschuß sich der Hilfe einer größern Zahl Herren aus den verschiedensten Städten Deutschlands versichert, die mit den ihnen zugewiesenen Spielen durchaus vertraut waren. Zu Schiedsrichtern waren besonders Vereinsmitglieder der Feststadt erwählt worden. Der unermüdlichen Thätigkeit aller Erwähnten ist es zuzuschreiben, daß ein so großer Apparat ohne jede merkbare Störung funktionierte. Der Kostenaufwand für die Spiele betrug etwa 800 Mark, 300 Mark mehr, als vorgesehen war; wenn man aber den geringen Besuch des Festes in der Vorwoche, als keine Spiele, sondern nur die rein turnerischen Vorführungen der Hamburg-Altonaer Vereine und Schulen stattfanden, mit dem Andrang des Publikums an den eigentlichen Festtagen, besonders zu den Spielen, die stets von Tausenden umlagert waren, vergleicht, so wird man sagen müssen, daß diese Ausgaben wohl angewendet waren.

Die antretenden Mannschaften sollten nach ihrem Verhalten, der Beachtung der Regeln, der Spieltüchtigkeit der Einzelnen und dem Zusammenspiel mit je 1—5 Punkten gewertet werden, damit ähnlich wie bei Musterriegen ein Vergleich solcher Mannschaften zu machen sei, die nicht gegeneinander im Wettspiele gestanden hatten. Wie bei jedem ersten Versuche, ergaben sich auch bei diesem erstmaligen Unternehmen einer Wertung der Spiele Unebenheiten; besonders sei betont, daß die vier Rubriken einander nicht gleichwertig sind; die letzten beiden sind die wichtigsten, in denen sich schwächere Mannschaften und bessere scharf unterscheiden; diese traten bei der Wertung nicht deutlich genug hervor.

Störend wirkte bei den ersten Spielen der Andrang des Publikums; besonders das Schlagballspiel konnte sich nicht recht entwickeln, wozu auch noch die Nähe der erst später angelegten 200 m Laufbahn beitrug; erst im Laufe des Festes lernten die Schaulustigen den das Spielfeld begrenzenden Kreidestrich respektieren.

Der Zahl der Partieen nach trat das Faustballspiel am stärksten hervor; seine Ausführung litt besonders an den ersten beiden Festtagen unter dem herrschenden Winde. Die höchste Punktzahl erreichten in der zur Verfügung stehenden einhalbstündigen Spielzeit die Damen des Altonaer Turnvereins, die die Damenabteilung der Hamburger Turnerschaft von 1816 mit 88 gegen 85 schlugen; darauf die Mannschaft des Turnvereins Gelsenkirchen, die ihre Gegner, eine Mannschaft des Hamburg-Eimsbütteler Turnvereins, mit 79 : 64 besiegte, und drittens die Turnerschaft von 1816, die gegen den Leipziger Allgemeinen Turnverein mit 72 : 54 gewann. Die Wertung des Spieles durch die Kampfrichter ist im allgemeinen günstiger als bei anderen Spielen, was wohl dem Umstande zuzuschreiben ist, daß Faustball leichter gut zu spielen ist als eins der andern Ballspiele; zudem war Päppeln beliebig oft gestattet, wodurch das Spiel an Schwierigkeit abnimmt; eine Partie ohne Päppeln wurde leider nicht vorgeführt. Der Merkwürdigkeit wegen sei erwähnt, daß bei dem Wettspiel der Damen gegeneinander eine Dame als Schiedsrichterin fungierte, wohl das erste Mal auf einem Turnfest.

Das Fußballspiel wurde in einer größeren Zahl von Partieen gezeigt; leider konnte keine der besseren Spielmannschaften ihr volles Können entfalten, weil sich bei allen Wettspielen, mit Ausnahme desjenigen zwischen Mittweida und „Jahn"-Magdeburg, das mit 1 : 1 Mal unentschieden blieb, zu ungleiche Gegner gegenüberstanden. Der Zahl der gewonnenen Male nach stehen die Münchener voran, die den

Dresdener Turnverein mit 17 : 1 schlugen, deren Spieltüchtigkeit und Zusammenspiel aber trotzdem von den Kampfrichtern nur mit je 3 Punkten gewertet worden ist, woraus wohl schon hervorgeht, daß auch sie den besten Mannschaften, die man sah, den Altonaern, Eimsbüttlern und Leipzigern, nicht gewachsen waren. Am besten gewertet sind die Spiele der Altonaer und der Leipziger mit je 5 Punkten, während den Eimsbüttlern in Spieltüchtigkeit und Zusammenspiel 4½ Punkte zuerkannt wurden. Besonders vermißte der Berichterstatter bei den meisten Mannschaften die Schnelligkeit und kurze Entschlossenheit während des Spieles; am wenigsten befriedigend war bei ihnen das Stürmerspiel, vor allem in der Nähe des feindlichen Thores; einige Mannschaften ließen erkennen, daß sie noch in den Anfangsgründen der Technik steckten. Als das interessanteste Spiel ist wohl die Partie Altona gegen Wien zu bezeichnen; die Hintermannschaft der Wiener, die vorzüglich spielte, wurde leider durch die Stürmerreihe zu wenig entlastet, sodaß selbst der vorzügliche Thorwächter die Niederlage von 6 : 0 nicht abwenden konnte.

Das Schlagballspiel ohne Einschenker bot nur eine wirklich interessante Partie, das Spiel zwischen Leipzig und Eimsbüttel, bei dem sich zwei ungefähr gleich starke, tüchtige Gegner getroffen hatten; die Leipziger siegten mit 77 gegen 62 Punkte. Der Andrang des Publikums war gerade bei dieser Partie ein so außerordentlich starker, daß dadurch das Spiel wesentlich beeinträchtigt wurde. Es muß bei wichtigen Schlagballspielen künftig ein Raum von der Größe eines Fußballplatzes freigehalten werden, damit der durch kräftige Schläge über das Mal hinausbeförderte Ball nicht unter dem Publikum verschwindet. Der Schiedsrichter half sich beim Turnfest in solchen Fällen, daß er durch den Ausruf: Ball verloren! das Spiel zum Stehen brachte, was aber immer eine Schädigung der schlagenden Partei bedeutet. Die Altonaer hatten einen leichten Kampf gegen die Haberslebener, die sie mit 126 : 19 besiegten.

Beim Schlagballspiel mit Einschenker zeichneten sich die Berliner Studenten durch außerordentlich sicheres Schlagen aus, was bei den Partieen, die nach den Schnell'schen Regeln spielten, nicht so durchgehend der Fall war. Doch haben die Regeln dieses Spieles den Kampfrichtern nicht zugesagt, sie fanden die Spieler zu wenig beschäftigt; auch nach dem Urteil der Zuschauer ist das Spiel ohne Einschenker vorzuziehen.

Hübsch wurde Barlauf gespielt; das darf nicht wunder nehmen, da es in der „guten alten Zeit" des Turnens das einzige turnerische

Spiel war, das Feinheiten aufzuweisen hatte. Von den Vereinen, die die feineren Ballspiele pflegen, hatte kaum einer ein Barlaufspiel angemeldet, ein deutliches Zeichen, wo das Bessere zu suchen ist. Mit 5 Punkten ist nur das Spiel des Akademischen Turnvereins Berlin gewertet worden. Angenehm berührt es, daß die Parteien sich nicht auf das bei Barlaufspielen gebräuchliche „Lauern" gelegt haben, sondern frisch und energisch gelaufen sind; dafür zeugen die Resultate: Hamburg siegte gegen die Berliner Turnerschaft mit 8 : 4, der Askanische Turnverein Berlin gegen die Akademischen Turnvereine Berlin mit 3 : 1.

Beim Schleuderballspiel, das auffälligerweise nur mit 7 Wettspielen vertreten war, zeigte sich die alte Unsitte, daß einer aus der Mannschaft den Kampf durch Abfangen der feindlichen Bälle ganz an sich riß, sodaß von einem Spiele der Parteien gegeneinander keine Rede mehr sein konnte. Mit 5 Punkten ist darum in den auf das Spielen sich beziehenden Rubriken kein Verein gewertet worden.

Das Tamburinballspiel wurde durch Hamburger Damen des St. Pauli-Turnvereins und durch Mitglieder eines akademischen Turnvereins gezeigt; mit besonderen Erwartungen hatte man dem von den Friesen in der Weise des Schleuderballspieles vorgeführten Klootschießen und dem von den Königsbergern gezeigten Kurnik entgegengesehen.

Vom Spielausschuß war ferner auf Anregung des Altonaer und des Hamburg-Eimsbütteler Turnvereins ein Stafettenlaufen mit Fahne über 500 m mit je 5 Läufern veranstaltet worden, gleichfalls eine Erstlingsvorführung auf deutschen Turnfesten, die aber die Feuerprobe der öffentlichen Kritik so glänzend bestanden hat, daß sie wohl bald wieder wird unternommen werden. Es siegten die Altonaer in 61", die Eimsbüttler wurden Zweite in 61³/₅". Vorzüglich liefen ebenfalls die Münchener, die leider das Unglück hatten, ihre Fahne beim Wechsel zu Boden fallen zu lassen, welche Verzögerung sie nicht wieder einholen konnten.

Lobend ist die rege Beteiligung der akademischen Turnvereine an den Spielen hervorzuheben; besonders möchte ich außer den schon genannten noch die Bonner „Suevia" erwähnen, die mir durch ihren hervorragenden Eifer aufgefallen ist; im übrigen sei hier auf den eingehenden Sonderbericht über die Spiele der akademischen Turnvereine verwiesen.

Mit großem Interesse wurde den Wettspielen entgegengesehen, die von den Hamburger und Altonaer Schulen gegeneinander am letzten Festtage ausgefochten werden sollten; leider war der Platz infolge der voraufgegangenen Eisenstabübungen der Schüler und des Mangels an Ordnungsmannschaften so stark von Zuschauern besetzt, daß es unmöglich war, ihn für die Zwecke der Spiele zu säubern. Deshalb mußten die Wettspiele ausfallen, zum großen Bedauern der Jungen, die zum Teil aus ihren Ferienaufenthalten zurückgekehrt waren, um ihre Schule ehrenvoll zu vertreten; nur wenigen Partieen war es gelungen, ein Winkelchen frei zu machen, wo sie spielen konnten.

Erfreulich war das Verhalten der Spieler während des Festes; von einem Sichgehenlassen gegenüber einem schwächern Gegner oder gar von Roheiten beim Fußballspiel war keine Spur; man merkte überall die stramme turnerische Erziehung; auch von einer den Fußballspielern so oft zum Vorwurf gemachten Ausländerei war hier nichts zu merken; fast bei allen Mannschaften ist das Verhalten mit 5 Punkten gewertet worden. Auch zeigten sich die Spieler mit den Regeln genau bekannt bis auf ganz wenige Fälle, sodaß die Kampfrichter auch in dieser Rubrik fast immer 5 Punkte zuerkannten.

Wenn man aus dem Interesse, das sich während des Turnfestes für die Spiele zeigte, einen Schluß ziehen darf auf die Nachwirkung des gegebenen Beispiels, so muß man dem IX. deutschen Turnfeste eine bedeutende Werbekraft für die Sache des Turnspieles zusprechen; das Interesse der Turner wird vor allem auf die feineren Ballspiele hingelenkt worden sein, die ihnen hier zum Teil in mustergültiger Weise gezeigt worden sind.

---

5. Über den Stand der Spiele an den preußischen Lehrer= und Lehrerinnenseminaren*).

Von Schulrat Prof. Dr. Euler, Berlin.

Als Herr von Schenckendorff im Dezember vorigen Jahres mich aufforderte, das Referat „über den Stand der Spiele an den preußischen Lehrer- und Lehrerinnenseminaren" zu übernehmen, gab ich in Anbetracht meines ungünstigen Gesundheitszustandes und auch anderer Arbeiten eine ablehnende Antwort. Da sah ich mich in dem Rundschreiben vom 28. Dezember bereits als Referent bezeichnet! Was nun beginnen? Soll ich den verehrten Freund

*) Bericht in der Sitzung des Zentral-Ausschusses zu Berlin am 15. Januar 1899. Nach der stenographischen Aufnahme.

im Stich lassen? Rasch entschloß ich mich, nahm das „Statistische Jahrbuch der höheren Schulen Deutschlands" zur Hand und zählte und zählte: 125 Lehrer- und Lehrerinnenseminare in Preußen! Wie von diesen allen in so kurzer Zeit den nötigen Stoff erlangen? Na, es half nichts; ich beriet mit meinem Kollegen Edler die aufzustellenden Fragen, setzte ein autographiertes Rundschreiben an sämtliche Seminare auf — das würde man, hoffte ich, eher lesen als ein gedrucktes, ich weiß ja aus eigener Erfahrung, wie leicht solches in den Papierkorb wandert! — und sandte unter dem 3. Januar die Schreiben ab.

Der Erfolg meines Schreibens war mir selbst überraschend. Schon in den nächsten Tagen erhielt ich Antworten; die letzte am 12. Dezember — es war die 110.! Also von 125 Seminaren haben 110 mir die Antwort zukommen lassen! Das hat mich wirklich außerordentlich gefreut. Unter den Herren und Damen, die geantwortet haben, war allerdings eine große Zahl früherer Schüler und Schülerinnen. Ich darf aber auch sagen, daß, um möglichst rasch die Antwort zu geben, eine nicht geringe Anzahl Direktoren selbst die Fragen beantwortet haben. So ist mir in der That eine urteilsfähige Einsicht in die einschlägigen Verhältnisse an unseren preußischen Seminaren geworden.

Unter den 125 Seminaren sind 78 evangelische, 35 katholische, 4 paritätische Lehrer- und 4 evangelische, 3 katholische Lehrerinnenseminare und 1 paritätisches Lehrerinnenseminar. Auch an die Lehrerinnenseminare habe ich die Fragen gerichtet, genau so wie bei Lehrerseminaren und keinen Unterschied gemacht. Auch sie haben sämtlich ausführlich geantwortet.

Die gestellten Fragen lauteten:

1. Wird am Seminar in besonderen und in wie vielen Stunden gespielt?
2. Wer leitet die Spiele?
3. Wo wird gespielt?
4. Welche Spiele werden besonders gepflegt?
5. Welche Spielgeräte sind vorhanden?
6. Wer leitet die Spiele der Seminarschüler, bezw. -schülerinnen?
7. Wird in besonderen Stunden mit den Seminarschülern, bezw. -schülerinnen gespielt? oder etwa nur in den Schulpausen?

1. Wird in den Seminaren in besonderen und wie vielen Stunden gespielt? Die Frage bezieht sich selbstverständlich nur auf die Seminaristen und Seminaristinnen. Eine genaue, ins einzelne gehende Statistik würde einen zu großen Raum einnehmen, ist auch nicht nötig. Es genüge die Angabe, daß an 39 Semi-

naren besondere Spielstunden angesetzt sind, an 66, so wird ausdrücklich bemerkt, wird das Spiel mit dem Turnen in Beziehung gebracht — zum größeren Teil nur mit dem Turnen verbunden. Zum Teil bestehen aber auch noch besondere Spielstunden außer den Turnstunden. Auch ist bei manchen Seminaren die Einrichtung getroffen, daß nach jeder dritten Turnstunde eine Spielstunde folgt. Von einem ostpreußischen Seminar wird angegeben, daß im Winter Dauermärsche gemacht werden.

Die besonderen Stunden liegen, wie zu betonen ist, außerhalb der übrigen Unterrichtszeit, meist in den Abendstunden. Es giebt aber auch an nicht wenigen Seminaren Spielstunden, deren Besuch ein freiwilliger ist. Es sind dazu mit Vorliebe die Abendstunden gewählt, an wenigen Seminaren auch die Zeit vor dem Nachmittagsunterricht. Selbstverständlich werden auch die freien Nachmittage Mittwochs und Sonnabends zum Spiel benutzt.

Von einer Anzahl von Seminaren wird berichtet, daß in den Turnstunden Spiele nur eingeübt werden, um in den freien Spielstunden, besonders bei den Seminarschülern und -schülerinnen verwandt zu werden. Es gilt dies besonders von den Spielen des amtlichen Leitfadens.

In einzelnen Seminaren muß in der Bade- und Schwimmzeit das Spiel gegen das Schwimmen zurücktreten. An einem Seminar wird bemerkt, daß nach dem Schwimmen auf dem Rückwege gern gespielt werde.

Besondere Turn- und Spielvereine von Seminaristen giebt es nur wenige; gegründete pflegen sich nicht lange zu erhalten. Nur bei den Seminaren zu Eckernförde, Ratzeburg und Tondern werden Seminaristen-Turn- bezw. -Spielvereine erwähnt. In Hadersleben sind in einem Turnverein die Seminaristen vorzugsweise die aktiven Turner.

Es bilden sich aber auch Spielgruppen einzelner Klassen. Auch kommt es vor, daß Wettspiele zwischen zwei Seminarklassen veranstaltet werden.

2. Wer leitet die Spiele der Seminaristen? In 82 Fragebogen werden die Turnlehrer, bezw. Turnlehrerinnen als Spielleiter, bezw. Spielleiterinnen ausdrücklich erwähnt. In anderen Fragebogen werden aber auch andere Lehrer als Spielleiter bezeichnet, wohl auch der Direktor; auch Seminaristen werden als Spielleiter erwähnt, mit der Bemerkung, daß diese zuvor eine sorgfältige Anleitung zum Spiele erhalten hatten. Auch führen die Turnlehrer oder andere

Lehrer, wohl auch der Direktor durch zeitweisen Besuch des Spieles eine gewisse Aufsicht. Selbstverständlich üben die Turnlehrer und -lehrerinnen je nach ihrer Befähigung und Kenntnis der Spiele, auch durch ihre Stellung zu den Seminaristen, bezw. Seminaristinnen einen großen Einfluß auf das Spielleben aus. Gehen dabei Direktor und Lehrer Hand in Hand, dann steht die Sache um so besser.

3. Wo wird gespielt? Hier zeigen sich offenbare Mängel. Nicht wenige Turnlehrer und Direktoren klagen, daß der Turnplatz, der zugleich als Spielplatz dient, zu klein und zu beengt sei, daß sich infolgedessen die Spiele nicht genug entwickeln könnten, insbesondere betreffe dies die Ballspiele. Die Turnhallen bieten im Winter einen nur geringen Ersatz. Wo die räumlichen Verhältnisse aber günstig sind, wo der Turnplatz oder Spielhof große Flächen bietet, da sind Spiellust und Spieleifer groß. Einzelne Seminare haben besondere Spielplätze, zum Teil innerhalb des schönen Seminarparkes. Ich habe selbst eine Anzahl solcher Seminare kennen gelernt. Da ist es eine Freude, das Spiel mit anzusehen und die Spiellust der Seminaristen, der Schüler und Schülerinnen, zu beobachten. Auch sind bei manchen Seminaren freie Plätze in der Nähe, auf denen gespielt werden darf. Ebenso benutzen zwei Seminare den Exerzierplatz der Garnison.

In Ostpreußen erfreuen sich 5 Seminare eigener Plätze, in Westpreußen 2, in Brandenburg 5, in Pommern 1, in Posen 3, in Schlesien 6, in Sachsen 2, in Schleswig-Holstein 2, in Hannover 3, in Westfalen 4, in Hessen-Nassau 4, im Rheinlande 8, also im ganzen 45 Seminare.

4. Welche Spiele werden besonders gepflegt? Einen festen Anhalt bietet seit dem Jahre 1895 der „Amtliche Leitfaden für den Turnunterricht in den Preußischen Volksschulen“. Ich muß das besonders betonen. Ich glaube, es ist ein glücklicher Griff, daß der Leitfaden, wie auch früher, aber jetzt etwas erweitert, die Turnspiele mit aufgenommen hat, sie haben sich jetzt schon gewissermaßen als ein Kanon herausgebildet. Viele schreiben in den Fragebogen „Leitfaden“, ohne sich deshalb auf ihn zu beschränken. Es wird eine große Zahl von Spielen angeführt, die über den Leitfaden hinausgehen. Aber letzterer bietet ihnen eine Grundlage, und besonders für das Spielen der Seminarschüler und -schülerinnen, auf das, ich darf sagen an allen Seminaren, ein entschiedener Wert gelegt wird; die Seminaristen und Seminaristinnen werden dazu in den meisten Fällen sorgfältig vorgebildet.

Außer dem „Leitfaden" habe ich nur drei andere Bücher erwähnt gefunden: dreimal Kohlrausch und Martens, einmal Eitner, einmal Bwschinsky, „Theorie und Praxis des Turnwesens" und einmal einfach „Übungsstoff des Zentral-Ausschusses".

Ein Hauptspiel ist und bleibt der Barlauf.

Ein zweites Hauptspiel ist der Schlagball, und zwar, wie zumeist bemerkt wird, „deutscher Schlagball". Als weitere Spiele werden angeführt: Schleuderball, Fußball — letzteres hängt natürlich mit der Spielräumlichkeit zusammen; z. B. in Herdecke in Westfalen ist ein wunderbar schöner freier Platz, ein Weideplatz, und da wird der „Fußball" von den Seminaristen eifrig gespielt. Über Verletzungen beim Fußball wurde aus Oranienburg geklagt und deshalb das Spiel dort untersagt. Ferner wird gespielt: Stehball, Kreisball, „Mordball", Stafettenlauf, englisches Jagdspiel, Fuchs aus dem Loch, Räuber und Gendarm (Ritter und Bürger). Weitere Spiele, die auch von den Turnlehrerinnen mit den Seminaristinnen gespielt werden, sind Lawn Tennis, Croquet und Cricket — das kommt häufig vor —, dann auch Boccia, Tamburinspiel — leider nur bei einem Seminar; hoffentlich wird es bald häufiger —, dann Kegelspiel, Reifenwerfen, Ruhespiele, Singspiele. Selbst Ringkämpfe werden zu den Spielen gerechnet, ebenso die volkstümlichen Übungen, wie Steinstoßen, Speerwerfen, Diskuswerfen, Weitsprung, Stabspringen, auch Wettlauf und Dauerlauf werden genannt, ja selbst das Kegeln.

5. Welche Spielgeräte sind vorhanden? Bei dieser Frage kann ich näheres nicht sagen; denn es heißt immer: „Die dazu gehörigen Geräte". Besonders erwähnt werden „Bälle" ohne weitere Erklärung.

6. Wer leitet die Spiele der Seminarschüler, bezw. -schülerinnen? Fast ohne Ausnahme sind es die Lehrseminaristen, bezw. Seminaristinnen, die von dem Turnlehrer, bezw. der Turnlehrerin mit den Spielen vertraut gemacht sind, besonders in den Turnstunden der ersten Seminarklassen. Es wird ein bestimmter Spielplan aufgestellt.

An diesen Spielen beteiligen sich auch wohl die übrigen Seminaristen, indem sie mitspielen. Ich habe das selbst in Seminaren gesehen.

7. Zu Frage 7. Das Spiel geschieht zumeist in den Schulpausen, und einzelne Seminare haben deswegen diese Pausen möglichst lang ausgedehnt, einige sogar bis zu einer halben Stunde, damit das Spiel zur rechten Geltung komme, auch bei den Schülerinnen. Außerdem

wird bei den Knaben vielfach auch die Turnstunde mit zum Spielen benutzt, und von den Seminarschülerinnen an Lehrerseminaren wird ausdrücklich gesagt, daß, wenn sie auch nicht turnen, wenigstens von ihnen gespielt wird, zumal in den Schulpausen.

In der Unterstufe der Schüler wird zumeist zweimal in der Woche gespielt. Es wird auch erwähnt, daß die Spiele bei festlichen Gelegenheiten zur großen Freude der Zuschauenden vorgeführt werden.

Der Inhalt der Antworten besonders von solchen Männern, die die Sache weiter ausgeführt haben, giebt ein nicht unerfreuliches Bild von der Stellung des Spiels an unseren preußischen Seminaren. Ich muß gestehen: ich hatte so viel nicht erwartet. Bei allen Seminaren — wenigstens den erwähnten 110 — wird gespielt. Der Eifer, mit dem dies geschieht, hängt zum Teil vom Direktor ab. Je nachdem dieser ein größeres oder geringeres Interesse dafür hat, wird auch das Spiel mehr oder weniger betont. Auch der Spielplatz ist mitbestimmend. Ein Direktor ist nicht für das Spiel in den Zwischenpausen. Andere klagen darüber, daß die Überlastung der Seminaristen mit Unterrichtsstoff in den oberen Klassen das Spiel beeinträchtige. Doch wird auch anerkannt, daß das Spiel das richtige Gegengewicht bilde gegen die Geistesarbeit.

M. H., ich könnte noch vieles sagen; ich will das aber jetzt unterdrücken.

Vielleicht darf ich Ihnen aus einer im Norden gelegenen Provinz den Inhalt des Briefes eines Seminardirektors mitteilen, der sich an die Beantwortung des Fragebogens anschließt. Dem Brief entnehme ich folgendes:

„Bei uns wird im Sommer jeden Tag abends von 6 bis 7 Uhr, wo die Seminaristen „frei im Hause“ haben, gespielt. In den Zimmern darf niemand bleiben. Die Seminaristen dürfen jedoch nach Wahl im Park spazieren gehen oder spielen. Ich selbst, noch ein jüngerer, rüstiger, auch turnerisch gewandter Mann, spiele stets mit, ohne daß je der Respekt auch nur im mindesten gelitten hätte. Wenigstens bin ich zur Leitung anwesend. Es wird auf dem Turnplatz oder den Rasenflächen des Parks gespielt. Auch ist der Exerzierplatz der Garnison von dem Kommandeur uns zur Verfügung gestellt. — Bei den monatlichen größeren Spaziergängen (wenigstens 20 km im ganzen), die nur im Winter bei tiefem Schnee und sehr ungünstiger Witterung ausfallen, werden mitunter in Wald und Flur größere Kriegsspiele abgehalten. Bevorzugt werden sonst das Barlaufspiel und das Königsschneiden(?); besonders gern und passioniert das erstere. Ich halte es auch für das schönste und spiele fast immer mit. Auch „Urbär“ kommt gelegentlich an die Reihe. Sehr beliebt sind auch die Ballspiele, besonders deutscher Schlagball und Wurfball. Jedoch wird auch Sauball und Eckball gespielt. Zum Fußball fehlt uns der Raum. Von den 90 Seminaristen beteiligen sich regelmäßig etwa 45 täglich. Wir spielen klassenweise, in mehreren Parteien, eine oder zwei auf dem Turnplatz und eine oder auch zwei im daranstoßenden Park. Mitunter beteiligt sich auch der Seminarmusiklehrer am Spielen, die älteren Herren sehen sehr oft zu. An Spielgeräten sind vorhanden ein Satz Schlagbälle, ebenso Wurfblätter mit entsprechenden Schlaghölzern, ebenso Treibbälle. Ein Croquetspiel kann man wohl kaum hier anführen. Ich bin auch viel mehr für die wilderen Laufspiele als diese zahme Beschäftigung. Ferner sind Seile verschiedener Art vorhanden; sonst — nichts. Sie sehen, sehr wenig. Überhaupt ist ja unsere stoffliche Überbelastung viel zu groß, als daß wir energisch für den Körper etwas thun könnten. — In der ersten Zeit meiner Direktoratsthätigkeit mußte ich mit aller Energie auftreten, um die Zöglinge zur Bewegung im Freien *außerhalb der Turnstunden* zu bekommen. Jetzt wird im allgemeinen gern, ja von vielen passioniert gespielt, zumal auch im Winter, wo jedoch meist in der Turnstunde von 6—7 unter meiner Führung „Kür“ geturnt wird (Turnhalle). Noch habe ich vergessen, daß beim Schwimmunterricht, den ich erteile, da unser Turnlehrer Nichtschwimmer ist, von den nichtbadenden Klassen oft gespielt wird, die allzusammen zur Militärschwimmanstalt hinausmarschieren, aber nur nach und nach herankommen (erst Schwimmschüler, dann III., II., I. Klasse). Die Seminarschüler und -schülerinnen spielen nur in den Pausen unter Leitung der eigens hierzu instruierten Lehrseminaristen und unter dem Übungsschullehrer, bezw. unter mir. Nach meiner Überzeugung wird auf unseren Seminaren viel zu wenig geturnt und gespielt — ich meine aber das anstrengende, tüchtige, kernige Spiel. Die Zeit ist auch zu beschränkt. Es wird zu viel an geistiger Arbeit in den drei Jahren gefordert, und doch geht auch das wieder kaum anders. Wird die Seminarzeit nicht verlängert oder der Stoff nicht beschränkt, so ist eine intensivere Leibesübung kaum möglich. Meines Wissens ist das hiesige Seminar eins von den wenigen, in denen wirklich tüchtig gespielt wird, weil ich speziell mich eben dafür interessiere und selber gern wild spiele. Doch fehlt auch hier die rechte Zeit, auch die rechte Organisation, auch das rechte Spielmaterial. Außerdem habe ich im Spielleiten nie Unterricht erhalten. Aber ich leite es wenigstens mit Liebe.“

M. H., ich verzichte darauf, ihnen die anderen, hier mir vorliegenden Antworten noch vorzulesen, da die Zeit nicht dazu reicht. Ich schließe damit, daß ich die Überzeugung gewonnen habe, daß an unseren preußischen Seminaren, so gut es möglich ist, überall gespielt wird ohne Ausnahme, und ich betone besonders, daß auch an unseren Lehrerinnenseminaren ein munteres Turnen und Spielen stattfindet. Die Turnlehrerinnen sind ja wohl alle unsere Schülerinnen gewesen, die hier auch einen Spielkursus mit durchgemacht haben, und ich kann versichern, daß sie hier so viel gelernt haben, daß sie eine gute Spielanleitung geben können, namentlich in, ich will auch sagen, „wilden" Spielen. Denn auch die Mädchen wollen nicht ausschließlich zahme, sondern auch wilde Spiele haben. Dasselbe gilt auch von Lehrerinnen selbst im vorgerückteren Alter, die noch einen Spielkursus durchmachen.

---

6. Die Turnspiele beim III. deutschen Kongreß in Bonn.

Von dem städtischen Oberturnlehrer und Universitätsturnlehrer
Fritz Schröder, Bonn.

Als in der Sitzung des Vorstandes unseres Zentral-Ausschusses in Altona beschlossen wurde, den III. deutschen Kongreß in Bonn abzuhalten, waren wir Bonner, erfreut über diesen ehrenvollen Antrag, selbstverständlich gern bereit, die Ausführung der Veranstaltung zu übernehmen.

Freilich waren wir uns auch der Schwierigkeiten der übernommenen Aufgabe vollständig bewußt. Die vorausgegangenen Kongresse, veranstaltet in den Großstädten Berlin und München, und auch die Sitzung des Zentral-Ausschusses in Altona, durch die Fülle und Bedeutung des Gebotenen mehr einem Kongresse vergleichbar, waren in jeder Beziehung, sowohl was die innere, als auch die äußere Ausstattung anbelangt, glänzend verlaufen. Wir mußten uns, zu ruhiger Überlegung zurückgekehrt, fragen: ob die Provinzialstadt Bonn auch in der Lage sei, sich ihren großen Vorgängern würdig anzureihen.

Vor allem galten die Zweifel den Spielvorführungen, die in Berlin, München, Altona unstreitig Mustervorführungen gewesen waren.

Die Spiele werden an den Bonner Schulen nur freiwillig und außerhalb der Schulzeit betrieben. Es entspricht dies unseren Verhältnissen, da die Turnstunden alle in die übliche Schulzeit fallen, und die Schulhöfe, an welchen unsere Turnhallen liegen, zur Vornahme der besseren Spiele nicht groß genug sind, dann aber auch wegen der unvermeidlichen Störungen des übrigen Unterrichtes nicht immer benutzt werden können.

An den beiden höheren Lehranstalten unserer Stadt bestehen zur Vornahme der Spiele Spielvereinigungen, und für die Volksschüler hat der hiesige Verein für Körperpflege besondere Einrichtungen zur Vornahme des Spielbetriebes getroffen. Es ist selbstverständlich, daß die vorhandenen Einrichtungen zum Betriebe der Spiele nur von einer beschränkten Anzahl Schüler, welche die Lust und Neigung zum Spielplatze zieht, benutzt werden.

Zur Erweckung der Spiellust kann der förderliche Einfluß der Wettspiele, der besonders in Altona so deutlich bemerkbar war, nicht immer zu Hilfe genommen werden, vor allem nicht im Spielbetriebe der Volksschüler. Wohl veranstalten die Schüler der höheren Lehranstalten zeitweise ein Fußballwettspiel, welches aber nicht zu oft wiederholt werden darf. Wir waren uns deshalb in Bonn bewußt, daß wir nicht in der Lage seien, durchweg Musterspiele vorzuführen, sondern nur zeigen könnten, wie gespielt wird, wenn, abgesehen von dem gesundheitlichen Vorteil, der Zweck der Vorbereitung auf Wettspiele fortfällt.

Zur Vorführung der Spiele war uns die Wiese im Hofgarten von den zuständigen Behörden bereitwilligst überlassen worden. Diese Wiese, ehemals der Garten der in Bonn residierenden Kurfürsten, 190 m lang, 90 m breit, in der Nähe des Versammlungslokales der Kongreßteilnehmer, der Lese, gelegen, von herrlichen alten Bäumen umgeben, eignet sich vorzüglich als Platz eines Spielfestes und ist von uns schon wiederholt für diesen Zweck benutzt worden.

War das Wetter vor den Tagen des Kongresses prächtig, wie wir es uns für unsere Festtage nur wünschen konnten, und infolgedessen der Barometerstand unserer Aussichten und Erwartungen auf einen guten Verlauf des Kongresses ein hoher, so sorgte der grau in grau gehüllte, wolkenbedeckte Himmel am Morgen des ersten Kongreßtages für einen vollständigen Umschwung unserer freudig erregten Hoffnungen. Während wir die Arbeiten zur Herstellung der Spielplätze verrichteten, begann aus der Wolke düsterem Grau ein feiner Regen zu rieseln, der sich im Laufe des Morgens immer mehr verdichtete und sich zu einem nichts Gutes versprechenden Landregen entwickelt hatte, als um 11 Uhr die ersten Klassen von fünf unserer Volksschulen (die sechste hatte der

Masern wegen Ferien) zur Ausführung ihrer Spiele auf der Hofgartenwiese bereit standen. Die Spiellust der Knaben konnte der Regen nicht dämpfen, und, von freudigem Eifer beseelt, erhellten sich ihre Züge, als ihnen verkündet wurde, daß gespielt werden sollte. Zur Ausführung gelangten Fußball, deutscher Schlagball, Schlagball mit vier Freistätten, Schleuderball, Ziehkampfübungen, Wurfübungen und Rechschlagen. Das zuletzt genannte Spiel, im rheinischen Dialekt Rechschlagen, hochdeutsch aber richtiger Rechtschlagen benannt, ist eine Spielweise des deutschen Schlagballes, die vor Beginn der Spielbewegung hier und auch auf dem Lande bereits üblich war und in der guten Jahreszeit von unserer Jugend auf Straßen und Plätzen viel gespielt wird.

Mit Rücksicht auf den endlosen Regen wurden um 11½ Uhr die Spiele der Volksschüler allmählich abgebrochen, doch verweilten spieleifrige Gruppen, den Regen nicht achtend, bis zum Ablauf der festgesetzten Zeit auf dem Spielplatze. Zu den erforderlichen Bedingungen des guten Verlaufes eines Spielfestes gehören unstreitig blauer Himmel, heller Sonnenschein, sowohl zur Anfachung des Eifers der Spieler, als auch zur Erweckung freudiger Teilnahme bei den Zuschauern. Nach dem wenig erfreulichen Verlaufe des Morgens sahen wir mit banger Erwartung dem Nachmittag entgegen, der die Spiele der Schüler unserer höheren Lehranstalten, des städtischen und Königlichen Gymnasiums und der studentischen Korporationen bringen sollte. Glücklicherweise waren die bangen Erwartungen unnötig; Jupiter pluvius schloß die Schleusen des Himmels, warme Sonnenstrahlen durchbrachen das Gewölk, welches den sich nun immer mehr aufhellenden Himmel bedeckt hatte, und trockneten die Spielwiese, sodaß, als um 3½ Uhr die spielenden Schüler ihre Spiele begannen, für sie sowohl als auch für unsere Gäste der Aufenthalt auf der Wiese durchaus angenehm war. Das Hauptspiel, auf welches die gespannte Aufmerksamkeit der Kongreßteilnehmer gerichtet war, war ein Fußballwettkampf. Beide Parteien hatten mit freudigem Eifer vorgeübt, und beide suchten ihr Bestes zu leisten. Das Glück stand nicht auf der Seite der Mannschaft des städtischen Gymnasiums; sie traf kein einziges Mal, während die Mannschaft des Königlichen Gymnasiums den Ball siebenmal durch das Thor der Gegner trieb. Außer der Fußballmannschaft hatte das Königliche Gymnasium noch eine Schlagballpartie besetzt und führte außerdem das Tamburinspiel vor; die Schüler des städtischen Gymnasiums spielten: Feldball, Schlagball mit vier Freistätten, Faustball und Barlaufen. Es wurde allenthalben mit regem Eifer gespielt, und für manche Spielgruppe wurde der Schluß der Spiele zu früh verkündet.

Um 5 Uhr betraten die studentischen Korporationen der Musenstadt Bonn, welche neben der Wissenschaft auch die Pflege der Leibesübungen nicht vergessen, den grünen Wiesenplan. Bei der Beurteilung der Spiele der Studenten darf nicht vergessen werden, daß die Spiele nur im Sommersemester zwei Stunden wöchentlich gepflegt werden, und daß mancher Fuchs trotz Spielbewegung vorher nicht gespielt hat und erst eingeübt werden mußte. Jedenfalls ist es aber anzuerkennen, daß die Korporationen sich gern bereit erklärt hatten, mitzuwirken zum Gelingen des Kongresses. Die akademische Turnerschaft Germania, Mitglied des V.-C., des Verbandes farbentragender Turnerschaften auf deutschen Hochschulen, und der akademische Turnverein Markomannia spielten mit Gewandtheit und Sicherheit Schlagball mit vier Freistätten und Tamburinball; der akademische Turnverein Suevia, heute dem Turnerbund, Verband nichtfarbentragender Turnvereine auf deutschen Hochschulen angehörig, spielte Faustball, Schleuderball und lenkte vor allem durch die Vorführung des Harpastum die Aufmerksamkeit der Kongreßbesucher auf sich; die katholischen Studentenvereine Novesia und Bavaria fochten mit löblichem Eifer einen Fußballwettkampf aus, der mit dem Siege der Novesia endigte; die Studentenvereinigung Wingolf und der medizinisch-naturwissenschaftliche Verein spielten das deutsche Schlagballspiel. Unverkennbar war das Bestreben aller Spieler, ihr Bestes zu zeigen, und anerkennenswert ist ihr löblicher Eifer. Nach Ablauf der Spielzeit, den Schluß der studentischen Vorführungen bildend, erfolgte die Ausführung eines Fünfkampfes in folgenden Übungsarten: Weitsprung, Lauf über 100 m, Diskuswurf, Speerwurf, Ringen. Der Wettkampf wurde nach griechischem Muster durchgeführt, mit allmählichem Ausscheiden der Teilnehmer, welche geringe Leistungen aufzuweisen hatten, sodaß am Schlusse nur zwei Teilnehmer zur Vornahme des Ringkampfes übrig blieben. Zur Schar der Kämpen hatten die akademische Turnerschaft Germania und die akademischen Turnvereine Markomannia und Suevia eine Anzahl ihrer Mitglieder gestellt. Waren die Leistungen auch nicht bedeutend, so verfolgten die Zuschauer doch den Kampf mit sichtlichem Interesse. Als Sieger ging aus ihm stud. geod. Christoph vom akademischen Turnverein Markomannia hervor. Auf den Schultern seiner Vereinsbrüder wurde der Sieger zur Treppe des akademischen Kunstmuseums getragen, auf dessen Stufen, umgeben von einer großen Anzahl Zuschauer, Herr von Schenckendorff, erster Vorsitzender des Zentral-

Ausschusses, ihm, nach einer vom Hauche warmer Begeisterung durchwehten Ansprache, den Eichenkranz aufs Haupt drückte.

Mit dieser Ehrung waren die Vorführungen auf der Hofgartenwiese beendet, und die Kongreßteilnehmer begaben sich nunmehr zum Sportplatze, auf welchem Mitglieder des Frauenturnvereins Thusnelda Tamburin spielten und Schüler des städtischen Gymnasiums ihre Geschicklichkeit im Cricket zeigten. Auf den Besuch des Sportplatzes hatten wir große Erwartungen gesetzt. Bei guter Witterung würde dort, ohne besondere vorherige Vorkehrungen, ein hübsches Bild des Bonner Spiellebens gezeigt worden sein. Leider hatte der Regen 13 Lawn Tennis-Plätze unbrauchbar gemacht, und nur einer war besetzt. Würden alle vorhandenen Plätze im Betrieb gewesen sein, der Eindruck, den die Spiele auf dem Sportplatze gemacht hätten, wäre zweifellos ein nachhaltiger gewesen. So war leider der große Platz zu dünn besetzt, und die Spiele kamen nicht so recht zur Geltung, aber hieran war nur die Witterung des Morgens schuld.

Bei der Feststellung des Programms für den III. deutschen Kongreß hatte uns das zukünftige Nationalfest auf dem Niederwald als Vorbild gedient.

So waren wir über den Rahmen der Spielvorführungen und volkstümlichen Wettübungen hinausgegangen und hatten die Bonner Rudervereine, den Bonner Ruderklub und den akademischen Ruderklub Rhenus, zur Veranstaltung einer Regatta aufgefordert. Leider konnte diese Absicht nicht verwirklicht werden, da acht Tage vor dem Kongreß der Verband rheinischer Rudervereine ein Wettrudern in Bonn abgehalten hatte und eine Wiederholung, wenn auch im beschränkten Umfange, unthunlich erschien. Beide Ruderklubs aber erklärten sich gern zur Veranstaltung einer Auffahrt bereit, die, vom schönsten Sonntagswetter begünstigt, am zweiten Kongreßtage stattfand. Es gewährte einen schönen Anblick, als die schlanken Boote, von kräftigen Ruderschlägen getrieben, rheinabwärts fuhren und am Bootshause des Bonner Rudervereins landeten. Im Bootshause hatte sich eine Anzahl Kongreßteilnehmer versammelt, um die Auffahrt zu schauen und die vortrefflichen Einrichtungen des Bootshauses zu besichtigen. Die Kongreßmitglieder, die vorgezogen hatten, vom Rheinufer aus das Schauspiel zu genießen, hatten den weiteren Vorzug, den Blumenkorso eines Bonner Radfahrervereines zu sehen, der bereitwilligst unserer Aufforderung zu diesem Zwecke entsprochen hatte.

Nach genossenem Mittagsmahl fuhren oder wanderten die Kongreßbesucher auf die unweit Bonns gelegene Dollendorfer Höhe, dem

Exerzierplatze des in Bonn garnisonierenden Infanterie-Bataillons. Hierselbst hatte sich eine Anzahl rheinischer Turnvereine eingefunden zur Ausführung verschiedener Wettspiele. Und zwar fanden folgende Wettspiele statt: Im Fußball die erste Mannschaft des Bonner Turnvereins gegen die erste Mannschaft des München-Gladbacher Fußballklubs (Bonn 1:0), sowie die zweiten Mannschaften dieser Vereine gegeneinander. Im Schleuderball der Kölner Turnverein gegen den Allgemeinen Turnverein Bonn, sowie der Akademische Turnverein Suevia gegen den Turn- und Fechtklub Siegburg; im Faustball der Barmer Lehrerturnverein gegen die Altersriege des Bonner Turnvereins, sowie eine weitere Mannschaft des Bonner Turnvereins gegen den Spielverein des städtischen Gymnasiums. Den Wettspielen folgte ein Dreikampf im Stabhochsprung, Weitwurf mit dem 100 g schweren Balle und Hürdenlauf über 100 m mit Benutzung von vier Hürden. Wie stets, wenn wir auf diesem so herrlich gelegenen und vorzüglich geeigneten Platz eine größere Spielvorführung veranstalten, hatte sich eine große Anzahl Zuschauer eingefunden, welche bewiesen, daß das Interesse für Spiele in der Bonner Bürgerschaft rege vorhanden ist. Die Vereine und Turner, welche auf der Dollendorfer Höhe Erfolge davongetragen hatten, erhielten abends im Restaurant Rheingold, woselbst die Schlußfeier des Kongresses stattfand, den schlichten Lohn des Eichenkranzes.

Noch gern denken wir Bonner zurück an die schönen Tage des Kongresses, die in uns ein nachhaltiges Gefühl freudiger Begeisterung für die Zwecke und Ziele des Zentral-Ausschusses hinterlassen haben.

---

7. Zur Methodik des Schlagballspiels.

Von Turninspektor A. Hermann, Braunschweig.

Wenn wir auf unseren Spielplätzen die Spielgenossenschaften mit dem deutschen Schlagball, dem Schlagball mit Freistätten und ähnlichen Schlagballspielen (Thorball und Feldball schließe ich bei dieser Betrachtung aus), also mit denjenigen Spielen bekannt machen wollen, welche unter allen Spielen obenan stehen, so empfiehlt es sich, nicht von vornherein diese Spiele mit allen ihren Regeln, nach denen sie endlich mit einer Meisterschaft gespielt werden sollen, an die Spieler herantreten zu lassen. Die Schlagballspiele verlangen von den Spielern eine große Sicherheit und Gewandtheit im Schlagen, Werfen und

Fangen des Balles, sowie auch im Laufen, wenn sich bei ihnen ein lebendiges Spiel zur Lust und Freude aller Teilnehmer gestalten soll. Ein erfahrener Spielleiter wird deshalb bei der Einübung dieser Spiele methodisch vorgehen, wenn er das Ziel vor Augen hat, daß seinen Spielgenossenschaften schließlich aus der Spielfertigkeit auch eine Befriedigung und Erholung, sowie eine Freude am Spiel in der frischen Luft und im Sonnenschein ersprießen soll.

Wenn auch zumeist da, wo ein regelmäßiger Spielbetrieb zur Ordnung geworden ist, wohl die Knaben einige Fertigkeit im Schlagen, Werfen und Fangen des Balles mehr mit auf den Spielplatz bringen als die Mädchen, so ist das bei allen Knaben, wie die Erfahrung es bestätigt, doch nicht der Fall, und ich nehme deshalb bei dem methodischen Gange, den ich im folgenden für die Vorbereitung und Entwicklung des deutschen Schlagballspiels hier entwerfen will, ebensowohl Rücksicht auf Knaben als auf Mädchen.

Vorausgesetzt muß werden, daß das Ballwerfen und -fangen als notwendige Fertigkeiten für die Ballspiele und als Turnübungsstoff, wie ich solches in meinem Büchlein „Ballübungen“ *) dargestellt habe, in den Turnstunden vorgeübt ist. Die angehenden Spieler und Spielerinnen müssen vorher gelernt haben, daß ein Fangen mit beiden Händen nur dann gut gelingt, wenn beide Hände sich im Handgelenk so zusammenlegen, daß die eine Hand mit dem Rücken dem Gesichte zugekehrt ist, sich also in Risthaltung oben befindet, während die andere in entgegengesetzter Richtung in Kammhaltung sich unten befindet (offene Zangenhaltung), sowie ferner, daß mit einer Hand nur dann sicher gefangen werden kann, wenn diese, im Handgelenk stark rückgebeugt, Risthaltung hat.

Sind diese Fangweisen den angehenden Spielern indessen noch unbekannt, so müssen sie allerdings auf dem Spielplatze die ersten notwendigsten Vorübungen bilden, die indessen bald abgemacht sind.

Ich habe für meinen methodischen Gang 2 vorbereitende Stufen aufgestellt, welche ich nach meiner langjährigen Erfahrung weiteren Kreisen hier zur Erprobung darbieten möchte.

1. **Stufe:** Das Ball-Schlagen, -Fangen und -Einschenken wird geübt.

Man teilt eine Klasse oder Spielgenossenschaft zunächst in zwei Parteien oder läßt von zwei dazu bestimmten Führern durch abwechselndes Wählen diese Parteien bilden. Damit zunächst alle

*) R. Gaertners Verlag (Hermann Heyfelder), Berlin.

Spieler unter unmittelbarer Anleitung des Lehrers ihre ersten Übungen beginnen, macht es nichts, wenn die Parteien anfänglich etwas stärker sind, als es später für das eigentliche Schlagballspiel zweckmäßig ist. Besser ist es freilich, wenn man die Zahl der Spieler auf jeder Seite nicht größer als 10—12 nimmt, vorausgesetzt, daß über die dazu notwendige Zahl Schlaghölzer und Bälle verfügt wird und die Parteien so aufzustellen sind, daß der Leiter die ganze Spielerschar übersehen kann.

Das Los entscheidet sodann, welche Partei die Schlagpartei ist und das Schlagmal einnimmt, und welche Partei die Fangpartei bildet und das Spielfeld außerhalb des Schlagmals besetzt. Von der Fangpartei wird auch von Anfang an der Einschenker bestimmt, denn auch ein gutes Einschenken ist nicht so leicht und muß erlernt werden. Ganz ungeschickten Schlägern mag man anfangs das Selbsteinschenken gestatten.

Der Lehrer stellt die Fänger zweckmäßig in ihrem Felde auf, sie darauf aufmerksam machend, daß jeder Fänger die Bewegungen des Einschenkers und Schlägers verfolgen muß, daß also kein Mitfänger den andern verdeckt. Bei diesen Übungsspielen ist ein öfteres Wechseln der Plätze zu empfehlen.

Ein richtiges Einschenken wird nun durch den Leiter vorgemacht, und zwar in folgender Weise: der Einschenker hebt seinen gestreckten Arm mit dem Balle in der Hand wagerecht vor und wirft dann den Ball etwa 20 cm über die Scheitelhöhe des Schlägers senkrecht auf.

Ebenso wird ein richtiges Halten und Führen des Schlagholzes vorgezeigt. Mit aller Strenge ist darauf zu halten, daß der Schlag bei möglichst gestrecktem Arme aus dem Handgelenke heraus schräg von unten her nach oben hin erfolgt, damit der getroffene Ball im schönen hohen Bogen und gerade in das Feld der Fangpartei fliegt und nicht schon nahe vor dem Schlagmale links oder rechts seitwärts über die Grenzen des Spielfeldes fliegt.

Auch die Stellungen des Schlägers und des Einschenkers zu einander sind zu überwachen, weil sie die Flugrichtung des getroffenen Balles sehr beeinflussen.

Wichtig ist auch ein richtiges und rechtzeitiges Ausholen zum Schlage. Man beachte hierbei diese Regel: „Hole rasch zum Schlage in dem Augenblicke aus, da der Einschenker den Ball aufwirft!" Ohne ein rasches geschicktes Ausholen zum Schlage fehlt dem Schlage die nötige Wucht und Kraft. Zu einem sicheren Treffen des Balles verhilft die Befolgung dieser Regel: „Nimm den eingeschenkten Ball sofort scharf ins Auge!“

Den Mädchen macht die Führung des Schlagholzes anfänglich die meiste Schwierigkeit, während sie im Fangen mehr Geschicklichkeit zeigen als die Knaben. Eine richtige Führung des Schlagholzes bei den Schlagballspielen hilft auch den guten Schleuderwurf beim Grenzball und die Führung des Tamburins beim Tamburinball vorbereiten und umgekehrt.

Die Fänger haben folgende Regeln streng zu beobachten: „Verfolge sofort den getroffenen, heranfliegenden Ball und fange ihn, wenn er deinem Platze zufliegt!“ — „Wirf ihn möglichst schnell, ob du ihn gefangen oder vom Boden aufgenommen hast, dem Einschenker so geschickt zu, daß dieser ihn fangen kann.“ — „Niemals lauf zum Fangen mit mehreren Fängern dem Balle entgegen, denn sonst fängt ihn niemand!“

Das Schlagen geschieht von der Schlagpartei in ganz bestimmter Reihenfolge. Anfänglich teilt man jedem Schläger 3, später 2 Schläge, und endlich nur 1 Schlag zu.

Wie wechseln nun aber auf dieser ersten Stufe die Parteien mit ihren Thätigkeiten? Man ordne an, daß die Fangpartei zur Schlagpartei wird, wenn sie 4, 3, 2 Bälle oder 1 Ball ohne vorherige Berührung des Bodens frei aus der Luft gefangen hat.

Von Anfang an stelle man aber auch diese Forderungen auf: „Kein Schläger darf den Ball anfassen, das Schlagholz weder fliegen lassen, noch dasselbe rückwärts gegen die Parteigenossen oder vorwärts über die Schlagmalgrenze werfen.“ Man halte auch von Anfang an streng darauf, daß alle Spieler der Schlagpartei, sofern sie nicht am Schlage sind, sich seitwärts hinter dem Einschenker im Schlagmale aufhalten, damit niemand durch den Schläger verletzt werden kann.

Was die Spielgeräte, Ball und Schlagholz betrifft, so nehme man auch für Knaben nicht das einfache Rundholz, sondern ein Holz von 60 cm Länge, das an der Schlagseite breit und flach ist, weil man damit rascher eine Treffsicherheit und dadurch eine größere Spielfreudigkeit erzielt. Für Mädchen empfiehlt sich immer dasjenige Schlagholz, welches in unserem „Ratgeber“ (3. Aufl. 1898) auf S. 50 unter II b angeführt ist.

2. Stufe: Zum Einschenken, Schlagen, Fangen kommen der Lauf und das Abwerfen hinzu.

Wenn nach erfolgreicher Übung in den bisher verlangten Thätigkeiten seitens der Mehrzahl der Spieler sich eine gewisse Fertigkeit kundgiebt, dann erweitert man das bisherige Spiel unter Innehaltung aller bisherigen Regeln dadurch, daß der Lauf nach einem Freimale und zum Schlagmale zurück seitens der Schlagpartei und das Abwerfen des Läufers seitens der Fangpartei als neue wesentliche Bestandteile der Schlagballspiele hinzugefügt werden.

Jeder Spieler hat nun einen Schlag, höchstens zwei Schläge, und er muß sofort nach Vollführung seines Schlagens zum Laufmale, dem Freimale laufen. Eine bestimmte Laufbahn ist nicht vorhanden, vielmehr kann er innerhalb des Spielfeldes laufen, wo er will. Eine Überschreitung der Seitengrenzen beim Laufe ist aber von vornherein verboten.

Dieser Laufzwang soll hier bezwecken, daß die Spieler mutig und möglichst rasch dem Laufmale zueilen, ohne sich vor dem Treffwurfe durch einen Fänger zu fürchten, was Anfänger so leicht thun. Der Lauf in das Schlagmal zurück kann dann je nach Gutdünken ausgeführt werden. Der Leiter wird darauf aufmerksam machen, unter welchen Umständen dieser Rücklauf am sichersten gelingt; also z. B. wenn ein recht hoher und weiter Ball geschlagen wird, oder wenn beim Versuche des Abwerfens der Ball aus dem Felde weit hinaus fliegt.

Das Abwerfen eines Läufers, solange er nicht im Laufmale steht oder wieder in das Schlagmal zurückgekehrt ist, wird bei dem Laufzwange auf dieser Stufe bald häufig eintreten, und es ist ja hier auch der Zweck der Übung, das Treffen beim Abwerfen zu üben. Nur gebe man gleich anfangs diese Regeln: „Das Abwerfen kann nur durch einen Schwung- oder Stoßwurf und nie durch einen Schockwurf geschehen.“ Zu letzterer Wurfart haben besonders die Mädchen eine große Neigung, die ihnen aber abgewöhnt werden muß. Sie sollen überhaupt lernen, den Ball mit kräftigem Schwung- oder Stoßwurf weit zu werfen. Ferner: „Der Einschenker kann nur aus dem Schlagmale einen Läufer gültig treffen.“ „Würfe, die erst treffen, nachdem sie von einem Gegenstande (z. B. von einem Mitspieler oder vom Erdboden) abgeprallt sind, gelten nicht als Treffer.“

Man mache die Spieler darauf aufmerksam, daß ein rasches und sicheres Zuwerfen des Balles nach demjenigen Fänger hin, dem der Läufer nahe ist oder nahe kommen muß, also ein aufmerksames „Hand in Hand-Spielen“, von Aufmerksamkeit und Gewandtheit der Partei zeugt und die gewünschten Erfolge sichert.

Um auch hier die Schläger anzuhalten, gute Bälle zu schlagen, bestimme ich, daß ein Schläger nach einem „schiefen Balle“, einem

Balle, der nahe vor dem Schlagmale über die Seitengrenzen des Spielfeldes oder gar hinter das Schlagmal geschlagen wird, nicht laufen darf, sondern so lange zurücktritt, bis er wieder zum Schlag an die Reihe kommt.

Wann wechseln nun auf dieser Stufe die Parteien als Verteidiger (Herrscher) und Angreifer, wie ich gern statt Schläger und Fänger sage?

Um vorerst allein ein Hauptgewicht auf das Laufen und Abwerfen zu legen, lasse man den Wechsel der Parteien während einiger Spieltage nur dann eintreten, wenn die Fangpartei einen, zwei oder drei Läufer abgeworfen hat. Sodann lasse man die Parteien wechseln, a) wenn ein Ball (zwei und mehr Bälle) aus der Luft gefangen ist; b) wenn ein Läufer abgeworfen ist.

Diejenige Partei hat schließlich den Sieg errungen, welche in einer vorher festgesetzten Zahl von Gängen zwischen beiden Parteien oder nach Ablauf einer bestimmten Zeit die meisten vollendeten Läufe zu verzeichnen hat.

3. Stufe: Der Laufzwang nach der festgesetzten Anzahl von Schlägen ist aufgehoben. Es treten nunmehr alle die Regeln in Kraft, welche von unserem technischen Ausschusse für Schlagball mit oder ohne Einschenker aufgestellt sind.

Auch für das Spiel „Schlagball mit Freistätten“ geben die hier dargelegten Übungen der beiden ersten Stufen eine genügende Vorbereitung.

8. Schwimmen und Baden der Schulkinder in Königsberg i. Pr.

Von Rektor Dobrick, Königsberg.

Bereits seit fünf Jahren erhalten die Volksschüler und seit zwei Jahren auch die Bürgerschüler Königsbergs (Knaben und Mädchen) im Sommer unentgeltlichen Schwimmunterricht und freie Bäder in einer eigens für die Zwecke des Schüler-Schwimmens und -Badens eingerichteten Anstalt unter Aufsicht und Leitung von pädagogisch und technisch gebildeten Lehrkräften. Da unseres Wissens in Deutschland eine gleiche Anlage noch nicht vorhanden ist, so dürfte eine Beschreibung unserer Anstalt und ihres Betriebes wohl von allgemeinem Interesse sein.

1. Kurze Geschichte der Schüler-Schwimm- und -Badeanstalt.

Herr Stadtrat Dr. Walter Simon, der in geradezu beispielloser Weise seit etwa zehn Jahren bemüht gewesen ist, für Königsberger gemeinnützige Bestrebungen nicht nur ungezählte Mittel herzugeben, sondern der auch aus eigenster Initiative Wohlfahrtseinrichtungen geschaffen hat, in deren Besitz Königsberg ohne ihn gar nicht oder doch erst in kaum absehbarer Zeit gelangt wäre (Jugendspielplatz, Kindervolksküche, Königsberger Heimatskunde u. s. w.), hat auch unsere Schüler-Schwimm- und -Badeanstalt im Jahre 1894 ins Leben gerufen. Sach- und fachkundige Männer standen ihm dabei hilfreich zur Seite. Mit Rücksicht auf die große Schülerzahl Königsbergs wurde die Anstalt zunächst nur für Volksschüler eröffnet, deren Zahl 11800 betrug. Die Beteiligung war eine vollständig freie, gleichwohl aber so zahlreiche, daß dadurch das dringende Bedürfnis einer solchen Einrichtung zu Evidenz erwiesen war. Es wurden im ersten Sommer 212 Freischwimmer ausgebildet und 40500 Freibäder genommen. Die Resultate der nächsten beiden Jahre waren ähnliche. Im Jahre 1897 übergab Herr Stadtrat Dr. Walter Simon in der Überzeugung, daß diese gute Sache durch eine Vereinigung hervorragender Männer hiesiger Stadt mehr gehoben und erweitert werden könnte, die Anstalt an ein Komitee. Dasselbe nennt sich: „Komitee zur Förderung des Schwimmens und Badens von Schulkindern zu Königsberg i. Pr." Die Vorsitzenden desselben sind Herr Stadtrat und Vorsitzender des Gewerbegerichts Pohl und Herr Stadtverordneten-Vorsteher Stadtrat a. D. Krohne. Sämtliche Bade- und Schwimmutensilien, sowie auch die für den großen Betrieb hinreichende Badewäsche überwies Herr Stadtrat Dr. Walter Simon dem Komitee als erstes Geschenk. Das Komitee wandte sich nun an edelgesinnte und freigebige Bürger der Stadt, an Vereine und die Stadtverwaltung und gelangte auf diese Weise in den Besitz von Mitteln, die es ihm ermöglichten, auch den Bürgerschülern die Wohlthat dieser humanen Einrichtung zu teil werden zu lassen. Durch zweckmäßige Anlagen und Maßnahmen in der Anstalt wie im Betriebe derselben gelang es, über alles Erwarten gute Resultate zu erzielen, die weiter unten im statistischen Teile des näheren ausgeführt sind. Im Herbst vorigen Jahres hat die Stadt selbst das Badegrundstück angekauft und dasselbe dem Komitee unter den weitestgehenden Konzessionen übergeben.

2. Anlage und Einrichtung der Anstalt.

Die Schwimm- und Badeanstalt für Schulkinder liegt am Oberteiche, einem seeartigen Wasserbecken unmittelbar vor dem Tangheimer Thor. Zur Anlage und Einrichtung gehören

1. eine nach der Wasserseite hin offene Schutzhütte von 12 × 6 m Grundfläche, mit 150 numerierten Auskleideplätzen,
2. eine Schwimmbrücke von 8 × 4 m Ausdehnung nebst zugehörigem, 2 m breitem und 12 m langem vom Lande dahin führendem Stege. Schwimmbrücke und Steg sind mit einer festen, 1 m hohen Barriere umgeben, welche 8 Durchlässe mit senkrechten Wasserstiegen hat. Fünf Durchlässe sind für Freibader, bezw. Freischwimmer und drei allein für Schwimmschüler bestimmt. An diesen Durchlässen sind eiserne drehbare Schwimmangeln*) befestigt.
3. Das flache Badebassin für Freibader ist 12 × 50 m groß und wird einerseits vom Schwimmsteg und der Schwimmbrücke und anderseits nach dem freien Wasser hin von einem bis auf den Grund gehenden Lattenzaune begrenzt. Parallel mit letzterem ist eine von Pfählen unterstützte Kette gezogen, bis zu welcher nur die kleineren Kinder gehen dürfen und die auch zugleich den Übungen im Untertauchen dient, worauf bei uns neben Freiübungen auf dem Lande als Vorübung fürs Schwimmen großes Gewicht gelegt wird.
4. Ein Schwimmbassin von 40 × 40 m Ausdehnung ist im Tiefen unmittelbar hinter der Schwimmbrücke durch verankerte schwimmende Balken markiert, um ein zu weites Hinausschwimmen der Freischwimmer zu verhüten.
5. Eine Uhr mit weithin sichtbarem Zifferblatte befindet sich an der Schutzhütte.
6. Neben der Schutzhütte sind eine Anzahl langer Bänke aufgestellt, welche bei schönem Wetter und großem Besuche von den Kindern zum Entkleiden benutzt werden.
7. Auf dem Wege zur Schutzhütte befinden sich nacheinander drei Barrieren, welche einem zu großen Andrange vorbeugen und ein ordnungsmäßiges, abteilungsweises Abbaden der oft über 1000 zählenden Kinderschar erleichtern.

*) Konstruktion nach „Müller, Katechismus der Schwimmkunst", gefertigt von Schlossermeister Herrmann hier, Strigelstr. 5, Preis der Eisenteile 15 Mark.

8. Eine den Bedürfnissen der Kinder entsprechende Abortanlage befindet sich auf dem Lande in genügender Entfernung von der Schutzhütte.
9. Die Anstalt ist hinreichend mit allen bekannten Schwimmutensilien sowie Rettungsapparaten versehen.
10. Eine eigens für die Zwecke dieser Anstalt ausgearbeitete Badeordnung ist in deutlich lesbarer Schrift und in mehreren Exemplaren ausgehängt.
11. Die Badewäsche erhalten sämtliche Kinder unentgeltlich.
12. Der Lehrkörper besteht aus pädagogisch und technisch gebildeten Lehrkräften hiesiger Stadtschulen, und zwar
    a) dem technischen Leiter des ganzen Betriebes,
    b) 3 Schwimmlehrern,
    c) der Leiterin der Mädchenabteilung,
    d) 2 Schwimmlehrerinnen.
13. Eine Aufwärterin ist während der Badezeit zur Bedienung anwesend und besorgt die Reinigung der Anstalt und der Badewäsche.
14. Die Benutzung der Bade- und Schwimmanstalt steht sämtlichen Volks- und Bürgerschülern Königsbergs frei. Bedürftige Schüler der mittleren und höheren Schulen erhalten auf ein Gesuch ihrer Eltern an das Komitee ebenfalls die Erlaubnis, die Anstalt benutzen zu dürfen. Um einer Überfüllung vorzubeugen, werden im Frühjahr etwa 10000 Badekarten an die Schüler verteilt, welche wöchentlich zu einem zweimaligen Bade an korrespondierenden Tagen berechtigen, und auf denen für die verschiedenen Schulen von 15 zu 15 Minuten die Zeit für das Eintreffen der Kinder auf der Badestelle angegeben ist. Die Mädchen baden von 2 bis 4 Uhr, die Knaben von 4 bis 6 Uhr nachmittags (die Königsberger Schulen haben durchweg nur vormittags Unterricht).

3. Verlauf eines Bade- und Schwimmunterrichtstages.

Alle zum Baden und Schwimmen erscheinenden Kinder müssen vor der ersten der drei genannten Barrieren auf einem Wiesenterrain Halt machen und werden hier von Ordnern beaufsichtigt. Mit dem Glockenschlage der beginnenden Badezeit dürfen dann die Schwimmschüler und Freischwimmer, welche sich durch grüne, beziehungsweise rote Karten legitimieren, die Barriere passieren und werden von den Lehrkräften in Empfang genommen. Die Freibader werden von den Ordnern in Gruppen zu 150 abgezählt, die dann bis zur zweiten Barriere vorrücken. Von hier führt sie der Lehrer zum Entkleiden in die Schutzhütte. Auf ein Glockenzeichen begeben sich dieselben dann in lebhaftem Tempo in das flache Badebassin, um sich etwa 10 Minuten in vergnügtester Weise darin zu tummeln. Ein zweites Glockenzeichen ruft sie alsdann zum Ankleiden zurück. In der Zeit hat sich die zweite Gruppe auf den freistehenden Bänken entkleidet. Während diese badet, hat sich die erste Gruppe angekleidet und wird, nachdem nachgefragt ist, ob sich jeder im Besitze seiner Sachen befindet, ordnungsmäßig entlassen. Eine dritte Gruppe, die sich schon der hauptsächlichsten Kleider im Freien entledigt hatte, nimmt dann wieder den Platz der ersten Gruppe ein und ist bereits zum Baden fertig, wenn die zweite Gruppe zum Ankleiden kommandiert wird. So geht es fort, — daß also auf diese Weise das Freibad ununterbrochen benutzt wird, und es ist damit die Möglichkeit geschaffen, daß während eines Zeitraumes von 2 bis 2½ Stunden mehr als 1000 Kinder in größter Ordnung abbaden. Ein gut eingerichtetes Ordnersystem leistet dabei dem einzigen Lehrer, der die Freibader beaufsichtigt, ausgezeichnete Hilfe. Der beste Beweis dafür ist der, daß im letzten Jahre auch nicht ein einziger Diebstahl vorgekommen ist. Überhaupt muß hervorgehoben werden, daß dem Verhalten der Kinder im allgemeinen nur das günstigste Zeugnis ausgestellt werden kann.

Die Schwimmschüler werden von ihren Schwimmlehrern, deren jeder im Zeitraum von 2 Stunden etwa 30 unterrichtet, nach ihrer Schwimmfertigkeit in Gruppen eingeteilt und nun in der Regel zu je vieren zu gleicher Zeit herangenommen, und zwar einer an der Eisenangel, der zweite an der losen Stange, der dritte an der losen Leine mit Kapsel und der vierte an der losen Leine ohne Kapsel. Auch stehen dem Lehrer stets ein bis zwei Freischwimmer gegen ein kleines Entgelt von seiten des Schwimmkomitees helfend zur Seite. Es ist bei diesem Massenunterrichte dank der Umsicht der Lehrer keinerlei Unglück vorgekommen.

Die Schwimmkapsel hat sich als ein außerordentlich gutes Förderungsmittel beim Schwimmenlernen erwiesen. Es ist eine wasserdichte Blechkapsel von 40 cm Länge und 44 cm Umfang. Dieselbe wird vermittelst eines Riemens auf den Rücken geschnallt und hat da, wo sie aufliegt, eine dem Rücken angepaßte Höhlung*). Vorzüge der Schwimmkapsel sind:

*) Wir haben ein Muster dieser Kapsel von Herrn Turninspektor Weidenbusch, Frankfurt a. M., erhalten und lassen sie hier vom Klempnermeister Pahlke, Polnische Straße 17, für den Preis von 3 Mark anfertigen.

1. Sie hält das Kind vollständig über Wasser und macht es dem Lernenden möglich, daß er sich bereits nach 3 bis 4 Unterrichtsstunden ohne Gefahr und ohne jedes Angstgefühl im tiefen Wasser (zur Sicherheit an der losen Leine) fortbewegen kann.
2. Durch dieses Fortbewegen kann das Kind die erlernten Schwimmtempis naturgemäß und in großer Aufeinanderfolge wiederholen, daß sie ihm in kurzer Zeit in Fleisch und Blut übergehen.
3. Die Muskelthätigkeit, welche zum Schwimmen erforderlich ist, wird also auch auf diese Weise in der denkbar kürzesten Frist geübt, gestärkt und bis zur vollkommenen Sicherheit ausgebildet.
4. Die Lernfreudigkeit wird dadurch so gehoben, daß die Nachfrage nach Schwimmunterricht sich fast ausnahmslos auch bei den Schwächeren und Ängstlichen äußert.
5. Auch im Freibade wird diese Kapsel schon benutzt, indem die Kinder mit Hilfe derselben an die wagerechte Lage auf dem Wasser gewöhnt werden.

Der ausgedehnten Verwendung der Schwimmkapsel, der auf ein wohlgeordnetes Helfer- und Ordnersystem gegründeten Methode und auch besonders dem Umstande, daß der Schwimmunterricht von pädagogisch und technisch gebildeten Lehrern erteilt wird, dürften die guten Erfolge unseres Schwimmbetriebes zuzuschreiben sein.

Der Schwimmschüler schwimmt sich frei, wenn er im stande ist, vom hohen Springbrett mit Kopf- oder Schrittsprung ins Wasser zu gehen und 15 Minuten lang ununterbrochenes korrektes Brustschwimmen auszuführen. Er wird alsdann in die Liste der Freischwimmer eingetragen, erhält eine Badehose mit dem Freischwimmerzeichen (Kreuz) und der Nummer des Hauptbuches als Geschenk und erwirbt sich das Recht, nach eigenem Belieben täglich in unserer Anstalt baden und schwimmen zu dürfen. Ein Freischwimmzeugnis wurde bis dahin nicht ausgestellt, soll aber vom nächsten Jahre ab auch rückwirkend auf die vorjährigen Freischwimmer, die sich einer nochmaligen Prüfung zu unterziehen haben, verabreicht werden.

Mit den Freischwimmern werden Schwimmzüge bis weit auf das offene Wasser hinaus unternommen und Sprünge, Tauchen, Wettschwimmen, Dauerschwimmen u. s. w. geübt, um sie mit dem nassen Element vollständig vertraut zu machen.

4. Eine Schwimmvorstellung.

Alljährlich wurde eine Schwimmvorstellung veranstaltet, die immer mehr oder weniger dasselbe Gepräge hatte. Wir lassen hier einen

Bericht der „Königsberger Hartungschen Zeitung“ folgen, welcher in sachgemäßer Weise den Eindruck dieser Veranstaltung am besten wiedergiebt. Diese Zeitung schreibt in ihrer Nummer 187 vom 12. August 1897 folgendes:

Das „Komitee zur Förderung des Schwimmens und Badens von Schulkindern“ veranstaltete gestern nachmittag in seiner am Oberteich vor dem Tragheimer Thor gelegenen Schwimmanstalt eine Schwimmvorstellung, zu der die Spitzen der Behörden, Schulmänner und Vertreter der Presse eingeladen waren. Um 2½ Uhr begann die Vorstellung, und zwar machten die Mädchen den Anfang. Da indessen zu diesem Schauspiel keine männlichen Zuschauer zugelassen wurden, so vermögen wir über die Art und den Wert der Leistungen nach eigenem Augenschein nichts auszusagen. Das Programm wies zwei Schwimmzüge, Sprünge, Tauchen und Wettschwimmen, d. h. wesentlich dieselben Nummern auf, die wir nachher bei den Knaben kennen lernten, und wird vermutlich mit der gleichen Exaktheit erledigt worden sein. Zwei Stunden später marschierten die Knaben auf, um vor den Gästen Proben ihrer durch den Unterricht erlangten Fertigkeit und Geschicklichkeit abzulegen. Unter den Zuschauern, die sich zu dieser Vorstellung eingefunden hatten, bemerkten wir die Herren Bürgermeister Brinckmann, Stadtrat a. D. Krohne, Stadtrat Pohl, Stadtrat Dr. W. Simon, Stadtschulrat Dr. Tribukait, Stadtbaurat Mühlbach, Gymnasialdirektor Babucke u. a. Als Vertreter der Regierung war Herr Oberregierungsrat von Steinau und Steinrück, von den Spitzen der Militärbehörden Herr General von Unruh anwesend. Die erste Nummer des Programms führte den Gästen den Gang des Schwimmunterrichts vor, von den ersten Anfängen an der Angel bis zum Schwimmen mit der Schwimmkapsel und dem an der losen Leine. Bemerkenswert war dabei, wie die bereits fertig ausgebildeten Schüler die Lehrer unterstützten: so allein ist es möglich geworden, in verhältnismäßig so kurzer Zeit so zahlreiche Schüler auszubilden. Es schlossen sich daran drei Schwimmzüge, von den Lehrern der drei Abteilungen selbst geführt, die im Wasser ähnliche Figuren (eine Schnecke, eine Acht, Lionscher Aufmarsch) bildeten, wie man es bei Turnreigen auf festem Lande zu sehen gewohnt ist. Dabei fiel die Sicherheit, Exaktheit und Ausdauer im Schwimmen, sowie die gleichmäßig gute Durchbildung aller Schüler aufs angenehmste auf. In Sprüngen der verschiedensten Art, Kopf-, Toten-, Barrieresprung, Überschlag u. s. w. legten die Knaben auch eine recht anerkennenswerte, zum Teil hervorragende turnerische Geschicklichkeit an den Tag. Den Beschluß bildete Tauchen, Wettschwimmen und Schwimmen in Kleidern, wobei es darauf ankam, sich dieser im Wasser möglichst schnell zu entledigen. Während der ganzen Schwimmvorstellung badeten gegen 1000 Freibader im Flachen. Das lebhafte Tempo, mit dem diese kleinen Jungen auf ein Glockenzeichen ins Wasser sprangen und sich darin jubelnd bewegten, bot ein äußerst interessantes und anregendes Bild. Ganz besonders muß hervorgehoben werden, daß diese große Anzahl von Knaben mit Hilfe einiger Ordner von einer einzigen Lehrkraft, Herrn Lehrer Swillus, dem Leiter des ganzen Schwimm- und Badebetriebes, allein beaufsichtigt, geordnet und zum Bade kommandiert wird. Der Gesamteindruck dieser Vorstellung war ein ganz vorzüglicher; wenn man diese Kinder in ihrer Kraft, Gesundheit und Freudigkeit sah, mußte man sich sagen, daß hier eine Veranstaltung vorliegt, welche in ethischer wie hygieinischer Beziehung für unsere ärmeren Volksklassen von ganz hervorragendem Werte ist. Man kann nur von Herzen wünschen, daß diese Erkenntnis in unserer Bürgerschaft feste Wurzel fassen und in fortdauerndem Interesse und thatkräftiger Unterstützung ihren Ausdruck finden möge, damit das Komitee in den Stand gesetzt werde, diese Wohlthat auch in Zukunft und immer größeren Kreisen zu erweisen.

5. Statistische Angaben

a) vom Sommer 1897:

An 67 Unterrichtstagen wurden 374 Knaben und 131 Mädchen, zusammen 505 Freischwimmer — 15 Minuten ununterbrochenes Brustschwimmen — ausgebildet. Der Freischwimmer berechnete sich für das Komitee im Durchschnitt auf 2,88 Mark, bei den Knaben sogar nur auf 2,33 Mark.

Es wurden an den 67 Tagen von Knaben 62773 Bäder, von Mädchen 37569 Bäder, im ganzen 100342 Bäder genommen. Im Durchschnitt wurde also unsere Anstalt täglich von 1498 Kindern besucht. Das Bad des Knaben berechnete sich auf 1,5 Pfennig, das Bad eines Mädchens auf 2,5 Pfennig. Im Durchschnitt berechnete sich jedes in unserer Anstalt genommene Bad, bei freier Wäsche und unter erziehlicher Aufsicht und Leitung, für das Komitee auf 1,93 Pfennig.

b) vom Sommer 1898:

Vorweg müssen wir darauf hinweisen, daß das kalte und vielfach regnerische Wetter dieses Jahres, sowie auch der Umstand, daß ein Schwimmlehrer mitten in der Saison aus persönlichen Gründen auszutreten gezwungen war, nachteilig auf die diesjährigen Erfolge eingewirkt haben. Trotzdem konnten wir mit Befriedigung auf unsere Resultate zurückblicken. Während die Privatanstalten mit einem Rückgange von 40 bis 60 % rechnen mußten, bezifferte sich der Rückgang in unserer Anstalt bei den Freibadern auf 16,5 und bei den Freischwimmern auf 21,2 %.

Es wurden an 68 Unterrichtstagen 229 Knaben und 117 Mädchen, zusammen 346 Freischwimmer ausgebildet. Der Freischwimmer berechnete sich für das Komitee im Durchschnitt auf 3,44 Mark. (In Privatanstalten kostet das Erlernen des Schwimmens durchweg 10 bis 12 Mark.)

Es wurden an den 68 Tagen von Knaben 50774 Bäder, von Mädchen 82967 Bäder, im ganzen 83741 Bäder genommen. Im Durchschnitt wurde also unsere Anstalt täglich von 1231 Kindern besucht. Das Bad des Knaben berechnete sich auf 2,04 Pfennig, das Bad eines Mädchens auf 3,15 Pfennig. Durchschnittlich berechnete sich jedes im Sommer 1898 in unserer Anstalt genommene Bad für das Komitee auf 2,48 Pfennig.

6. Zum Schlusse

heben wir noch hervor, daß neben den in großen Städten bestehenden Volksbadeanstalten und Brausebädern unsere Schüler-Schwimm- und -Badeanstalt durchaus berechtigt ist, indem die Kinder hier ohne Gefahr für Leben, Gesundheit und Anstand unter pädagogischer Aufsicht und Leitung ihrem Bedürfnisse nach einem Bade im Freien Rechnung tragen dürfen, und indem hier das von ärztlichen und pädagogischen Autoritäten geforderte Schwimmenlernen mit als eine Hauptaufgabe angesehen wird. Durch diese Gesichtspunkte und durch die Überzeugung, daß durch unsere Bestrebungen das soziale Wohl in gleicher Weise wie durch das Turnen und Jugendspiel gefördert werde, haben sich die hiesigen städtischen Behörden und die Bürgerschaft zur Hergabe der uns so reichlich zugeflossenen Mittel bestimmen lassen.

Mögen diese Zeilen das Interesse für Schüler-Schwimmen und -Baden in immer weitere Kreise tragen helfen.

9. Die Prinzipien und Theorieen des Lawn-Tennis-Spieles*).

Von Freiherrn R. von Fichard, Straßburg (Elsaß).

Das genannte, 200 Seiten umfassende und mit 37 außerordentlich exakt ausgeführten Figuren ausgestattete Werk ist wohl eine der bedeutendsten Arbeiten über Lawn-Tennis im speziellen und innerhalb der Spiellitteratur überhaupt: es giebt dem Spiel eine neue wissenschaftliche Grundlage, hebt dadurch dessen Ansehen und wirkt so mittelbar auf eine womöglich noch intensivere Verbreitung desselben hin. Mit erstaunlichem Fleiß hat der Verfasser — Sohn des bekannten Professors der Universität Graz, Dr. Pfaundler — sein im Jahre 1894 schon vollendet mir vorliegendes Manuskript auf Grund der neueren Lawn-Tennis-Litteratur umgearbeitet und seine fast zehnjährige enthusiastische und eifrige Hingabe an das Spiel dadurch aufs neue bethätigt.

Wenn im folgenden eine gedrängte Wiedergabe des Werkes versucht wird, so geschieht dies auf die Gefahr hin, demselben nicht völlig gerecht zu werden. Möge daher dieses Referat, welches nur das Wichtigste daraus in kurzen Zügen anführt, wenigstens den Zweck erfüllen, einen ungefähren Begriff vom Inhalt und dessen methodischer Durchführung zu geben.

Der 1. Abschnitt (S. 1—22) handelt vom „Rüstzeug zum Spiele". Hier ist die Rede von der Qualität des Spielgrundes, von den Maßen des Spielfeldes, von der Beschaffenheit des Netzes, der Pfosten, der Schläger und Bälle. Mit Rücksicht auf die außerordentliche Schwierigkeit, in unseren Klimaten gute Rasenplätze zu erzielen und zu erhalten, empfiehlt Verfasser in Übereinstimmung mit dem Fichard'schen Handbuch die harten Felder mit „absolutem Widerstande", die aus Macadam, Cement, Asphalt, Lehm, Asche oder Holz hergestellt werden können. Die Elastizitäts- und Reflexionsverhältnisse auf diesen verschiedenen Gründen werden erörtert. Von der Qualität des Schlägers kommen namentlich die Länge, das Gewicht, die Schwerpunktslage, das Material von Griff und Rahmen, der Umfang des Griffes, dessen Form und Oberfläche, die Form der Schlagfläche, die Beschaffenheit und Spannung der Saiten, endlich die Größe der Netzlücken in Betracht. Aus den detaillierten Angaben über diese

*) Herausgegeben von Dr. Reinhard-Pfaundler, Wien und Leipzig. Verlag von A. Pichlers Witwe & Sohn, 1898.

einzelnen Qualitäten sei nur hervorgehoben, daß im allgemeinen Netzspielern leichtere, Grund(Back-)spielern schwerere Schläger empfohlen werden, und daß das scheinbare Gewicht eines Schlägers mehr als von seiner wirklichen Schwere von der Lage seines Schwerpunktes beeinflußt wird, welche ihrerseits namentlich von dem sehr wichtigen Verhältnisse zwischen Rahmen- und Griffmasse abhängig ist. Der Ball muß gleichfalls die exakt vorgeschriebenen Maße und nebstdem — worauf besonders zu achten ist — einen bestimmten Grad von Elastizität besitzen, der in angegebener Weise leicht geprüft werden kann. Überzogene Unternahtbälle sind den nackten Bällen auf allen Spielgründen vorzuziehen.

Der 2te, umfangreichste Abschnitt des Buches (S. 23—141) handelt von der Technik des Spieles. Die Hauptfunktionen des Spieles sind der Schlag und die Stellung des Spielers zum Schlage. Das erste Kapitel bringt demgemäß „allgemeines über den Schlag". Hier ist als praktisch hochwichtiger Punkt vor allem die Haltung des Schlägers eingehend besprochen. Verf. ist — in Übereinstimmung mit den maßgebenden Spielern — ein Anhänger des Griffwechselsystems. Er benutzt und empfiehlt den Schlag im Vorhandgriff für Bälle zur rechten, den Schlag im Rückhandgriff für Bälle zur linken Hand. Die Technik der beiden Griffe und des Griffwechsels ist ausführlich besprochen. Der Vorgang des Zielens, das ein zweifaches ist (Zielen nach dem Balle und Zielen auf Placierung des Balles) wird hierauf kurz auseinandergesetzt. Es folgt eine breiter angelegte Besprechung der sechs Qualitäten des Schlages. Die erste Qualität, die Lage des Treffpunktes auf der Bahn des Balles kann nach den Spielgesetzen eine dreifache sein: man unterscheidet danach den Flug-, Sprung- und Grundschlag. In jenen Fällen, in welchen der Ball „am Orte der Wahl" geschlagen wird, erhebt sich die Frage, welches allgemein der günstigste Treffpunkt in der Bahn des Balles ist. Diese Frage wird auf Grund einer exakten Deduktion beantwortet. Die günstigste Lage des Treffpunktes wird in erster Linie durch die tangentielle Geschwindigkeit, in zweiter Linie durch die Bodenhöhe des Balles bestimmt. Es ergiebt sich, daß der günstigste Treffpunkt fast stets im Scheitel der zweiten Bahnkurve liegt. Die bekannt ungünstigen Chancen der Sprungschläge erklären sich aus dem Verhalten der tangentiellen Geschwindigkeit des Balles. Die zweite Qualität des Schlages betrifft die Lage des Treffpunktes auf der Schlagfläche des Schlägers. Es wird der Begriff der zentralen und der exzentrischen Schläge erörtert. Zentral ist jeder Schlag, bei dem der

Ball die Schlagfläche im Bereiche des Zentralstreifens (des über die Schlagfläche verlängert gedachten Griffes) berührt. Die vorteilhaften Eigenschaften der zentralen oder vollen Schläge (mangelnde Absprungsdeviation, volle Übertragung der Geschwindigkeit des Schlägers auf den Ball u. s. w.) werden hier begründet. An dieser Stelle sind auch zwei bisher ganz dunkle Punkte berührt, nämlich die verwickelten Fragen nach den Vorteilen der symmetrischen und der asymmetrischen Schlägerformen und jene nach der Lage des Schwingungspunktes auf der Schlagfläche des Schlägers. Namentlich letztere ist praktisch von hoher Bedeutung. Es läßt sich nachweisen, daß auf der Schlagfläche eines jeden Schlägers ein bestimmter, physikalisch genau definierbarer und leicht auffindbarer Punkt, der *Schwingungspunkt*, liegt, der als Treffpunkt die denkbar günstigsten Chancen der Erwiderung bietet. Nun liegt bei den allermeisten gebräuchlichen Schlägerformen dieser Schwingungspunkt nicht in der Mitte der Schlagfläche, sondern weiter griffwärts. Ohne Zweifel wäre es vorteilhafter, einen Schläger zu benutzen, dessen Schwingungspunkt in der Mitte des Zentralstreifens und Flechtwerkes läge, was durch gewisse Änderungen in der Konstruktion von Rahmen und Griff leicht erreichbar wäre*).

Aus der Besprechung der vierten Qualität des Schlages sei die Teilung des Schlagkreises, d. h. des vom Spieler *ohne* Ortsbewegung beherrschbaren Gebietes, in vier Sektoren hervorgehoben, worauf die Einteilung der Schläge in solche zur rechten, zur linken Hand, in Oberhand- und Unterhandschläge basiert. Es wird die in den einzelnen Sektoren erforderliche Aktion der Armmuskeln analysiert, die Möglichkeit von Schlägen in Vorhandgriff und Rückhandgriff in den vier Sektoren dargelegt und die Chancen der so unterschiedenen Schlagformen mit Rücksicht auf die Agilität der mitarbeitenden Muskelgruppen und die anatomische Stellung des Armes erwogen. Die fünfte Qualität ist die *Bewegungsform des Schlägers* gegen den *Ball*. Diesbezüglich werden drei Typen unterschieden, je nachdem es sich im wesentlichen um eine parallele Verschiebung, eine Drehung des Schlägers um eine oder mehrere *parallele* oder drei *aufeinander senkrechte* Achsen handelt. Den Schluß dieses Kapitels bildet die gesonderte Besprechung des Twistschlages (Effet- oder gefälschten Schlages), dessen Ursache, Wesen und Wirkung an der Hand von Zeichnungen der normalen und der deviierten Bahn dar-

*) Es sei hier nebenbei bemerkt, daß Thonets „*Fichard*"-*Schläger* diese Prinzipien zu verwirklichen sucht. —

gelegt werden. Der Twist (Fälschung) kommt während des Ballfluges, beim Absprunge vom Boden und beim Absprunge vom Schläger des Gegners zur Geltung. Je nach der Lage der Achse, um welche die den Twist verursachende Rotation des Balles erfolgt, wechselt die Form der Fälschung. Den taktischen Wert des Twistschlages schätzt Verf. mit Recht im allgemeinen gering.

Das nächste Kapitel handelt von den Bahnkurven der Bälle. Es werden hier in möglichst gemeinverständlicher Weise die Grundlagen für die Berechnung der Bahnkurven nach physikalischen und mathematischen Prinzipien erörtert und die (zumeist analytischen) Methoden angegeben, nach welchen die im folgenden enthaltenen Resultate gewonnen wurden. Verf. beabsichtigte damit jedem, der mit trigonometrischem Rechnen halbwegs vertraut ist, die Möglichkeit zu geben, ballistische Probleme mancherlei Art ohne Vorkenntnisse und weitläufige Deduktionen zu lösen. Besonders hervorzuheben sind einzelne resultierende, praktisch bedeutsame Punkte, betreffend die Beziehungen zwischen Rasanz der Bahn, Schärfe des Balles, Scheitelweite, Ausschlaghöhe, Ausschlaglänge, erster und zweiter Bahnkurve u. s. w. Die hier entwickelten Gesetze finden ihre Anwendung in der „Lehre vom Ausschlage" (3. Kapitel), die nach folgenden Fragen behandelt wird:

1. Von welchen Faktoren ist die Qualität des Ausschlages überhaupt abhängig?
2. Welches sind die Forderungen, die an einen möglichst guten Ausschlag gestellt werden müssen?
3. In welcher Weise müssen die Faktoren des Ausschlages variiert werden, um diesen Forderungen am ehesten zu entsprechen?
4. Welches ist die Form oder spezielle Technik des Ausschlages?

Um von jedem der fünf wesentlichen Faktoren des Ausschlages den günstigsten Wert zu erfahren, berechnet Verfasser die maßgebendste Qualität, nämlich die Schärfe des Balles, bei Variation eines jeden Faktors. Beispielsweise ergiebt sich hieraus, daß der technisch ideale Ausschlag, bei welchem der Ball die maximale Geschwindigkeit von 62,3148 m per Sekunde erreicht, zu stande kommt, wenn gleichzeitig der Anschläger

a) in der Ecke des Spielfeldes steht;
b) den Ball in einer Bodenhöhe von 2,9 m zentral trifft;
c) den Ball in der Richtung gegen die äußere Ecke des gegnerischen Ausschlagfeldes und
d) mit möglichst descendierender Bahn schlägt.

Die durch taktische Erwägungen hierbei bedingten Modifikationen werden gleichfalls behandelt, wie Verf. überhaupt über die Theorie die Praxis stellt.

Im Anschlusse hieran wird über die Formen des Aufschlages (Oberhand-, Seitenhand-, Unterhandaufschlag) berichtet.

Der dritte Abschnitt (S. 142—175) ist überschrieben: „Von der Taktik des Spieles". Die Einleitung hierzu bilden die „allgemeinen Grundlagen der Taktik", unter welchem Titel über das defensive und offensive Spiel, über das Placieren des Balles, über Twist- und Lobschläge, über das „Spiel mit guter Länge" und über die Aufstellung des Spielers im allgemeinen gehandelt wird. In weiteren vier Kapiteln ist von der speziellen Taktik eines jeden Spielers im Doppelspiel die Rede. Die Details betreffend muß auf das Original verwiesen werden. An dieser Stelle sei nur hervorgehoben, daß sich namentlich für die Stellung des Rückschlägers nach exakter Methode verwertbare Anhaltspunkte gewinnen ließen. Unter gewissen Voraussetzungen steht der Rückschläger im Viererspiele durchschnittlich am vorteilhaftesten unmittelbar hinter der Grundlinie, und zwar je nach der Aufstellung des Aufschlägers 3, 5 oder 7 Schritte von der Mitte der Grundlinie entfernt. Von typischen Schlägen des Rückschlägers zur Erwiderung des Aufschlagballes empfiehlt Verfasser namentlich den Flankenschlag, den Croßschlag, den Dropschlag und zwei Arten Hochschläge.

Im Anhange des Buches sind in drei Kapiteln praktische Winke enthalten über die „Ausbildung zum Lawn-Tennis-Spieler", über die „Unarten am Lawn-Tennis-Platze" und über die „Hygiene des Lawn-Tennis-Spieles".

Um meine Ansicht über das Buch kurz zusammenzufassen, wiederhole ich, was ich gleich bei Erscheinen desselben sagte:

Es bietet die wissenschaftliche Begründung des Lawn-Tennis-Spieles vor dem Forum des Mathematikers, Physikers und Mediziners. Sämtliche Vorgänge beim Spiel, vom einfachsten Schlag angefangen, die ganze Technik und Taktik bis in die kleinsten Einzelheiten hinein werden auf wissenschaftlichem Wege erörtert und untersucht, die Frage nach dem innersten Wesen des Spieles wird endgültig und erschöpfend beantwortet. Und dies alles geschieht nicht etwa als Selbstzweck, nicht etwa theoretischer Grübelei zuliebe, sondern in der ausgesprochenen und verwirklichten Absicht, die durch praktische Erfahrung der Jahrzehnte gewonnenen Grundsätze zu bestätigen und anderseits durch die theoretische Überlegung fördernd und bessernd in die Praxis einzugreifen.

So lehrt uns der Verfasser das durch die Wissenschaft geläuterte ideale Spiel.

---

10. Über den Betrieb der Jugendspiele in Mecklenburg-Schwerin.

Von Gymnasiallehrer Lembcke, Schwerin i. M.

Als Unterzeichneter vor fast zwei Jahren statistische Erhebungen über den Stand des mecklenburgischen Schulturnens anstellte, da nahm er zugleich Gelegenheit, Erkundigungen über den Spielbetrieb im ganzen Lande einzuziehen. Das Resultat dieser Arbeit war dann der Gegenstand einer Besprechung der Jahresversammlung unseres Mecklenburgischen Turnlehrervereins, und auf mehrfachen Wunsch wurden die Ergebnisse der statistischen Erhebungen in den heimischen pädagogischen Blättern weiteren Kreisen zugänglich gemacht. In aller Kürze wurde auch in der Zeitschrift für Turnen und Jugendspiel darüber berichtet; hier nun möge besonders dem Bericht über Turnspiele ein Platz gegönnt sein.

Wir erwähnen zunächst die Volksschulen.

Da das Turnspiel fast an allen Orten Mecklenburgs nicht für sich allein betrieben wird, sondern nur in Verbindung mit regelrecht getriebenem Turnunterricht zu finden ist, so möge zunächst an der Hand einiger Zahlen konstatiert werden, wie weit der Turnbetrieb im Lande sich ausgedehnt hat. Dabei ist vorweg zu bemerken, daß gesetzliche Bestimmungen über obligatorisches Spiel nicht vorhanden sind.

Doch zählen wir heute in 35 Städten und einigen Flecken etwa 6500, in Dörfern etwa 600—700 turnende Knaben, dazu rund 1500 Mädchen, welche geordneten Turnunterricht genießen. Eigentlich fehlen nur zwei größere Flecken, bei denen der Turnunterricht noch nicht endgültig eingeführt ist. In allen anderen Städten scheinen auch die Spiele als ein durchaus wichtiger Bestandteil des Turnens angesehen zu werden. Doch wird nur an einer geringen Anzahl von Volksschulen auch in der unterrichtsfreien Zeit ein- oder zweimal wöchentlich gespielt; in den meisten Schulen dagegen während der Turnzeit das Spiel gepflegt. Die Leitung und Überwachung besorgt der Turnlehrer. Die Spielplätze entsprechen nach Lage, Entfernung, Größe und Einrichtung den Turnplätzen vollends, nur einige Städte erfreuen sich Dank der trefflichen Fürsorge der Stadtverwaltungen besonderer Spielplätze. Vielfach muß der Schulhof, trotzdem er wegen seiner geringen Größe manche Spiele und eine größere Spielabteilung ausschließt, in Ermangelung geeigneter Stätten den Anforderungen zu genügen suchen. Gespielt wird durchweg gern und fleißig, leider aber nicht überall unter Wahrung des Standpunktes einer möglichst gleichmäßigen Verteilung der einzelnen Arten von Körperübungen auf die einzelnen Lehrstunden. Ja, wenn nur das ganze Jahr hindurch geturnt würde, so könnte man sich wohl damit einverstanden erklären, *wenn während des Sommers* gegenüber dem eigentlichen Turnunterricht *die Spiele mehr in den Vordergrund treten würden*. Aber bei der durchaus beschränkten Zeit können wir es nicht billigen, wenn einzelne Orte von zwei wöchentlichen Turnstunden einen Tag ganz dem Spiele und den anderen Tag den Ordnungs-, Frei- und Gerätübungen zuweisen. Mehr können wir uns z. B. mit der Einrichtung in Malchow und Sternberg befreunden, woselbst alle 14 Tage ein ganzer Nachmittag mit Turnspielen verbracht wird. Diesen Orten gegenüber werden in vier Städten die Spiele nur in beschränktem Maße getrieben, während als ganz ohne Spielbetrieb noch acht Ortschaften zu verzeichnen sind.

An Turnspielen treten auf: a) Lauf- und Fangspiele, b) Kampfspiele, c) Ballspiele. Am verbreitetsten und am meisten geübt werden: a) Drittenabschlagen, Barlauf, Fuchs zu Loch, Schlaglaufen, Katze und Maus, Schwarzer Mann, Diebschlagen, Tag und Nacht, Urbär, Glucke und Geier, Holland-Seeland; b) Kreislaufen, Hinkkampf, Schwebekampf, Tauziehen; c) Schlagball mit und ohne Freistätten, Jagdball, Neckball, Fangball, Kreisball, Kreisfußball, Prellball, Reiterball, Sauball, Schleuderball, Stehball, Wanderball, Feldball, Grenzball.

Noch nicht allgemeinen Eingang, obgleich ziemliche Verbreitung haben gefunden: Cricket, Tamburin, Faustball, Fußball.

Außer diesen Spielen treten als volkstümliche Übungen auf: Steinstoßen, Diskus (Sternberg, Schwaan), Werfen mit Gerstangen.

Entsprechend der Gestaltung der Spiele in umfangreicher oder geringer Ausdehnung steht an manchen Orten eine große Anzahl von Spielgeräten zur Verfügung, anderswo ist wegen vermeintlichen Geldmangels nichts angeschafft. Einige Schulen besitzen nur ein Tau, welches in einem Falle als noch „sehr neu“ beschrieben wurde — gewiß kein Zeichen von zu ausgedehnter Benutzung!

Im großen und ganzen ergeben sich immerhin befriedigende Zustände im Bereiche der Volksschulen. Die Verhältnisse gänzlich umzuwandeln vermag nur eine allseitige Einführung obligatorischen Turnunterrichts, der leider den meisten Schulen ohne Spielbetrieb noch fehlt. Sache der Behörden ist es, hier einzugreifen und geordnetere Zustände zu schaffen. Unsere Aufgabe aber muß darin bestehen, immer und immer wieder darauf hinzuweisen, daß das Spiel eines der wirksamsten Mittel zur Belebung des Turnunterrichtes ist und daß dem Spiel selber hervorragende Quellen entspringen, die der Jugend und damit dem Volke reichen Segen spenden. Haben die Kinder aller Zeiten gern gespielt, so werden sie auch gern spielen in unseren und den künftigen Tagen. Es ist eben das Spiel etwas der kindlichen Natur Eigenes und Notwendiges, etwas, was ihnen frommt und wohlthätig wirkt auf Körper und Geist.

So sollte es denn auch selbstverständlich sein, daß neben dem Staate auch die Schule, der berufene Faktor, sich dieser Sache annähme und mit allen Kräften förderte. Was würde wohl aus den Spielen werden, wenn die Kinder allein auf dem Spielplatz wären, wenn sie nicht im Spiel unterrichtet würden? Ein sonderbares Bild würde sich dem Auge des Beobachters bieten! Mit Dank sei darum auch an dieser Stätte konstatiert, mit welch lebhaftem Interesse sich der heimische Lehrerstand der Sache widmet. Hervorgehoben muß aber werden, daß noch in zwei Städten des Landes Turn- und Spielunterricht Männern anvertraut sind, welche in keiner Beziehung zur Schule stehen (Neustadt und Rehna) und welche man nur aus übertriebenen Sparsamkeitsrücksichten angestellt hat.

Findet sich somit im Spielbetrieb der Knaben der Volks- und Bürgerschulen noch manches, was anders aussehen müßte, so walten aber doch an den höheren Schulen des Landes bessere Verhältnisse. Namentlich seit den achtziger Jahren, wo man besonders vorgebildete, geprüfte Turnlehrer angestellt hat, ist hier die Möglichkeit einer gesunden Turn- und Spielentwicklung geschaffen. An den 17 höheren Schulen des Landes (7 Gymnasien, 0 Realgymnasien, 2 Realprogymnasien und 2 lateinlosen Schulen) ist dem Spielbetrieb überall Raum gegeben, doch wird in Waren, Rostock, Grabow und Ribnitz nur auf dem Turnplatz und in den Turnstunden gespielt, während an den übrigen Anstalten noch besondere Spielstunden, meistens bei freiwilliger Beteiligung, angesetzt sind. Aufgefallen ist mir dabei, daß die Schüler der oberen Klassen das Faustball- und Fußballspiel allen anderen Spielen vorziehen und daß, nachdem ich meinen Spielabteilungen das Fußballspiel mit Aufnehmen des Balles verboten, es selten zu

Ausschreitungen, Roheiten oder Verletzungen kommt. Den mittleren Klassen scheinen die verschiedenen Arten sonstiger Ballspiele besonders zuzusagen, während unser schönes deutsches Barlaufspiel weniger gern geübt wird.

Die Spielplätze liegen meist in nicht unbeträchtlicher Entfernung von der Schule, sodaß auch die Schulhöfe ausgenutzt werden müssen. Schwerin und Ludwigslust spielen häufig auf den Exerzierplätzen, Wismar und Güstrow auf der städtischen Weide; Bützow hat einen eigenen Spielplatz, während Parchim und auch bisweilen die Schweriner Schulen ihre früheren entlegenen Turnplätze benutzen. Einen sehr guten Turnunterricht genießen auch die Zöglinge des Seminars und Präparandums in Neukloster. Davon legten besonders die gelegentlich der Turnlehrerversammlung in Neukloster vorgeführten praktischen Übungen Zeugnis ab, welche den Anwesenden zugleich die Gewähr gaben, daß die künftigen Lehrer Mecklenburgs auch in diesem Fache wohlausgebildet die Sache in die Hand nehmen können.

Die dort vorgeführten Spiele waren folgende:

1. Gang: Scheibenspiel, Diebschlagen, Barlauf, deutscher Schlagball, Ball mit Freistätten, Kreisfußball, Neckball, Balljagd, Faustball, Tamburinball.

2. Gang: Fußball ohne Aufnehmen.

Daß aber auch ältere Jahrgänge mecklenburgischer Lehrer mit Interesse unsere Spielsache verfolgen, davon gab der erste Spielkursus, der in der Pfingstwoche 1898 hier in Schwerin abgehalten wurde, den deutlichsten Beweis. An demselben beteiligten sich 15—17 Lehrer verschiedener Schulen unter Leitung von Oberlehrer Metzmacher, sowie unter Mitwirkung des Herrn Schröder und des Schreibers dieser Zeilen.

Der Lehrgang umfaßte in seinen Hauptteilen folgendes:

1. Tag: Eröffnung des Lehrganges. — Vortrag des Oberlehrers Metzmacher: „Über den Wert der Spiele für die Erziehung der Jugend." — Einleitende Besprechung und Einübung von Spielen, Vorführung derselben durch Schüler.

2. Tag: Vortrag des Realgymnasiallehrers Schröder: „Über die methodische Entwicklung des Spiels, gezeigt am deutschen Schlagball." — Besprechung und Einübung von Spielen durch den Vortragenden.

3. Tag: Vortrag des Gymnasiallehrers Lembcke: „Über das Laufen." — Besprechung und Einübung von Spielen durch den Vortragenden.

4. Tag: Vortrag des Oberlehrers Metzmacher: „Über englische Spiele an deutschen Schulen." — Weiteres wie oben.

5. Tag: Turnspiele auf dem großen Exerzierplatz.

6. Tag: Turnfahrt.

Die Teilnehmer haben zu verschiedenen Malen ihre vollste Befriedigung geäußert und sind mit dem Wunsche der Teilnahme an einem zweiten Spielkursus voneinander gegangen.

Als Frucht des ersten ist eine Spielvereinigung Schweriner Lehrer anzusehen, die nach Schluß des Kursus sich einmal in der Woche noch weiterhin den Spielen widmen will. Im übrigen haben sich besonders die Turnvereine verschiedener Städte der Volksspiele angenommen. In einigen derselben wird schon seit längerer Zeit an Sommerabenden und Sonntagnachmittagen den verschiedensten Kreisen Gelegenheit zur Erholung im Spiel gegeben. Dem Schweriner Turnverein ist letzthin seitens der Militärbehörde der kleine Exerzierplatz zu diesem Zwecke zur Verfügung gestellt.

Wenn ich sonst noch Umschau im Lande halte, so sind es vor allem die Privatmädchenschulen, die mit Ernst und Eifer hier und da, in und außer der Schule, ihren Körper durch freie Bewegung in frischer Luft zu stählen suchen.

An den Insassen der Volksmädchenschulen aber scheint man hier im Lande üble Erfahrungen, wie sie Stubenleben und Stubenluft mit sich bringen sollen, noch nicht ernsthaft gemacht zu haben. Darum ist an diesen Schulen fast gar nichts als Gegengewicht gegen die durch längere Sitzarbeit hervorgerufene körperliche Abspannung gethan. An einem Orte hat man sogar die Turnspiele für Mädchen wegen ihrer vermeintlichen Unzweckmäßigkeit wieder abgeschafft, nachdem sie sich mit Erfolg erst vor kurzem dort eingebürgert hatten.

Wer aber einmal gesehen, wie so manchem Mädchen früh und spät, in der Jugend und im besten Alter körperaufreibende Pflichten und Sorgen zugemutet werden, den möchte es doppelt anspornen, auch diesen Kreisen in möglichst früher Zeit die Segnungen des Leibesunterrichts zu erschließen, ihnen Gesundheit und Kraft und nebenbei den Sinn für freie, freudige, wohlanständige Bewegung zu vermitteln. Oder schadet etwa solch Thun und Treiben den guten Sitten? Überschreitet es die Bahn der Erziehung zur Züchtigkeit, zum Fleiß, zur Ordnung, zur Bescheidenheit und Sittlichkeit? Im Gegenteil!

Wenn dem aber so ist, ist es dann nicht zu bedauern, daß, obwohl medizinische Autoritäten und berufene Turnpädagogen seit Jahrzehnten für die Einführung der Leibesübungen der Mädchen eingetreten sind, doch noch an so wenigen Orten des Landes das Feld erobert ist?

Darum schließe ich mit dem Wunsche, daß auch bei uns insonderheit das Turnspiel, das doch mit bescheidenen Mitteln eingeführt werden kann, bald allen Knaben und Mädchen des Landes das „Rot auf den Wangen und die Freude im Herzen" vermitteln möge.

---

11. Die Pflege der Volks- und Jugendspiele im Mainz.

Von Fräulein Eugenie Kratt, Lehrerin in Mainz.

Erfreulicherweise kann aus Mainz berichtet werden, daß dort das Interesse an den Jugendspielen wenigstens unter der weiblichen Bevölkerung stetig wächst, und die städtischen Behörden der Spielbewegung große Teilnahme entgegenbringen. Seit dem Sommer 1895 besteht ein Damenturn- und Spielklub, der im Winterhalbjahr turnt, im Sommersemester dagegen eifrig spielt und jetzt bereits 150 erwachsene Mitglieder zählt. Als Spielplatz wurde im Sommer 1895 der Schulhof der höheren Mädchenschule, seit 1896 der herrlich an der Rheinseite des kurfürstlichen Schlosses gelegene Platz benutzt, der dem Klub von der Stadt zur unentgeltlichen und ausschließlichen Benutzung überlassen wurde. Um die Spielerinnen gegen Belästigungen seitens der Straßenjugend zu schützen, sowie zur Schonung und Zierde des Platzes, wurde derselbe im Frühjahr 1898 auf städtische Kosten mit einer Hecke und einem Stachelzaune umgeben. Seine Lage ist ganz besonders deshalb sehr günstig, weil er sich noch innerhalb der Stadt und damit im Mittelpunkte des Interesses befindet. Anfangs scheuten sich allerdings viele Damen davor, so öffentlich spielen zu müssen. Aber der Gedanke, gerade durch das öffentliche Ausüben der Volks- und Jugendspiele Propaganda für deren Ausbreitung, also für eine gute Sache zu machen, besiegte alle Vorurteile, die übrigens ebenso ungerechtfertigt sind, wie es früher die Vorurteile gegen das Schlittschuhlaufen der Damen waren.

Der Damenturn- und Spielklub ließ vier Tennisplätze auf dem ihm zur Verfügung gestellten Grundstücke anlegen. Tennis wurde täglich gespielt zu jeder Tageszeit. Außerdem wurde zweimal wöchentlich auf dem Spielplatze eine doppelstündige allgemeine Spielstunde abgehalten. Der Spielplatz darf nie anders als mit absatzlosen Schuhen betreten werden. Neben Tennis werden noch Tamburin- und Federball, in den allgemeinen Spielstunden mit Vorliebe Ball mit vier Freistätten nach englischer Art, Feldball und Schleuderball gespielt. Weil der

Verein sich auch die Aufgabe gestellt hat, Lehrerinnen in den allgemeinen Spielstunden zu Spielleiterinnen auszubilden, werden selbstverständlich die übrigen bekannten Jugendspiele wie Barlaufen, Jagdball, Reifturnier u. s. w. ebenfalls erklärt und geübt. Da die Leitung unentgeltlich geschieht, wird der geringe Jahresbeitrag der Klubmitglieder zur Anschaffung der Spielgeräte einschließlich der Tennisschläger benutzt. Von Juli 1898 ab gestattete der Vorstand des Mainzer Damenturn und Spielklubs den beiden oberen Klassen der höheren Mädchenschule, auf seinem Platze die allgemeinen Spiele und Tamburin zu spielen. Vierzig junge Mädchen machten von dieser Erlaubnis den ausgiebigsten regelmäßigen Gebrauch zu ihrer Gesundheit und Freude. Am höchsten stieg der Jubel, wenn von den Kindern Stafettenlaufen geübt wurde. Auch die sich häufig einfindenden Zuschauer verfolgten mit großem Interesse den Gang der herrlichen Parteispiele. In der That bietet der Spielplatz im Vordergrunde des Schlosses während der allgemeinen Spielstunden ein anziehendes Bild, das dem alten Renaissancebau nur zur Zierde gereicht, besonders wenn gleichzeitig von verschiedenen Gruppen Tamburin, Schlag-, Feld- und Schleuderball gespielt wird. Das Sommersemester 1898 schloß mit einem glänzend verlaufenen Wettspiele in Ball mit vier Freistätten, Feldball und Schleuderball, das für die Schülerinnen Ende September abgehalten wurde. Die siegenden Parteien wurden durch Überreichung eines Eichenlaubsträußchens an jede Parteiangehörige seitens der Frau Oberbürgermeister und durch eine Ansprache seitens der Leiterin geehrt. Da die erwähnten Schülerinnen der zwei oberen Klassen der höheren Mädchenschule auch noch wöchentlich eine 1½ stündige Spielstunde im Schulhofe haben, so wird nicht leicht eine Stadt in Deutschland zu nennen sein, in der den oberen Klassen einer höheren Mädchenschule mehr Gelegenheit zur Ausübung der Jugendspiele geboten wird als in Mainz.

Was die Einführung von Spielstunden an den Schulen betrifft, so war die erste Schule zu Mainz, die das Jugendspiel in „grundsätzliche, geordnete Pflege" nahm, die höhere Mädchenschule. 1895 und 1896 richtete sie eine 1½ stündige Spielzeit für die drei oberen, 1897 für die sechs oberen Klassen ein und 1898 hatten die fünf oberen Klassen je eine 1½ stündige Spielzeit. Gespielt wird im Schulhofe, der allerdings nicht ausreichend ist. Hoffentlich wird hierfür bald besserer Ersatz geschaffen werden. — Auf Antrag des Herrn Oberbürgermeisters Dr. Gaßner wurde im Juni 1897 vom Schulvorstande der hiesigen Volksschule einstimmig die Einführung von Spielstunden an den vier oberen Klassen derselben beschlossen und am 1. September

1897 dieser Beschluß von der Stadtverordnetenversammlung einstimmig bestätigt. Als Honorar für die doppelstündige Spielzeit wurden 4 Mk. bewilligt und Herr Oberlehrer Judith mit der Oberaufsicht über die Einrichtung der Spielstunden betraut. Spielgeräte wurden in genügender Anzahl angeschafft und zwei schöne Plätze, der eine am Nord-, der andere am Südende der Stadt gelegen, zur Verfügung gestellt.

Am 2. August 1897 hatte eine Abteilung des Mainzer Damenturn- und Spielklubs die Ehre, dem Schulvorstande und der Kreisschulkommission die Spiele, die für die oberen Klassen der Volksschule vorgesehen waren, vorzuführen. Es waren: deutscher Schlagball, Ball mit Freistätten, Feldball, Barlaufen, Reiffspiel, Schleuder- und Tamburinball.

Um bei Eröffnung der Spielstunden zu Ostern 1898 über die nötige Zahl von Spielleitern verfügen zu können, ordnete die Stadt im Herbst 1897 einen fünfwöchentlichen Spielkursus für Lehrer und einen für Lehrerinnen an, die sich großer Beteiligung erfreuten. Ersterer wurde Herrn Dirigo, letzterer Fräul. Kratt übertragen; beide hatten früher einen Spielkursus bei Herrn Turninspektor Weidenbusch (Frankfurt a. M.) absolviert. So waren alle Vorbedingungen für die Einführung der Jugendspiele an hiesiger Volksschule erfüllt. Sie wurden vom 1. Mai 1898 ab praktisch. Die vier oberen Klassen haben von Ostern bis Herbst wöchentlich eine doppelstündige, fakultative Spielzeit auf dem Spielplatze, die hoffentlich später obligatorisch gemacht wird. Außerdem wurden seit Ostern 1898 von der Stadt sämtliche Schulhöfe den Volksschulkindern zur Benutzung nach der Schulzeit freigegeben und unter Aufsicht einer dafür bezahlten Lehrkraft gestellt.

Möchten die höheren Knabenschulen zu Mainz bald dem Beispiele der höheren Mädchenschule und der Volksschule folgen und die der Schule entwachsene Jugend an der liebgewordenen Gewohnheit festhaltend, sich zu freien Spielgruppen vereinigen. Möchte die Stadtverordnetenversammlung von Mainz den ersten Schritt thun, dies zu ermöglichen, indem sie der männlichen Jugend den heutigen Schloßplatz als Volksspielplatz zur Verfügung stellt. Dann wird Mainz in der ersten Reihe der Städte stehen, die, gestützt auf ein stolzes, thatkräftiges junges Geschlecht, beruhigt in die Zukunft sehen können, weil sie den Volks- und Jugendspielen eine gesicherte Heimstätte bereitet und den alten Turnvätern Guts Muths und Jahn wieder zu Recht verholfen haben.

C. Preisausschreiben

des Zentral-Ausschusses über Jugendfeste.

Der Zentral-Ausschuß für Volks- und Jugendspiele fordert hiermit zum Wettbewerb über folgende vier Preisaufgaben auf:

1. **Die Veranstaltung von Jugendfesten an höheren Schulen.**
2. **Die Veranstaltung von Jugendfesten an städtischen Knabenschulen.**
3. **Die Veranstaltung von Jugendfesten an Mädchenschulen.**
4. **Die Veranstaltung von Jugendfesten an Landschulen.**

Bedingungen.

1. Es sollen vor allem praktische Vorschläge über die zweckdienliche Veranstaltung solcher Jugendfeste entwickelt werden. Vgl. Kleine Schriften des Zentral-Ausschusses, Heft 1. Ratgeber zur Einführung der Volks- und Jugendspiele. Dritte Aufl. Voigtländer, Leipzig. S. 39 40. Neben Festen auf dem Turnplatze oder der Spielwiese können auch Wald- und Bergfeste in Betracht gezogen werden.

2. Die Arbeiten sollen den Umfang von einem bis höchstens zwei Druckbogen haben.

3. Die Arbeiten müssen gut leserlich sein; undeutlich geschriebene werden nicht berücksichtigt.

4. Jede Arbeit ist mit einem Wahlspruche zu versehen. Ein verschlossener Briefumschlag mit demselben Wahlspruche ist beizufügen; in diesem muß Name und Adresse des Bearbeiters enthalten sein.

5. Die Arbeiten sind bis zum 1. Juni 1899 frei einzusenden an den Geschäftsführer des Zentral-Ausschusses, Direktor H. Raydt, Leipzig, Löhrstr. 3/5.

6. Das Preisgericht wird aus Mitgliedern des Zentral-Ausschusses, und zwar aus denen des Sonderausschusses für Volks- und Jugendfeste gebildet. Als Preisrichter sind bestimmt:

für die erste Preisaufgabe (Jugendfeste an höheren Schulen): die Herren Oberlehrer Dunker, Hadersleben; Prof. Dr. K. Koch, Braunschweig; Dr. E. Witte, Braunschweig;

für die zweite Preisaufgabe (städt. Knabenschulen): Dr. med. F. A. Schmidt, Bonn; Königl. wirkl. Rat Weber, München; Dr. E. Witte, Braunschweig;

für die dritte Preisaufgabe (städtische Mädchenschulen): Turninspektor A. Hermann, Braunschweig; Reallehrer Walther, München; Königl. wirkl. Rat Weber, München;

für die vierte Preisaufgabe (Landschulen): Oberlehrer Dunker, Hadersleben; Turninspektor A. Hermann, Braunschweig; Reallehrer Walther, München.

7. Der besten Arbeit in jeder Abteilung wird ein Preis von hundert Mark zugesprochen. Diese vier Arbeiten werden Eigentum des Zentral-Ausschusses, der sich vorbehält, sie in ihm geeignet erscheinender Weise zu veröffentlichen.

II. Über den Fortgang der Spiele und verwandten Leibesübungen im Jahre 1898.

1. Die Wettkämpfe des Vorjahres.

Von Professor Dr. Konrad Koch, Braunschweig.

Für die Schätzung der Wettkämpfe ist das Jahr 1898 entscheidend gewesen. Vorher mußten ihre Vertreter immer wieder den Einwand hören, als seien sie jedenfalls unturnerisch und undeutsch und auch an sich unbedingt verwerflich, und mußten gelegentlich den Unkenruf vernehmen, man könne in ihrer Beliebtheit nur ein Zeichen des Verfalls erblicken. Nachdem uns dieses Jahr eine so reiche Fülle herrlich gelungener Wettkämpfe aller Art gebracht hat, ist allen Unbefangenen das Gegenteil ersichtlich geworden. Zweckmäßig veranstaltete und verständig geleitete Wettkämpfe kommen dem Betriebe kräftiger Leibesübungen im höchsten Grade zu gute, die lebhafte Teilnahme daran ist keineswegs ein Zeichen des Verfalls, im Gegenteil ein Zeichen neuerwachenden Kraftgefühls, und der Vergleich mit den Zirkusspielen des kaiserlichen Roms schon aus dem Grunde hinfällig, weil dort nur einzelne wenige und zwar bezahlte Wettkämpfer auftraten, während die große Masse ihrer Schaulust fröhnte und nur durch wüstes Blutvergießen und schaurige Metzeleien zufrieden zu stellen war. Wir stellen unsere Wettkämpfe vielmehr auf eine Stufe mit den neu aufkommenden Olympischen Spielen im alten Griechenland, die in der Geschichte als ein Beweis dafür gelten, daß damals im *griechischen Volke das Nationalgefühl erwachte, wie denn auch bei uns Deutschen das Erwachen dieses Gefühls zur Begründung der Nationalfeste geführt hat.*

Die Hauptentscheidung zu Gunsten der Wettkämpfe haben wir dem Allgemeinen deutschen Turnfeste zu Hamburg zu danken. Und gerade dieser Umstand wird unsere Gegner aus turnerischen Kreisen inskünftige verstummen lassen. Die Wettkämpfe und namentlich die Wettspiele haben zu dem moralischen Erfolge, den das IX. deutsche Turnfest zu Hamburg ohne Zweifel errungen hat, neben den Massenübungen am meisten beigetragen. Sie haben nicht allein Tausende von Zuschauern herangezogen und dadurch eine beträchtliche Einnahmequelle geboten, sondern sie mußten auch die Gesamtheit der Zuschauer dauernd zu fesseln. Veranstaltung und Leitung waren streng nach turnerischen Grundsätzen geregelt, und darum war auch der Verlauf in hohem Grade befriedigend. In Bezug auf die Auswahl der Spiele ist freilich zu sagen, daß die Bevorzugung des Faustballs nicht hinreichend durch den Wert des Spiels begründet erscheint. Die Zahl der Wettkämpfe in diesem erst kürzlich aufgekommenen und an sich mit Recht allgemein beliebten Spiele war doppelt so groß wie diejenige im Fußball und fast dreimal so groß wie die im Schlagball und im Schleuderball. Das erklärt sich zumeist aus der Jugend unseres Spiellebens. Unser altes deutsches Spiel, der Schlagball, verdiente, weil er Arme und Beine gleichmäßig übt, viel eher solchen Vorzug; aber ein großer Teil unserer heutigen Turner ist noch zu wenig im Laufen geübt, um an diesem Spiel gleich den rechten Gefallen finden zu können. Daß sich dieser Mißstand schnell heben wird, vielleicht inzwischen schon größtenteils gehoben hat, beweisen die sehr erfreulichen Laufleistungen der deutschen Turner in Hamburg sowohl bei den volkstümlichen Übungen wie beim Stafettenlauf.

Einen ähnlichen Erfolg, wenn auch in kleinerem Maßstabe, haben die Spielvorführungen auf dem Kongresse des Zentralausschusses zu Bonn gehabt. Die sehr gut gelungenen Wettspiele der Gymnasiasten haben manches Vorurteil siegreich überwunden, ferner hat der Fünfkampf der Bonner Studenten, an dem sich Angehörige der verschiedensten Korporationen beteiligten, ein treffliches Vorbild für alle deutschen Hochschulen gegeben, und endlich haben die echt volkstümlichen, nicht im geringsten sportlichen Wettkämpfe der Turner auf dem Venusberge ein prächtiges Bild jugendlicher Kraft und Gewandtheit geboten, das nach der Aussage von manchen der erschienenen Gäste die Gegner unserer Spielbewegung, wenn sie sich seines Anblicks hätten erfreuen können, auf der Stelle zu bekehren im stande war. So sagt der Mainzer Berichterstatter: „Wer dem Fußball-Wettspiel der Bonner Gymnasiasten zugesehen hat, muß gestehen, daß gegen dieses Spiel, wenn es, wie in Bonn, genau nach den Regeln gespielt wird, nichts einzuwenden ist. Im Gegenteil, alle Zuschauer begeisterten sich mehr und mehr dafür, der Eindruck dieses Spieles ist mir unvergeßlich. Ein Dauerlauf von 1½ Stunden, verbunden mit geistreicher Berechnung, vollendetem Zusammenspiel und dem Wetteifer um den Sieg; wahrlich, das rechte Spiel, um aus Jünglingen Männer zu machen."

Gleichfalls einen wesentlichen Fortschritt zu verzeichnen haben die Wettkämpfe der Schuljugend unter verschiedenen Anstalten. Der jährliche Barlauf-Wettkampf der Berliner Schulen um den Bismarckschild steht nicht mehr vereinzelt da. Hoffentlich werden nun die bisher gegen ihn gerichteten Angriffe aufhören, nachdem in diesem Jahre der Bannerkampf der höheren Schulen der Provinz Schleswig-Holstein hinzugekommen ist. Bei dem Wettbarlaufspiel in Berlin waren in den ersten Jahren noch Erfahrungen zu sammeln, da eine ähnliche Veranstaltung in Deutschland bis dahin nicht vorlag. Durch eine geeignete Verwertung dieser Erfahrungen ist es den Leitern des Wettkampfs in diesem Jahre gelungen, manche Mißgriffe zu vermeiden und so zu einem sehr befriedigenden Ergebnisse zu kommen. Es beteiligten sich 16 Anstalten (1897 nur 11), unter denen den Sieg das Askanische Gymnasium davontrug. Gerade für die höheren Schulen Berlins muß eine solche Anregung zu kräftigen Schulspielen besonders notwendig erscheinen, um die Schuljugend von der Beteiligung an den zahlreichen Sportklubs dieser Stadt zurückzuhalten, oder richtiger wieder zurückzurufen. Denn meist finden sich in deren Reihen nicht wenige Zöglinge dieser Schulen. Zum erstenmal ist in diesem Jahre der Wettkampf der höheren Schulen Schleswig-Holsteins um das Ehrenbanner ausgefochten. Am 10. September haben zu Neumünster unter Leitung des Nordalbingischen Turnlehrervereins und des Bannerausschusses allgemeine Fünfkämpfe in volkstümlichen Übungen bei sehr zahlreicher Beteiligung stattgefunden, aus denen als Sieger die Riege des Altonaer Realgymnasiums hervorgegangen ist. Durchweg standen die Leistungen der Schüler auf einer Höhe, die große Anerkennung verdient.

Unter den Wettkämpfen einzelner Anstalten verdienen vielleicht am meisten Beachtung die Wettspiele am Turnfeste zur 200jährigen Jubelfeier der Francke'schen Stiftungen zu Halle a. S. am 9. Juli. An der Oberrealschule dort herrscht seit Jahren schon ein sehr kräftiges Spielleben; aber auch die Schüler der Latina, des Francke'schen Gymnasiums, haben sich bei dieser Gelegenheit als tüchtig in den verschiedenen Spielen erwiesen. Zwischen den beiden Anstalten fanden vier Wettspiele statt, die Primaner und Obersekundaner fochten ein Fußball-Wettspiel aus, die Untersekundaner maßen ihre

Kräfte im Feldball, für Tertia und Quarta war Schlagball, für Quinta Barlauf vorgeschrieben. Die Oberrealschule vermochte nur im Schlagball den Sieg zu gewinnen. Ihre volkstümlichen Wettkämpfe verliefen dafür um so glänzender. Die Prima und Sekunda führte einen Fünfkampf aus im Dreisprung, Hundertmeterlauf, Stoßballweitwurf, Gerzielwurf und Ringen, die mittleren und die unteren Klassen übten sich im Dreikampf, und zwar jene im Stabweitsprung, Schleuderballweitwurf und im Lauf über 200 m, diese im Hochsprung, Schlagballweitwurf und Lauf über 100 m. Die kleinen Sextaner hatten ihr Vergnügen an einzelnen Spielen und am Tauziehen.

Die Sedanfeier giebt alljährlich den Schulen und Vereinen einen trefflichen Anlaß zu Spiel- und Turnfesten im Freien. Von den diesjährigen sei hier nur gedacht des Spielfestes des Sophien-Realgymnasiums in Berlin auf dem Exerzierplatze des Kaiser Alexander-Gardegrenadier-Regiments an der Schönhauser Allee, das, vom Wetter sehr begünstigt und von zahlreichen Zuschauern besucht, zu allgemeiner Befriedigung gelungen ist. Mehr dem vaterländischen Charakter des Tages gerecht werden die allgemeinen städtischen Feiern, wie sie leider bis jetzt nur vereinzelt vorkommen. Da über die Sedanfeste in Braunschweig und Leipzig früher berichtet ist, so wollen wir hier der wie schon in früheren Jahren so heuer besonders gut verlaufenen Sedanfeier in Chemnitz gedenken, bei der unvorbereitete Freiübungen der Turner musterhaft ausfielen und die Jugend und die Erwachsenen sogar in sieben verschiedenen Übungen ihre Kraft und Geschicklichkeit erprobten. — Als musterhaft zu erwähnen ist endlich das Oktoberfestturnen des Münchener Gaues, bei dessen herrlich verlaufendem Fünfkampf das Ringen die letzte Entscheidung brachte und das lebhafteste Interesse erweckte.

Offenbar macht sich in dem Bestreben, ein deutsches Nationalfest zu begründen, ebenso der Zug der Zeit geltend, wie er seinen Einfluß auf die Schulen und die Turnvereine dahin ausübt, daß sie ihre bisherigen Feste mehr als bisher im Freien veranstalten und dazu neue Feste schaffen. So hat der Verein „Berliner Turnerschaft“ sein 35. Stiftungsfest dies Jahr durch volkstümliche Übungen und Spiele aller Abteilungen auf dem Turnplatze in der Hasenheide gefeiert und damit einen vollen Eindruck von dem mächtigen Verein erzielt. Eine Anzahl Bergfeste, die in diesem Jahre neu hinzugekommen sind, fördern gleichfalls unsere Sache. Nachahmenswert ist ferner das Vorgehen des Männerturnvereins Augsburg, der unter sämtlichen dem Augsburger Turngau angehörenden Turnvereinen und drei ihm sonst nahestehenden einen **Vereinsfünfkampf** um einen Ehrenpreis ausgeschrieben hat. Es hatten dazu acht Vereine je eine Halbriege von fünf Mann gestellt, die zusammen Weitsprung, Steinstoßen, Schleuderballwurf, Schnellhangeln und Hindernislauf ausführten.

Noch ergiebiger für die Turnsache, hoffe ich, wird die **Begründung des rheinischen Spielverbandes** werden, sofern dieser Verband im Anschlusse an die für das Nationalfest leitenden Ideen auch nicht turnende Spielvereine aufnimmt, um diese für turnerische Zucht und Ordnung zu gewinnen und gegen die Ausartungen des Sports zu sichern. Die rheinischen Spielvereinigungen, die sich in diesem Sinne am 23. Oktober zu Düsseldorf zusammengeschlossen haben, werden jährlich zwei Zusammenkünfte veranstalten, wo gemeinsame Wettspiele und Wettkämpfe in körperlichen Übungen stattfinden sollen.

Eine Art Wettkampf wird in Deutschland bisher über Gebühr vernachlässigt, die **Schnitzeljagd** und der Querfeldeinlauf. Im Frühjahr machten einige Turner alter Gepflogenheit den vergeblichen Versuch, die Schnitzeljagd als unturnerisch und sportlich zu verketzern, wurden aber in der Turnzeitung sehr bald zurechtgewiesen. Aber selbst die auf unserem Gebiete führenden Turnvereine in Leipzig, Bonn*), Altona haben sich erst neuerdings mehr an diese Übungen herangewagt. Unsere deutschen Turner überhaupt könnten ihren Wettkämpfen einen viel größeren Reiz für Teilnehmer und Zuschauer verleihen und deren dauernden Wert bedeutend steigern, wenn sie den kräftigen Dauerübungen größere Beachtung schenkten. **Dauerlauf** und **Ringen** setzen allen volkstümlichen Übungen erst die Krone auf. Sie sind ganz gewiß echt turnerisch und echt deutsch. Daher sollte man endlich die recht wenig turnerische Zurückhaltung ihnen gegenüber fallen lassen. Auf dem deutschen Nationalfeste werden sie auf keinen Fall fehlen dürfen. Gefährlich sind sie nur für Nichtgeübte; diese dürfen freilich überhaupt zu öffentlichen Wettkämpfen darin nicht zugelassen werden. Aber das Ringen sollten wir Deutsche in Erinnerung an den Brauch unserer Vorzeit und an Dürers Lehren bei keinem Fünfkampfe fehlen lassen, und ebenso dem Dauerlauf nach Siegfrieds

---

*) Hierzu sei nachgetragen, daß bezüglich Bonns dem Wunsch des Verfassers Genüge geleistet ist. So fanden im Dezember 1898 und Januar 1899 wiederholt im Kottenforst bei Bonn drei Schnitzeljagden statt. Die erste war veranstaltet vom Bonner Turnverein, die zweite vom akademischen Turnverein Suevia, die dritte vom Kölner Turnverein unter Teilnahme von Bonner Turnern. **Schmidt.**

Vorbilde ohne oder mit Belastung stets die gebührende Ehrenstelle an Volksfesten einräumen. Das wird zum allgemeinen Gelingen der Feste im Freien wesentlich beitragen.

2. Erhebungen über Wanderungen der Schuljugend 1897 und 1898.

Von Dr. Otto W. Beyer, Leipzig-Eutritzsch.

Trotzdem mir für diesen zweiten Bericht, der die Jahre 1897 und 1898 umfassen soll, ebensoviel Raum zur Verfügung steht wie für den ersten, so muß ich mich diesmal etwas kürzer fassen und werde infolgedessen das mir vorliegende Material hier nicht nach allen Richtungen verarbeiten können. Ich denke indessen auch diesmal wieder, wie ich das schon das vorige Mal gethan habe, eine für die eigentlichen Fachleute bestimmte Verarbeitung desselben erscheinen zu lassen, und auch diesmal hoffe ich die Arbeit allen denen, die mich durch Zusendung von Material unterstützt haben, als Zeichen meines Dankes gratis übersenden zu können. Als Gegenleistung dafür erbitte ich mir nur, daß jeder, der ein solches Heftchen erhält, jährlich unserer Gemeinde „einen neuen Gesellen" zubringt und so für die Speisung dieses Berichtes ähnlich sorgt wie seinerzeit nach der hübschen Erzählung von Kopisch der große Fisch für die Speisung der Mönche des Klosters Grabow im Lande Usedom, nur mit dem wesentlichen Unterschiede, daß sich die Zahl der „Gesellen" bei uns dadurch alljährlich mehren soll. Wenn dies wirklich jeder thun wollte, so würden in wenigen Jahren die Berichte eine Übersicht über den Stand dieser Wanderungen in ganz Deutschland ermöglichen.

Wenn das auch jetzt noch lange nicht der Fall ist, so geht doch aus der diesjährigen Beantwortung der Fragebogen so viel hervor, daß das Interesse für solche Wanderungen im Steigen begriffen ist; wenigstens an einzelnen Stellen ist die Lust an solchen Wanderungen jetzt erst gekommen; es wird mehrfach berichtet, daß im Jahre 1898 zum erstenmal solche Wanderungen gemacht worden sind; an andern Stellen hat man im letzten Jahre die Wanderungen weiter ausgedehnt als in den vorhergehenden Jahren. Auch ist mir vor kurzem ein Plan vorgelegt worden zur Gründung einer Organisation, die sich über ganz Deutschland erstrecken und den Zweck haben soll, die Sache der Jugendwanderungen nach den verschiedensten Richtungen mittels eigener Organe umfassend zu fördern, also einer Art von „Schulreiseverein“, wie ich ihn schon im Vorwort meiner „Deutschen Ferienwanderungen“ empfohlen habe. Wenn ich die Stimmung richtig schätze, so scheint mir jetzt der Zeitpunkt gekommen zu sein, wo man eine solche Organisation ins Leben zu rufen versuchen sollte; fast in allen deutschen Landschaften leben Männer, die der Sache zugethan, zum Teil leidenschaftlich zugethan sind. Ich hoffe schon in meinem nächsten Berichte Näheres darüber melden zu können.

I. Ich wende mich nun zunächst zu dem

Verzeichnis der Orte, aus denen beantwortete Fragebogen eingegangen sind, nebst Angabe der betreffenden Anstalten, Vereine u. s. w.

Abkürzungen. G. — Gymnasium, R.G. — Realgymnasium, P.G. — Progymnasium, R.P.G. — Realprogymnasium, O.R.S. — Oberrealschule, R.S. — Realschule, H.M.S. — Höhere Mädchenschule, T. — Töchterschule, H.T. — Höhere Töchterschule, L.Sem. — Lehrerseminar, Ll.Sem. — Lehrerinnenseminar, Mi.S. — Mittelschule, B.S. — Bürgerschule, M.B.S. — Mädchenbürgerschule, Kn.B.S. — Knabenbürgerschule, Gm.S. — Gemeindeschule, V.S. — Volksschule*).

Anhalt**): Bernburg. 1. Karls-G.: ein Unterrichtsausflug der ganzen Sch. im Herbst (1), jede Kl. für sich, fast alle Schüler beteiligt; außerdem Klassenspaziergänge. 2. Herzogl. Friederikensch. (H.T.): ein Unterrichtsausfl. im Sommerhalbj. (1—2 St.). 3. Kn.Mi.S.: ein Unterrichtsausflug im Juni (1; für die unteren Klassen [8—5] nur ½). Köthen. 1. Höheres Technisches Institut: „Exkursionen teils unter Leitung von Dozenten, teils von den hier bestehenden Korporationen zu Studien- und Erholungszwecken in großer Zahl.“ 2. H.T.S.: ein Unterrichtsausflug im Juni (½). 2. M.B.S.: ein Unterrichtsausflug im Juni (1). Koswig. Mi.S.: Unterrichtsausflüge, nicht von der Schule veranlaßt, sondern lediglich von einem Lehrer.

Baden: Karlsruhe. 1. G.: Klassenausflüge (1). 2. R.G.: Unterrichtsausfl. (geographische, geologische und botanische) jährlich mit verschiedenen Klassen; außerdem machen jährlich bei gutem Wetter fast alle Klassen einmal eine Wanderung (1), meist kurz vor Pfingsten.

---

*) Wo keine Jahreszahl genannt ist, bezieht sich die Angabe auf das Jahr 1898.

**) Seit 1892 sind nur eintägige Schulausflüge erlaubt, die Beteiligung an denselben darf nicht erzwungen werden (Regierungsverfügung für alle Schulen).

3. O.R.S.: jährlich einmal Klassenausfl. (1). Wanderungen noch nie. 4. R.S.: jede Klasse einen Ausfl. (1) unter Leitung des Ordinarius Ende Mai 1897. 5. Übungsschule des L.S. II.: Unterrichtsausflüge (½). Freiburg i. Br. O.R.S.: keine Wanderungen unter Führung der Lehrer; dagegen wurden an sämtliche Schüler der oberen Klassen die vom Schwarzwaldverein und vom Vogesenklub ausgegebenen Legitimationskarten für Benutzung der Studentenherbergen ausgeteilt.

Bayern: München. 1. Lehrlingshort I. a. d. Klenzeschule: Ferienwanderung zu Pfingsten (2). 2. Lehrlingshort II. des Vereins „Knabenhort": 1897 Ferienwanderungen zu Pfingsten (2), 1898 Ferienausflug zu Pfingsten. 3. Benediktusschule, 8. Kncl.: Unterrichtsausflug im Mai (1). 4. V.S. an der Schwanthalerstr., 6. Kl.: Unterrichtsausflug im Mai (1). 5. V.S. an der Columbusstr.: Ferienausflug (1) zu Pfingsten. 6. V.S. an der Wörthstr.: vacat*). Nürnberg: Ferienkolonie (5 Wochen) in den Sommerferien.

Braunschweig: Braunschweig. 1. Städtische M.S.: Unterrichtsausflüge der meisten Klassen (½—1) im Frühjahr. 2. Städtische Höhere M.S.: vacat. Wolfenbüttel. 1. G.: Ferienwanderung (3) für Obertertia bis Oberprima im Juni 1897 und 1898; außerdem alle 8 Tage naturwissenschaftl.-geogr. Unterrichtsausflüge einer der 3 unteren Klassen in Begleitung eines Lehrers, 2—3 Stunden dauernd, die als Unterrichtsstunden angerechnet werden. 2. Li.Sem. u. H.M.S.: jährlich ein Schulausfl. (1) im Juni; kurze Unterrichtsausfl. öfter mit einzelnen Klassen. 3. Samsonschule (R.S.): Ferienwanderung im Herbst (3). Holzminden. G.: in jedem Jahre 3 getrennte Turnfahrten für die Schüler der oberen (3), mittleren (2) und unteren Klassen (1) im Juni.

Elsaß-Lothringen: Straßburg. H.M.S.: jährlich im Sommer ein Schulausflug (1), an dem alle Schülerinnen teilnahmen. Ferienwanderungen u. dgl. grundsätzlich nicht.

Freie Stadt Hamburg: Hamburg**). 1. R.G. des Johanneums: Ferienwanderung (5) Ende Mai und Anfang Juni. 2. R.S. vor dem Lübeckerthor: vacat. 3. M.V.S. an der von Essen-Straße: Ferienwanderung zu Pfingsten (5). 4. V.S. Stiftsstr. 37: Ferien-

---

*) D. h. der Fragebogen ist mit dem Vermerk zurückgekommen, daß keine Wanderungen stattgefunden haben. So sollte es aus Rücksicht auf die Vervollständigung dieses Berichtes immer geschehen.

**) In allen Schulen Hamburgs Unterrichtsausflüge, viel auch an Sonntagen, neuerdings sogar im Winter.

wanderung im August (2). 5. V.S. Sachsenstr. 75: Ferienwanderung zu Pfingsten 1897 (5), 1898 (ebenso).

Hessen: Alzey. L.S.: Unterrichtsausflug im Juni.

Holland: Amsterdam. 1. Openbare Lagere School der 2e Klasse*) letter S („öffentliche niedere Schule der zweiten Klasse, Buchstabe S"): Unterrichtsausflüge zwischen Mai und Oktober („hoogstens van 7½ uur 's morgens — 4½ uur 's avonds"). „zoowel meisjes (Mädchen) als jongens." 2. Openbare Lagere School 1e Klasse n° 63: „Schoolwandeling" im September (1). 3. Openbare Lagere School 5e Klasse n° 75: ein Ferienausflug im Juli, ein Unterrichtsausflug im Juli (1). 4. Openbare Lagere School 1e Klasse n° 48: ein Ferienausfl. (1), ein Unterrichtsausfl. (1), eine Wanderkolonie (5); „Mei tot September". 's Gravenhage. Openbare Kostelooze School a. d. Van Ravensteynstraat: Unterrichtsausflüge das ganze Jahr hindurch bei günstigem Wetter. Haren bij Groningen: „schoolreisje met een klein getal (Anzahl) leerlingen (3 à 4)."

Lippe: Salzuflen. Städt. R.S.: Ferienwanderungen, zwei 1897 (zu Anfang der Sommerferien und zu Anfang der Michaelisferien); eine 1898 zu Anfang der Michaelisferien.

Oldenburg: Oldenburg. Ev. L.Sem.: Ferienwanderungen im Juli 1897 (8); 1898 (ebenso). Jever. M.S.: wiederholte Unterrichtsausfl. sämtlicher Klassen, bis zu eine Stunde dauernd. Einmal im Sommer macht jede Klasse einen weiteren Ausfl. Vechta. G.: vacat.

Österreich-Ungarn: Karlsbad. G. Unterrichtsausflug im Juni (1, obere Klassen 1½), klassenweise in die Berge. Aussig. Kommunal-Obergymnasium: Ferienwanderung (8) Ende September und Anfang Oktober 1897. Warnsdorf i. B. Kn.V. u. B.S.: Unterrichtsausfl. aller Klassen (½—1) Ende Mai, im Juni und anfangs Juli 1897 u. 1898. Rixdorf i. B. II. V.S.: Unterrichtsausfl. aller Klassen (½) im Mai und Juni. Oberkreibitz i. B. V.S.: in jeder der fünf Klassen ein Ferienausfl. (1), in den letzten zwei Klassen zwei Unterrichtsausfl.; außerdem kleine Ausfl. zu jeder Jahreszeit in den freien Nachmittagen. Graz. B.S.: nur Schülerausfl. u. Schülerwanderungen, die der Unterhaltung dienen — so überhaupt in Österreich. Lemberg. Ev.S.: Unterrichtsausfl. der vier oberen

*) Amsterdam hat 5 Klassen (Arten) von niederen Schulen: die erste Klasse ist für die ärmsten Kinder!

Klassen (je 2—3 Stunden) im Herbst, Frühling und Sommer. Bielitz (Österreich.-Schlesien). Ev. Lehrerseminar: jährlich Tagesausflug der Schule im Mai. Ustroń (Österreich-Schlesien). Ev. Privatvolksschule: Unterrichtswanderung (4) im Juni.

Preußen: I. Prov. Brandenburg. Berlin. 1. Falk-R.G.: Ferienwanderung zu Pfingsten 1897 (7); 1898 (ebenso). 2. Sophien-R.G.: Ferienwanderung Anfang Oktober (5½). 3. Dorotheenstädtisches R.G.: Ferienwanderung zu Pfingsten 1897 (6½); 1898 (ebenso); Unterrichtsausflug im Juni 1898 (1). 4. Dritte R.S.: Ferienwanderung zu Ostern 1897 (3); Ferienwanderung zu Pfingsten 1897 (5); Ferienwanderung Ende Mai 1898 (5). 5. 99. Gm.S.: Unterrichtsausflug im Juni (1). 6. 137. Gm.S.: Unterrichtsausflug im Juni (1). Jährlich 4 Ausfl. des Turnlehrers (je 1 Tag) mit einer freiwilligen Turnabteilung der Anstalt. 7. 154. Gm.S. (Mädchen): Unterrichtsausflug mit den drei ersten Klassen (1) im Juni. 8. 162. Gm.S.: Ferienausflüge im Sommerhalbjahr (1); Unterrichtsausflüge im Winterhalbjahr (½). Neu-Ruppin. Präparandenanstalt: Unterrichtsausflug im Sommer 1897 (1); 1898 (ebenso).

II. Prov. Hannover. Hannover. 1. Königl. Kaiser Wilhelms-G.: Ferienwanderung zu Pfingsten 1897 (3) und im Juli 1897 (19); Ferienwanderung zu Pfingsten 1898 (3). Außerdem jährlich ein zweitägiger Unterrichtsausflug in Ober- und Unterprima, sowie in Obersekunda, ein eintägiger in den anderen Klassen; häufige Nachmittagsausflüge. 2. Lyceum II.: Ferienwanderung in der ersten Hälfte der Sommerferien 1897 und 1898 (je 18). 3. O.R.S.: Turnfahrt sämtlicher Schüler (Prima und Obersekunda 2, übrige Klassen 1). 4. R.S. II: Unterrichtsausflug zu Johannis (2). 5. Erziehungshaus Bahrenwald: bei günstigem Wetter im Sommer in jeder Woche, im Winter in jedem Monat ein größerer Spazierg. In den Ferien der schönen Jahreszeit womöglich jeden Tag hinaus; in den Johannisferien ganztägiger Ausflug mit den größeren Zöglingen. Hildesheim. 1. G. Andreanum: Ferienausflug zu Pfingsten (2) und in den Sommerferien (½), Schulausflug im Juni (Oberpr. 2, die übrigen Klassen 1), Klassenausflug der Primaner und Sekundaner im September (½). 2. Knabenturnverein der evang. Bürgerschulen: Ferienausflüge zu Pfingsten (je 1); Unterrichtsausflüge im August u. September (je ½). Stade. Kn.M.S.: Unterrichtsausflüge 1897 Ende Juni, 1898 Anfang Juli (½—1). Quakenbrück. R.G.: Ferienwanderung 1897 Sommerferien (8), zwei Ferienw. 1898 Pfingstferien (3) und Sommerferien (10).

III. Prov. Hessen-Nassau. Frankfurt. 1. Musterschule (R.G.): klassenweise jährlich Ausfl. der ganzen Schule Ende Mai (1), jährlich Turnfahrten für die Teilnehmer an den Turnspielen letzte Woche vor den Michaelisferien (1—2), jährlich Turnfahrt auf d. Feldberg des Taunus Ende des Jahres (1—2). 2. Klingerschule (O.R.S): vacat. 3. Wöhlerschule (R.S.): Unterrichtsausflüge zur Unterstützung des naturkundlichen und des chemischen Unterrichts, für ersteren in größerer Zahl an Nachmittagen; Sommer 1897 u. 1898 (1/8, bez. 1). 4. Adlerflychtschule (R.S.): Ferienwanderung Herbst 1897 (2). 5. Merianschule*) (Kn.- u. M.B.S.): jährlich 3 Unterrichtsausflüge und 1 Maifest (1). 6. Battonschule (Kn.B.S.): ein Unterrichtsausflug im Mai (1). 7. Katharinenschule (M.B.S.): Unterrichtsausflüge im Mai oder Juni (1). 8. Pestalozzischule: sämtliche Klassen häufige Unterrichtsausflüge (bis 1/8); Ausflug der Schule im Mai (1). 9. Bonifatiusschule: Unterrichtsausfl. wiederholt in einzelnen Klassen (bis 1/8); Maiausflug (1). 10. Lersnerschule: Unterrichtsausfl. im Mai (1). Starzeln in Hohenzollern (Oberamt Hechingen): B.S. ein Ferienausflug im Herbst (1/1); ein Unterrichtsausflug im Mai (1/8). Empfingen b. Haigerloch: „auf Ihre Anregung soll mit Unterrichtsausfl. in Zukunft wenigstens ein Versuch gemacht werden."

IV. Prov. Westpreußen. Marienburg. G.: Ferienwanderung bei Beginn der Sommerferien (7); Schulspaziergang Mitte Juni.

V. Prov. Pommern. Stettin. Bugenhagenschule (M.S.): Unterrichtsausflüge in der letzten Vormittagsstunde nach den nahen Anlagen mit botanischem Garten oder an freien Nachmittagen in den Wald; letztere mit Spielen.

VI. Prov. Posen. Nakel. 1. G.: wöchentliche Ausflüge, stets mit Spielen. „Dieselben sind der Ordnung und Unterhaltung wegen militärisch organisiert." (1/8.) Außerdem Ferienausflüge. 2. Ev. B.S.: Unterrichtsausflüge 1897 u. 1898 (2—6 Stunden). Kosten. H.Kn.S.: zahlreiche Unterrichtsausflüge. Ferienausflüge. „Im nächsten Sommer soll ein Versuch mit einer Ferienwanderung gemacht werden, deren Endziel eine Wanderkolonie sein soll."

VII. Rheinprovinz. Elberfeld. 1. G.: Ferienwanderung zu Pfingsten 1897 (2). 2. R.G.: Ferienwanderung zu Pfingsten 1898 (7). 3. R.S. in der Nordvorstadt: Unterrichtsausflug Ende Juli 1897 (1) und Anfang August 1898 (1), jedesmal die ganze Schule in 3 Abteilungen.

*) So auch Jahrg. 1897 dieses Jahrbuchs S. 227; dort nicht Marienschule zu lesen.

4. K.B.S. (ev.) am Hombüchelerplatz: Unterrichtsausflüge, in den oberen Klassen je 5—6 jährlich (bis zu $^1/_2$). Duisburg. R.G.: Ferienwanderung im Sommer 1897 (14) u. 1898 (16). Eschweiler: P.G. mit vollberechtigten Realklassen: Ferienwanderung zu Pfingsten 1897 (2); Ferienausflug im Herbste 1897 (1); Unterrichtsausflug im August 1898 (1). Jülich. P.G.: Turnmarsch im August 1898 (1); mehrere kleinere ($^1/_4$—$^1/_2$). Mülheim (Ruhr). G. u. R.S.: Ferienausflug zu Pfingsten 1897 u. 1898 (2). Wickrathberg. B.S. (ev.): Ferienausflug einer Klasse im August 1898 (1).

VIII. Prov. Sachsen. Bennstedt. Ev. B.S.: vor d. Sommerferien ein Unterrichtsausfl. der Schule, den jeder Lehrer mit seiner Klasse allein unternimmt (3—7 Stunden). Delitzsch. L.Sem.: Ferienwanderung Anfang der Sommerf. 1897 u. 1898. Deutsches Landerziehungsheim bei Ilsenburg a. Harz: Ferienwanderung Pfingsten und Michaelis 1898 (8). Unterrichtsausfl. viele. Die New School Abbotsholme-Derbyshire England war im Aug. 1898 vier Wochen lang stationiert im D. L. E. H. (15 Schüler, Direktor, Eltern). Harzwanderungen und Radfahrten von 1—3 Tagen. Eisleben. I. B.S.: drei Ferienausflüge im Juni (7, 5, 4 Stunden). Glindenberg b. Wolmirstedt. Zweiklass. H.: Unterrichtsausfl. im Juli 1897 u. 1898 (1). Sachsa a. Harz. Pädagogium (R.S.): Turnfahrt (1—2) jährlich. Unterrichtsausfl. von Zeit zu Zeit. Ferienwanderung während der Pfingstf., bei genügender Beteiligung.

IX. Prov. Schlesien. Breslau. 1. Johannes-G.: Ferienwanderung zu Pfingsten 1897 (5) und 1898 (5). 2. R.G. zum heiligen Geist: Ferienwanderung zu Pfingsten 1897 (2) und 1898 (2). Görlitz. G.: Unterrichtsausflüge der ersten Vorschulklasse im Sommer 1898. Ohlau. G.: Unterrichtsausflug im Juni 1897 (1) u. 1898 (1; nur für Prima und Obersekunda $1^1/_2$).

X. Prov. Schleswig-Holstein. Altona. Im Sommer 1897 u. 1898 Ferienausflüge, an denen Kinder sämtlicher Schulen Altonas, mit Ausnahme des Gymnasiums, teilnahmen. Beteiligung zuletzt 1250 Kinder. Wandsbeck. Matthias-Claudius-G.: Ferienausflug zu Pfingsten 1897 u. 1898 (4).

XI. Prov. Westfalen. Bielefeld. R.S.: vacat. Brilon. G.: Unterrichtsausfl. bisweilen statt der Turnstunden. Dortmund. R.G.: Ferienwanderung zu Pfingsten 1897 ($4^1/_2$); Unterrichtsausflüge für den botanischen Unterricht in größerer Zahl.

Sachsen: Leipzig. 1. Erste R.S.: Ferienwanderung im

Sommer (10)*). 2. 9. B.S.: Unterrichtsausflug vor Michaelis 1897 und 1898 (1). 3. 14. Bezirkssch.: Unterrichtsausflüge mit Schülern und Schülerinnen. 4. Gemeinnützige Gesellschaft, Ausschuß für das Wohl der Jugend: 4 Ferienwanderungen von Kindern unbemittelter Eltern, 2 für Knaben: Sommerferien (10), Herbstferien (7), zwei für Mädchen (ebenso); im Herbst andere Kinder als im Sommer. Dresden. 1. Dr.-Neustadt. R.G.: Unterrichtsausflüge. 2. Dr.-Neustadt. Dreikönigssch. (R.G.): jährlich 15 naturwissenschaftl. Unterrichtsausflüge, klassenweise. Schulausflug in Abteilung und Teilnahme einzelner Schüler an Ferienausfl. des Turnv. (1) und an Ferienwanderungen (3). 6. B.S.: Unterrichtsausflüge im Frühling, Sommer und Herbst (½ oder 1). 4. 3. Bezirksschule: Unterrichtsausflüge Ende August 1897 (½, in den Oberklassen 1) Anfang Juli und Anfang September 1898 (½, in Oberklassen 1), zwei Ferienausfl. zu Pfingsten und im Herbst 1898 (1). 5. Dr.-Friedrichstadt. L.Sem. u. Übungssch.: Ferienwanderung zu Pfingsten 1897 (4) u. 1898 (5). 6. Ferienausfl. des Dresdner Turnlehrer-Vereins, Beteiligung zuletzt: etwa 600 Kinder. Schneeberg. L.Sem.: Unterrichtsausflüge zwischen Pfingsten u. Sommerferien 1897 (1; für die beiden obersten Klassen 2) und 1898 (1). Löbau. L.S.: Ferienwanderung Ende August 1897 (3, 1), Anfang Juli u. Ende November 1898 (2, 1, 1). Brambach i. Vogtl. B.S.: etwa 15 Unterrichtsausflüge. Werdau. Erzgebirgszweigverein: Ferienwanderung von armen Schülern der B.S. zu Pfingsten 1897 (4), zu Pfingsten 1898 (4). Meerane. 1. u. 2. Bezirkssch.: Ferienausfl. im Sommer. Ferienkolonie (21). Wallendorf b. Lausigk. B.Sch.: Schulausflug Anf. Juli 1898 (1). Plauen i. V. 1. Höhere B.S.: Ferienwanderung zu Beginn der Sommerferien (3). Unterrichtsausfl. fortgesetzt. Ferienkolonie. 2. Zweite B.S.; Ferienwanderungen nicht; dagegen Unterrichtsausfl., Schulspazierg. (½—1), „Feldmärsche" statt der Turnstunden. Zschopau. L.Sem.: Unterrichtsausfl. 1897 einer, 1898 drei. Im Sommer jede Woche zwei botanische Ausfl.

Schweiz: Rorschach. 1. L.S.: Unterrichtsausflug (3). 2. Institut Wiget: Ferienwanderung Aug. u. Sept. 1898 (14). Basel. Obere R.S.: Schulausflug im Juni 1897 u. 1898. Winterthur, G.- u. Industriesch.: Schulreise in 3 Abteilungen, Juni 1897 (2). Juni 1898 (1). Ferienwanderung für 8 der besten Schüler im Sommer; besonderes Regulativ, Zuschüsse aus dem Reisefonds d. Anstalt 1897 (6), 1898 (8). Unterrichtsausflüge. Frauenfeld. Kantonsschule: Ferien-

---

*) S. Jahrbuch 1897, S. 2[illegible]. Die Schüler reisen hier ohne Lehrer.

wanderung im Sommer (7). Regulativ und Reisefonds auch hier. Daneben Schulreisen im Juli (1, 2).

Thüringen: 1. Sachsen-Weimar. Weimar. 1. Wilhelm-Ernst-G.: Ferienwanderung im Sommer 1897 (16) u. 1898 (16). 2. L.Sem.: Ferienwanderung im Juli 1897 (0). Unterrichtsausflug im Juni 1898. Jena. 1. Übungsschule d. päd. Univers.-Sem.: Klassenreisen, an denen durchschnittlich alle Schüler der Klasse teilnehmen, — Pfingstferien, September, Herbstferien 1897, Pfingstferien 1898. Die Reisen werden sorgfältig vorbereitet und nachdem sie gemacht sind, sorgfältig im Unterricht verwertet. 2. G.: Ferienwanderung im Sommer 1897 nicht, dagegen im Sommer 1898 (13). Eisenach. Li.S.: Ferienausflug nach Mitte Juni 1897 (1) und Ende August 1898 (1). H.M.S.: Ferienausflug Ende Juni 1897 (1) und Ende August 1898 (1). Apolda. 1. Großherzogl. W. u. L. Zimmermanns R.-S.: Frühjahrsturnfahrt (1); Herbstturnfahrt (1); Ferienwanderung (4). 2. B.S.: Ferienwanderung im Sommer 1897 (4), im Sommer 1898 (4). Unterrichtsausflüge. Neustadt a. d. Orla. B.S.: Ferienausflug am Beginn der Sommerferien 1897 (1) u. 1898 (1); sonst noch Unterrichtsausflüge in allen Klassen und öfters. Blankenhain i. Th. B.S.: Ferienwanderung im Sommer. Außerdem je ein Sommerausflug für Knaben und Mädchen und Unterrichtsausflüge (½, 1) auf Grund des Lehrplans. Neundorf. B.S.: Unterrichtsausflug der ganzen Schule im Juli. Forstwolfersdorf. B.S.: jährl. ein Unterrichtsausfl. im Juni, ganztägig. Niederpöllnitz. 2 Unterrichtsausfl. im Juli, ebenso.

2. Sachsen-Meiningen. Meiningen. R.G.: Unterrichtsausfl. im Sommer nachmittags, statt Klassenunterricht; jährlich ein eintägiger Ausflug der ganzen Schule. Saalfeld. B.S.: Ferienwanderung Ende Juli 1898 (5). Salzungen. 1. R.S.: Unterrichtsausfl. u. Ferienwanderungen im Mai u. Juli 1897 (1, 3 bezw. 1), im Mai, Juli u. September 1898 (1, 2 bezw. 1). 2. B.S.: Zwei Ferienwanderungen im Sommer 1897 (3, 2); ebenso im Sommer 1898 (4, 3). Themar. B.S.: Unterrichtsausflug im Juli (1). Kranichfeld. B.S.: Wanderung während der Schulzeit, Ende Juli (2); im Sommerhalbjahr außerdem etwa monatlich ein Unterrichtsausflug. Rauendorf bei Kranichfeld. B.S.: Wanderung während der Schulzeit, Anfang September (2); Unterrichtsausflüge fast jede Woche, je 2, mit 5.—8. Schuljahr.

3. Sachsen-Koburg-Gotha: Gotha. Süd-Bezirksch.: jährlich 2 Unterrichtsausfl. (1 Halbtags- und 1 Ganztagsausflug im Mai u. im Juli oder August). Ferienkolonie (Sommerferien). Neustadt

bei Koburg. Industrie- und Gewerbeschule: Studienreise während der Schulzeit, Ende Juni (6).

4. Sachsen-Altenburg. Altenburg. 1. G.: Ferienwanderung Ende Juli (6). 2. Gebrüder-Reichenbach-Schule: Zwei Ferienwanderungen, je eine mit Knaben und Mädchen, Mitte Juli 1897 (3), 1898 ebenso (1). Außerdem halb- und ganztägige Wanderungen mit den turnenden Mädchen- und Knabenklassen an schulfreien Tagen oder Nachmittagen. 3. Zweite B.S. für Mädchen an der Neustadt: Unterrichtsausflüge, ganztägig, im Sept. 1897, sowie im Mai und Juli 1898. 4. Frauenfelsschule: Ferienwanderungen im Sommer 1897 (2), 1898 (2); die letzteren für Mädchen. 5. Zweite Mädchenschule: Ferienwanderung für Mädchen im Sommer 1898 (2). 6. Zweite Knabenschule: Ferienausflug im Sommer. Gumperda. Lehr- und Erziehungsanstalt f. Knaben: Ferienwanderung im Sept. (16). Roda. B.S.: Ferienwanderung im Sommer (2). Unterrichtsausflüge aller Schüler. Kahla. B.S.: Ferienwanderung im Sommer (2).

5. Schwarzburg-Rudolstadt. Frankenhausen am Kyffhäuser. 1. Städtisches Real-P.G.: Wanderung während der Schulzeit, Ende Mai (3). 2. Städtische T.S.: Wanderung während der Schulzeit, gegen Mitte Juni (2). 3. Erste M.B.S., 4. Kl.: Unterrichtsausflüge zu jeder Jahreszeit (bis ¹/₂). Keilhau. Erziehungsanstalt: Ferienwanderung Pfingsten 1897 (3), 1898 (4). In den Monaten Juli u. August 1898 je ein eintägiger Spaziergang.

Württemberg: Stuttgart. Eberhard-Ludwigs-G.: Ferienwanderung Mai 1897 (3) und Mai 1898 (3); Unterrichtsausflüge in doppelter Art: jede Klasse jährlich im Sommer einen ganztägigen Ausflug (die jüngsten Schüler wohl auch nur einen halben Tag); außerdem seit 6 Jahren für die Vorschule zur Sexta und für diese selbst wöchentliche Spaziergänge an einem Unterrichtsnachmittage. Blaubeuren. Evangelisch-theologisches Seminar: Ferienausflug 1897 (1); außerdem 4 zu je ¹/₂. Ferienwanderung 1898 (4); außerdem 4 zu je ¹/₂. Schönthal. Niederes evangelisch-theologisches Seminar = Sekunda eines Gymnasiums mit theologischem Internat: Schulwanderung während des Semesters (Juni), nicht in den Ferien, 1897 (2); Schulausflug (ein eintägiger, fünf halbtägige). Entsprechend 1898 eine 3tägige Schulwanderung, sechs halbtägige Schulausflüge. Geislingen a. d. Steig. M.Mi.S.: Unterrichtsausflüge im Sommer alle 14 Tage (¹/₂); Hauptspaziergang im Mai (1). Im Winter hören die Schulwanderungen nicht ganz auf, werden aber entsprechend abgekürzt. Mit sämtlichen Ausflügen werden Jugendspiele verbunden.

II. Schriften:

A. Berichte.

1. Ferienwanderungen.

Bericht über die gemeinsamen Fahrten der Berliner Turngaue seit 1888. In Schröder, Heinrich, Bericht des Berliner Turnrates über das vierte Jahrzehnt seiner Thätigkeit, 1888—97. S. 57—64. Vgl. auch S. 32 u. 33.

Das städtische Realprogymnasium zu Frankenhausen am Kyffhäuser. Seine Gründung und Entwicklung von 1872—97. Festschrift 1897. Darin S. 25 ein Bericht über die verschiedenen Wanderungen, die von der Anstalt seit ihrer Gründung unternommen sind.

Steinbart, Quintin, Dir. Dr., Schweizerreise mit Schülern. In „Vom Fels zum Meer", 1887. S. 967.

Dronke, Gymn.-Dir. Dr., Ferienreise durch die Eifel. Mit 15 Ansichten. In „Vom Fels zum Meer", 1889. S. 81.

Bericht über eine erste Schülerreise von armen Kindern Werdaus nach dem Erzgebirge. In „Glückauf", Organ des Erzgebirgs-Vereins, 1894, Nr. 7.

Bericht über die zweite derartige Reise. Ebenda 1895, Nr. 7.

Eine Erzgebirgsreise. Ebenda 1896, Nr. 9.

Eine Schülerreise ins Erzgebirge. Ebenda 1897, Nr. 9.

Die Thüringerwald-Reise der I. Knabenklasse in Pößneck im Sommer 1896. Dargestellt von Lehrern und Schülern der Bürgerschule Pößneck. Pößneck, Geralds Buchdruckerei.

Bericht über die Exkursionen der mechanisch-technischen, chemisch-technischen und bautechnischen Abteilung an der Königlichen Industrieschule zu Nürnberg für die Schuljahre 1896/97 und 1897/98, in den betreffenden beiden Jahresberichten der Anstalt.

Programm der 1897er Ferienreise von Schülern des Lyceums II in Hannover.

Bericht über die städtischen Schulanstalten in Salzungen. Schuljahr 1897—98. Darin S. 3—5 der Bericht über die beiden im Ortsverzeichnis unter „Salzungen" erwähnten Reisen des Jahres 1897.

Pfingstausflug der Zöglinge des Lehrlingshortes I in München. In der Zeitschrift „Knabenhort", 1897, Nr. 8.

Pfingstausflug der Zöglinge des Münchener Lehrlingshortes II. Ebenda 1898, Nr. 7.

Programm der 1898er Ferienreise von Schülern des Lyceums II in Hannover.

Marschordnung zur Ferienreise von Schülern der III. Realschule in Berlin.

Die Blankenhainer Schulreise vom 29. Juli bis 1. August 1898. Im „Blankenhainer Kreisblatt" vom 20. Aug. 1898, Beilage.

Prang, Dora, Wie es mir auf meiner Harzreise erging. In „Hamburger Schulzeitung", 1898, Nr. 28.

Zwei Photographien von der 1898er Ferienreise einiger Schüler des Wilhelm-Ernst-Gymnasiums in Weimar: 1. Photographische Aufnahme der Reisegesellschaft (11 Schüler im Alter von 18 Jahren, Lehrer: Dr. Rudolph). 2. Landschaft: Ortler, Stilfserjochstraße und Cristallokamm, vom Piz Ombrail aus gesehen. (Beides Aufnahmen von Schülern.)

Karte zur 1898er Ferienreise des Instituts Wiget in Rorschach (mit künstlerisch ausgeführten Emblemen und Figur eines Alpenwanderers).

2. Ferienausflüge (d. h. eintägige).

Über Ferienausflüge in Altona vgl. Hamburgische Schulzeitung 1899 Nr. 7.

3. Schulausflüge.

Kortmulder, R. F., Eene schoolreis van Rotterdam naar Gilze-Rijen, Ginneken en Mastbosch. In „Het Schoolblad“. Groningen 1898, Nr. 27.

Holtzappel, J. C., Rapporten van Schoolwandelingen. In „Vaktijdschrift vor Onderwijsers“. Amsterdam 1897, Heft 4.

Geers, J. A., Uit de practijk der schoolwandelingen en schoolreisjes. In „Het Schoolblad“. Groningen 1897, Nr. 19.

Derselbe, Uit de practijk der schoolreisjes. Ebenda 1897, Nr. 39.

Jubbega, Ons erste schoolreisje. Ebenda 1897, Nr. 42.

Bruinsma, H. G., Schetsje uit 't schoolleven. Ebenda 1898, Nr. 45.

En Engelsche Schoolwandeling. In „Vaktijdschrift voor Onderwijsers“, 1898, Nr. 31.

Ein Manuskript über Schulausflüge in Ungarn im Jahre 1895-96, das ich der Güte des Herrn Prof. Dr. Waldapfel in Budapest verdanke, kann aus Mangel an Raum hier leider nicht verwendet werden. Ich werde darüber an anderer Stelle berichten.

4. Wanderkolonieen.

Nürnberger Privat-Ferienkolonie, Ferienheim für Knaben, geleitet von Lehrer Franz Ebert. Programm.

5. Ferienkolonieen.

Die Ergebnisse der Sommerpflege in Deutschland (Ferienkolonieen, Kinderheilstätten u. s. w.) im Jahre 1897. Bericht der Zentralstelle der Vereinigungen für Sommerpflege in Deutschland. Berlin 1898. Druck von H. S. Hermann.

B. Selbständige Schriften und Aufsätze zur Theorie und Praxis der Schülerwanderungen.

Marx, Prof. Dr. Aug., Turnen und Bewegungsspiel am Karlsruher Gymnasium. Beilage zum Programm 1893—94. Darin: Über die Einführung regelmäßiger gemeinsamer Wanderungen, die sich in den höheren Klassen zu mehrtägigen Turnfahrten erweitern können. S. 28—30.

Böhmert, Dr. Karl, † Landrichter in Dresden, Die Dresdener Kinderfahrten. Ein Beitrag zur Organisation der Volksgeselligkeit. Leipzig 1896, Duncker & Humblot.

Die Heidefahrten in Liedern und Bildern. Herausgegeben vom Verein „Volkswohl“ in Dresden. Jahresberichte des Vereins „Volkswohl“ in Dresden.

Skizzen für Schulwanderungen, ausgearbeitet von der im Bernburger Lehrerverein bestehenden Kommission für Schulwanderungen. In „Neue Pädagogische Zeitung“, 1897, Nr. 25 u. 26.

Freytag, Hugo, Schulreisen unserer Volksschüler. In „Hamburgische Schulzeitung“, 1897, Nr. 43—45.

Klein, E., Prof., Über Reisen mit Schülern. In „Rheinische Blätter“, 1898, Heft 3.

Lohrer, E., Oberlehrer, Militärische Jugendspiele. In Reins Encyklopädischem Handbuch der Pädagogik.

Rießen u. Wessel, Heimatkundlicher Anschauungsunterricht für das dritte Schuljahr. Rattmann u. Leipzig 1898, Frickmann. (Darin geben die Verfasser auch Anweisung, wie Schulwanderungen zu veranstalten und fruchtbar zu machen sind.)

Mitteilungen des Vereins zur Pflege des Jugendspieles. Zwanglose Hefte zur Förderung der körperlichen Erziehung. Selbstverlag des Vereins. Leiter: Bürgerschullehrer Viktor Pimmer. Sechste Mitteilung. Wien, Mai 1898. (Darin S. 182—183 Bericht über die Gründung eines Vereins zur Pflege der körperlichen Erziehung im 12. Wiener Gemeindebezirke. § 2 der Statuten dieses Vereines sieht auch die Förderung der Ausflüge und Schülerreisen mit vor.)

Kohlstock, K., Die Bedeutung der Schülerwanderungen für Erziehung und Unterricht. In „Thür. Schulblatt", 1898, Nr. 10.

Stoy, Dr. Heinrich, Die Pädagogik der Schulreise. Leipzig 1898, Engelmann.

Scholz, E., Die Schulreise. Kurzer Abriß der Geschichte und Theorie der Schulreise, nebst Anweisung zu deren praktischer Durchführung. Sonderabdruck aus Reins Encyklopädischem Handbuch der Pädagogik. Langensalza 1899, Beyer.

Voetreisjes in de vacantie. In „Het Schoolblad", 1896, Nr. 25.

Stel, M., Schoolwandelingen en schoolreisjes. Ebenda 1897, Nr. 16.

Schooltochten. In „De Vrije School". 1897, Nr. 33.

De schoolwandelingen te Amsterdam. In „Het Schoolblad", 1898, Nr. 31.

Tutein Nolthenius, R. P. J., School op voetjes. Ebenda Nr. 39.

Dodd, Miss Catherine J., The School Journey in Germany.

C. Reisetechnik.

Hoffmanns Rucksackversand zum Besten der Ferienkolonieen und Studentenherbergen im Riesen- und Isergebirge. Hauptversandstelle: Adolf Hoffmann, Görlitz. Telegr.-Adr.: Rucksack-Hoffmann, Görlitz. Versandstelle für Österreich: Josef Breuer, Reichenberg i. B. Der gesamte Reingewinn aus dem Unternehmen fließt ungeschmälert den im Riesen- und Isergebirge bestehenden drei Gebirgsvereinen für den obengenannten Zweck zu.

Zweiundvierzigste Mitteilung des Zentral-Ausschusses des Österr. Riesengebirgvereins. Bericht. (Darin auch: Bericht über die deutschen Studentenherbergen, erstattet von dem Obmann der Zentralleitung dieser Herbergen, Herrn Guido Rotter. Daraus: „Von dem Grundsatze ausgehend, daß das Recht des Naturgenusses nicht durch die Grenzpfähle beschränkt werden soll, daß gegen arm und reich von uns gleiche Gastfreundschaft geübt werden müsse, um von dem Unbemittelten den Gedanken fernzuhalten, daß er mit einem andern Maße gemessen werde als der Sohn wohlhabender Eltern, indem vornehmlich auf Gemüt und Charakter der deutschen Jugend veredelnd eingewirkt wird, haben wir unseren Bestrebungen so mächtige und hohe Gedanken zu Grunde gelegt, die geeignet erscheinen, eine nachhaltige Bewegung unter der deutschen Jugend wachzurufen. Möge unserer deutschen Jugend das Morgenrot, das sie von unseren Bergen begrüßt, den Anbruch einer neuen, wohl ernsten, aber gerechteren Zeit verkünden.")

Bericht über die am 25. September 1898 in Hohenelbe stattgefundene Versammlung der Vertreter deutscher Studenten- und Schülerherbergen.

Verzeichnis der deutschen Studenten- und Schülerherbergen. 1897. Hohenelbe, Selbstverlag der Zentralleitung der deutschen Studentenherbergen.

Verzeichnis der deutschen Studenten- und Schülerherbergen. 1898. Hohenelbe, Selbstverlag der Zentralleitung.

Einheitliche Bestimmungen für die deutschen Studenten- und Schülerherbergen. (Nach den Beschlüssen der am 25. September 1898 in Hohenelbe stattgefundenen Versammlung.) Hohenelbe, 1898, Selbstverlag der Hauptleitung.

Vordrucke zu Ausweisen für die Besuche der deutschen Studenten- und Schülerherbergen aus den Jahren 1897 u. 1898 (1897 werden diese Ausweise noch Legitimationen genannt).

Vordrucke für die Anmeldung zum Bezuge dieser Ausweise (gesondert für die Pfingstferien einerseits und die Sommer- und Michaelisferien anderseits).

Zum Schlusse noch einige aphoristische Bemerkungen, die sich mir bei der Sichtung des Materials aufgedrängt haben.

1. Unsere Schulreisen fangen, was ich teilweise schon im vorigen Bericht erwähnen konnte, bereits an, die Aufmerksamkeit des Auslandes zu erregen. Es ist dies nachweisbar für England, Amerika, Dänemark, Schweden, Finnland, Ungarn, Serbien, Armenien. Wieso das gekommen ist, kann ich jetzt nicht ausführen: die Thatsache steht fest.

2. Aber trotzdem bleibt auch noch in Deutschland viel zu thun, ehe man wird sagen können, daß die Reisen der Jugend im System einer gesunden Erziehung denjenigen Platz einnehmen, der ihnen von Rechts wegen gebührt. So giebt es z. B. noch viel zu wenig Reisestipendien. Hier wäre für wohlhabende Leute eine Gelegenheit, dem Gemeinwohl einen ganz wesentlichen Dienst zu leisten. Dann fehlt es noch an Einrichtungen, um gerade ärmeren, aber gesunden Kindern die

Wohlthat des Reisens möglichst liberal zugänglich zu machen, zumal wenn diese Kinder der Volksschule angehören. Für die kränklichen Kinder, die arm sind, ist weit besser gesorgt durch Ferienkolonieen. Eigentlich ist es aber jede Stadt, die eine Ferienkolonie aussendet — und das ist in Deutschland doch vielfach der Fall —, auch der gesunden Jugend ihrer ärmeren Stände schuldig, entsprechend für diese zu sorgen; schon rein statistisch betrachtet, haben Kinder, die mit einer besseren Gesundheit ausgestattet sind, mehr Aussicht, sich dereinst durch das Leben durchzukämpfen und die für ihre Zukunft gemachten Aufwendungen später einmal der Gesellschaft durch nützliche Dienste wiederzuvergelten, als schwächliche Kinder. Außer für Reisestipendien könnte auch noch für Schülerherbergen weit mehr geschehen, namentlich im Norden Deutschlands. Das leuchtende Beispiel, das eine Gesellschaft vaterlandliebender und jugendfreundlicher Männer in Nordböhmen gegeben hat durch Errichtung von Schülerherbergen in den Sudeten, im Glatzergebirge, Riesengebirge, Jeschken- und Isergebirge, im nördlichen Böhmen, dem Böhmischen Mittelgebirge, der Böhmischen Schweiz, dem Lausitzergebirge, dem Erzgebirge, dem Böhmerwalde und den Beskiden, also in Gegenden, die erst durch die deutsche Kolonisation des Mittelalters wieder deutsch geworden sind, scheint in Nord- und Westdeutschland, sowie in Süddeutschland, also in Gegenden, die viel länger deutsch sind als die vorhin genannten, noch wenig Nachahmung gefunden zu haben. Mir ist bloß vom Harzklub bekannt, daß er Schülerherbergen eingerichtet hat, und zwar auch erst in diesem Jahre. Auch Reisen der Mädchen sind bei uns noch viel zu wenig eingeführt. Daß sie sich selber mit Mädchen aus ärmeren Familien recht gut durchführen lassen, haben z. B. die beiden unter dem Schutze der Gemeinnützigen Gesellschaft in Leipzig dieses Jahr durchgeführten Reisen von Mädchen ins Erzgebirge gezeigt, wobei die Mädchen das eine Mal 10, das andere Mal 7 Tage unterwegs waren. Ebenso erwünscht ist, daß auch für die Jugend, die aus der Volksschule bereits entlassen ist, Gelegenheiten zum Reisen geschaffen werden. Das Beispiel, das hier München in seinen Lehrlingshorten giebt, verdient Nachahmung in den weitesten Kreisen. Endlich läßt auch die Reisetechnik teilweise noch zu wünschen übrig. So verdient der Rucksack ohne Zweifel eine viel weitere Verbreitung, als er zunächst noch hat. Insbesondere können die unter der Rubrik „Reisetechnik“ erwähnten Rucksäcke des Herrn Adolf Hoffmann in Görlitz aufs wärmste empfohlen werden, auch wenn man gar nicht in Rücksicht zieht, daß der Reinertrag aus ihrem Verkauf den Zwecken der Jugendreisen unverkürzt zugeführt wird; sie verdienen diese Empfehlung um ihrer selbst willen und haben sich z. B. auf den von der Gemeinnützigen Gesellschaft in Leipzig veranstalteten vier diesjährigen Reisen und ebenso auf einigen Hamburger Reisen (Freytag) aufs beste bewährt.

Wir sehen also, daß wir noch durchaus nicht Veranlassung haben, auf unsern Lorbeeren auszuruhen.

—

8. Die Spielplatzfrage in Deutschland.

Von Professor Dr. Konrad Koch, Braunschweig.

„Auf dem Spielplatz atmet das Kind wahre Lebenslust. Wenn ein Kind spielt und aus seinem Gesichte die reine Freude hervorleuchtet, dann genießt es die schönste Wohlthat, die wir ihm erweisen können; es genießt den Sonnenschein der Seele. Wie das Brot für seinen Hunger, das Wasser für seinen Durst, ebenso unentbehrlich sind Spielplätze für den Spieltrieb des Kindes."

„Auf dem Spielplatz erwachen alle Lebensgeister des Kindes. Ein Kind, das eifrig spielt und nicht nachläßt, bis körperliche Ermüdung ihm Einhalt gebietet, entwickelt sich nicht nur körperlich, nein, auch geistig wird es gesund und kräftig. Beim kräftigen Spiel erwacht seine Energie; nicht bloß die Muskeln seines Leibes, nein, gleichsam auch die seiner Seele werden stark und leistungsfähig. Es weichen Zaghaftigkeit und störrisches Wesen, Unzufriedenheit und Widerspruchsgeist, und an ihre Stelle treten Munterkeit, Frische und fröhlicher Lebensmut."

„Und der Spielplatz macht das Kind glücklich. Wir wollen ihm wahres Glück schaffen, solches, das ihm kein anderes Gut ersetzen kann. Dieses Glück findet es im Spiel: Freiheit, Zufriedenheit, Erholung. Dies ist der Segen, den der Spielplatz ihm bietet."

„Aber ein Spielplatz muß mehr sein als ein einfacher freier Platz. Auch wenn er mit frischem Rasen bestanden, von schönem Gebüsch und schattigen Bäumen umgeben ist, genügt das allein nicht. Er muß unter der Leitung geeigneter Lehrer stehen und mit allen Mitteln ausgestattet sein, die die Jugend der Nachbarschaft heranlocken, sie anfeuern und festhalten beim lebendigen Spiel regelmäßig täglich während des ganzen Jahres. Nur so wird der Spielplatz seiner hohen erziehlichen Aufgabe gerecht, nur so zu einer

Charakterschule, die nicht weniger den Geist bildet als den Körper. Solche Spielplätze zu schaffen, ist die schönste Aufgabe der städtischen Behörden."

Diese Zeilen, die ich einer amtlichen englischen Zeitschrift für Gesundheitspflege (der Sanitary Record) entnehme, beweisen ein gründliches Verständnis vom Werte der Spielplätze und von der nötigen Einrichtung derselben. Eben weil in England ein solches wie bei den Behörden und Ärzten, so auch bei den Eltern und Erziehern allgemein herrscht, werden drüben alljährlich so große Geldaufwendungen für Spielplätze gemacht. Bei uns in Deutschland muß an vielen Stellen überhaupt erst ein wahres Interesse für die Wichtigkeit der Spiele erweckt werden. Dank der Thätigkeit des Zentralausschusses ist man an manchen Stellen schon auf dem rechten Wege; noch fehlt aber sehr viel, daß unsere Ärzte, so wie die englischen, allgemein die große Bedeutung unserer Sache würdigen, und noch weit mehr fehlt daran, daß unsere städtischen Behörden in der Fürsorge für Spielplätze ihre schönste Aufgabe sehen. Es wird noch viel Arbeit kosten, ehe sich überall für diese Einsicht Bahn bricht, die drüben schon seit Jahrzehnten zum Siege gekommen ist.

Wo man nur erst einmal einen rechten Anfang mit der Einführung der Spiele gemacht hat, geht es meist auch höchst erfreulich vorwärts, so in Hamburg-Altona. Die Besucher des deutschen Turnfestes in diesem Jahre haben sich über die großen, lustigen Grasplätze dort gefreut. Einen Platz wie das Heiligegeistfeld mit seiner Riesenfläche inmitten der Stadt, das sozusagen den Mittelpunkt des Festes abgab, hat keine andere deutsche Großstadt aufzuweisen. Die Stadtverwaltung ist nicht so sehr auf Anlegung von Schmuckplätzen bedacht, sondern sie überläßt die eisenumzäunten Rasenplätze der Jugend; wenn hier der Rasen eine Erneuerung fordert und während er hergestellt wird, dem jetzigen Zwecke entzogen wird, so wird inzwischen drüben der gleichfalls eingezäunte Platz, dessen Rasen besser im stande ist, den Kindern überlassen. Am 1. Juni d. J. sind zwei neue Plätze von der Behörde zur Verfügung gestellt. Mit ihr Hand in Hand arbeitet der Verein für Jugendspiel und Handfertigkeit, der im ganzen sechs große Spielplätze angelegt hat. — In Dresden werden die städtischen Behörden von dem Gemeinnützigen Verein und vom Verein für Volkswohl kräftig unterstützt. Wer selbst Zeuge von dem frohen, frischen Spielleben der Dresdener Jugend geworden ist, kann sich nicht wundern, daß dort eine so große Begeisterung für unsere Sache herrscht. Und dieses Spielleben ist nicht neuen Datums, sondern es besteht schon lange Jahre. Daher ist es wohl verständlich, wenn diese Stadt in Bezug auf Anlage von Spielplätzen den meisten anderen deutschen weit voraus ist und doch immer noch auf neue bedacht ist. — Auch in Breslau entfaltet der Magistrat eine segensreiche Thätigkeit auf diesem Gebiete. Er hat innerhalb und außerhalb der Stadt 25 Spielplätze für schul- und vorschulpflichtige Kinder eingerichtet. Die Aufsicht auf diesen Plätzen wird von geeigneten Persönlichkeiten im Ehrenamt besorgt, die Reinigung ist den städtischen Promenadenwächtern und Arbeitern zugeteilt. — In Leipzig rüstet man sich jetzt eifrig zu thatkräftigem Vorgehen. Es hat sich das Bedürfnis nach viel mehr Spielplätzen, auch für Erwachsene geltend gemacht, und es ist schon festgestellt, daß Gelegenheit zur Anlage von Spielplätzen reichlich vorhanden ist. Man hat eingesehen, daß diese Gelegenheit, je mehr die Bebauung des Stadtgebiets und der angrenzenden Ländereien fortschreitet, immer mehr entschwindet, und man ist gewillt, schon im nächsten Sommer geeignete Plätze in genügender Ausdehnung für die Spiele der Jugend und Erwachsenen sicher zu stellen.

Nicht überall steht es so günstig. So kommt aus Bremen die Klage, daß vom Vorstande des Vereins zur Beförderung der Spiele im Freien eine bessere Einfriedigung des benutzten Platzes für dringend geboten erachtet, aber wegen der Kosten noch nicht bewilligt ist. In Hannover war ein dritter Spielplatz gefordert; er ist aber abgelehnt, weil die beiden alten noch nicht überfüllt seien. Mit Rücksicht darauf, daß der angeforderte Platz seiner Lage nach für einen großen Teil der Bevölkerung weit günstiger ist, erscheint diese Entscheidung beklagenswert.

Eine Meinungsverschiedenheit zwischen der Militärbehörde und der Stadt schien für den Betrieb der Spiele in Aachen leicht schlimme Folgen haben zu können. Inwieweit durch das Entgegenkommen der städtischen Behörden ein Ausgleich hat erzielt werden können, ist nicht bekannt geworden.

Neu eingerichtet sind Spielplätze in Bielefeld, wo eine geeignete Fläche an der Ölmühlenstraße gewonnen ist, ferner in Bonn, wo ein dicht neben der Stadt gelegener Platz von 95 m Länge und 75 m Breite auf Veranlassung der Stadtverwaltung mit erheblichem Kostenaufwande eingeebnet, mit einer Wellblechhütte (4 m zu 6 m) zum Umkleiden der Spieler und für die Aufbewahrung der Spielgeräte, sowie mit einer 10 m hohen Schutzwand hinter den beiden Fußballthoren ausgestattet und endlich mit einem Plankenzaun umgeben ist. Ins

Auge gefaßt ist außerdem die Anlage zweier neuen Plätze, je im Norden und im Süden der Stadt. In Danzig haben die Stadtverordneten eine Summe von 40000 Mk. für diesen Zweck bewilligt, nachdem der Geh. Kommerzienrat Schichau früher 15000 Mk. dazu hinterlassen hatte. In Gera, wo ein reges Spielleben herrscht, ist die Herrichtung eines großen Spielplatzes geplant. Die Gemeinde Godesberg bei Bonn hat einen für Fußball leider nicht ausreichenden, für Schlagball, Faustball u. s. w. wohl geeigneten Platz freigegeben. Für das Gymnasium in Helmstedt ist ein schön am Walde belegener Platz fertig gestellt. Gleichfalls in der Nähe eines herrlichen Waldes, am Ricklinger Holze, ward eine große Wiese von der Stadt Linden bei Hannover für die Jugendspiele erworben. Das Spielleben der Stadt Krefeld hat leider einen seiner Hauptförderer, den Sanitätsrat Dr. Busch, durch den Tod verloren. Doch trägt die von ihm ausgestreute Saat herrliche Früchte. Der Beigeordnete Brockerhoff hat zu den zwei bisherigen Plätzen einen dritten gestiftet, dessen Lage und Beschaffenheit außerordentlich günstig sind. In Mainz bringt der Oberbürgermeister unserer Sache das regste Interesse entgegen; es spielen dort 11 Knaben- und 13 Mädchengruppen zu je 70 bis 80 Mitgliedern auf fünf Plätzen. Der Magistrat in Magdeburg, das schon so manchen schönen Spielplatz besitzt, hat wieder zwei neue Plätze zur Verfügung gestellt. Die Gemeindeverwaltung von München hat am Biedersteinerplatze für die Jugendturnspiele einen freien Platz vorgesehen. Ein zweiter, weit größerer, der nicht weniger als sieben Tagewerke umfaßt, sollte am 1. Juni d. J. fertig sein; es ist der Rasenplatz an dem oberen Thore vom Schyrenplatze an der Wittelsbacher Brücke auswärts. In München-Gladbach wurde der Spielplatz im Stadtgarten wesentlich vergrößert. Aus Neuwied wird berichtet, daß der dortige Verein für naturgemäße Gesundheitspflege einen großen Spielplatz erwerben und ausstatten will. Die städtischen Körperschaften von Schöneberg (Berlin) wenden der Pflege der Jugend- und Volksspiele besondere Aufmerksamkeit zu; ihnen ist es gelungen, die geeigneten Spielplätze zu sichern, zwei davon an dem von der Stadt nach Südende führenden Priesterweg, den dritten an der Erfurter Straße. Der eine von diesen Plätzen ist $7^1/_2$ ha groß. In Weißenfels endlich wird vor der Stadt ein geräumiger Sport- und Spielplatz hergestellt, das Land dazu, gegen 15 Morgen groß, ist durch Fabrikbesitzer Röther und den Brauereibesitzer Gürth zur Verfügung gestellt.

Zum Schlusse weise ich auf zwei Vorgänge von allgemeiner Bedeutung hin. Die „Köln. Zeitung" meldet am 3. August d. J., der

Kaiser habe der Stadtgemeinde Köln das Recht verliehen, behufs Vergrößerung des ihr gehörigen Spielplatzes an der Bachemerstraße die benötigten Grundstücke aus Privatbesitz im Wege der Enteignung zu erwerben. Nicht minder bedeutend ist der Erlaß des bayerischen Ministeriums des Innern vom 26. November, der vom Münchener Magistrate bei der fortgesetzten Stadterweiterung größere Fürsorge für die Schaffung von öffentlichen Anlagen und von ausreichenden Spiel- und Erholungsplätzen fordert. Bekanntlich steht München unter den deutschen Städten schon immer in erster Linie durch seine verständnisvolle Förderung unserer Sache. Um so freudiger begrüßen wir diesen Erlaß nach dem Vorgange der Münchener selbst als „ein erlösendes Wort", das hoffentlich auch im übrigen Deutschland einen Nachklang finden wird.

---

4. Laufen, Werfen und Springen im Jahre 1898.

Von O. Frädsdorf, Bonn.

Der bisherige Berichterstatter über diese Übungen, mein hochverehrter Vereinsgenosse, Herr Dr. med. F. A. Schmidt, Bonn, war durch eine anderweitige umfangreiche Arbeit verhindert, die Bearbeitung der Zusammenstellung für das vorliegende Jahrbuch zu übernehmen und sah sich hierdurch veranlaßt, diese zwar einige Mühe, dafür aber auch nicht geringe Freude bereitende Arbeit mir anzuvertrauen. Es war mir leider versagt, der Aufzählung der Leistungen ebenso treffende Bemerkungen beizufügen, wie sie die früheren Jahrbücher aufweisen, da mir vor allem die gründliche Sachkenntnis fehlt, mit welcher Herr Dr. Schmidt zugleich als Turner und als Arzt über die Übungen urteilte; ich habe mich daher mehr auf einen Vergleich zwischen den vorjährigen und diesjährigen Leistungen beschränkt und konnte hierbei fast überall einen sehr erfreulichen Fortschritt feststellen.

Die Zahl der veranstalteten Wettkämpfe in den drei Übungen hat ganz bedeutend zugenommen. In Turner- wie in Spielerkreisen gewinnen die volkstümlichen Übungen immer mehr Anhänger; neue Bergfeste sind zu den schon bestehenden hinzugekommen, bei den Kreis-, Gau- und Vereinsfesten und bei den Turnfahrten kamen Wettkämpfe im Laufen, Werfen und Springen immer mehr in Aufnahme, und auch die Spielvereine richten ihr Augenmerk mehr als bisher auf eine vielseitigere körperliche Ausbildung ihrer Angehörigen und veranstalten häufiger als sonst außer den Wettspielen auch Einzelwettkämpfe in den volkstümlichen Übungsarten.

Die angeführten Leistungsziffern können wohl durchweg Anspruch auf Richtigkeit machen. Ich entnahm sie zumeist den Zeitschriften: „Spiel und Sport“, „Deutsche Turnzeitung“, „Zeitschrift für Turnen und Jugendspiel“, „Sport im Bild“ und schloß dabei von vornherein eine Anzahl offenkundig ungenau gemessener aus. Es trat hierbei, wie auch in früheren Jahren, die auffällige Erscheinung zu Tage, daß die Turner häufig sehr wenig Wert auf sorgfältige Messung legen, während im Gegensatz hierzu die Spiel- und Sportvereine, zumal die unter Aufsicht der „Deutschen Sportbehörde für Athletik“ stehenden, sich einer denkbar genauesten Wertung befleißigen.

Sollte in nachstehendem die eine oder andere gute Leistung nicht richtig vermerkt oder überhaupt nicht aufgeführt sein, so bitte ich dies zu entschuldigen; für entsprechende Berichtigung würde ich sehr dankbar sein.

I. Lauf.

1. Einfacher Lauf.

Beim einfachen Lauf stehen die erreichten Höchstleistungen fast bei allen Strecken hinter denen des Vorjahres zurück, während anderseits sich die Anzahl der guten Leistungen beträchtlich vermehrt hat; auch sind es nicht wie im vorigen Jahre immer wieder dieselben guten Läufer, die bei den einzelnen Strecken gute Zeiten erzielen, sondern fast überall andere neue Kämpfer, deren Namen vermerkt werden.

50 m in 6	Sek.	Kubaseck	Wettkämpfe	d. F.-Kl.*) von 1896 zu Hannover 7./8.**)
$6\frac{1}{5}$	„	Raspe	„	d. akadem. Ballspielklubs zu Charlottenburg 8./6.
„	„	Schottelius	„	d. F.-Kl. Freiburg 1./5.
„	„	Koberstein	„	d. Sp.-Kl.*) „Germania“, Berlin 19./5.
„	„	Denker	„	d. Turnvereins Bonn 30./10.
100 m in $11\frac{1}{5}$	„	C. Schultze	„	d. F.-Kl. „Germania“, Berlin 14./8.
„	„	Rahn	„	d. F.-Bunds Hamburg-Altona 28./8.
„	„	J. Keyl	„	d. M.-Turnvereins München 11./9.
$11\frac{2}{5}$	„	Gdmann	„	d. F.-Kl. v. 1896, Hannover 7./8.
„	„	Kubaseck	„	(d. F.-Kl. v. 1896, Hannover 7./8.)
„	„	Schernitz	„	d. F.-V.*) Straßburg 3./4.

*) F.-Kl. = Fußballklub. Sp.-Kl. = Sportklub. F.-V. = Fußballverein.

**) Wir bringen die nachfolgenden statistischen Mitteilungen nur auf besondere Befürwortung aus sachverständigen Kreisen in dieser Ausführlichkeit.

Die Schriftleitung.

100 m in $11\frac{4}{5}$ Sek. Georg Wettkämpfe d. Sp.-Kl. v. 1896, Berlin 22/5.

„ „ Fischer „ d. Sp.-Kl. Harvestehude F.-Kl. 1888, Hamburg.

$11\frac{4}{5}$ „ bei dem volkstümlichen Wetturnen d. Turnvereins Hamburg-Eimsbüttel 18./9.

„ „ Dörry Wettkämpfe d. Sp.-Kl. d. Westens, Berlin 19./6.

„ „ Berry „ Sp.-Kl. Friedenau 2/10.

200 m in 23 „ (mehrmals) Fischer Wettkämpfe Hamburg.

$24\frac{3}{5}$ „ Kubasek Wettkämpfe d. F.-Kl. v. 1896, Hannover 7./8.

„ „ Rillert „ d. Vereins für Bewegungsspiele in Pankow.

$24\frac{1}{5}$ „ 2 Turner beim Kaiserbergfest (Ruhrgau) 18./9.

25 „ Kachel } Volkswetturnen a. d. Elm am 14./8.

„ „ Schmidt }

„ „ Pförtner }

„ „ Künne }

„ „ 2 Turner beim IX. deutschen Turnfest, Hamburg.

„ „ 2 Turner beim Kaiserbergfest.

$25\frac{1}{5}$ „ Bei den Wettkämpfen d. Turnvereins Hamburg-Eimsbüttel 18./9.

„ „ Schlüter Wettkämpfe d. F.-Kl. v. 1896, Hannover 10./4.

„ „ Logemann „ „ Sp.-Kl. „Germania“, Berlin 2/10.

„ „ Belter „ Magdeburg 9./10.

$25\frac{2}{5}$ „ Georg „ d. F.-Kl. „Argo“ und Sp.-Kl. „Germania“, Berlin 31./7.

„ „ Brandt „ d. Vereins f. Bewegungsspiele, Pankow.

$25\frac{3}{5}$ „ E. Schultze „ d. F.-Kl. „Germania“, Berlin 6./11.

300 m in 42 „ J. Friedrich „ d. F.-Kl. „Viktoria“, Hanau 11./9.

333 m in $46\frac{1}{5}$ „ Schweickert „ des F.-Kl. zu Pforzheim 18./9.

400 m in 56 Sek. Schricker „ des akad. Sp.-Kl. Berlin 4./6.

„ „ König „ „ Turnverein Duisburg 11./9.

$56\frac{1}{5}$ „ Georg „ „ F.-Kl. „Germania“, Berlin 14./8.

$56\frac{1}{5}$ „ Boos „ „ Sp.-Kl. „Germania“, Hamburg 21./8.

57 „ Kühnel „ „ Sp.-Kl. Dresden 4./9.

$59\frac{1}{5}$ „ Fischer „ „ F.-Bunds Hamburg 28./8.

$402\frac{1}{4}$ m in 55 Sek. Dörry (Berlin) „ „ Athletikklubs „Sparta“, Prag 12./6.

500 m in 1 Min. 13 Sek. Runge Wettkämpfe beim Sedanfest, Braunschweig 2./9.

1 „ 16 „ Jeffke „ d. F.-B. Straßburg 3./4.

1 „ $16\frac{4}{5}$ „ Hermann } „ beim Stafettenlauf d. Turnvereins Frankfurt.

1 „ 18 „ Kniekschmitz }

1 „ $18\frac{1}{5}$ „ Bär „ d. Verbands L. Ballspielvereine. Leipzig 15./6.

1 „ 20 „ Berneburg beim Stafettenlauf d. Turnvereins Frankfurt.

1 „ $20\frac{4}{5}$ „ Ramendorf Wettkämpfe d. F.-Kl. v. 1896, Hannover 10./4.

600 m in 2 „ 11 „ Trapp „ d. F.-Kl. Frankfurt 21./8.

„ 2 11 „ Boos „ d. Sp.-Kl. Harvestehude und F.-Kl. v. 1888, Hamburg.

800 m in 2 Min. $11^{4}/_{5}$ Sek.	J. Schricker	Wettkämpfe	b. akadem. Sp.-Kl. Berlin 4./6.
2 „ $12^{4}/_{5}$ „	Runge	„	b. F.-Kl. „Germania", Berlin 15./4.
2 „ 21 „	Springer	„	b. F.-Kl. „Argo" und Sp.-Kl. „Germania", Berlin 31./7.
2 „ $22^{3}/_{5}$ „	Wiese	„	b. Amateur-Athletik-Klub „Excelsior", Hamburg 2/10.
2 „ $25^{4}/_{5}$ „	Schottelius	„	b. F.-Kl. Freiburg 1./5.
2 „ $25^{4}/_{5}$ „	Schaller	„	b. Sp.-Kl. v. 1896, Berlin 29./5.
1000 m in 2 „ $55^{2}/_{5}$ „	Springer	„	b. F.-Kl. „Germania", Berlin 14./8.
3 „ $4^{1}/_{5}$ „	Runge	Sedanfest,	Braunschweig 2./9.
3 „ 7 „	Schweikert	Wettkämpfe	der F.-Klubs Pforzheim 18./9.
3 „ $7^{3}/_{5}$ „	Langermann	„	des Amateur-Klubs von 1895, Berlin 8./7.
3 „ 8 „	Hänsch	„	b. Sp.-Kl. Dresden 4./9.
3 „ $10^{2}/_{5}$ „	Hall	„	b. Sp.-Kl. „Konkurrent", Hamburg 18./9.
3 „ $16^{1}/_{5}$ „	Raspe	„	b. akad. Ballspielklubs Charlottenburg 8./6.
1500 m in 4 „ $26^{1}/_{5}$ „	Duhne	„	b. Sp.-Kl. Harvestehude und F.-Kl. v. 1888, Hamburg.
4 „ 31 „	Namendorf	„	b. F.-Kl. v. 1896, Hannover 7./8.
4 „ $31^{2}/_{5}$ „	Kröger	„	b. Sp.-Kl. „Konkurrent", Hamburg 11./9.
4 „ 42 „	Salder	„	Magdeburg 9./10.
4 „ 51 „	Cortz	„	b. Sp.-Kl. „Germania", Berlin 2/10.
4 „ 52 „	Wiese	„	b. Athletik-Klubs „Excelsior", Hamburg 2./10.
4 „ $53^{2}/_{5}$ „	Springer	„	b. Sp.-Kl. „Germania", Berlin 2./10.
4 „ 57 „	Vogel	„	b. Sp.-Kl. 1896, Berlin 29./5.
1600 m in 5 Min. $^{1}/_{5}$ Sek.	Waldau (Berlin),	Wettkämpfe	des Athletik-Klubs „Sparta", Prag 12./6.
5 „ $5^{4}/_{5}$ „	Duhne (Hamburg),		Internationales Sportfest, Kopenhagen.
2000 m in 6 Min. 30 Sek.	Jeffke	Wettkämpfe	b. F.-V. Straßburg 3./4.
6 „ $40^{2}/_{5}$ „	Alex	„	b. Verbands L. Ballspiel-Vereine, Leipzig 15./8.
3000 m in 9 Min. 43 „	Hron	„	b. Amateur-Athletik-Klubs „Excelsior", Hamburg.
9 „ $47^{3}/_{5}$ „	Cortz	„	b. F.-Kl. „Germania", Berlin 14./8.
10 „ $9^{4}/_{5}$ „	A. Böhm	„	„ „ „ „ 6./11.
10 „ 14 „	Waldau	„	„ „ „ „ 15./4.
10 „ $16^{2}/_{5}$ „	Beplate	„	b. F.-Kl. v. 1896, Hannover 7./8.
3750 m in 14 „ 27 „	Waldau	„	des Sp.-Kl. „Germania", Berlin 2./10.

6416 m in 23 Min. 34$\frac{4}{5}$ Sek. Wattau (Berlin) Wettkämpfe des Athletik-Klubs „Sparta“, Prag 12./6.
7500 m in 30 „ 22 „ Springer Wettkämpfe d. Sp.-Kl. „Hellas“, Berlin 3./7.
10000 m in 40 Min. 35$\frac{4}{5}$ Sek. Cortig „ d. Amateur-Athletik-Klubs „Excelsior“, Hamburg.

15000 m in 1 St. 14 Min.
1 „ 13$\frac{1}{5}$ „
1 „ 10 „ 57 Sek.
} bei Gelegenheit von Stafettenläufen des Turnvereins Krefeld 10./9. u. 25./10.

2. Hindernislauf.

Beim Hindernislauf treten die Läufe über verschiedenartige Hindernisse in diesem Jahre fast ganz zurück gegen den einfachen Hürdenlauf, und von diesem ist es wiederum der Lauf über 100 und 110 m mit 4, bezw. 10 Hürden, der am häufigsten veranstaltet wurde.

100 m mit 3 Hürden, jede 1 m hoch.

13$\frac{2}{5}$ Sek. Schlichting Wettkämpfe d. Turnvereins Duisburg 11./9.
15 „ Stiebert „ d. „ Augsburg.

100 m mit 4 Hürden, jede 1 m hoch.

12$\frac{4}{5}$ Sek. Reißner (München)
13$\frac{3}{5}$ „ Kählert (Kiel)
14 „ Lange (St. Louis)
14 „ Hermann (Frankfurt)
14 „ Kehl (München)
14 „ Dr. Cushing (München)
14 „ Grimm (Altona)
14 „ Bopens (Eimsbüttel)
14 „ Kubaseck (Eimsbüttel)
14—15 Sek. 45 Turner
} beim IX. deutschen Turnfest in Hamburg.

14 Sek. Burger
14$\frac{1}{5}$ „ Beck
14$\frac{2}{5}$ „ Könitzer
14$\frac{2}{5}$ „ Brigler
14$\frac{4}{5}$ „ Lienau
14$\frac{4}{5}$ „ Hofmann
14$\frac{4}{5}$ „ Zahfel
} Taubenbergfest d. Gaus München 22./5.

15$\frac{1}{5}$ „ bei den Wettkämpfen d. Turnvereins Hamburg-Eimsbüttel 18./9.

100 m mit 4 Hürden, jede 80 cm hoch.

13 Sek. Gerhold
14 „ Gohmann
14 „ Witte II
} Wettkämpfe d. Männerturnvereins Lüneburg.

18 „ Bauknecht (53 Jahre alt) zu Heilbronn.

100 m mit 4 Hürden, jede 75 cm hoch.

20 Sek. Grinda (Tilsit)
20 „ Sander (Elberfeld)
21 bis 24 Sek. 15 Turner
} 50 bis 73$\frac{1}{2}$ Jahre alt. IX. deutsches Turnfest in Hamburg.

110 m mit 10 Hürden, jede 1 m hoch.

17 Sek. C. Schultze Wettkämpfe d. F.-Kl. „Germania", Berlin 14.8.
17 „ Rau „ d. F.-Kl. Frankfurt 21.8.
$18^{4}/_{5}$ „ Reißner „ d. Männerturnvereins München 11.9.
$19^{2}/_{5}$ „ Raspe „ d. akad. Sp.-Kl. Berlin 4.6.

120 m (ohne weitere Angabe).

20 Sek. Bradbury. Wettkämpfe d. F.-Bunds Hamburg-Altona 28.8.

200 m mit 5 Hürden, jede 1 m hoch.

30 Sek. Gulherie Wettkämpfe d. F.-V. Straßburg 3.4.

150 m mit 1 Hürde von 1 m Höhe bei 60 m, einer Planke von 1,20 m bei 90 m, einer Wand von 1,70 m bei 120 m.

24,6 Sek. Schunke }
24,8 „ Hillig } Sedanfeier, Chemnitz 2.9.
25,2 „ Linke }

3. Stafettenlauf.

Der Stafettenlauf über kurze Strecken — ob mit, ob ohne Fahne, geben die Berichte leider meist nicht an — erfreut sich einer stetig zunehmenden Beliebtheit, besonders in den Kreisen der Spielvereine. Die Leistungen übertreffen nur zum Teil die des Vorjahres, sind jedoch in ihrem Durchschnitt besser als dieselben.

300 m. 3 Läufer.

$40^{1}/_{5}$ Sek. Berliner F.-Kl. „Germania". Wettkämpfe d. Sp.-Kl. „Germania", Berlin 2.10.
$42^{3}/_{5}$ „ Derselbe. Allgemeines Sportfest, Berlin 11.9.

400 m. 4 Läufer.

49 Sek. Altonaer F.-Kl. v. 1893. Wettk. d. Sp.-Kl. „Konkurrent", Hamburg 18.9.
$51^{3}/_{5}$ „ F.-Kl. „Germania", Frankfurt. Wettkämpfe d. F.-Kl. Frankfurt 21.8.
$53^{1}/_{5}$ „ Hannover'scher F.-Kl. von 1896. „ „ „ Magdeburg 9.10.

500 m. 5 Läufer.

61 Sek. Altonaer Turnverein }
$61^{2}/_{5}$ „ Eimsbütteler Turnverein } IX. deutsches Turnfest, Hamburg.
$61^{3}/_{5}$ „ Altonaer F.-Kl. v. 1893. Wettkämpfe d. F.-Bunds, Hamburg 28.8.
64 „ Deutscher F.-Verein Hannover. Wettk. d. F.-Kl. v. 1896, Hannover 7.8.
64 „ Straßburger F.-Verein. Wettkämpfe desselben, Straßburg 3.4.
$64^{2}/_{5}$ „ Altonaer F.-Kl. von 1893. Wettkämpfe d. Sp.-Kl. Harvestehude und F.-Kl. v. 1888, Hamburg.
65 „ Eimsbütteler Turnverein (A. Mannschaft). Hamburg-Eimsbüttel 18.9.
$67^{1}/_{5}$ „ F.-Kl. „Eintracht". Beim Spielfest Braunschweig 25.9.

600 m. 6 Läufer.

101 Sek. Realgymnasium }
117 „ Waisenhausschule } beim Spielfest Braunschweig 25.9.

Der Stafettenlauf über längere Strecken ist immer noch die ausschließliche Domäne der Turnvereine. In den meisten Fällen waren die Stafetten nur einfach besetzt, doch dürfte der Stafettenwettlauf zwischen mehreren nebeneinander laufenden Parteien empfehlenswerter sein, schon weil er ganz sicher die zur Teilnahme bestimmten Läufer anregt, sich im Interesse ihrer Partei einer eifrigeren Pflege der Laufübungen zu widmen.

1200 m. Je 200 m ein Läufer.

2 Min. 52 Sek. 200 m durchschnittlich in 28,6 Sek. 1. Mannschaft }
2 „ 55 „ 200 „ „ „ 29,1 „ II. „ } Männerturnverein Neisse 11./9.

4800 m. Je 200 m zwei Läufer.

11 Min. 30 Sek. 200 m durchschnittlich in 28,7 Sek. Männerturnverein Leipzig-Lindenau 19./5.

8000 m. Je 500 m ein Läufer.

22 Min. $38\frac{1}{5}$ Sek. 500 m durchschnittl. in $84\frac{4}{5}$ Sek. Allg. Turn-V. Leipzig }
23 „ $31\frac{1}{5}$ „ 500 „ „ „ $88\frac{1}{5}$ „ Spielausschuß Leipzig }
26 „ $9\frac{4}{5}$ „ 500 „ „ „ 98 „ Turnverein Schkeuditz } Wettlauf 23./10.

10000 m. Je 500 m ein Läufer.

32 Min. 12 Sek. 500 m durchschnittlich in 96,6 Sek. M.-T.-V. Kreuznach }
33 „ 15 „ 500 „ „ „ 99,7 „ T.-V. Sprendlingen } 11./9.

10500 m. Je 500 m ein Läufer.

30 Min. 30 Sek. 500 m durchschnittlich in 87,1 Sek. T.-V. Ruppichteroth 29./1.

11000 m. Je 500 m ein Läufer.

37 Min. $10\frac{3}{5}$ Sek. 500 m durchschnittlich in 101 Sek. M.-T.-V. Altenburg 8./5.

12500 m. Je 500 m ein Läufer.

41 Min. 500 m durchschnittlich in 98,4 Sek. M.-T.-V. Aurich (m. d. Winde) }
44 „ 500 „ „ „ 105,6 „ Emder T.-V. (gegen d. Wind) } 23./5.

20000 m. Je 500 m ein Läufer.

1 Stunde 12 Min. $45\frac{3}{5}$ Sek. 500 m durchschn. in 94,8 Sek. Frankfurter T.-V. 1./5.

100000 m. Je 500 m ein Läufer (200 Teilnehmer: Regenwetter).

5 Stunden 41 Min. 500 m durchschnittl. in 102,3 Sek. Niederrheinischer Gau 15./5.

Diese letztgenannte Veranstaltung verdient ihres Umfanges wegen ganz besonders hervorgehoben zu werden. Ihr glückliches Gelingen legt ein ehrendes Zeugnis ab sowohl für die organisatorische Geschicklichkeit der Leitung, als auch für die stramme Zucht und Pünktlichkeit der teilnehmenden Turner.

4. Dreibeinlauf.

Das 1897 so erfolgreiche Dreibeinläuferpaar Schultze—Wernicke-Berlin konnte sich in diesem Jahre an den Wettläufen nicht beteiligen, da der eine Partner zum Heeresdienst einberufen wurde; dieser Umstand mag wohl die Ursache sein, daß die diesmal erreichten Bestleistungen gegen die vorjährigen beträchtlich zurückstehen. Eine erfreuliche Zunahme der Anzahl der veranstalteten Dreibeinwettläufe, sowie die dabei erzielten, immerhin mindestens noch guten Zeiten zeigen jedoch, daß dieser so große Geschicklichkeit erfordernde Lauf eine wachsende Beachtung besonders bei den Spielvereinen findet.

100 m in $14\frac{4}{5}$ Sek. Laube—Fischer. Wettkämpfe d. Sp.-Kl. „Konkurrent", Hamburg 18./9.

$15\frac{2}{5}$ „ Ramendorf—Kindermann. Wettkämpfe d. F.-Kl. von 1896, Hannover 10./4.

$15\frac{4}{5}$ „ Raspe—Mohr. Wettkämpfe d. akad. Ballspielklubs Charlottenburg 8./6.

$15\frac{4}{5}$ „ Grabbe—Brandt. Wettkämpfe d. Vereins für Bewegungsspiele, Pankow.

$15\frac{4}{5}$ „ Kirmse—Rößler. Wettkämpfe des Verbands L. Ballspielvereine, Leipzig 15./6.

$15\frac{4}{5}$ „ Keller—Schröder. Wettkämpfe Magdeburg 9./10.

200 m in 38 Sek. Jeske—Schernitz. Wettkämpfe d. F.-B. Straßburg 3./4.

5. Wettgehen.

Das Wettgehen verliert augenscheinlich infolge der damit verknüpften großen Anstrengung sehr an Beliebtheit. Es konnten nur zwei Veranstaltungen dieser Art verzeichnet werden.

1500 m in 8 Min. 59 Sek. L. Meyer. Wettkämpfe des Fußsportvereins, Hannover 25./9.

2000 m in 12 „ 39 „ Hennings. Wettkämpfe d. F.-Kl. 1896, Hannover 10./4.

6. Fernmärsche.

25 km in 2 Stunden 37 Min. 45 Sek. Frl. Thor- u. F.-Kl. „Argo", Berlin 9./5.
30 „ „ 3 „ 11 „ 58 „ Foerster. „ „ „ „ „ 20./11.
$112\frac{1}{2}$ km in 14 „ 11 „ Mann. Radfahrer-Abt. d. Berliner Turnerschaft 26./6.

7. Schnitzeljagden.

Berichte über Schnitzeljagden liegen leider nur in verhältnismäßig geringer Zahl vor, obwohl gerade diese Laufübung, in passendem Gelände betrieben, die geringe Mühe der Vorbereitung reichlich lohnt durch die Freude, welche sie mit ihren vielerlei kleinen Zwischenfällen den Teilnehmern bereitet.

9./1. F.-Kl. v. 1896, Hannover. Laufzeit der Hasen 1 Stunde 8 Min. Vorsprung derselben 5 Minuten. Laufzeit der Hunde 1 Stunde 10 Min.

5./2. Turnspielverein a. Realg. Halle a. S. Vorsprung der Füchse 10 Minuten. Sie wurden gefangen, da sie sich infolge des herrschenden Schneegestöbers verlaufen hatten.

13.2. Sp.-Kl. Erfurt. Vorsprung der Hasen 5 Minuten. Laufzeit derselben 1 St. 32 Min. Laufzeit der Hunde 1 St. 32 Min. Es lag Schnee. Die Schnitzel waren farbig.

14.12. F.-Kl. Hannover. Vorsprung der Hasen 8 Minuten. Laufzeit derselben 1 St. 2 Min. Laufzeit der Hunde 1 St. 7 Min.

11./12. Turnverein Bonn. Vorsprung der Füchse 10 Min. Länge der Strecke 12,4 km. Laufzeit der Füchse 1 St. 28 Min. Laufzeit der ersten Hunde 1 St. 27 Min.

II. Wurf.

1. Wurf mit dem Cricket- oder Schlagball.

94,94 m (Wind günstig). Klippel. Wettkämpfe d. F.-Kl. „Germania", Berlin 13./4.
89,40 m Humm. Wettkämpfe d. F.-Kl. Freiburg 1./5.
78,80 m Schmiedeberg. Wettkämpfe d. Sp.-Kl. „Germania", Berlin 2./10.
72,70 m Reinhardt } Wettkämpfe b. III. deutschen Kongreß zur Förderung d.
72,60 m Leyhausen } Volks- und Jugendspiele, Bonn 3./7.
71,80 m Faber. Wettkämpfe d. akad. Ballspielklubs, Charlottenburg 6./6.
70,03 m G. Schultze. Wettkämpfe d. F.-Kl. „Germania", Berlin 6./11.
69,17 m Stürr. Wettkämpfe zu Bonn 3./7.
68,80 m Koberstein. Wettkämpfe d. Sp.-Kl. „Germania", Berlin 19./5.
67,50 m Kretz. Wettkämpfe zu Bonn 3./7.
67,20 m Maas. Wettkämpfe d. Sp.-Kl. „Germania", Hamburg 21./8.

2. Kugelwurf (10 Pfund).

15 m beim Krahnenbergfest. IX. Kreis.
13,90 m Gerdes (Seefeld) Wetturnen des Butjadinger Bundes. Schwewarden 3./7.
13 m Kapelle b. Borbergfest (Thüringen).

3. Steinstoßen (17 kg).

6,90 m 1 Turner }
6,60 „ 1 „ } beim Kaiserbergfest d. Ruhrgaues 12./9.
6,40 „ 1 „ }
6,20 „ 3 „ }
6,20 „ Halenberg (Elberfeld) b. Harkortbergfest (VIII. Kreis) 14./8.
6,20 „ Kunze. Sedanfeier. Chemnitz 2./9.
6,20 „ Körting (Hannover). IX. deutsches Turnfest, Hamburg.
6,18 „ Laube. Wettkämpfe d. F.-Bundes Hamburg-Altona 28./8.
6,10 „ Hartenfels (Koblenz) beim Bergfest d. Unter-Mosel-Gaues 5./6.
6,10 „ A. Schmidt. Volkswetturnen a. d. Elm (VI. Kreis) 14./8.
6,10 „ 2 Turner beim Kaiserbergfest.
6,05 „ Bottenberg (Wichlinghausen) Turnfest d. Wupperthaler Gaues 19./6.
6,00 „ Wolter (Barmen) b. Harkortbergfest 14./8.
6,00 „ 4 Turner beim Kaiserbergfest.
5,98 „ Klapperbein. Wettkämpfe d. F.-B. Straßburg 3./4.

4. Gerweitwurf.

34,64 m Eichhorn. Sedanwettkämpfe. Braunschweig 2.9.
27,50 „ Raabe. Wettkämpfe d. F.-Kl. Frankfurt 21.8.
25,10 „ Klapperbein. Wettkämpfe d. F.-B. Straßburg 3/4.

5. Gerzielwurf.

Scheibe vorn gepolstert und mit Leder überzogen. 5 Ringe zu je 10 cm Breite. „Die Gere haben an Stelle der Eisenspitzen eine Lederkappe mit Gummieinlage, die zur Markierung des Wurfs angekreidet wird." *) Abstand von der Scheibe 15 m. 3 Würfe.

11 Ringe. 1 Schüler. Wettkämpfe beim Jubiläum der Francke'schen Stiftungen zu Halle a./S. 1./7.

6. Diskuswurf.

Im vorigen Jahre hatte es fast den Anschein, als würde der Diskuswurf von den deutschen Übungsplätzen allmählich verschwinden. Um so bemerkenswerter ist es, daß er 1898 bei verhältnismäßig vielen Veranstaltungen und teilweise sogar mit sehr guten Ergebnissen als Wettübung betrieben wurde.

32,96 m Klippel. Wettkämpfe d. F.-Kl. v. 1896, Hannover 7.8.
31,20 „ Beck. „ „ Männerturnvereins München 11./9.
26,90 „ Wulff. „ „ F.-Kl. Frankfurt 21.8.
26,60 „ Huber. „ „ F.-B. Straßburg 3.4.
25,38 „ Schaumann. „ „ F.-Kl. v. 1896. Hannover 10.4.

7. Schleuderballwurf (2 kg).

Der beste Wurf dieses Jahres übertrifft, soweit mir wenigstens bekannt ist, alle in den Vorjahren erzielten Bestleistungen ganz bedeutend.

47,04 m	Lahrmann (Burhave)	IX. deutsches Turnfest, Hamburg.
41,35 „	Hagen (Burhave)	
41,25 „	Reinbers (Rodenkirchen)	
41,17 „	Behrends (Burhave)	
39,70 „	Grlisch (Breslau)	
38,80 „	Tietz (Greifswald)	
38,70 „	Harbers (Burhave)	
38,42 „	Cyriakel (Burhave)	
38,20 „	Welz (Guben)	
38—35 m	33 Turner	

34,30 m Bisang. Wettkämpfe d. Allg. T.-V. Dresden und der T.-V. Dippoldiswalde 19./7.
34 „ Hartmann, Laubenbergfest, Gau München 22./5.

---

*) Von Oberlehrer Dr. Hammerschmidt, Halle a./S.

8. Fußballweitstoßen.

Eine Übung, bei welcher selbst schwache Luftbewegung das Ergebnis stark beeinflußt. Bei den besten Leistungen ist wohl anzunehmen, daß der Wind besonders günstig war.

50,40 m Hiller. Wettkämpfe d. F.-Kl. Pforzheim 18./9.
50,20 „ Derosch. „ „ Verbandes L. Ballspielvereine, Leipzig 15./6.
49,40 „ Huber. „ „ F.-V. Straßburg 3./4.
49 „ Thielen. „ „ Thor- u. F.-Kl. „Argo" und Sp.-Kl. „Germania", Berlin 31./7.
47,50 „ Kasch. „ „ F.-Bundes, Hamburg-Altona 28./8.
47,12 „ Behrendsohn. „ „ F.-Kl. Frankfurt 21./8.
46,50 „ Stanischefsky. „ „ Thor- und F.-Kl. „Toscana", Berlin 24./7.
43,50 „ Heymann. Allgemeines Sportfest, Berlin 11./9.
43,20 „ Nürnberg. Wettkämpfe d. F.-Kl. „Germania", Berlin 6./11.
42,95 „ Beckmann. „ „ Vereins f. Bewegungsspiele, Pankow.
41,85 „ Hoffmann. „ „ F.-Kl. v. 1896. Hannover 10./4.
41,35 „ Kropp. „ „ Fußsportvereins Hannover 25./9.
41,35 „ Rädel. „ „ Magdeburg 9./10.
40,52 „ Stindt. „ „ Amateur-Athletik-Klub „Excelsior", Hamburg 2./10.

9. Faustballweitschlagen.

39 m Taubert. Wettkämpfe des Verbands L. Ballspielvereine, Leipzig 15./6.
30 „ bei den Wettkämpfen des Turnvereins Hamburg-Eimsbüttel 18./9.

10. Stoßballweitwurf (1½ kg).

4,50 m Wettkämpfe beim Jubiläum der Francke'schen Stiftungen Halle a./S. 1./7.

III. Sprung.

Bei den meisten Berichten war leider nicht angeführt, ob mit oder ohne Brett gesprungen wurde. Bei Absatz 1 und 2 konnten daher unter a nur die Sprünge aufgeführt werden, bei denen ausdrücklich vermerkt war, daß ein Brett nicht benutzt wurde, während bei den übrigen mir vorliegenden Leistungen durchweg ohne weiteres die Zuhilfenahme des Springbretts angenommen werden mußte.

Die erreichten Bestleistungen stehen beim Weitsprung und Hochsprung etwas zurück gegen die vorjährigen, übertreffen dieselben jedoch ganz bedeutend beim Dreisprung und Stabhochsprung.

1. Weitsprung.

a. Ohne Brett.

5,77½ m Steffens. Wettkämpfe d. Sp.-Kl. Harvestehude u. F.-Kl. v. 1896 Hamburg.
5,45 „ Traun. „ „ Sp.-Kl. „Konkurrenz", Hamburg 18./9.

5,43 m Grimm. Wettkämpfe d. Amateur-Athletik-Klub „Excelsior", Hamburg.
5,35 " Neuburger. " " F.-Kl. Frankfurt 21./8.
5,20 " Berry " " Sp.-Kl. Friedenau 2/10.
4,88 " bei den Wettkämpfen d. Turnvereins Hamburg-Eimsbüttel 18./9.
4,50 " Ramendorf. Wettkämpfe d. F.-Kl. v. 1896, Hannover 10./4.

b. Mit Brett.

6,30 m Kemple (Wickrath). Gauturnfest des Gladbacher Gaues 26./6.
6,20 " Pförtner. Volkswetturnen a. d. Elm, VI. Turnkreis 14./8.
6,20 " Zisch. Taubenbergfest. Gau München 22./5.
6,10 " Open (Neuß). Harkortbergfest 14./8.
6,10 " Hartenfels (Koblenz). 7. Bergfest des Unter-Mosel-Gaues 5./6.
6 " Wagner I. Wettkämpfe d. F.-Kl. Freiburg 1./5.
6 " 1 Turner. Gauturnfest des Gladbacher Gaues 26./6.
5,96 " Runge. Sedanwettkämpfe, Braunschweig 2./9.
5,94 " Black. Taubenbergfest.
5,80 " Schindler. Wettkämpfe d. akad. Sp.-Kl., Berlin 4./6.
5,72 " Buchheit. Wettkämpfe d. Verbands L. Ballspielvereine, Leipzig 15./6.
5,70 " Demler (Kaufbeuren). Wettkämpfe d. Turnvereins Augsburg.
5,65 " Göbel (Erfurt). V. Inselbergfest 14./8.
5,60 " Kreß. Wettkämpfe d. F.-Kl. „Viktoria", Hanau 11./9.
5,60 " Böhmke (Jena). V. Inselbergfest 14./8.
5,50 " Scharnberg. Wettk. d. Amateur-Athl.-Kl. „Excelsior", Hamburg 2/10.

2. Hochsprung.

a) Ohne Brett:

1,61 m Siessens. Wettkämpfe d. Sp.-Kl. „Harvestehude" und F.-Kl. von 1888, Hamburg.
1,60 " Neuburger. " " F.-Kl. Frankfurt 21./8.
1,45 " bei den Wettkämpfen d. Turnvereins Hamburg-Eimsbüttel 18./9.

b) Mit Brett:

1,80 m Kempken. Gauturnen d. Gladbacher Gaues 11./7.
1,80 " 5 Turner beim Kaiserbergfest d. Ruhrgaues 18./9.
1,75 " Huber. Wettkämpfe d. F.-K. Straßburg 3./4.
1,75 " Dellinger. " " F.-Kl. Pforzheim 18./9.
1,75 " Pförtner. Volkswetturnen a. d. Elm.
1,70 " Wagner II. Wettkämpfe d. F.-Kl. Freiburg 1./5.
1,70 " zweimal beim Gauturnen d. Gaues Gladbach 11./7.
1,65 " Göbel. V. Inselbergfest.
1,65 " Hoyer. Wetturnen des Butjadinger Bundes, Schweewarden 3./7.
1,65 " Eggeling. Wettkämpfe d. F.-Kl. von 1896, Hannover 7./8.
1,61 " Schindler. " " F.-Kl. „Germania", Berlin 14./8.
1,60 " Altert " " Verein f. Bewegungsspiele, Pankow.
1,60 " Runge " " F.-Kl. „Germania", Berlin 15./4.
1,60 " beim Krahnenbergfest.
1,58 " Raspe. Wettkämpfe d. akad. Ballspielklubs Charlottenburg 8./6.
1,55 " Koberstein. " " Sp.-Kl. „Germania", Berlin 19./5.
1,55 " Dathe. Sedanfeier, Chemnitz 2./9.

3. Dreisprung.

a. Dreischrittsprung (sog. „deutscher" Dreisprung).

11,97 m	Buchheit (Leipzig)	IX. deutsches Turnfest, Hamburg.
11,90 „	Lange (St. Louis)	
11,83 „	Augustin (Lübeck)	
11,80 „	Merte (Offenbach)	
11,70 „	Öpen (Neuß)	
11,65 „	Wendt (Bremen)	
11,65 „	Stephany (Berlin)	
11,50 „	Brefendorf (Berlin)	
11,40 bis 11 m	17 Turner	
11,70 m	Jung	(Schüler-)Wettkämpfe beim Jubiläum der Francke'schen Stiftungen, Halle a./S. 1./7.
11,33 „	R. Bell	
11,15 „	Schilling	

b. Hupf-Schritt-Sprung (sog. „amerikanischer" oder „englischer" Dreisprung).

Hierunter sind auch diejenigen Leistungen mit angeführt, bei welchen eine nähere Bezeichnung der Schrittfolge fehlte.

12,66 m Schindler. Wettkämpfe d. F.-Kl. „Germania", Berlin 14./8.
12,17 „ Runge. „ „ „ „ „ 15./4.
12,03 „ Gaffe. „ „ Sp.-Kl. „ „ 2./10.
11,70 „ Koberstein. „ „ „ „ „ 19./5.
11,63 „ C. Schultze. Allgemeines Sportfest. Berlin 11./9.
11,40 „ Meißner. Wettkämpfe d. Turnvereins Duisburg 11./9.
11,40 „ Wagner I. „ „ F.-Kl. Freiburg 1./5.
11,30 „ Kinzel. „ „ Sp.-Kl. Friedenau 2./10.
11,17 „ Wilson. „ „ Sp.-Kl. „Germania", Hamburg 21./8.
10,85 „ Rillert. „ „ Verein für Bewegungsspiele, Pankow.

4. Weithochsprung.

3,10 m : 1,55 m	1 Turner	IX. Deutsches Turnfest, Hamburg.
3,00 „ : 1,50 „	3 Turner	

3,00 „ : 1,60 „ 3 Turner beim Kaiserbergfest d. Ruhrgaues 18./9.
2,90 „ : 1,55 „ 3 Turner beim Kaiserbergfest.
2,90 „ : 1,45 „ Schönenweiß (Unterbarmen). Gauturnfest d. Wupperthaler Gaues 19./6.

2,80 „ : 1,40 „	Becker	Sedanwettkämpfe, Braunschweig 2./9.
2,80 „ : 1,40 „	Müller	

2,80 „ : 1,40 „ Walther (Erfurt). Boxbergfest 8./7.
2,75 „ : 1,35 „ beim Gauturnfest des Leipziger Schlachtfeldgaues 3./7.

5. Sturmhochsprung.

Brettkante 1,10 m hoch. Abstand v. d. Schnur 90 cm.

2,90 m	Schunke	Sedanfeier, Chemnitz 2./9.
2,85 „	Rüdiger	

6. Stabhochsprung.

3,20 m Runge. Sedanwettkämpfe, Braunschweig 2.9.
2,90 „ Müller (Lüdenscheid) } Harkortbergfest 14.8.
2,90 „ Open (Neuß) } Harkortbergfest 14.8.
2,85 „ bei den Wettkämpfen d. Turnvereins Hamburg-Eimsbüttel.
2,80 „ beim Krahnenbergfest.
2,80 „ Eickelberg (Elberfeld). Harkortbergfest 14.8.
2,80 „ Bohne. Sedanfeier, Chemnitz 2.9.
2,80 „ Hartenfels (Koblenz). VII. Bergfest d. Unter-Mosel-Gaues 6.7.

7. Stabweitsprung.

6,20 m Gerdes (Abbehausen). Wetturnen des Butjadinger Bundes.

IV. Mehrkämpfe.

Die nachstehende Zusammenstellung der veranstalteten Mehrkämpfe bietet besonderes Interesse durch die Angaben über die Art und Weise, wie die Sieger ermittelt wurden. Das empfehlenswerteste und auch fast ausschließlich in Anwendung gekommene Verfahren ist wohl die Umrechnung der erlangten Leistungsziffern in Punkte. Die Bestimmungen der deutschen Wetturnordnung, welche häufig hierbei befolgt wurden, ermöglichen leider keineswegs eine gleichmäßige und gerechte Bewertung aller volkstümlichen Übungen; sehr viel zweckmäßiger dürfte schon die von Herrn Dr. Schnell, Altona*), in Vorschlag gebrachte Wertungsart sein; bei einigen Veranstaltungen half man sich einfach dadurch, daß man unter Berücksichtigung der voraussichtlich zu erreichenden Leistungen eine diesen entsprechende Punktskala aufstellte und anwandte.

1. Fünfkämpfe.

Wettübungen.	a. Teilnehmer. b. Zahl d. Sieger.	Wertung.
22. Mai: bei Forchheim Ehrenbürgfest des Regnitz-Gaues.		
100 m Schnellgehen, Steinstoßen, 100 m Hürdenlauf, 50 Pfd.-Stemmen, Hochsprung.	a. 68 Turner b. 35 ($49\frac{1}{2}$ bis $30\frac{1}{2}$ Punkte)	

*) „Angenommen, es sollen die 5 Besten durch einen Kranz ausgezeichnet werden. Dann bestimmt man nach den thatsächlichen Leistungen die 5 Besten in jeder Übung, berechnet dem ersten 5, dem zweiten 4, dem dritten 3, dem vierten 2, dem fünften 1 Punkt und zählt nun einfach die Punkte, die jeder Einzelne in den fünf Übungen erhalten hat, zusammen." (Dr. Schnell, Die volkstümlichen Übungen des deutschen Turnens. Leipzig b. Voigtländer.)

Wettübungen.	a. Teilnehmer. b. Zahl d. Sieger.	Wertung.
2. Juli: Bonn, beim III. deutschen Kongreß für Volks- und Jugendspiele.		
100 m Lauf, Diskuswurf, Weitsprung, Gerwurf, Ringen.	a. 12 Student. b. 1 Student	Nach jeder Übung schieden die Schwächsten aus, sodaß für das Ringen 1 Paar blieb.
14. August: Volkswetturnen a. d. Elm, Kreis Hannover.		
200 m Lauf, Kugelstoßen, Hochsprung, Gewichtheben, Weitsprung.	a. 156 Turner b. 30 (50 bis 25 Punkte).	Nach der deutschen Wetturnordnung.
21. August: Leipzig-Lindenau, Jubiläumsfeier des Allgemeinen Turnvereins.		
Wettlauf, Hantelstemmen, Sturmspringen, Steinstoßen, Weitsprung.	b. 18 Sieger.	Nach Punkten.
1. Juli: Halle a. d. S., Jubelfeier der Francke'schen Stiftungen.		
100 m Lauf, Gerzielwurf, Dreisprung, Stoßballweitwurf, Ringen.	a. 25 Schüler (Kl. I—IIb). b. 1 Schüler.	Nach den ersten 3 Übungen schieden je 5, nach der vierten 4 Kämpfer aus. Die übrig bleibenden 6 machten den ganzen Fünfkampf nochmals durch, wobei je 1 ausschied.
21. September: Neisse, Königl. Gymnasium.		
200 m Lauf, Steinstoßen, Hochweitsprung, Schleuderballwurf, Dreisprung.	a. 20 Obersekundaner.	Nach d. Vorschlägen von Dr. Schnell, Altona.
Andernach: Krahnenbergfest, IX. Kreis.		
Hindernislauf, Kugelwurf, Hochsprung, Schnellhangeln, Stabhochsprung.	a. 137 Turner b. 25 „	Kugelwurf 8—14 m, je ½ m = 1 Punkt. Lauf 14—24 Sek., je 1 Sek. = 1 Punkt, sonst nach der deutschen Wetturnordnung.
30. Oktober: Bonn, Turnverein.		
30 m Lauf, deutscher Dreisprung, 100 m Hürdenl. (4 H.), Schleuderballwurf, Sturmhochsprung.	a. 12 Turner. b. 4 „	Wer mehr als 38½ Punkte erreichte oder in einer Übung erster wurde, erhielt einen Kranz.
Augsburg: Turnverein.		
100 m Hürdenlauf (3 Hürden), Weitsprung, Steinstoßen, Schleuderballwurf, Schnellhangeln.	a. 5 Turner v. jed. Vereine. b. 1 Verein.	Die Gesamtpunktzahl der Vereinsgenossen wurde angerechnet.

Wettübungen.	a. Teilnehmer. b. Zahl d. Sieger.	Wertung.

2. Vierkämpfe.

22. Mai: Gau München, Taubenbergfest.

100 m Hürdenlauf, Schleuderballwurf, Weitsprung, Steinstoßen.	a. 33. b. 14 (34,7 bis 20 Punkte.	

5. Juni: Unter-Moselgau, VII. Bergfest.

Weitsprung, 50 Pfd.-Stemmen, Stabhochsprung, Steinstoßen.	a. 90. b. 15 (40 bis 16 Punkte).	Nach der deutschen Wetturnordnung.

12. Juni: Mittel-Moselgau, Gaubergfest.

Hochsprung, 50 Pfd.-Stemmen, Dreisprung, Schnellhangeln.	a. 70. b. 17.	Nach der deutschen Wetturnordnung.

8. Juli: VII. Boxbergfest, Thüringen.

200 m Lauf, Gewichtheben, Weithochsprung, Wurf (5 kg).	a. 87. b. 44 (27½ bis 18 Punkte).	Wurf je ½ m über 8 m 1 Punkt, sonst nach der deutschen Wetturnordnung.

17. Juli: Herne, Jubelfeier des Turnvereins.

Weitlauf, Stemmen, Stabhochsprung, Ballwurf.	a. 60. b. 36.	Nach Punkten.

14. August: V. Inselbergfest, Thüringen.

Hochsprung, Steinstoßen, Weitsprung, Gewichtheben.	a. 144.	Nach der deutschen Wetturnordnung.

3. Sechskämpfe.

14. August: XIII. Harkortbergfest, 8. Kreis.

100 m Lauf, 25 kg Stemmen, Stabhochsprung, Steinstoßen, Weitspr., Hangeln.	a. 595 Turner. b. 203 (32,1 bis 40 Punkte).	

21. August: Landskronfest, Gau Rheinhessen.

Hochsprung, Stabhochsprung, Weitsprung, Steinstoßen, Weithochsprung, Stemmen.	a. 241 Turner.	Nach der deutschen Wetturnordnung.

18. September: XVII. Kaiserbergfest, Ruhrgau.

200 m Lauf, Steinstoßen, Hochsprung, Gewichtheben, Weithochsprung, Hangeln.	a. 99 Turner. b. 47 (60 bis 40 Punkte).	Nach der deutschen Wetturnordnung.

Übungen.	a. Teilnehmer. b. Zahl d. Sieger.	Wertung.

18. September: Hamburg-Eimsbüttel, Spielvereinigung im Turnverein.

100 m Lauf, Weitsprung (o. Br.), 200 m Lauf, Faustballweitschlagen, Stabhochsprung, Steinstoßen.	a. 19 Turner von über 18 Jahren.	In jeder Übungsart wurden dem Besten 5 Punkte zuerkannt, der nächste erhielt 4¾ Punkte u. s. f. mit ¼ Punktabstufungen.
100 m Lauf, Hochsprung (o. Br.), 100 m Hürdenlauf, Kugelwurf, Dreisprung, Schleuderballwurf.	a. 18 Turner von 15—18 Jahren.	

4. Dreikämpfe.

28. Juni: Knivsbergfest.

90 m Hürdenlauf, Dreisprung, Weithochsprung.	a. 27 Turner.	Nach Dr. Schnell. Der Gesamtsieger, sowie der erste und zweite in jeder Übungsart erhielten Kränze.

1. Juli: Halle a./S., beim Jubiläum der Francke'schen Stiftungen.

200 m Lauf, Schleuderballwurf, Stabweitsprung.	a. Schüler der Ober- und Unt.-Tertia.	
100 m Lauf, Wurf mit dem kleinen Ball, Hochsprung.	a. Schüler der Quarta und Quinta.	

3. Juli: Bonn, beim III. Kongreß zur Förderung der Jugend- und Volksspiele.

100 m Hürdenlauf (4 Hürden à 1 m), Stabhochsprung, Wurf mit d. kleinen Ball.	a. Turner, Studenten und Schüler.	Nach Punkten.

5. Das Fußballspiel.

Von Professor Dr. Konrad Koch, Braunschweig.

„Viel Feind', viel Ehr'." Die zahlreichen Angriffe in diesem Jahre gegen den Fußball, was besagen sie anders, als daß unser Spiel in Deutschland auch heuer wieder immer weiter an Umfang gewonnen hat. Schwerlich würden sich sonst so viele Gegner um seine Bekämpfung bemüht und sowohl das schwere Geschütz ernster theoretischer Erwägungen und strenger Verdammungsurteile, wie das leichte boshafter Karikaturen dagegen vorgeführt haben. Es wäre thöricht, wollte irgend ein Freund des Spiels, sei es nun über ihren Ernst oder ihren Scherz, mag dieser auch recht wenig freundlich gemeint sein, sich irgendwie ereifern oder gar entrüsten. Da geht es in England noch weit schlimmer zu. Alljährlich wird der Fußball drüben noch viel leidenschaftlicher angegriffen und viel böswilliger verhöhnt. Und drüben spielt man doch schon seit fast drei Jahrzehnten eifrig; freilich hat sich der Spieleifer auch dort in den letzten Jahren immer gesteigert. Bei uns ist der Fußball dagegen noch im wesentlichen etwas Neues, das sich an vielen Stellen noch Bahn brechen muß. So also ist der Widerstand erst recht begreiflich und die Gegnerschaft, die meist auf mangelnder Sachkenntnis beruht, eben darum verzeihlich. Nicht minder thöricht wäre es freilich, wenn wir Freunde des Spiels alle diese Angriffe darum ganz und gar wollten unberücksichtigt lassen. Im Gegenteil, wir müssen recht gründlich prüfen, inwieweit sie ehrlich gemeint und thatsächlich berechtigt sind. Alles Undeutsche und jede Roheit muß unbedingt aus dem Spiele verbannt bleiben; und wenn sich dergleichen schon irgendwo eingeschlichen hat, wie das leider nicht in Abrede zu stellen ist, muß das mit aller Strenge bekämpft und wieder ausgerottet werden. Wir wollen also möglichst von unseren Feinden zu lernen suchen, um das Spiel zu einem echten deutschen Turnspiel machen zu können.

Von gegnerischer Seite ist mehrfach der Zweifel ausgesprochen, ob überhaupt Fußball ohne rohes Spielen möglich sei. Das beruht auf schlimmer Verkennung. Je feiner ausgebildet das Spiel ist, um so mehr wird dabei alles, was irgend an Roheit streift, unbedingt vermieden*). Wer roh spielt, ist eben deshalb schon als ein schlechter Fußballspieler anzusehen. Dafür liefern die Spielregeln unseres Zentral-Ausschusses den besten Beweis, die alle solche Ausartungen streng rügen und mit dem Ausschlusse des betreffenden Spielers bestrafen. Einen praktischen Beweis dafür hat neuerdings nach dem Urteile der besten deutschen Sachkenner das

---

*) In der Zeitschrift für Turnen und Jugendspiel, Jahrgang VII Nr. 19, heißt es in dem Berichte über die Fußball-Wettspiele beim Hamburger Turnfeste: „Als erfreulich verdient hervorgehoben zu werden, daß von Roheiten nirgends eine Spur zu bemerken war.“ Zu vergleichen ist auch die Äußerung des Mainzer Berichterstatters über das Bonner Wettspiel beim Kongresse des Z.-A., da dieser als Gegner des Spiels hergekommen war und sich durch den Augenschein hat eines Besseren belehren lassen. Vgl. oben S. 171.

internationale Wettspiel erbracht, das am 30. Mai v. J. zu Kopenhagen zwischen Schotten und Dänen ausgefochten ist. Das vollendet kunstvolle Spiel der siegreichen Schotten, von denen, nebenbei gesagt, nicht einer Beinschienen trug, schloß jedes Anrennen der Gegner gänzlich aus. Sie umgingen einfach ihre Gegner statt dessen, was ihnen bei ihrer unbedingten Herrschaft über den Ball und ihrer Geschwindigkeit meist leicht gelang. Mit ganz kurzen, niedrigen Stößen ward der Ball von den Stürmern in sicherem Zusammenspiel vorwärts getrieben, unter Aufbietung aller möglichen Listen und Kniffe dann die Deckung der Gegner durchbrochen, worauf endlich ein ebenso sicherer wie außerordentlich scharfer Stoß den Ball unaufhaltsam in das Netz der Gegner fliegen ließ. Auch die schottischen Hinterspieler waren vorzüglich; blitzschnell stießen sie das Leder auf die weiteste Entfernung nach allen Richtungen mit unbedingter Sicherheit. So bewies ihre vortreffliche Schulung am besten, daß in der That jedes rohe Spielen zugleich schlechtes Spiel ist. Bemerkenswert ist noch die Thatsache, daß diese Schotten sämtlich gebildete junge Männer waren, durchschnittlich im Alter von 20 Jahren; einen Berufsspieler duldeten sie nicht unter sich.

„Gut Gesicht, geschwinden Fuß ein Ballspieler haben muß." Dies altdeutsche Wort gilt unbedingt vom Fußball, namentlich das zweite ist dringend notwendig. Wer gut Fußball spielen lernen will, muß vorher laufen lernen. Er muß Schnelllaufen üben und zugleich Ausdauer erwerben. An beiden fehlt's noch zum Teil recht sehr unter den Turnern; sonst würde unser Spiel in ihren Kreisen noch weit mehr Anhänger finden. Eine entschiedene Wendung zum Besseren ist, bei den erwachsenen Turnern wenigstens, auf dem IX. deutschen Turnfeste schon deutlich zu Tage getreten. In den Vereinen hat die geregelte Pflege des Laufens während der letzten Jahre sehr große Fortschritte gemacht. Trotz einer sehr kurz bemessenen Vorbereitungszeit standen im Wettlaufe die Bestleistungen in Hamburg ebenso wie die durchschnittlichen weit höher als die auf dem Münchener Turnfeste. Und wenn es den Bemühungen unserer süddeutschen Freunde des Laufens gelingt, den Lauf über zwei Kilometer, der ihnen auf dem großen Turiner Turnfeste bei den italienischen Turnern so sehr gefallen hatte, auch in unseren deutschen Vereinen und an unseren Festen allgemein einzubürgern, so wird das nicht nur dem turnerischen Leben im allgemeinen, sondern namentlich auch dem Fußball sehr zu gute kommen. Schon in diesem Jahre hat auf dem Hamburger Turnfeste der Fußballwettkampf zwischen den Altonaer Turnern und den Deutsch-Österreichern aus Wien einen allgemeine Anerkennung findenden Glanzpunkt geboten. Dank der gerade hierbei musterhaften Ordnung und umsichtigen Leitung hat dieser Wettkampf die größte Zuschauermenge herangezogen und dauernd gefesselt. Die große Tüchtigkeit der Altonaer Turner hat auf alle Anwesenden einen bedeutenden Eindruck gemacht und wird sicherlich eine nachhaltige Anregung gegeben haben.

Weshalb es für die Entwicklung unseres Spiels in Deutschland so außerordentlich wichtig erscheinen muß, daß der turnerische Geist auf sie bestimmend wirkt, liegt auf der Hand. Unsere älteren und leider erst recht die jüngeren Schüler lassen sich allzugern durch die bunte Außenseite der Sportvereine bethören und äffen das Kauderwelsch in deren Kunstsprache und ihre sonstigen Ausartungen mit Vorliebe nach. Gewiß, unter den Sportmännern giebt es auch nicht wenig verständige Leute, denen dergleichen widerwärtig ist. Aber es fehlt ihnen an dem nötigen Einflusse, um ihren Willen durchzusetzen. Unsere deutsche Turnerschaft hat die erforderliche Macht und muß sie schon in ihrem eigenen Interesse brauchen. Sonst wird sie sich der Gefahr ausgesetzt sehen, daß die von der Schule aus naturgemäß ihr zuwachsenden Turner mehr und mehr ihr untreu werden und zum Sport abfallen. „Wer die Schule hat, der hat die Zukunft." Einsichtige Turnvereine haben deshalb in den letzten Jahren neben ihren Jugendabteilungen für Turnen entsprechende für Spielen eingerichtet. Nicht umsonst hat der getreue Eckart, Schulrat Küppers, unsere deutsche Turnerschaft gewarnt, sie möge sich hüten, die Zeichen der Zeit unbeachtet zu lassen.

Manchem echten Turner alter Gepflogenheit will es immer noch nicht recht in den Sinn, daß er jetzt alle Art Laufübungen, Schnitzeljagden und gar Fußball als turnerisch anerkennen soll. Eine gute Seite dieser Übungen wird er aber unbedingt anerkennen müssen und gerade im Interesse der heranwachsenden Jugend. Es ist echt turnerisch, es ist ganz im Geiste Jahns, wenn wir dahin streben, sie zur Enthaltsamkeit heranzuziehen. Unsere heranwachsende Jugend soll lernen, die sich ihr bietende Freiheit recht zu gebrauchen. Das thut sie nicht, wenn sie ihre freie Zeit in den Kneipen verbringt; statt dessen soll sie daran gewöhnt werden, regelmäßig ins Freie zu eilen und dort Erholung und Vergnügen im lustigen Spiel mit den Altersgenossen zu finden. Unsere akademische Jugend giebt in der Beziehung den weniger Gebildeten leider ein recht wenig löbliches Beispiel. Ihr gilt die Leistungsfähigkeit dessen hoch, der seine zehn Seidel in der Stunde leeren kann, dagegen findet der Fußballspieler, der seine zehn Kilometer in der Stunde laufen kann, durchaus keine Anerkennung. Sollen wir Turner uns in diesem Punkte von den Sportmännern beschämen lassen, die um ihres Trainierens willen zeitweise auf das Bier unbedingt verzichten, sich stets streng vor jedem Übermaße hüten und den veralteten Bierpennalismus unserer Universitäten und höhern Schulen längst überwunden haben? Als ob nicht ein Jahn, ein Jäger und andere Turnmeister schon immer ebenso streng vom Turner Enthaltsamkeit gefordert hätten. Wer ein guter Läufer und Fußballspieler werden und bleiben will, muß bei aller sonstigen Fröhlichkeit und Ausgelassenheit im Biergenusse streng Maß halten. Das ist eine Lehre, die der nachwachsenden Jugend auch mit Rücksicht auf das Laufen und den Fußball eingeimpft werden muß.

Unsere deutsche Kolonie in Alexandria giebt ein gutes Beispiel dafür, wie man trotz der Hitze den Durst überwinden und sich in kräftigem Spiel die nötige Anregung holen soll. Unter dem heißen ägyptischen Klima haben sie im letzten Winter, wie schon im vorigen regelmäßig Fußball gespielt und auch sonstige Leibesübungen im Freien getrieben.

Das gemischte Spiel (Fußball mit Aufnehmen) hält sich in Süddeutschland, Hannover, Bremen u. s. w. recht gut und macht auch weitere erfreuliche Fortschritte. In Frankreich weiß man zu würdigen, daß es vom erziehlichen Standpunkte aus als dem einfachen Spiele weit überlegen erscheinen muß. Ein anderer Grund, weshalb die Franzosen ihm treu bleiben, ist darin zu sehen, daß sich dort eine Art Tradition dieses Spiels von alter Zeit her erhalten hat. Für die Schuljugend ist es um deswillen empfehlenswerter, weil es eine weit bessere Laufschule abgiebt. Die eigentlichen Feinheiten des einfachen Spiels, das schnelle und sichere Zusammenspielen, können sich sowieso jüngere Spieler nur mit viel Mühe aneignen. Für die Schuljugend ist das gemischte Spiel das besser geeignete und, ich möchte sagen, das natürliche.

6. Der Eislauf im Winter 1897/98.

Von Turninspektor A. Hermann, Braunschweig.

Ein Rückblick auf den Winter 1897/98 zeigt, daß derselbe für den Eislaufsport ein sehr ungünstiger gewesen ist. Zunächst war die

Hoffnung wach gerufen, für den Eissport einen recht günstigen Winter zu bekommen, denn schon in den letzten Tagen der ersten Oktoberwoche wurden die Vorboten des Winters, Frost und Schneefälle, angezeigt. Vom Brocken meldete man am 5. Oktober bei 3° Kälte, daß der Berg im schönsten Winterschmuck prange. Auch in der Dresdener Gegend, im Vogtlande, im Erzgebirge hatte man — 4°; ebenso wurde auch aus Schlesien und dem badischen Schwarzwalde über Kälte und starken Schneefall berichtet. Bald aber zerstörten Regen und Sonnenschein diesen Frühwinter, und auch die kräftigen Frostansätze des Winters im November, um ihm endlich seine Herrschaft vorzubereiten, wurden wieder zerstört.

Es war überall in Deutschland und Österreich den ganzen Winter hindurch ein Kampf zwischen den Himmelsmächten und den Eiswarten der vielen Eislaufvereine, die trotz aller Bemühungen, gutes Eis zu schaffen, dem wechselnden Tauwetter, Regen und Sonnenschein gegenüber unterlagen. .

So konnten wir in Braunschweig, als wir am 19. Februar 1898 das 25jährige Bestehen unseres Eislaufvereins feierten und in diesem Winter keinen einzigen Eislauftag gehabt hatten, bei unserer Festfeier nur klagend singen:

„O deutsche Winterherrlichkeit,
Wohin bist du verschwunden!
O kehr zurück, frostkalte Zeit,
Mit deinen Eislaufstunden!
Vergebens spähe ich umher,
Das Thermometer sinkt nicht mehr“.

und weiter:

„Die Straßen deckt bald Dreck, bald Staub,
Den Schnee, den sieht man nimmer.
Der Schlittschuh ward des Rostes Raub,
Futsch ist sein Nickelschimmer!
u. s. w.

Wie ungünstig im ganzen der Winter für den Eislauf war, mögen hier die Zahlen der Eislauftage einiger Orte von verschiedenen Breiten- und Längengraden beweisen. Die in ( ) dahinter gesetzten Zahlen gelten für 1896/97 *).

Königsberg i. Pr. 20 (77). Hamburg 2½ (50). Berlin, verschiedene Bahnen, 5—16 (40—73). Braunschweig 0 (45). Wiesbaden 25 (40). Heidelberg 7 (14). Düsseldorf 10 (24).

---

*) Vgl. Jahrbuch 1898.

Hof i. B. 23 (57). München 28 (47). Reichenberg i. B. 0 (75). Olmütz 51 (07). Troppau i. österr. Schles. 58 (80). Wien, zwei verschiedene Bahnen, 47 (62) und 57 (73). Gmunden i. Vorarlberg 13 (42). Budapest 57 (35). Davos 98 (91). Moskau 103. Wiborg (Finnland) 67. Amsterdam 2. Warschau 45.

Diejenigen Orte, welche über Eisbahnen auf natürlichem Eise (überschwemmte Wiesen, künstlich gefüllte Teiche und dergl.) verfügen konnten, sind gegenüber denjenigen, welche nur Bahnen von Spritzeis benutzen konnten, im Winter 1897/98 im Vorteil gewesen. Eine ganz auffallende Erscheinung bieten die Städte Troppau und Olmütz, welche jahrelang regelmäßig eine verhältnismäßig hohe Zahl von Eislauftagen nachweisen. Auch tritt diesmal Budapest auffallend günstig hervor.

Außergewöhnlich milde, wie seit Jahrzehnten nicht, trat auch der Winter in Petersburg und ebenso in ganz Sibirien auf. Dagegen war er in Palästina ungewöhnlich streng; denn in Jerusalem und seiner weiten Umgebung, sowie auch in der Ebene am Meere, in Jaffa z. B., fiel Weihnachten viel Schnee, wie man ihn seit 20 Jahren dort nicht gesehen hatte. Gleichfalls war es in Ägypten sehr kalt.

Wenn nun auch in Deutschland Städte wie Nürnberg und München in derselben glücklichen Lage wie Paris, London und Brüssel sind, daß sie künstliche Eisbahnen in überdeckten, geschlossenen Hallen besitzen und daher in München z. B. von November bis März dem Eissport gehuldigt werden konnte, so können doch solche Einrichtungen in gesundheitlicher Beziehung nicht im entferntesten das ersetzen, was die Bewegungen auf Eisbahnen im Freien bieten. Die von Staub- und Krankheitskeimen viel freiere Luft im Winter als in der heißeren Jahreszeit wirkt auf die Atmung und Herzthätigkeit des sich draußen tummelnden Körpers weit wohlthuender als jede andere Art der Bewegung in der heißen Sommerluft. Der Gesamtstoffwechsel geht leichter und rascher von statten in der mehr zehrenden Winterluft, der Hunger wird reger, und der Kreislauf des Blutes vollzieht sich leichter und schneller; nicht minder erfrischend und belebend ist der Einfluß der Körperbewegung beim Eislauf auf die Haut- und Nerventhätigkeit. Daher wiederholen wir immer und immer wieder den Ruf: „Legt Eisbahnen an!"

An Verbänden zur Pflege des Eislaufs bestehen: 1. der Deutsche Eislaufverband mit gegenwärtig 28 Vereinen; 2. der Österreichische Eislaufverband mit 13 Vereinen; 3. der

Internationale Eislaufverband, dem sich aber unser deutscher Verband nicht angeschlossen hat. Die Ungunst der Witterung verhinderte es, daß die Meisterschaften unseres Deutschen Verbandes im vorigen Winter ausgelaufen werden konnten.

Es sei hier im Anschluß an einen Artikel von E. Mahlau, dem 2. Vorsitzenden des Deutschen Verbandes (Deutscher Eissport 1898, No. 1), kurz hervorgehoben, nach welchen Richtungen hin der Vorstand unseres Eislaufverbandes seine Ziele verfolgt. Er erkennt als seinen Zweck „die Förderung des Schlittschuhlaufens und seiner einheitlichen Entwicklung". Also nicht der Sport selber ist das Ziel und die Aufgabe unseres Verbandes, sondern „der Sport soll nur nach dem § 4 des Verbandsgesetzes das Mittel zu dem Zwecke sein, die gesund- und schönheitliche Ausübung des Schlittschuhlaufens in die weitesten Kreise zu tragen, ihr stets neue Anhänger zu gewinnen".

Damit befindet sich der Deutsche Eislaufverband auf ganz demselben Grunde, auf dem auch der Zentral-Ausschuß zur Förderung der Volks- und Jugendspiele in Deutschland steht.

Die Begründer des Deutschen Eislaufverbandes, zu denen auch ich mich rechnen darf, gingen im wesentlichen von folgenden Gesichtspunkten aus:

„Der Sport ist in erster Linie geeignet, das Band abzugeben, welches die auf Pflege des Eislaufes hinarbeitenden Vereine zusammenfassen soll; er wird stets das anregende Moment sein, die gleichstrebenden Vereine zum gegenseitigen Verkehr zu veranlassen und schließlich bezwecken, daß alle Bestrebungen, Belehrungen und Anregungen, welche aus diesem Verkehr erwachsen, zum Gemeingut werden."

Die Aufgaben der Mehrzahl unserer Verbandsvereine sind nicht lediglich sportlich, ja eine Zahl derselben ist bislang den sogenannten sportlichen Aufgaben gar nicht näher getreten. Nicht der Kampf um den Sieg mit seinen oberflächlichen Äußerlichkeiten und zwecklosen Übertreibungen ist es, der die große Zahl reifer, erfahrener deutscher Männer, die an der Spitze unserer Eislaufvereine stehen, veranlaßt, für eine ausgiebige Pflege des Eislaufsports unausgesetzt thätig zu sein, sondern die aus einem gesunden, dem deutschen Wesen entsprechenden Wettkampfe hervorgehenden körperlichen und seelischen Eigenschaften sind es. Unser Verband faßt den Sport als ein Erziehungsmittel auf, indem er eine möglichst große Zahl Ausübender heranzuziehen und gleichmäßig heranzubilden bestrebt ist. „Nicht in erster Linie die Qualität, sondern vornehmlich die Massenhaftigkeit sportlicher Bethätigung ist unser Streben." Nach diesen Grundsätzen schenken denn auch die meisten unserer Verbandsvereine dem Jugendlaufen und zumal der Ausbildung im Kunstlaufen große Aufmerksamkeit. In diesem Punkte dürfte wohl der Braunschweiger Eislaufverein mit obenan zu nennen sein.

Ein höchst erfreuliches Ergebnis, das der Verband sich für alle Zeit zur Ehre anrechnen kann, ist die Thatsache, daß Mitglieder unseres Verbandes in den größten Sportwettkämpfen der letzten Jahre eine wichtige Rolle spielten, und daß es uns in Deutschland, welches klimatisch für den Eissport gegenüber andern Ländern so sehr benachteiligt ist, gelang, den Nordländern ebenbürtige Kämpfer gegenüberzustellen.

Über die im letzten Jahre erzielten und die bisher festgestellten Höchstleistungen giebt die folgende Zusammenstellung Auskunft:

a. Höchstleistungen des Deutschen Verbandes.

Strecke	500 m	47 $^{1}/_{5}$ Sek.	J. Seyler-München.
„	1500 m	2 Min. 29 $^{1}/_{5}$ Sek.	Derselbe.
„	5000 m	9 Min. 9 $^{4}/_{5}$ Sek.	W. Sensburg-München.
„	10000 m	18 Min. 35 Sek.	J. Seyler-München.

Die ersten drei Höchstleistungen wurden am 6. Februar 1898 in Davos und die letzte Leistung wurde am 12. Januar 1898 in Davos erzielt. Gegen die früheren Höchstleistungen zeigt das erste Laufen eine Verbesserung um [illegible]/$_{5}$ Sekunden, das zweite um 4 $^{4}/_{5}$ Sekunden, das dritte um 8 $^{4}/_{5}$ Sek.

Eine hervorragende Leistung vollbrachte W. Sensburg vom Münchener Eislaufverein in Davos. Am 21. Dezember 1897 lief derselbe im einstündigen Schnelllaufen (1 Runde = 400 m) im ganzen 26 888 m. Da am 27. Januar 1898 der Engländer G. Edgington diese Leistung mit 30 530 m übertraf, so lief Sensburg am 28. Januar nochmals, wobei er 30 800 m zurücklegte, also den Engländer um 270 m schlug.

b. Allgemeine (Welt-)Höchstleistungen.

Strecke	500 m	46 $^{3}/_{5}$ Sek.	P. Östlund-Trondhjem. Daselbst am 7. Februar 1897.
„	1500 m	2 Min. 29 $^{3}/_{5}$ Sek.	Derselbe am 7. Februar 1898 in Davos.
„	5000 m	8 Min. 57 $^{3}/_{5}$ Sek.	J. J. Eden-Holland in Hamar, 25. Febr. 1894.
„	10000 m	17 Min. 56 Sek.	Derselbe am 23. Februar 1895 in Hamar.

Hier ist nur im zweiten Laufen gegen früher ein Fortschritt um 1 $^{4}/_{5}$ Sek. zu verzeichnen.

Schließlich soll noch darauf hingewiesen werden, daß auf dem

VII. Verbandstage des Deutschen Eislaufverbandes, am 9. und 10. April 1898, das Grundgesetz in wenigen Paragraphen und die Wettlaufordnung in mehreren Paragraphen eine Abänderung erfahren hat.

Die Regeln des „Eishockey Spiels" sind in No. 12 des Deutschen Eis-Sports abgedruckt und von der Expedition „Sport im Bild", Berlin W., Magdeburgerstraße 14, für 10 Pf. zu beziehen.

7. Baden und Schwimmen 1896 bis 1898.

Von Ulrich Baer, Berlin.

In dem letzten Berichte, welcher in den Jahrbüchern über Bade- und Schwimmwesen (V. Jahrg. S. 235 ff.) erschienen ist, konnten wir von einem Aufschwunge desselben in den letzten Jahrzehnten Mitteilung machen. Auch heute sind wir in der erfreulichen Lage, bestätigen zu können, daß auch in den letzten drei Jahren Baden und Schwimmen wieder einen erheblichen Aufschwung genommen haben. Wiederum haben staatliche und städtische Behörden für Errichtung und Erhaltung von Bade- und Schwimmgelegenheiten, ebenso wie Vereine und Privatleute in dankenswerter Weise gesorgt; ebenso haben wiederum Ärzte, Pädagogen und Sportfreunde mit regem Eifer für die Schwimmsache in Wort und Schrift gearbeitet, und auch die Presse, sowohl Zeitschriften, wie Tageszeitungen, hat in umfangreichem Maße dem Nutzen von Baden und Schwimmen das Wort geredet. Baden wird allgemach Gemeingut des Volkes, und Schwimmen beginnt volkstümlich zu werden. Das sind erfreuliche Resultate; vivant sequentes! —

Für die Erstarkung des Badewesens ist die Einrichtung der modernen Wohnungen von erheblichem Einfluß gewesen. Nicht nur in den großen, sondern auch in den mittleren und kleinen Wohnungen der Groß- und Mittelstädte werden Badeeinrichtungen getroffen. Wer sich einer solchen jedoch nicht erfreuen kann, ist kaum im stande, dem kategorischen: „Bade zu Hause!" mehr zu entgehen. Viele Stadtverwaltungen, Direktionen von Gesellschaften, sowie Privatleute haben sich um Errichtung von Volks- und Schulbädern ein wahres Verdienst erworben: voran gehen darin die Städte des Königreichs Sachsen, der Rheinprovinz und Westfalens, sowie die Verwaltungen großer industrieller Unternehmungen. Auch der Generalpostmeister hat bei postalischen Neubauten die Anlage von Badegelegenheit für die Beamten angeordnet. Aber leider finden diese weisen Einrichtungen nicht immer das richtige Verständnis des großen Publikums. Mag hierfür nur ein Fall sprechen. Ein Geschäftshaus in Pößneck hatte von dem städtischen Bade 2000 Badekarten entnommen zur kostenlosen Benutzung seiner Arbeiter; knapp die Hälfte ist benutzt worden. In einzelnen Anstalten ist die Besucherzahl zurückgegangen, meist weil in derselben Stadt neue Bäder errichtet wurden; im ganzen hat aber die Zahl der Badenden aller Art zugenommen und einen bedeutend größeren Prozentsatz gegen früher stellt unter Badegästen und Schwimmern die Frauenwelt. An Dampfbädern wurden in Stuttgart verabfolgt: 1890: ca. 5000; 1892: 9000; 1894: 20001; 1896: 21404. — In Hagen i. W. ist die Badelust in stetem Wachsen; es badeten:

1891	1892	1893	1894	1895	1896
81 019	86 626	98 644	102 848	114 871	125 455,

davon am Tage der höchsten Besuchsziffer:

1891	1892	1893	1894	1895	1896
1386	1697	1495	1611	1767	1594.

In den staatlichen Anstalten des wasserfrohen Hamburgs war folgende Frequenz:

	1895	1896
a. Männeranstalten:		
Steinwärder . . .	309 241	294 860
Mundsburg . . .	394 884	395 642
Bullerleich	285 027	265 955
Veddel	213 821	216 157
b. Frauenanstalten:		
Billbrück	126 511	159 100
Veddel	159 118	151 560

In Berlin kann aus bereits früher angegebenen Gründen eine Übersicht der gebrauchten Bäder nicht gegeben werden; wir können nur die Steigerung der Besucherzahl feststellen. Der Sonnabend vor Pfingsten war 1898 wiederum der Tag, der die meisten Badenden aufwies; es besuchten die Badeanstalten:

Moabit	4105	Personen gegen 2635	im Jahre 1895
Schillingsbrücke	6427	" " 4502	" " "
das Bad der Wasserfreunde	3776	" , davon 3309	Schwimmer.

Am gleichen Tage benutzten in Krefeld 3444 die Schwimmhalle. Die staatlichen Badeanstalten Hamburgs waren im letzten Jahre am

17. August mit 11 120 Personen am stärksten besucht. Das Winterhallenbad in Breslau hatte während der ersten 8 Monate seines Betriebes 110 111 (davon 80 177 Schwimmer) Besucher zu verzeichnen.

Das Stuttgarter Hallenbad zeigt folgende Besuchsziffer auf:

1894: 464 625	1896: 495 721
1895: 493 609	1897: 517 330

Nicht uninteressant ist eine Tabelle der Besucher der Badeanstalten im Prozentsatze ihrer Einwohnerzahl für 1897, welche das Vorstandsbureau des Breslauer Hallenschwimmbades aufgestellt hat, und der wir folgende Prozente entnehmen:

1.	Altona . . .	114	13.	Paderborn . .	221
2.	Köln	114	14.	Elberfeld . .	229
3.	Magdeburg . .	117	15.	Offenbach . .	242
4.	Frankfurt a. M.	136	16.	Waldenburg .	243
5.	Osnabrück . .	148	17.	Zittau . . .	244
6.	Essen	159	18.	Gladbach . . .	248
7.	Hildesheim . .	166	19.	Hagen i./W. .	256
8	Neuß	175	20.	Bochum . . .	273
9.	Düsseldorf . .	177	21.	Bochum . . .	298
10.	Barmen . . .	179	22.	Stuttgart . .	312
11.	Münster i./W. .	216	23.	Heilbronn . .	473(!)
12.	Krefeld . . .	219			

Hand in Hand mit der gesteigerten Badelust ist die Erbauung neuer Badeanstalten in offnem Wasser und die Erweiterung schon bestehender gegangen. Die Städte des Königreichs Sachsen haben die Aufforderung ihrer staatlichen Behörden, überall da, wo sich irgend die Gelegenheit bietet, Fluß-, bezw. Seebadeanstalten anzulegen, in glänzender Weise befolgt. Ebenso haben die Städte Rheinlands, Westfalens und der Pfalz reichlich für solche Anstalten gesorgt; auch in den Vororten Berlins ist eine Reihe offner Badeanstalten errichtet. Damenbadeanstalten sind eröffnet in Buckow, Magdeburg, Teltow, Waldheim u. a. O. In Neunkirchen a. S. ist eine Bade- und Schwimmgelegenheit für Männer eingerichtet, die völlig unentgeltlich benutzt werden kann, ebenso wie eine Anstalt in Hannover.

In allen Orten, in denen Baden und Schwimmen heimisch geworden sind, regt sich der Wunsch, beides zu allen Jahreszeiten ausüben zu können: die Erbauung von Winterbädern und Winterschwimmhallen wird erstrebt. Hierin ist in den letzten Jahren Bedeutendes geleistet worden. Eine große Anzahl von Stadtverwaltungen hat hierfür namhafte Summen aufgewendet, und auch aus Privatkreisen sind in hochherziger Weise reiche Legate zu diesem Zwecke gestiftet worden. Erinnert sei nur an eine Dame, welche für ein Bad in Frankfurt 100000 Mark darbot, an die beiden Bürger in Lüdenscheid und Düren die 30000, bezw. 20000 Mark für Anstalten ihrer Vaterstadt spendeten, den Stifter des Bades in Pößneck und an den Bürger in Augsburg, der die Summe von 300000 Mark für eine Winterbadeanstalt daselbst opferte. Unter solcher Unterstützung ist die Zahl dieser Anstalten schnell gewachsen. Wir zählten Anstalten in Deutschland:

im Jahre 1860	. . .	1	Anstalt,
„ „ 1870	. . .	5	Anstalten
„ „ 1880	. . .	14	„
„ „ 1885	. . .	28	„
„ „ 1890	. . .	40	„
„ „ 1894	. . .	59	„
„ „ 1897	. . .	75	„

Im Bau begriffen, zum Teil kurz vor der Fertigstellung, zum Teil kaum über das Projekt hinaus, ist augenblicklich eine ganze Anzahl von Anstalten, z. B. in Arnsberg, Bautzen, Düren, Duisburg, Dresden, Essen, Glauchau, Halberstadt, Ilmenau, Itzehoe, Jena, Karlsruhe, Königshütte, Mainz, Metz, Zwickau. Von den in den letzten Jahren eröffneten Anstalten sind die bedeutendsten die zu Frankfurt a. M., Breslau, Magdeburg, Charlottenburg und Königsberg i. Pr. Das Frankfurter Bad ist außerordentlich praktisch und vornehm eingerichtet, es enthält neben den Wannen-, Dampf- und Luftbädern ein Frauenschwimmbad (360 cbm Wasser), ein Männerschwimmbad I. Kl. (750 cbm Wasser) und ein Männerschwimmbad II. Kl. (250 cbm Wasser); letzteres für 10 Pfg. benutzbar. — Mit regstem Interesse wurde der Eröffnung des Breslauer Bades von der gesamten Schwimmerwelt entgegengesehen, hatte doch die dortige Hallenschwimmbad-Aktiengesellschaft jahrelang unermüdlich gearbeitet; kurz gesagt: es ist eine herrliche, tadellose Anstalt entstanden. Das neue Wilhelmsbad in Magdeburg erfreut sich der gediegensten Einrichtung, die auf den Erfahrungen anderer Anstalten basiert; seine Schwimmhalle hält 600 cbm Wasser. Die Charlottenburger Halle entspricht in ihren räumlichen Verhältnissen dem Bade der Wasserfreunde in Berlin; sie ist nicht nur ein Bedürfnis für die wasserliebenden Charlottenburger, sondern auch für einen Teil der Berliner Schwimmfreunde, denn in Berlin haben sich die Anstalten nicht vermehrt. Die bereits 1896 projektierten städtischen Hallen (Dennewitz- und Oberbergerstraße) sind bis heute noch nicht in Angriff genommen. Erwähnt sei noch, daß in der Palaestra Albertina zu Königsberg i. Pr., dem in seiner Art einzig dastehenden Heim der Königsberger Studenten, ein geräumiges Winterbad eröffnet werden wird.

Die Brauseschul- und Volksbäder haben sich, wo sie eingeführt sind, aufs beste bewährt; zu ihren Gunsten sind ebenfalls Legate gestiftet, unter anderem spendete ein Frankfurter Bürger im letzten Jahre 2000 Mark für Volksfreibäder, der Landrat des Kreises Neuß spendet dem dortigen Volksbade eine jährliche Gabe von 900 Mark. Eine sehr praktische Anstalt ist auf der gräfl. Henckel v. Donnersmarckschen Konkordiagrube bei Königshütte errichtet worden; in derselben können nicht weniger als 700 Mann innerhalb 2 Stunden ein Bad nehmen. Über die Schulbrausebäder läßt sich nur Gutes berichten, alle Bedenken gegen dieselben haben sich als nichtig erwiesen. Im Jahre 1898 hatten sich nach unserer Kenntnis folgende Städte der Segnung von Schulbrausebädern zu erfreuen: Altona, Barmen, Berlin, Bonn, Braunschweig, Breslau, Dortmund, Erfurt, Frankfurt a. M., Gießen, Glauchau, Hagen, Hamburg, Hannover, Heidelberg, Husum, Karlsruhe, Kassel, Köln, Leipzig, Magdeburg, Merseburg, Mühlheim, München, Nürnberg, Osnabrück, Plagwitz, Rorschach, Salzungen, Stargard, Stuttgart, Weimar, Werdingen, Witten, Würzburg. Eine eigenartige Erfahrung machte hierin Rixdorf: der Gemeindevertreterbeschluß auf Errichtung von Schulbrausebädern wurde auf Betrieb des Lokalschulvorstandes von der Regierung nicht genehmigt; auf wiederholte Vorstellungen der Gemeinde kam Ende 1898 von der Regierung die Genehmigung der Brausebäder — nicht für die Volksschulen, sondern nur für die höhere Lehranstalt!

Auch das *Schwimmwesen* hat in den letzten Jahren an Verbreitung, Ausbildung und namentlich an Volkstümlichkeit gewonnen.

Für die *Verbreitung der Schwimmfertigkeit* hat in dieser Zeit von staatlichen Behörden das Königl. sächsische Kultusministerium am meisten Sorge getragen und schöne Früchte geerntet; aber auch städtische Behörden haben daran wacker teilgenommen. Das meiste haben hierin aber wiederum die Schwimmvereine selbst gethan. Und da gebührt in erster Linie die Palme dem Rheinisch-Westfälischen Schwimmerbund; ihm folgt der Sächsische Schwimmerbund; von Einzelvereinen haben sich hierbei besonders verdient gemacht die Vereine zu Breslau, Frankfurt a. M. und Stuttgart. Auch die übrigen Vereine waren nicht müßig, hatten aber vielfach mit Befestigung und Verwaltung der eigenen Korporation zu thun. Die Damen-Schwimmvereine haben im großen den Erwartungen die bei ihrer Gründung gehegt wurden, noch nicht entsprochen. Reges Leben ist uns nur vom Charlottenburger Damen-Schwimmverein Nixe bekannt, der auch gelegentlich Wettschwimmen abhält; ein Prüfungsschwimmen seiner Schülerinnen hat auch kürzlich der Damen-Schwimmverein von 1896 zu Berlin abgehalten. Am Schlusse des Jahres 1897 bestanden 113 Männer- und 9 Damen-Schwimmvereine. Das Jahr 1898 hat mehrere hinzugebracht. Eine Gesamtzahl läßt sich nicht aufstellen, da viele Vereine nicht an die Öffentlichkeit treten. An manchen Orten wird durch die Zersplitterung der Schwimmerwelt in kleine Vereine der gemeinsamen Sache durchaus nicht genützt. Erfreulich ist es, daß die Lust zur Schwimmerei mehr denn je in Turnerkreisen erweckt wird. So haben über den Wert des Schwimmens gerade in letzter Zeit wohlbekannte Turner beachtenswerte Vorträge gehalten, und manch namhafter Turner ist schon in die Verwaltung von Schwimmvereinen eingetreten; ferner sind in verschiedenen Turnvereinen, z. B. in Berlin, Neumarkt, Neuß, Siegburg Schwimmabteilungen gebildet, und der Augsburger Turnverein hat bereits sein öffentliches Schwimmfest veranstaltet.

Je größer die Ausbreitung der Schwimmfertigkeit wird, desto mehr wird sie volkstümlich werden. War schon in 1895 der Zug zur Volkstümlichkeit in der Schwimmwelt stark bemerkbar, so ist jetzt ihre gemeinsame Devise: „Das Schwimmen muß volkstümlich werden;“ freilich wird man des Sports nie auch entraten. Das größte Verdienst, das Schwimmen volkstümlich zu gestalten, gebührt abermals dem Rheinisch-Westfälischen Schwimmerbunde, besonders seinem Krefelder Schwimmverein; es sei hier nur an dessen vielfache erfolgreiche Anregung bei der Stadt- und Regierungsbehörde für Schul- und Volksbäder, sowie an die Errichtung von Altersriege und Volksabteilung in seinem Vereine erinnert. Ihren Triumph aber feierte die volkstümliche Schwimmbewegung bei dem Verbandsfeste des Deutschen Schwimmverbandes zu Münster 1898, welches auf rein volkstümlicher Basis stand und einen vollen Erfolg errang.

Die Unterweisung im Schwimmen, die Schaffung von Badegelegenheit und das Anstreben des obligatorischen Schwimmunterrichts in der Schule für unsere Jugend wird immer die Hauptaufgabe der Schwimmvereine sein. In dieser Hinsicht ist in den letzten

Jahren viel, ja sehr viel Gutes gethan. In fast allen Schwimmvereinen herrscht das löbliche Streben, den heranwachsenden Generationen die Freude an dem Schwimmen zu erregen und die Segnungen durch die Schwimmerei nach besten Kräften zu teil werden zu lassen. Behörden und Private wetteifern mit ihnen. Das sächsische Kultusministerium fordert jährliche Berichte über die Schwimmtüchtigkeit der Schüler; in allen Schulen Berlins wird bei Beginn der Badezeit im Freien auf den Wert der Schwimmfertigkeit hingewiesen. Vergünstigungen beim Schwimmunterricht kommen naturgemäß zunächst unbemittelten Knaben der Volksschule zu gute; sie werden zumeist von Schwimmvereinen gewährt. Jedoch auch Behörden wie Private unterstützen dies Bestreben. Die Stadt Plauen gewährt seit 1896 zu diesem Zwecke dem Schwimmklub Wettin jährlich 100 Mark; die gleiche Summe spendet seit 1898 der Berliner Magistrat dem Berliner Schwimmerbunde. Von seinen Vereinen bemühten sich um den Schwimmunterricht besonders der Charlottenburger Schwimmverein, Triton, Forelle und Berl. Amateur-Schwimmklub; außerdem waren in Ausbildung von Schwimmschülern in Berlin hervorragend thätig S.-C. Poseidon und die Privat-Badegesellschaft; im Reiche, teilweise mit behördlicher Unterstützung, die Vereine in Chemnitz, Stuttgart und die des Bremischen, des Hamburger Verbandes und des Rheinisch-Westfälischen Schwimmbundes. In Pößneck ließ ein Gönner der Schwimmsache seit Jahren schon Schwimmunterricht auf seine Kosten erteilen; 1898 wurden dort 80 Knaben und 30 Mädchen ausgebildet. In Hamburg wurden in den staatlichen Anstalten ausgebildet:

Badeanstalten	1895		1896		1897	
a. Männerbadeanstalten:						
Steinwärder	35	181	53	205	64	266
Außen-Alster	30	171	38	228	35	216
Bullerdeich	17	123	36	184	37	176
Veddel	18	123	42	164	30	160
b. Frauenbadeanstalten:						
Veddel	8	17	3	33	1	24
Billbrock	1	7	9	31	5	42
Summa	109	622	181	845	172	884

Übertroffen werden aber alle Vereine durch die erfolgreiche Thätigkeit der lange bestehenden „Gesellschaft zur Beförderung gemeinnütziger Thätigkeit“ in Lübeck. Diese ließ ausbilden: 1896: 407, 1897: 409, 1898: 400 Kinder, in dem Zeitraume von 1798—1897: 11 487 Kinder mit einem Kostenaufwande von 41 224 Mark. Auch im äußersten Osten des Reiches regt sich jetzt das Interesse für die Schwimmsache. So hat sich 1897 in Königsberg i. P. ein Komitee zur Förderung des Schwimmens der Schulkinder gebildet, ein Bad gepachtet und im ersten Betriebsjahre schon das erfreuliche Resultat erreicht, 374 Knaben und 131 Mädchen zu Schwimmern auszubilden. Einen ganz besonderen Erfolg hat zu Ende 1898 der Verband Hamburger Schwimmvereine zu verzeichnen gehabt; durch seine unermüdlichen Anstrengungen, die Aufmerksamkeit der Hamburger Behörden auf den Wert des Schwimmens zu lenken, ist es gelungen, daß jetzt der Badeausschuß der „Bürgerschaft“ Hamburgs folgenden Antrag beschlossen hat:

„Die Bürgerschaft wolle den Senat ersuchen, baldthunlichst herbeizuführen, daß der fakultative Schwimmunterricht als Lehrgegenstand und demnach unentgeltlich zur Einführung in den Volksschulen gelange.“

Mit dem obligatorischen Schwimmunterricht ist im letzten Sommer in Eimsbüttel versuchsweise begonnen worden; in Deuben bereits 1897 und zwar mit so gutem Erfolge geschehn — von 163 in Betracht kommenden Schulkindern lernten 146 —, daß der Schwimmunterricht dort jetzt dauernd eingeführt ist. In Frankfurt a. M. endlich werden schon seit Jahren die Schüler einzelner Schulen zum Schwimmen von der Schule aus geführt; hier hat sich die Einrichtung voll bewährt, sodaß jetzt unter der Oberleitung des städtischen Turninspektors die Zöglinge der 4 obersten Klassen (also vom 10. Lebensjahre an) von 21 Knaben- und 7 Mädchenschulen dreimal wöchentlich während des Sommers Schwimmunterricht erhalten. Derselbe ist nicht obligatorisch, aber dennoch beteiligen sich fast 100 % Kinder.

Auch an den höheren Schulanstalten ist für günstigere Bade- und Schwimmgelegenheit teils durch die Anstalten selbst, teils durch Entgegenkommen von Badeanstaltsbesitzern gesorgt und diese Vergünstigung in reichlicherem Maße als früher benutzt worden. Jetzt zählt das Gymnasium in Strehlen 83 % Schwimmer unter seinen Schülern, die höheren Anstalten in Bautzen 93,3 %, die in Berlin ungefähr 50 %. An dem Lehrerseminar zu Linnich (Reg.-Bez. Aachen) werden fast sämtliche Schüler zu perfekten Schwimmern ausgebildet; in der Königl. Landesschule Pforta findet seit Jahren regelrechter

Schwimmunterricht statt; im letzten Sommer war nur ein Schüler von demselben dispensiert. Einer besondern Fürsorge erfreut sich das Schwimmen am Viktoria-Gymnasium zu Potsdam; dort zerfällt der technische Unterricht in Leibesübungen, Singen, Zeichnen und (wahlfrei) Modellieren. Die Leibesübungen umfassen Turnen, Turnspiele, Schwimmen und Schlittschuhlaufen. Die Jahresberichte der Anstalt über die letzten drei Schuljahre lassen folgende Tabellen aufstellen:

Jahr		I.	O. II	U. II	O. III	U. III	IV	V	VI	Sa.	%
1895/96	Schüler:	70	51	70	62	74	67	64	71	530	67
	davon Schwimmer:	64	48	57	50	55	41	17	23	355	
1896/97	Schüler:	78	55	55	65	66	63	71	85	538	64
	davon Schwimmer:	77	48	45	64	48	30	27	24	351	
1897/98	Schüler:	82	34	63	63	71	73	72	78	536	68,6
	davon Schwimmer:	73	31	57	45	56	44	48	18	368	

Auf den drei Vorschulklassen waren 1896: 5 %, 1897: 6,1 %, 1898: 4 % der Zöglinge Schwimmer.

In gleichem Maße wie für freien Schwimmunterricht ist für Freibäder für die unbemittelte Jugend gewirkt worden, meist auf Antrieb der Schwimmvereine. In M.-Gladbach baden wöchentlich 500 Schulkinder auf Stadtkosten; in Krefeld sind in der städtischen Halle während des letzten Betriebsjahres 15000 freie Schulbäder verabfolgt, in Witten werden die Schüler wöchentlich, unter Wegfall einer Lernstunde, zum Baden geführt. In Chemnitz haben sowohl sämtliche Volksschüler, als auch weniger bemittelte Zöglinge der höheren Lehranstalten volles Freibad, in demselben Chemnitz, dessen bekannter Pädagoge und Rektor Ad. Ziber in seiner Schulordnung den Ausspruch gethan hat: „Im Sommer läßt sich ein verständiger Knabe nicht zum Baden verlocken, um nicht, wie es vielen geschah, in den Wellen den Tod zu erleiden.“

Die Instruktionsübungen für die Schwimmlehrer des Gardekorps sind auch in den verflossenen Jahren vom Berliner Schwimmerbunde fortgeführt; es haben auch jährlich Probeschwimmen dieser Mannschaften gelegentlich der Bundesfeste mit sich steigernden Melbungen vor zahlreichen Vertretern der Militärbehörden stattgefunden. Auf Anregung aus dem Kursus der Militär-Turnanstalt werden jetzt Übungen desselben mit einem Bundesvereine im Wasserballspiele eingerichtet.

Die Thätigkeit der Schwimmvereine ist neben ihren Bemühungen um die Jugend, für die Ausbildung ihrer eignen Mitglieder eine rege und größtenteils auch erfolgreiche gewesen. Bei dem vielfach hervortretenden Zuge zum Volkstümlichen sind die Übungsarten etwas verschoben; verschiedene, wie Teller-, Gewicht- und Hechttauchen, sind verschwunden oder beschränkt, andere neue aufgetaucht oder mehr in den Vordergrund getreten, wie Vereins- und Stafettenschwimmen, Gruppenspringen und Wasserballspiel. Einer Übung müßte noch mehr Gewicht beigelegt werden — den Rettungsversuchen. Dauerschwimmen sind in stehendem oder fließendem Wasser von vielen Vereinen wiederum in verschiedenen Entfernungen ausgeführt worden, so in Berlin, Hagen, Hamburg, Krefeld, Münster. In Breslau wird alljährlich die Odermeisterschaft über eine Strecke von 7,5 km ausgefochten. Das Wasserballspiel erfreut sich, nachdem der Deutsche Schwimmverband einheitliche Spielregeln angenommen hat, allgemeiner Beliebtheit und fehlt jetzt wohl kaum auf dem Programm eines größeren Schau- oder Wettschwimmens. Das Winterbaden im Freien blühte bei der überaus milden Witterung der letzten Winter. In Hamburg fand alle Jahre am zweiten Weihnachtsfeiertage ein Winterwettschwimmen in der Elbe statt. In dieser Art Veranstaltung stehen die Hamburger nicht mehr vereinzelt da, sie haben in den Schwimmvereinen der „Eisbären“ zu Emden und Oldenburg ihre Rivalen gefunden. In Mühlhausen i./Th. feiert der dortige (jetzt 84jährige) Badeanstaltsbesitzer seinen Geburtstag jedes Jahr im November durch ein kleines Schwimmfest im Freien mit den Stammgästen seiner Anstalt. Wettschwimmen haben in sehr großer Anzahl stattgefunden; in Berlin feierten in letzter Zeit häufig mehrere Vereine gemeinsame Schwimmfeste, um die große Zahl derselben etwas zu vermindern. Die bedeutendsten Wettschwimmen wurden von den großen Einzelvereinen z. B. in Breslau, Frankfurt a./M., Stuttgart und denen des Rheinisch-Westfälischen Schwimmerbundes, von den Unterverbänden des Deutschen Schwimmverbandes (in Berlin, Bremen, Hamburg, Rheinland-Westfalen und Sachsen) und vom Deutschen Schwimmverbande selbst ausgeschrieben. Unter diesen Festen war die weitaus größte Feier die zur Erinnerung an das 10jährige Bestehen des Verbandes, welche in den Tagen vom 8. bis 12. August 1896 in Berlin vom Berliner Schwimmerbunde veranstaltet wurde; ein schwimmhistorisches Gepräge trug das Fest zur Feier des 60jährigen Bestehens der Kallenbach'schen Badeanstalt in Breslau am 22. August 1897 und das maßgebendste für die volkstümliche Richtung in der Schwimmerei war das Verbandsfest, welches der Rheinisch-Westfälische Bund am 14. und 15. August 1898 übernommen hatte. Mehr denn je in früheren Jahren sind in der letzten Zeit Schauschwimmen veranstaltet, teils um die breiten Schichten der Bevölkerung, teils um (in Residenzstädten) Hof- und Regierungskreise für die Schwimmsache weiter zu interessieren; solche Feste fanden zum Teil zu wiederholten Malen in Berlin, Bremen, Breslau, Frankfurt (Offenbach, Frankenthal), Dresden, Hannover, Stuttgart und den Städten des Rheinisch-Westfälischen Schwimmerbundes statt. Aber auch anderen Zwecken dienten Schauschwimmen; so wurden in Krefeld, das auch ein Schauschwimmen seiner Volksabteilung aufführte, wiederum jährlich den Lehrern des Reg.-Bez. Düsseldorf, welche den Kursus für Volks- und Jugendspiele besuchten, ein Schauschwimmen geboten; in Breslau und Dresden wurden Schüler-Schauschwimmen vorgeführt; Schwimmverein Münster veranstaltete eins zur Stiftung eines Fonds zum Denkmal Kaiser Wilhelms I. und eines zur Beschaffung von Mitteln zur Ausbildung unbemittelter Schüler im Schwimmen. Endlich haben Schauschwimmen auch der Wohlthätigkeit gedient, so in Breslau zu Gunsten des Vereins für Kinderheilstätten bei Anwesenheit des erbprinzlichen Paares von Sachsen-Meiningen und in Stuttgart zum Besten der Wasserbeschädigten des Landes. Dem Schwimmerbund Schwaben-Stuttgart erwies Prinz Hermann von Sachsen-Weimar beim letzten Schwimmfeste die Ehre, das Präsidium zu übernehmen, während der König von Württemberg einen Preis stiftete; das letzte Schauschwimmen des Berliner Schwimmerbundes beehrte Prinz Aribert von Anhalt mit seinem Besuche.

Eine besondere Veranstaltung war im Jahre 1897 das Centenar-Sportfest in Grünau, welches sich an die Grundsteinlegung zu dem Sportdenkmal für Kaiser Wilhelm I. anschloß. Für die Schwimmer waren zwei Vorführungen, ein Schnellschwimmen und ein Gruppenspringen vorgesehen, während derselben war der Schreiber dieser Zeilen auf das Kaiserschiff entboten, um den anwesenden Fürstlichkeiten — Prinz und Prinzeß Friedrich Leopold von Preußen und Herzog Ernst Günther von Schleswig — bezügliche Auskunft zu geben. An der Errichtung des Denkmals hat sich eine große Zahl der Vereine beteiligt.

Alle Schwimmveranstaltungen erfreuten sich zahlreichen Besuches aus allen Gesellschaftskreisen. An anerkennenden und aufmunternden Worten hat es nicht gefehlt, aber auch sonst hat die Schwimmerwelt manche Gunst erfahren. Das Königl. preußische Kultusministerium überwies dem Berliner Schwimmerbund wiederholt, ebenso der Senat der freien Hansestadt Hamburg dem Verbande Hamburger Schwimmvereine Staatspreise; dem Deutschen Schwimmverbande überwies im letzten Jahre der Oberpräsident der Provinz Westfalen einen Ehrenpreis. Eine Reihe von Stadtverwaltungen widmete Stadtpreise, so Breslau, Charlottenburg, Chemnitz, Frankfurt a./M.

Die Organisation der Schwimmerwelt ist im Zeitraum der letzten Jahre eine festere geworden und kann mit Hoffnung ihrer weiteren Entwicklung entgegensehen. Es ist dies ein Verdienst der ausdauernden Arbeit des Vorstandes des Deutschen Schwimmverbandes und des kameradschaftlichen Geistes, welcher die Verbandsvereine beherrscht. Der Verband umfaßt jetzt 86 Vereine mit gegen 8000 Mitgliedern, die sich in 7 Unterverbände gruppieren oder als Einzelvereine bestehen. Neben dem Deutschen Schwimmverband hat sich ein Westdeutscher Schwimmverband in Elberfeld ausgebildet, welcher etwa 6 Vereine Elberfeld benachbarter Industriestädte umfaßt; derselbe veröffentlicht seit 1898 ein Blatt, „Westdeutsches Schwimmerblatt", das jetzt ausschließlich dem Interesse des eigenen Kreises dient, aber auch Artikel enthält, die in weiteren Kreisen lesenswert sind. Das Organ des Deutschen Schwimmverbandes, „Der Schwimmsport", hat durch die Mitarbeiterschaft tüchtiger Kräfte, von Sportleuten, Medizinern und Pädagogen, in Inhalt und Umfang einen Aufschwung genommen. Nebenbei ist in diesen Jahren der Anfang zu einer Schwimmlitteratur durch Erscheinen von Schriften instruktiver oder historischer Art gemacht; G. Kallenbach, Handbuch für Schwimmvereine; G. Hax, Leitfaden für Wassersprünge; C. Lehmann, Schule des Wasserspringens; U. Baer, Regeln und Winke für das Wasserballspiel; Fr. Drömer, Geschichte des Berliner Schwimmvereins von 1878; H. Wohlert, Zur Geschichte des Badens und Schwimmens in Lübeck.

Wir können den Bericht schließen mit der Genugthuung, daß die Arbeit der letzten drei Jahre die Schwimmer ihrem Ideale näher gebracht hat, und unter dem Ausdruck der Hoffnung, daß sie nicht müde werden, es weiter zu verfolgen, nämlich das Schwimmen zum Gemeingute des deutschen Volkes zu machen.

8. Über den gegenwärtigen Stand des Ruderns in Deutschland.

Von Professor Dr. F. Wagner, Berlin.

Die glänzende Entwicklung, die der Rudersport in Deutschland hinter sich hat, ist noch nicht zu einem Stillstande oder zu einem Abschluß gelangt. Immer weitere Kreise werden alljährlich von der Teilnahme für diese gesunde Leibesübung ergriffen. Als bemerkenswertes Kennzeichen hierfür mag die Thatsache angesehen werden, daß der „Wassersport“-Almanach für 1898 205 Rudervereinigungen mit zusammen rund 20 500 (gegen 18 500 am Ende des Jahres 1896) Mitgliedern aufzählt, von denen rund 7600 als „ausübende“ bezeichnet werden (gegen 6600 Ende 1896). Eine Zunahme von 2000 Mitgliedern und 1000 thätigen Ruderern binnen 2 Jahren spricht für sich selbst. Hierbei ist zu bedenken, daß namentlich in Mittel- und Süddeutschland fast überall, wo auch nur die geringste Gelegenheit zur Ausübung des Ruderns gegeben ist, bereits eine Rudervereinigung besteht, sodaß also kaum mehr zu erwarten ist, unser Sport werde noch auf ganz unbekannte Gebiete stoßen und sich so in kurzer Zeit neue große Scharen von Anhängern erwerben können. Wie groß die Schwierigkeiten übrigens oft sind, mit denen die Ruderer zu kämpfen haben, ehe sie zu ihrem Übungsfahrwasser gelangen, zeigt das Beispiel von Karlsruhe. Da in der Nähe der badischen Hauptstadt, abgesehen von einem kleinen — wenn wir nicht irren — künstlich hergestellten See, keine geeigneten Wasserflächen zu finden sind, so sehen sich die dortigen Ruderer genötigt, erst den am Rhein gelegenen Ort Maxau aufzusuchen. Dieser Weg, wenn auch mit der Eisenbahn zurückgelegt, bedeutet doch immer einen Zeitaufwand von etwa 3/4 Stunden, wozu dann noch für den Rückweg die gleiche Zeit kommt. Trotzdem bestehen in Karlsruhe 3 Rudervereine mit zusammen über 400 Mitgliedern: wahrlich ein schönes Zeichen für den freudigen Eifer, der die dortigen Ruderer beseelt.

Mit der Vermehrung der Rudervereine geht natürlich Hand in Hand die anwachsende Zahl der Regatten, bezw. der zu ihrer Veranstaltung bestimmten Verbände. Außer den bereits früher bestehenden 17 derartigen Körperschaften finden wir in diesem Jahre noch einen „Nordwestdeutschen Regatta-Verband“, der mit einer wohlgelungenen Regatta in Hameln in die Öffentlichkeit trat und damit nicht nur seine Lebensfähigkeit bewies, sondern sogar zeigte, daß er geradezu einem dringenden

Bedürfnis der im Wesergebiet ansässigen Vereine abgeholfen hat. Eine weitere Neuerscheinung war die Würzburger Regatta unter Leitung des Fränkischen Regatta-Verbandes. Auch sie hatte einen vollen Erfolg zu verzeichnen; ja S. M. der Kaiser geruhte noch nachträglich, dem Fränkischen Regatta-Verband einen besonderen Gnadenbeweis in Gestalt eines „Kaiserpreises" zu teil werden zu lassen. Um denselben bereits in diesem Jahre seiner Bestimmung entgegenzuführen, veranstaltete der Fränkische Verband am 21. August, also eigentlich schon nach Beendigung der eigentlichen Regattazeit, noch ein Viererrennen, dessen Sieger der erste glückliche Besitzer der stolzen Trophäe für das Jahr 1898/99 sein sollte. Es gelang der Frankfurter Rudergesellschaft Germania, nach schönem Kampfe mit der Mannheimer Rudergesellschaft diesen jüngsten Beweis der Huld unseres Herrschers an sich zu bringen. Die Zahl der Kaiserpreise, die im Rudersport ungefähr die Stelle einnehmen wie die Meisterschaften in anderen Sportzweigen, haben damit die stattliche Anzahl von 8 erreicht, die sich auf Berlin (2), Hamburg, Bremen, Danzig, Frankfurt a./M., Ems und Würzburg verteilen. Nicht weniger als vier von diesen Preisen fielen der trefflichen Vierermannschaft des Ruderklubs „Favorite-Hammonia", Hamburg, bestehend aus den Herren A. Röhl, W. Carstens, J. Körner, A. Möller (Schlagmann) und L. Elzbacher (Steuermann), zu. Dieselbe siegte außerdem in allen anderen Viererrennen, die sie bestritt, in so hervorragender Weise, daß sie den im Vorjahr unbesiegten Mainzer Ruderverein, ferner den Berliner Ruderklub, den Ruderklub Hellas, Berlin, und andere gefürchtete Gegner mehrmals glänzend schlug. Auch im „Achter" stellte Hamburg den stärksten Gegner in der Mannschaft des „Germania-Ruderklubs". Wenn dieselbe auch nicht eine so hohe Anzahl von Siegen errang wie die „Favorite-Hammonia" im Vierer, so war es bei ihr vor allen Dingen der beinahe maschinenmäßig gleiche Stil und ihre für das Auge des Fachmanns bestechende Technik, die ihr den Ruf einbrachte, Deutschlands beste Achtermannschaft zu sein. Ein schönes Zeichen für die hohe Entwicklung des Rudersports in der alten Hansastadt ist es jedenfalls, daß sie die Ehre hat, diese beiden seltenen Mannschaften in ihren Mauern zu beherbergen.

Während in diesen Fällen wirklich den Tüchtigsten der wohlverdiente Siegeslorbeer zu teil wurde, war es leider in der Hauptprüfung des deutschen Rudersports, „dem Meisterschaftsrudern von Deutschland" im „Einer", das Wetter, welches den Verlauf desselben vollkommen beeinflußte. Dasselbe wurde in Bremen abgehalten, jedoch erregte ein sturmartiger Wind die Gewässer der Weser so sehr, daß der aussichtsreichste Bewerber, Dr. Schulze-Denhardt, vom Berliner Ruderklub, sein Boot an einer Buhne schwer beschädigte; es füllte sich während des Rennens gänzlich mit Wasser. Natürlich war unter diesen Umständen die Siegesaussicht dem Berliner Ruderer völlig genommen, und hoch anzuerkennen war es, daß es ihm mit fast übermenschlicher Anstrengung gelang, wenigstens den zweiten Platz zu behaupten. Es siegte Herr Max Sommerfeld vom Danziger Ruderverein. Gern ist ihm dieser Erfolg zu gönnen, da er, schon ein Mann in gereifteren Jahren, mehrmals bereits ohne Erfolg um den Meisterschaftstitel, das höchste Ziel eines deutschen Ruderers, gekämpft hatte. Wenn auch an sich schon das Mißgeschick des Dr. Schulze-Denhardt zu bedauern ist, so hatte diese Ungunst des Wetters für den deutschen Sport im allgemeinen den weiteren Nachteil im Gefolge, daß der erwähnte Herr auf der zwei Tage später stattfindenden Henley royal-Regatta, der bedeutendsten in England, von dieser Anspannung aller Kräfte noch so angegriffen war, daß er die deutschen Farben nicht so thatkräftig vertreten konnte, wie es sonst wohl seine Art war. So aber unterlag er schon im Vorrennen, nach einem allerdings sehr ehrenvollen Kampfe. Man kann daher dieses Ergebnis nicht als vollgültigen Maßstab zum Vergleich unserer Ruderer mit denen Englands ansehen.

Außer den eben angeführten, gewiß recht erfreulichen Höchstleistungen ist es doch für die Allgemeinheit von größerer Wichtigkeit, daß trotz der vermehrten Anzahl der Regatten der Besuch der einzelnen nicht nachgelassen hat, sodaß also eine Steigerung in der Thätigkeit unserer Rudervereine nicht zu verkennen ist. Bemerkenswerte Ziffern hatte in dieser Hinsicht die Berliner Regatta zu verzeichnen, die beinahe den gleichen Zuspruch seitens der Berliner und auswärtigen Vereine hatte wie im Vorjahre, obgleich damals die mit der Centenarfeier verbundenen Rennen natürlich einen großen Anziehungspunkt bildeten.

Neben dem Regattarudern ist es vor allen Dingen das Tourenrudern, welches die größte Aufmerksamkeit verdient. Leider ist vielen jungen Leuten in Deutschland noch nicht das Hochgefühl bekannt, das jeden Ruderer überkommt, wenn er an einem schönen Sommermorgen hinausfährt in die schöne Natur, stolz, durch seiner Arme Kraft sich vorwärts zu bewegen, als freier Herr. Glücklicherweise wird in den meisten Gegenden unseres Vaterlandes dieser Zweig des Rudersports eifrig betrieben: oft pflegen gerade die älteren Ruderer, welche dem

Rennsport bereits entsagt haben, in dieser ruhigeren und doch nicht weniger reizvollen Weise die Ruderei. Alljährlich finden wir im „Wassersport", dem Hauptblatte aller Ruderer, zahlreiche Berichte über größere Touren. Mehrtägige auf dem Rhein, der Mosel u. s. w. oder in Norddeutschland auf den Mecklenburger Seen sind durchaus nichts Ungewöhnliches. Ja sogar die Ostsee ist schon auf dem schmalen Sportboot befahren worden, ein immerhin recht kühnes Unternehmen, das uns lebhaft an die Worte des Dichters erinnert: Illi robur et aes triplex circa pectus erat, qui fragilem truci commisit pelago ratem! . . . . .

Weniger klar zu Tage liegend sind die Fortschritte, welche das Rudern auf anderen Gebieten gemacht hat. So ist es schon längst ein Lieblingsgedanke der Freunde des Rudersports, denselben auch in den Kreisen der Turner heimisch zu machen. Diese Bestrebungen sind ja auch in Berlin von einem beachtenswerten Erfolge gekrönt worden; denn es bestehen hier — abgesehen von den Ruderriegen des akademischen Turnvereins „Berlin" und des A. T.-V. „Arminia" — noch eine Ruderriege der Turngemeinde mit beinahe 100 Mitgliedern und ferner der sehr eifrige Ruderverein Berliner Turner mit rund 60 Mitgliedern. Leider ist aber in anderen Städten von einer Zunahme des Ruderns unter den Turnern wenig zu spüren und, wenn gewiß auch in manchen Rudervereinen die Turner stark vertreten sind, die große Masse verhält sich jedenfalls noch ablehnend.

Ähnlich geht es mit dem studentischen Rudern nur langsam vorwärts. Nachdem infolge der hochherzigen Stiftung eines Kaiserpreises für akademische Rudervereine sich ein starker Aufschwung bemerkbar gemacht hatte, scheint jetzt ein gewisser Stillstand eingetreten zu sein. Das Rennen um den soeben erwähnten Kaiserpreis brachte in diesem Jahre nur 4 Boote an den Start, von denen nur eins (das des Akademischen Turnvereins Breslau) nicht aus Berlin stammte. Es siegte übrigens der jüngste der Berliner akademischen Rudervereine, der erst 1895 ins Leben gerufene Akademische Ruderklub, Berlin-Spandau. Ein trauriges Bild dagegen bot (wie auch schon im Vorjahre) das für akademische Ruderer offene Rennen zu Frankfurt a. M. Obgleich die Beteiligung an demselben nicht, wie bei dem Berliner Kaiserpreise, nur akademischen Rudervereinen offen steht, sondern allen aus Studenten sich zusammensetzenden Mannschaften, hatte bloß der Heidelberger Ruderklub ein Boot gemeldet, sodaß das Rennen wegen mangelnder Beteiligung ausfallen mußte. Hoffentlich schafft hierin schon das nächste Jahr Wandel!

Zum Schluß noch einige Worte über das Schülerrudern. Die Zahl der Schulen, welche es betreiben, nimmt allmählich zu, soweit es sich aus privaten Mitteilungen ersehen läßt. Die Stellung der Schulbehörden ist freilich noch meistens ablehnend oder doch wenigstens nicht entgegenkommend. Wenn nicht die stetige Aufmerksamkeit, welche S. M. der Kaiser dieser Entwicklung zugewendet hat, immer wieder einen neuen Anstoß gäbe, so würden die Schwierigkeiten, welche sich der Verbreitung des Schülerruderns entgegenstellen, schier unüberwindlich sein. Aber der hohe Herr hat es nicht nur abgelehnt, auf Grund mancher Übelstände, welche unleugbar eingetreten waren, die Sache fallen zu lassen, sondern hat an seinem Geburtstage folgenden Erlaß unterzeichnet:

„Um durch eine zweckmäßige Einrichtung des Schülerruderns in Berlin dieser für die Schüler der höheren Lehranstalten so heilsamen Leibesübung eine weitere Förderung zu sichern, bestimme Ich hierdurch, daß in Zukunft dabei nach folgenden Gesichtspunkten verfahren wird:

1. Die Schüler sind von den Rudervereinigungen Erwachsener grundsätzlich fernzuhalten.
2. Die Ruderübungen der Schüler sind durch einen rudersportlich vorgebildeten Lehrer und einen erfahrenen Arzt zu überwachen.
3. Bei Wettrudern ist die Öffentlichkeit auszuschließen. Nur besonders eingeladene Angehörige und Freunde der beteiligten Anstalten und Schüler können zu demselben zugelassen werden.
4. Die Benutzung eigentlicher Rennboote ist nicht gestattet. Bei Wettfahrten ist die Ruderbahn auf 1200 m zu verkürzen.
5. Am Wettrudern dürfen nur Schüler der Prima und Obersekunda teilnehmen.

Zwecks Durchführung dieser Gesichtspunkte will Ich zur Beschaffung eines eigenen Übungsplatzes mit besonderem Boothause und Rudermaterial für sämtliche Berliner Schüler-Rudervereinigungen einen Betrag von fünfunddreißigtausend Mark aus meinem Dispositionsfonds bei der Generalstaatskasse Ihnen, dem Minister der geistlichen ꝛc. Angelegenheiten, zur Verfügung stellen. Auch will Ich an Stelle des bisherigen Wanderpreises zwei Kränze als Preise für das alljährlich stattfindende Wettrudern aussetzen, von denen der eine für die erreichte größte Rudergeschwindigkeit, der andere für die beste Leistung einer Anstalt hinsichtlich der Ausbildung und der Zahl der rudernden Schüler bestimmt ist. Die Preise verbleiben den siegenden Anstalten.

Berlin, Schloß, den 27. Januar 1898.

Wilhelm R.

von Miquel. Bosse."

Infolgedessen wurde vom Kultusministerium in Nieder-Schöneweide das von dem Berichterstatter für den Gymnasial-Ruderverein „Friedrich Wilhelm" erbaute Bootshaus erworben und umgebaut. — Weitere Wirkungen dieses grundlegenden Erlasses sind bisher noch nicht ersichtlich geworden. Indessen sind damit doch dem Schülerrudern in Berlin bestimmte Wege gewiesen, und dies wird weitere Nachwirkungen unausbleiblich haben müssen. Auch in den Provinzen wird das Schülerrudern nunmehr eine freiere Bahn finden; denn es ist und bleibt eine „heilsame Leibesübung".

III. Spielkurse für Lehrer und Lehrerinnen.

1. Die Spielkurse des Jahres 1899.

Aufgestellt von E. von Schenckendorff, Görlitz.

A. Lehrerkurse.

Nr.	Ort	Zeit der Kurse	Namen der Herren, an welche die Anmeldungen zu richten sind.
1	Bonn	14.—20. Mai	Dr. med. F. A. Schmidt.
2	Braunschweig	15.—20. Mai	Schulrat u. Gymnasialdirektor Prof. Dr. Koldewey.
3	Elberfeld	1.—6. Mai	Oberlehrer Dr. Burgaß.
4	Frankfurt a. M.	15.—20. Mai	Turninspektor Weidenbusch.
5	Hadersleben	4.—8. April	Oberlehrer Dunker.
6	Königsberg i. Pr.	19.—24. Juni	Stadtschulrat Dr. Tribukait.
7	Krefeld	12.—17. Juni	Hauptturnlehrer Scharf.
8	Magdeburg	4.—9. September.	Stadtschulrat Platen.
9	Posen	21.—26. August	Oberturnlehrer Kloß.
10	Schwerin i. M.	23.—27. Mai	Oberlehrer Metzmacher.
11	Stolp i. P.	5.—10. Juni	Oberlehrer Dr. O. Preußner.

B. Lehrerinnenkurse.

Nr.	Ort	Zeit der Kurse	Namen der Herren, an welche die Anmeldungen zu richten sind.
1	Bonn	23.—26. Mai	Dr. med. F. A. Schmidt.
2	Braunschweig	23.—27. Mai	Turninspektor A. Hermann.
3	Frankfurt a. M.	26. Juni bis 1. Juli	Turninspektor Weidenbusch.
4	Königsberg i. Pr.	19.—24. Juni	Stadtschulrat Dr. Tribukait.
5	Krefeld	5.—10. Juni	Turnlehrerin Martha Thurm.
6	Posen	An den Mittwochen der Monate Mai und Juni für Lehrerinnen von Posen und Umgegend.	Oberturnlehrer Kloß.
7	Stettin	24.—27. Mai	Stadtschulrat Dr. Krosta.

C. Abhaltung von Wanderkursen.

Herr Oberturnlehrer Karl Schröter in Barmen ist bereit, als Wanderlehrer an anderen Orten einwöchentliche Lehrkurse für Lehrer oder für Lehrerinnen während der Oster-, Pfingst- oder Herbstferien abzuhalten. Verhandlungen müssen frühzeitig eingeleitet werden und sind direkt mit Herrn Schröter zu führen.

2. Die deutschen Spielkurse des Jahres 1898.

Von Professor H. Wickenhagen, Rendsburg.

1. Lehrerkurse.

Ort	Zeit	Leiter	Zahl der Teilnehmer	Stand der Teilnehmer: Lehrer an Volks-, Bürger- u. Mittelschulen	Lehrer an Seminaren	Lehrer an höheren Schulen	sonstige	Heimat der Teilnehmer: Preußen	sonstige deutsche Staaten	außerdeutsche Staaten
Bonn	31. Mai bis 4. Juni	Dr. F. A. Schmidt	12	8	—	4	—	11	1 aus Bayern	—
Braunschweig	23.—28. Mai	Schulrat Professor Dr. Koldewey, Professor Dr. Koch, Turninsp. Hermann	15	6	—	4	5	2	1 aus Hamburg 12 aus Braunschweig	—
Hadersleben	12. bis 16. April	Oberlehrer Danker	36	36	—	—	—	36	—	—

Ort	Zeit	Leiter	Zahl der Teilnehmer	Stand der Teilnehmer				Heimat der Teilnehmer		
				Lehrer an						
				Volks-, Bürger- u. Mittelschulen	Seminaren	höheren Schulen	sonstige	Preußen	sonstige deutsche Staaten	außerdeutsche Staaten
Posen	22. bis 27. August	Oberturnlehrer Kloß	17	11	1	5	—	15	—	2 aus Österreich
Schwerin i. M.	31. Mai bis 4. Juni	Oberlehrer Metzmacher	18	15	—	3	—	—	18 aus Mecklenburg	—
Stolp i. P.	9.—14. Mai	Oberlehrer Dr. Preußner	5	4	—	1	—	5	—	—
		Summa	103	80	1	17	5	69	32	2

Bemerkungen. Hadersleben: Bei den Kursen ist in erster Linie auf Spiele Rücksicht zu nehmen, die als Wettspiele geeignet sind. Die ganzen Kurse sind in Form von Gegenspielen zweier Parteien durchzuführen. Auf Beibehaltung dieses Prinzips bei der Spielleitung ist nachdrücklichst hinzuweisen. — Posen: Die Kurse müßten länger dauern; für die Zeit von 6 Tagen sind die Anstrengungen zu groß. Bei längerer Dauer müßten die Teilnehmer allerdings entsprechend entschädigt werden. — Stolp: Die Teilnehmerzahl ist so gering, weil die Ankündigung nicht früh genug erfolgen konnte. Im nächsten Jahre sollen besondere Maßnahmen getroffen werden.

2. Lehrerinnenkurse.

Ort	Zeit	Leiter	Zahl der Teilnehmerinnen
Bonn	31. Mai bis 3. Juni	Dr. F. A. Schmidt u. Oberturnlehrer Fr. Schroeder	21 Lehrerinnen aus Rheinland und Westfalen
Braunschweig	30. Mai bis 4. Juni	Turninspektor Hermann	24 Lehrerinnen, 5 Lehrer, 5 Hospitantinnen. Von den Lehrerinnen 13 aus Preußen, 6 aus Anhalt, 1 aus Sachsen-Koburg-Gotha, 4 aus Braunschweig. Von den Lehrern 4 aus Preußen, 1 aus Hamburg; 5 Hospitantinnen aus Braunschweig.
Frankfurt a. M. (I. K.)	23.—28. Mai	Turninspektor W. Weidenbusch	21, nämlich 14 Lehrerinnen, 1 Turnlehrerin, 1 Turn- und Handarbeitslehrerin, 3 Handarbeitslehrerinnen, 2 Nichtlehrerinnen.
Frankfurt a. M. (II. K.)	26. September bis 1. Oktober	Derselbe	33, 32 Lehrerinnen, 1 Nichtlehrerin
Posen	Mai bis Juni, jeden Mittwoch nachmittag	Oberturnlehrer Kloß	26 Lehrerinnen aus Stadt Posen und Vororten
Stettin	Der geplante Kursus mußte infolge von Erkrankung des Stadtschulrats Herrn Dr. Krosta ausfallen. Für das Jahr 1899 ist ein Kursus vom 24.—27. Mai in Aussicht genommen, und zwar für Lehrerinnen Pommerns.		
		Summa	125 Lehrerinnen, 5 Lehrer, 5 Hospitantinnen.

Bemerkungen. Braunschweig berichtet: Die Kurse dürfen nicht aufhören, manche Teilnehmerinnen oder Teilnehmer machen mehrere Kurse durch. — Frankfurt a. M. lobt das Interesse und die Ausdauer der Teilnehmerinnen. Der andauernde Aufenthalt im Freien hatte sichtlich einen günstigen Erfolg auf die Gesundheit. Während des Sommerhalbjahrs wurde den Lehrerinnen der Stadt jeden Samstag drei Stunden Gelegenheit zum Turnspiel gegeben. An 20 Tagen spielten 300, durchschnittlich an einem Tage 15. Die Einrichtung hat die Verbreitung des Spiels in den Schulen sehr gefördert.

3. Allgemeine Übersicht.

Es sind ausgebildet:

in den Jahren	Lehrer	Lehrerinnen	in Lehrerkursen	in Lehrerinnenkursen
1890—1897	3198 dazu 62 in Lehrerinnenkursen	1672	91	34
1898	103 dazu 5 in Lehrerinnenkursen	125 bzw. 5 Hospitantinnen	6	5
Summa 1898	3301 dazu 67 in Lehrerinnenkursen	1797 bzw. 5 Hospitantinnen	96	38

Außer diesen vom Zentral-Ausschuß eingerichteten, bezw. veranlaßten Kursen sind im Laufe des Jahres 1898 noch abgehalten worden:

1. Ein Volksschullehrer-Spielkursus in Regensburg auf Anregung der Kgl. Kreisregierung. Leiter: Gymnasialturnlehrer Geiger. (Vergl. Zeitschr. für Turnen u. Jugendspiel VII, S. 60.)
2. Ein Volksschullehrer-Spielkursus in München auf Anregung der Königl. Kreisregierung. Leiter: Königl. Wirkl. Rat Weber. (Vgl. Zeitschr. für Turnen u. Jugendspiel VII, S. 192.)
3. Ein Kursus an der Handfertigkeitsschule zu Leipzig. Leiter: Dr. Hartstein. (Vergl. Zeitschr. für Turnen und Jugendspiel VII, S. 318.)
4. Ein studentischer Spielkursus an der Universität Heidelberg. Leiter: Dr. Rissom. (Vergl. Zeitschr. für Turnen u. Jugendspiel VII, S. 126.)
5. Ein Militärspielkursus in Kiel auf Anregung der I. Matrosendivision. Leiter: Oberlehrer Peters. Bei der Neuheit dieser Veranstaltung mag der Bericht, welchen die Zeitschr. für Turnen u. Jugendspiel VII S. 302 veröffentlicht hat, hier zum Abdruck kommen:

Militärspielkursus in Kiel. Im Oktober und November d. Js. wurde in Kiel ein Kursus zur Ausbildung von Spielleitern in der Kaiserlichen Marine abgehalten. Bereits Ende Mai erhielt der Vorsitzende des hiesigen „Vereins zur Förderung der Jugend- und Volksspiele“, Oberlehrer Peters, vom Kommando der I. Matrosendivision eine Anfrage, ob auch in diesem Jahre ein Jugendspielkursus abgehalten würde; alsdann beabsichtige man, eine Anzahl Chargierte zur Teilnahme zu entsenden, wie es auch früher schon geschehen sei. (An den 1895 und 1896 hier abgehaltenen Kursen beteiligten sich das Seebataillon und die I. Matrosendivision jedesmal mit einer größeren Abteilung.) Da für das Jahr 1898 die Veranstaltung eines Spielkursus nicht geplant war, brachte Oberlehrer Peters in Anregung, die gewünschte Ausbildung von Spielleitern durch Anschluß an die hiesige „Spielvereinigung von 1897“ zu erreichen. Daraufhin meldeten sich jedoch nur zwei Mann. Da dies zu wenige waren, um eine eigene Spielriege zu bilden, was um so mehr geboten war, da das bevorstehende IX. deutsche Turnfest die Kräfte der Vereinigung ohnehin stark in Anspruch nahm, so machte Oberlehrer Peters dem genannten Kommando den Vorschlag, einen eigenen Kursus zu veranstalten, gleichzeitig bemerkend, daß dazu etwa 20—25 Mann gestellt werden müßten. Nachdem das Kommando dafür gewonnen war, wurde an den Chef der Marinestation der Ostsee, Admiral Köster, die Anfrage gerichtet, ob er mit der in Aussicht genommenen Veranstaltung einverstanden wäre, worauf die erfreuliche Mitteilung einlief, daß er der Angelegenheit durchaus sympathisch gegenüberstehe und allen Marineteilen die Beteiligung an dem geplanten Kursus für Volksspiele empfohlen habe. Oberlehrer Peters lud nun eine Reihe bewährter Spieler und Spielleiter Kiels zu einer Versammlung ein, in der die weitere Ausführung des Planes beraten wurde. Eine Anzahl spielkundiger Lehrer, sowie einzelne Mitglieder der verschiedenen Turn- und Spielvereine erklärten sich gern bereit, ihre Kraft zur Verfügung zu stellen. In gegebener Veranlassung wurde dabei betont, daß das Volksspiel in der Marine von den Freunden der Spielbewegung nach Kräften gefördert werden müßte, weil die Marine — wie das Militär überhaupt — durch die Pflege des Volksspiels und die Erweckung des Interesses der Mannschaften für dasselbe viel zur Verbreitung der Sache im deutschen Vaterlande beitragen könne. Es wurden dann sogleich die zur Einübung geeigneten Spiele ausgewählt und auf die einzelnen Wochen planmäßig verteilt. Es waren: Jagdball, Neck- oder Wanderball (in zwei Formen: Schläger außen und innen), Dritten abschlagen, Foppen und Fangen, Diebschlagen, Kreuzhaschen, Katze und Maus (mit zwei Katzen), Barbär, Tauziehen, Stafettenlauf, Reiterball, Stehball, Schlagball, Faustball, Schleuderball, Barlauf und Fußball. Von diesen Spielen erwies sich Tauziehen als bekannt, und Foppen und Fangen, Reiterball und Stehball gelangten wegen ungünstigen Wetters nicht zur Einübung.

Die praktischen Übungen begannen am 19. Oktober und fanden während der vierwöchigen Dauer des Kursus zweimal wöchentlich statt, am Mittwoch und Sonnabend von 4½ bis 5½ Uhr. Als Übungsplatz war der Exerzierplatz, bei Regenwetter das Exerzierhaus der I. Matrosendivision vorgesehen, doch gestattete die Witterung trotz der vorgeschrittenen Jahreszeit, von einer Ausnahme abgesehen, stets das Spielen im Freien. Es beteiligten sich an dem Kursus außer dem Kommandeur der I. Matrosendivision, Kapitän zur See Thiele, 5 Offiziere und 30 Unteroffiziere verschiedener Chargen; außerdem benutzten drei Kandidaten des höheren Schulamts, Lehrer am Gymnasium zu Kiel, die Gelegenheit, sich mit den Jugend- und Volksspielen vertraut zu machen. In der Regel wurde an jedem Spieltage zunächst ein größeres Spiel, wie Faustball, Schlagball, Fußball, vorgenommen und alsdann noch mehrere kleinere; im weiteren Verlauf wurde für genügende Wiederholung gesorgt, sodaß es bei dem sichtlichen, großenteils sehr lebhaften Interesse, welches die Teilnehmer der Sache entgegenbrachten, durchaus gelang, die obengenannten Spiele, vom Fußball abgesehen, hinreichend sicher einzuüben und es zu einer in der kurzen Zeit überhaupt erreichbaren Fertigkeit in denselben zu bringen. Dies zeigte sich überzeugend bei der am letzten Übungstage, dem 12. November, stattfindenden Spielvorführung vor Sr. Exzellenz Admiral Köster und einer größeren Zahl von Offizieren. Der Admiral zollte daher auch in einer am Schluß gehaltenen Ansprache dem von beiden Seiten bewiesenen Eifer vollste Anerkennung; sodann brachte er noch seine warme Anteilnahme an der heutigen Spielbewegung zum Ausdruck und empfahl den Unteroffizieren, die Verwertung des Gelernten hier, wie auf Reisen sich angelegen sein zu lassen. Jedem Teilnehmer an diesem „Militärausbildungskursus" wurde darauf eine gedruckte Bescheinigung über seine Teilnahme an demselben ausgehändigt, welche dazu bestimmt war, in den Militärpaß eingeheftet zu werden.

Es war geplant, am nächsten Tage das Barlauf-, Fußball- und Faustballspiel von tüchtigen Vereinen den Kursusteilnehmern vorzuführen, um ihnen zu zeigen, wie sich diese Spiele bei exakter Ausführung gestalten. Leider verhinderten gewisse Umstände die Vorführung der beiden erstgenannten Spiele; hingegen kam im Faustball ein Wettspiel zwischen der „Spielvereinigung von 1897" und der Faustballmannschaft des „Kieler Turnvereins“ zu stande. Es wurden zwei Partieen von je 20 Bällen ausgemacht. Es siegte die Spielvereinigung mit 20 zu 16 und 20 zu 19 Punkten.

In unmittelbarem Anschluß an den „Militärausbildungskursus“ fand am 12. und 13. November in einer der oberen Räumlichkeiten des Etablissements „Die Hoffnung“ eine gleichfalls von Oberlehrer Peters ins Werk gesetzte Ausstellung von Jugendspielgeräten und Litteratur statt. Dieselbe bot dem Kenner zwar kaum etwas Neues, gewährte den Besuchern aber infolge der übersichtlichen Gruppierung und der Reichhaltigkeit und Mannigfaltigkeit innerhalb der einzelnen Gruppen einen vorzüglichen Einblick in diese Seite des Jugend- und Volksspiels. Die einschlägige Litteratur war vom Buchhändler Hagge in ansehnlicher Zahl und zweckmäßiger Auswahl von Büchern und Schriften beigebracht, während die Firma Anton J. Arp, Klinke 1, dafür gesorgt hatte, einen Überblick über alle gangbaren Spielgeräte zu bieten. Interessant war daneben die umfangreiche Ausstellung der in der hiesigen städtischen Mädchenschule in Gebrauch befindlichen Spielgerätschaften, welche, ganz aus freiwilligen Beiträgen und zum Teil nach eigenen Zeichnungen und Angaben beschafft, zeigten, wie man bei ernstem Willen auch ohne allzugroßen Kostenaufwand die zum Jugendspiel erforderlichen Hilfsmittel erlangen kann. Die Ausstellung, am Sonnabendnachmittag ausschließlich den Angehörigen der Marine, am Sonntag dem großen Publikum geöffnet, fand denn auch aus allen Kreisen der Bevölkerung zahlreichen Besuch und aufmerksame Beachtung.

---

3. Die Turnspielbewegung der Studenten in Heidelberg im Sommer 1898.

Von Dr. phil. Johannes Rissom, Heidelberg.

Als im Jahre 1895 der Zentral-Ausschuß für Volks- und Jugendspiele in seinem bekannten zündenden Aufruf an die deutsche Studentenschaft zur Einrichtung von Turnspielkursen an den Hochschulen aufforderte, meldeten sich 12 Universitäten, unter welchen sich auch Heidelberg befand. Leider konnte damals aus Mangel an Lehrern die Meldung Heidelbergs nicht berücksichtigt werden. Da im Laufe der Jahre keine weiteren Schritte hierselbst für die Belebung der Spielbewegung gethan waren, fragte ich mich, als ich der Sache näher trat, ob damals nur eine aufflackernde Begeisterung in einem kleinen Teile der Studentenschaft — mehr zufällig — das Interesse und die Lust am Spiel wachgerufen hätte, und ob das Tummeln in der uns hier auf allen Seiten umgebenden bergigen und waldigen Natur einen würdigen Ersatz und hinreichend Gelegenheit zu körperlicher Bethätigung böte, oder ob thatsächlich das Spiel auf ebenem, grünem Rasen unter den Studenten schlummerndes Bedürfnis sei, das nur geweckt werden sollte. Wenn letzteres der Fall wäre, so beabsichtigte ich, demselben abzuhelfen.

Nachdem einige Rundfragen im Kreise Bekannter und durch Bekannte Erfolg meines Unternehmens wahrscheinlich gemacht hatten, sah ich mich vorerst nach einem geeigneten Platz um, auf welchem die Spiele eventuell stattfinden könnten. Diese Platzfrage, welche meistens, besonders in größeren Städten, die Hauptschwierigkeit bietet, war hier bald erledigt. Hart am Ufer des die Stadt durchziehenden Neckar liegt nämlich ein grüner Rasen von etwa 230 m Länge und 65 m Breite (1,5 Hektar). Früher war derselbe als Weideland verpachtet und ist erst in den letzten Jahren auf Anregung der Direktion der Oberrealschule als Spielplatz hergerichtet und derselben zur Verfügung gestellt. Gegenwärtig benutzt die Schule ihn für Turnspiele an zwei Tagen (Mittwochs und Samstags) von 3—7 Uhr für zwei Abteilungen. Nach Rücksprache mit dem Herrn Direktor Prof Wittmann und dem Herrn Oberbürgermeister Dr. Wilkens wurde auch mir die Benutzung bereitwillig gestattet.

Soll ich über den Platz selbst ein kurzes Wort sagen, so ist derselbe für den Zweck, dem er dienen soll, wie selten einer geschaffen und läßt sich mit einigen Mitteln zu einem der schönsten herrichten. Da er bisher nur als Weideplatz benutzt wurde, ist er natürlich nicht völlig eben, sondern weist hier und da Löcher auf, die gewiß beim Spielen störend sind; auch ist der Untergrund lehmig, sodaß das Wasser nach Regengüssen schwer abfließt, der Boden dann schlüpfrig wird und unter Umständen beim Spielen gefährlich werden kann. Aber trotz dieser Mängel möchte ich ihn als „schön" bezeichnen, wie überhaupt der Anger mit grünem, weichem Rasen das Ideal eines Spielplatzes ist. Dazu kommt, und das ist sehr wesentlich, daß der Platz, ich möchte fast sagen, mitten in der Stadt liegt. Unmittelbar an der neuen Brücke, welche Alt-Heidelberg mit dem Stadtteil Neuenheim verbindet, erstreckt sich der Spielplatz am nördlichen Ufer des rauschenden Neckar entlang. — Ein Vorgelände in einer Länge von 150 m, welches früher als Spielplatz diente, ist gegenwärtig nicht gepflegt und wird nicht benutzt. — Eine Promenade mit zierlichen Gartenanlagen und zahlreichen Ruhebänken für die Zuschauer führt an einer Seite entlang, und eine Reihe prächtiger Villen bildet den Hintergrund. Vor uns fließt der Neckar, der uns stets einen kühlen, erfrischenden Luftzug bringt; und während nach Westen hin der Blick hinüberschweift über die weite Ebene bis zu den entfernten Höhenzügen der Hardt, blicken wir nach Osten und Süden hin in das wunderbar schöne, enge Neckarthal, wo der Königsstuhl und Heiligenberg sich fast zusammenschließen, und über die Häuser der Stadt hinweg majestätisch die ehrwürdigen Ruinen des stolzen Schlosses erheben.

Allerdings haben wir hier in Heidelberg noch mehrere andere Spielplätze, aber bis auf einen kleinen Spielplatz auf der Höhe des Riesensteins, welcher vom hiesigen Gymnasium und den beiden farbentragenden studentischen Turnerschaften benutzt wird, und der für

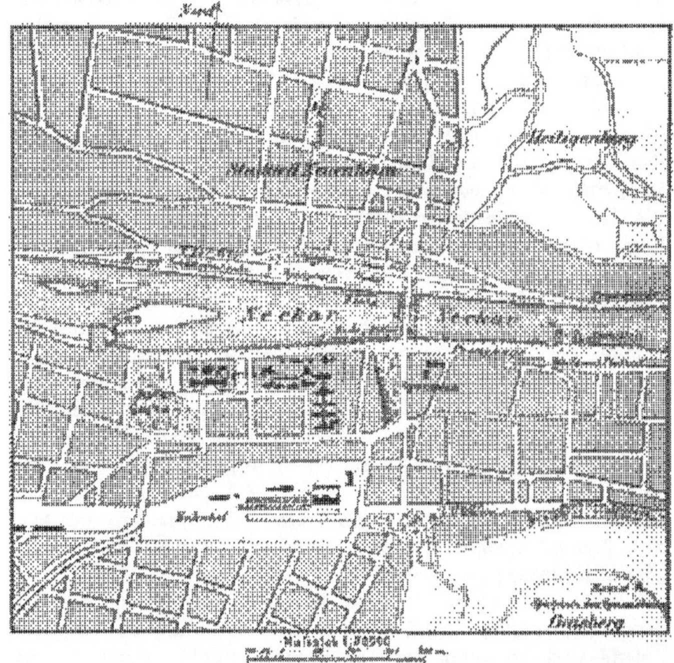

Schleuderballspiel kaum groß genug ist, liegen zwei Plätze für Fußball und zwei für Tennis mehr oder weniger weit außerhalb der Stadt und kommen als Eigentum von hiesigen englischen Colleges bezw. Tennisklubs für die Allgemeinheit nicht in Betracht.

In der Verlängerung des oben geschilderten Spielplatzes liegt die Eisbahn mit einer Länge von 315 m und einer Breite von 45 m, während an dem Vorgelände das Bootshaus des Heidelberger-Ruderklubs erbaut ist. So bietet dieser Platz in schöner Vereinigung zu jeder Jahreszeit mannigfache Gelegenheit für körperliche Bethätigung.

Das war also unser Spielplatz, auf dem wir unter den Augen des Volkes, das auch von der hochgelegenen Brücke herab uns zuschauen konnte, in echter Fröhlichkeit uns getummelt haben.

Während ich noch um Erlangung des Spielplatzes mich bemühte, hatte ich bereits mit einigen Mitgliedern des Zentral-Ausschusses mich in Verbindung gesetzt und von ihnen aufs bereitwilligste Auskunft und Ratschläge erhalten. Darauf wandte ich mich zunächst an den engeren Ausschuß der hiesigen Studentenschaft um Bewilligung von Geldmitteln zur Anschaffung der nötigsten Spielgeräte. Da dieser nicht allein die Entscheidung übernehmen wollte, unterbreitete ich dem weiteren Ausschuß den Antrag, und dieser bewilligte auf meine mündliche Auseinandersetzung hin die geringe Summe von 70 Mark, falls sich mindestens 50 Herren in die von mir auszulegenden Listen eintragen würden. Als ich vor versammelter Korona an die einzelnen Vertreter der Korporationen die Anfrage betreffs Beteiligung an dem geplanten Unternehmen richtete, mußte ich leider die traurige Erfahrung machen, daß dieselben fast alle bei der Abstimmung ihre Mitwirkung versagten und nur zwei sich eine Beteiligung vorbehielten, ein Ergebnis, das bei den „nationalen Prinzipien", welche die meisten hiesigen Korporationen auf ihre Fahne geschrieben haben, sehr befremden mußte. Trotz dieser geringen Aussicht auf Erfolg machte ich am nächsten Tage am schwarzen Brette der einzelnen Universitätsinstitute Anschläge, in welchen ich zur Teilnahme an den Turnspielen aufforderte, und legte Listen aus. Innerhalb 24 Stunden (es war der Freitag vor Pfingsten) hatten sich bereits 53 Studenten eingetragen. Hiermit war mein Unternehmen gesichert. An die einzelnen Korporationen sandte ich eine Einladung zur Teilnahme.

Sofort ging ich an die Bestellung der Spielgeräte, um nach der Ferienwoche möglichst bald beginnen zu können. Da die Zahl der Unterschriften inzwischen auf 139 gestiegen war*), mußte ich der großen Anzahl wegen anstatt der beabsichtigten zwei Abende deren vier einrichten. Ich berief zu dem Zwecke die Teilnehmer zu einer Besprechung in der Universität für Montag, den 13. Juni. Hier gab ich in einem kleinen Vortrag zunächst in groben Zügen den Zuhörern

*) Es hatten sich auch die beiden V.-C.-Vereine (farbentragende akadem. Turnerschaften) mit 20—25 Herren eingetragen, konnten aber, wie sie mir später mitteilten, an den festgesetzten Tagen nicht teilnehmen, da sie dann selbst Turnspiele pflegten.

eine Übersicht von der Entwicklung und dem gegenwärtigen Stande der Spielbewegung mit besonderer Berücksichtigung der Verhältnisse auf den deutschen Hochschulen und erklärte die Regeln der in Aussicht genommenen Spiele.

Zum Schluß einigten sich die Teilnehmer zu zwei Abteilungen an je zwei Abenden (Montags und Donnerstags bezw. Dienstags und Freitags).

Am folgenden Tage begann der dreiwöchentliche Kursus. Leider waren fast allen Teilnehmern die Spiele völlig unbekannt, und nur infolge der eifrigen Unterstützung einiger bekannter Studenten, welche als Abteilungsführer mir in zuvorkommendster Weise zur Seite standen, war es möglich, daß sich sofort ein reger, frisch-fröhlicher Betrieb entwickeln konnte.

Folgende Spiele wurden eingeübt: Barlauf, Schleuderball, Schlagball (ohne Einschenker), Faustball, Fußball (in deutscher Art), Neckball, Jagdball, Drittenabschlagen. Von diesen wurde Schleuderball und Faustball ganz besonders von den Spielern bevorzugt, während Schlagball infolge der verwickelten Regeln und der geringen Übung der Spieler im Schlagen nicht die gebührende Anerkennung fand. Das Fußballspiel (ohne Aufnehmen) wurde nur in den letzten Tagen geübt. Auch Wettlauf wurde mehreremal veranstaltet, sowie Diebsschlagen, welch letzteres großen Beifall fand. An den festgesetzten Tagen spielten im Durchschnitt 17 Herren; die höchste Zahl war 24.

Mit Schluß des Kursus endigte der Spielbetrieb keineswegs, vielmehr hatten die meisten Teilnehmer eine so große Freude an dem frischen Tummeln gefunden, daß die überwiegende Mehrzahl weiter zu spielen wünschte, und daß von da ab sogar täglich bis zu 3 Stunden durchschnittlich 13 Herren dem Spiel oblagen. Im ganzen haben 300 Herren an 27 Tagen gespielt. (8 Tage lang mußte das Spielen des Regenwetters wegen unterbrochen werden.)

Unter diesen Umständen konnte an eine festliche Schlußvorführung gedacht werden, wozu sich 20 Herren bereit erklärten. Am Donnerstag den 28. Juli 6 Uhr abends fand die Vorführung statt, zu der auf meine Einladung hin sehr viele Professoren, die Spitzen der städtischen Behörden, die Leiter der Schulen und öffentlichen Institute, zahlreiche studentische Kommilitonen, sowie eine stattliche Anzahl von Freunden und Kennern des Spieles, auch viele Damen, im ganzen reichlich 200 Personen, sich zusammengefunden hatten. Ich eröffnete das Spiel, indem ich den Anwesenden im Namen der Teilnehmer für ihr zahlreiches Erscheinen herzlichen Dank abstattete. Sodann verwies ich sie kurz auf den Zweck und den Wert der körperlichen Bethätigung und zeigte ihnen, daß der Vorwurf: „Mangel an Interesse für die Pflege der Leibesübungen in der Studentenschaft“ auch hier in Heidelberg von uns zu nichte gemacht sei. Der Grundstein sei gelegt, und mit fester Zuversicht dürften wir auf eine erfolgreiche Weiterentwicklung der Spielbewegung hoffen. Unsere Absicht sei, dem gesunden Geist einen gesunden Körper zu erhalten, um den hohen Anforderungen an uns als den berufenen geistigen Führern der Nation allzeit gerecht werden zu können. Nach einem brausenden „Gut Heil“ auf den Kaiser und den Großherzog, in das sämtliche Anwesenden begeistert einstimmten, begann sofort nebeneinander die Vorführung von Schleuderball und Faustball, dem sich der Barlauf anschloß. Jedes Spiel dauerte etwa 20 Minuten.

Darauf begannen die Wettkämpfe: im Schleuderball gegen 5 Herren der hiesigen vereinigten Turnerschaften (V.-C.) und im Faustball gegen 5 Herren des A. T.-V. Alemannia-Darmstadt, welche Korporationen in zuvorkommendster Weise unsere Aufforderung angenommen hatten. Während dann noch von den Teilnehmern des Kursus Balljagd und Neckball gezeigt wurden, brachte der A. T.-V. Alemannia mit 6 Herren das Tamburinspiel zur Vorführung, das mit großem Geschick gespielt wurde.

Alle Spiele fanden begeisterte Aufnahme und lebhaften Beifall. Zum Schluß fand die Verkündigung der Sieger durch Herrn Geh. Hofrat Prof. Dr. Schröder statt. Im Faustball hatte der A. T.-V. Alemannia mit 20 : 14 Punkten gesiegt, während im Schleuderball die vereinigten V.-C.-Vereine mit 0 : 2 Punkten unterlegen waren. Die Tochter des Herrn Geheimrat Prof. Dr. Czerny hatte die Güte, den erfreuten Siegern einen schlichten Eichenkranz zu überreichen und allen Teilnehmern an den Vorführungen eine Schleife in den Turnerfarben zur Erinnerung an den frohen Tag an die Brust zu heften. Herr Prof. Schröder hielt danach folgende beherzigenswerte Ansprache*):

„Ich habe zwar keinen Auftrag von der Universität, aber ich bin sicher, daß ich im vollsten Einverständnis mit meinen Kollegen handle, wenn ich Ihnen die freudige Teilnahme des Lehrkörpers unserer hohen Schule an Ihren Bestrebungen ausspreche. Die Spiele, wie sie hier gepflegt werden, waren, wie bei den alten Griechen, so auch bei unseren Vorfahren ständiger Brauch. Ein kraftvolles

*) Der Wortlaut der Ansprache ist den uns von anderer Seite übersandten „Heidelberger akademischen Mitteilungen“ entnommen. v. Schenckendorff.

Volk pflegt die Spiele, die das Auge schärfen, den Körper stählen, den Geist frisch erhalten, und nur ein im Niedergange begriffenes Volk läßt dies vortreffliche Erziehungsmittel fallen. Was bei unseren Vorfahren bis über das Mittelalter hinaus fester Brauch gewesen, war in der Zeit des Verfalls in Abgang gekommen. Nach der Zerrüttung, die der 30jährige Krieg unserem Vaterlande brachte, waren die Turn- und Waffenspiele vergessen worden. Erst nach der schweren napoleonischen Zeit kam das Turnen und jetzt, da wir wieder ein großes geeinigtes Vaterland erlangt haben, auch das Spiel wieder zu Ehren. Ihnen aber, meine Herren, und insbesondere Herrn Dr. Rissom, gebührt die Anerkennung, das Spiel auch in unserem Heidelberg wieder heimisch gemacht zu haben. Ein Hoch dem Herrn Dr. Rissom und den Siegern am heutigen Spiel!"

Die Teilnehmer an den Vorführungen, sowie eine Anzahl der Zuschauer gingen nachher in einen nahe gelegenen Garten, wo nach den Mühen des Abends noch lange eine frohe Tafelrunde beisammen blieb.

Erwähnen will ich noch, daß bis auf eine Verstauchung eines Fingers beim Fußballspiel keine Unfälle vorgekommen sind.

Eine einheitliche Spielkleidung war natürlich nicht durchzuführen; doch traten zur Vorführung die Spieler in dunkler Hose und weißem, ungestärktem Hemd an.

Soweit über den ersten Versuch, für die Pflege der Turnspiele unter der hiesigen Studentenschaft Lust und Liebe zu erwecken. Gewiß, er war nicht ohne Erfolg; soll aber die Wirkung fortbestehen und eine bleibende werden, so bedarf die Bewegung einer nachhaltigen und dauernden Unterstützung von seiten der Universität, gemeinsam mit der Stadtvertretung. Herr Landtagsabgeordneter von Schenckendorff ist in diesem Sinne in dankenswerter Weise auch bereits thätig gewesen. Einen Spielplatz haben wir, der günstig gelegen und bei einiger Nachhilfe und Sorgfalt auch völlig zweckentsprechend ist; aber wir brauchen mehr. Zunächst muß eine ständige Leitung beschafft werden, welche gleich zu Anfang jeden Semesters den Betrieb eröffnen kann. Sodann muß auch auf die nötigsten Bedürfnisse der Spieler Rücksicht genommen werden. Und da bedürfen wir eines Gerätschuppens (die Oberrealschule besitzt einen solchen auf dem Spielplatz, der aber für sie kaum groß genug ist), ferner eines Raumes zum Umkleiden, in dem zugleich die Spieler bei plötzlich eintretendem Unwetter Schutz finden können. Außerdem muß für Trinkwasser gesorgt werden. Auf eine Gelegenheit zum Baden oder auf Duschen, welche zur vollständigen Einrichtung gehören, können wir verzichten, weil auf dem gegenüberliegenden Ufer in nächster Nähe die Badeanstalten liegen. Zu alledem kommt, daß bei dem verschiedenartigen Interesse der einzelnen Studenten an ihnen zusagender körperlicher Bethätigung möglichst mannigfaltige Gelegenheit geboten werden muß. „Spiel ohne Turnen ist ebenso wie Turnen ohne Spiel nur eine einseitige Art der körperlichen Erziehung!“ Für eine vollkommene Durchbildung des Körpers ist es daher notwendig, daß auf dem Spielplatze, natürlich ohne die Spielfreiheit irgendwie einzuschränken, Turngeräte aufgestellt werden. Die Mittel zur Anschaffung derselben habe ich bereits zum Teil von den hiesigen Herrn Dozenten auf ein Rundschreiben hin erhalten; aber der Verwirklichung meiner Absicht stehen leider die Rechte, welche die Oberrealschule als Besitzerin des Platzes geltend macht, entgegen, laut deren sie sich in keiner Weise in Raum und Zeit durch die Studentenschaft beschränken lassen will.

Hoffen wir, daß im Interesse der Sache und zum Wohle der Studentenschaft diese noch schwebende Frage eine glückliche und für beide Teile zufriedenstellende Lösung findet.

Vorerst habe ich mich der Pflege der Leibesübungen auch weiterhin angenommen und in diesem Winter auf Wunsch für die Herren Studenten eine Turnstunde wöchentlich (Mittwochs von 6½ bis 8 Uhr abends) eingerichtet, an der bisher bis zu 18 Herren teilnehmen. Desgleichen halte ich auf Wunsch auch für die Herrn Dozenten und Assistenten eine Turnstunde wöchentlich (Montags von 6½—8 Uhr) ab, zu der sich 17 Teilnehmer gemeldet haben.

Das Interesse und die Lust an körperlicher Bethätigung ist also auch hier in Heidelberg unter den Studenten vorhanden, und es ist unzweifelhaft, daß unter günstigeren Bedingungen noch weit mehr Erfolg als bisher zu erzielen ist.

IV. Mitteilungen des Zentral-Ausschusses aus dem Jahre 1898.

1. Ansprache des Herrn Geh. Oberregierungsrats Brandi in der Sitzung des Zentral-Ausschusses zu Berlin am 15. Januar 1899.

M. H., meine Dienstgeschäfte gestatten mir zu meinem großen Bedauern nicht, diesen interessanten Verhandlungen länger beizuwohnen. Ich hatte gehofft, beim fröhlichen Mahle ein Wort über meine Stellung zu den Spielbestrebungen in der Weise, wie man das beim Mahle thun kann, sprechen zu können. Da mir das aber versagt ist, möchte ich die Versammlung nun nicht verlassen, ohne zu betonen, daß die preußische Unterrichtsverwaltung nach wie vor durchaus sympathisch den Bestrebungen für das Jugendspiel auf allen Gebieten des Schulwesens gegenübersteht. (Bravo!)

Wenn die Vereinsbestrebungen die Unterrichtsverwaltung nicht so rasch mit sich fortreißen können, wie Sie es wünschen werden, so liegt das in dem natürlichen Gesetz, daß der Verein dasjenige erstrebt, was in seinen Augen und in Wirklichkeit, will ich sagen, wünschenswert ist, während die staatlichen Behörden nur durchführen können, was erreichbar ist. Nun weiß ich ja sehr wohl, daß über das, was erreichbar ist, Meinungsverschiedenheiten bestehen. Wir wollen aber hoffen, daß das Wünschenswerte in immer höherem Grade für uns erreichbar wird, und dann soll es an unserer Mitwirkung nicht fehlen. Wir wissen ja, daß es nicht heißt: Turnen oder Spielen, sondern Turnen und Spielen. Wenn unsere Turnfreunde besorgt sein könnten, daß unser sehr gediegenes, durchgearbeitetes und fortwährend noch weiter bearbeitetes Turnwesen durch die Bestrebungen unserer Spielfreunde beeinträchtigt werden könnte, daß sich das Spiel in den Besitz eines Teiles des Turnwesens möchte setzen wollen, so sind wir alle miteinander der Meinung, daß wir diese Befürchtungen unseres Teils zerstreuen dürfen: ein Grund für solche liegt nicht vor.

Das Spielen in der freien Luft kann so nach allen Erfahrungen der Schulmänner und vor allem nach dem Verlangen der Hygieniker nur in jeder Beziehung gefördert werden. Wenn unser Turnlehrerkursus in den Winter fällt und nicht in den Sommer, was doch als wünschenswert bezeichnet ist, so kann ich sagen, daß das auch uns durchaus wünschenswert erscheint, und daß diese Frage längst zur Erwägung gestanden hat. Aber es stehen dem zur Zeit noch manche Gründe entgegen, darunter alle diejenigen, die für die Verlegung des Turnlehrerinnenkursus in den Sommer sprechen, aber auch noch andere Gründe.

Dann kann ich den Herren auch noch sagen, daß die Gewinnung eines geeigneten, ausreichenden Spielplatzes für die Turnlehrerbildungsanstalt nicht mehr bloß Gegenstand der Erörterung, sondern bereits Gegenstand der Verhandlungen ist. (Bravo!)

Also, m. H., ich darf gehen mit der festen Überzeugung, daß wir auf seiten der Unterrichtsverwaltung und der Turnlehrerbildungsanstalt mit Ihrem Ausschusse, bezw. Verein, Hand in Hand gehen, und ich versichere, daß wir gern den Wünschen und den Vorschlägen der Fachmänner ein geneigtes Ohr leihen.

Ich schließe namens des Herrn Ministers mit dem Wunsche, daß Ihren Vereinsbestrebungen ein günstiger Erfolg blühen möge. (Beifall.)

---

2. Verzeichnis

der an den Zentral-Ausschuß im Jahre 1898 gezahlten Beiträge.

Vom Schatzmeister Prof. Dr. A. Koch, Braunschweig.

I. Staatliche und Landes-Behörden.

1) Preuß. Kultusministerium	ℳ	2200
2) Landesdirektion der Provinz Westfalen (auf 5 Jahre)	„	20
3) Kreisausschuß Schmalkalden (jährlich)	„	10

II. Städtische Behörden.

(Nach dem durchschnittlichen Verhältnis von 1 Mark für jedes Tausend Einwohner.)

a) Laufende Jahresbeiträge.

1) Altenburg	ℳ	40	4) Baden-Baden	ℳ	15
2) Angermünde	„	7	5) Barby	„	10
3) Aschersleben	„	25	6) Bautzen	„	22

7) Bensheim (Großh. Hessen) . . ℳ 6
8) Beuthen i. Obersch. . . . „ 40
9) Biberach in Württemberg „ 10
10) Bitterfeld . . . . „ 10
11) Borna . . . . „ 10
12) Buchholz i. S. . . . . . . „ 15
13) Burgstädt . . . . „ 5
14) Chemnitz . . . . „ 50
15) Colmar (Els.) . . . . „ 30
16) Cosel . . . . „ 6
17) Danzig . . . . „ 50
18) Demmin i. Pommern . . . „ 12
19) Dessau . . . . „ 20
20) Düsseldorf . . . . „ 200
21) Duisburg . . . . „ 60
22) Ebingen (Württemberg) . . „ 8
23) Eibenstock . . . . „ 10
24) Eilenburg . . . . „ 15
25) Einbeck . . . . „ 10
26) Elmshorn . . . . „ 10
27) Erfurt . . . . „ 50
28) Erlangen . . . . „ 20
29) Eutin . . . . „ 5
30) Frankenhausen . . . . . . „ 6
31) Friedrichsthal bei Sulzbach (Kreis Saarbrücken) . . . „ 6
32) Gardelegen . . . . „ 10
33) Gera . . . . „ 48
34) Gießen . . . . „ 20
35) Glauchau . . . . „ 25
36) Gmünd (Schwaben) . . . . „ 20
37) Gnesen . . . . „ 20
38) Gollnow . . . . „ 11
39) Goslar . . . . „ 15
40) Gotha . . . . „ 80
41) Grabow a. O. . . . . . . „ 10
42) Greifswald i. P. . . . . . „ 20
43) Grünberg i. Schl. . . . . . „ 20
44) Gütersloh . . . . „ 7
45) Hadersleben (Schleswig) . . „ 10
46) Hagen i. W. . . . . „ 40
47) Hameln (von 1898 an) . . „ 17
48) Haspe . . . . „ 15
49) Hattingen (Ruhr) . . . . „ 8
50) Heidelberg . . . . „ 50
51) Herford . . . . „ 20
52) Hettstedt. . . . . „ 10
53) Höchst a. Main . . . . . . „ 10

54) Insterburg . . . . ℳ 24
55) Johann-Georgenstadt . . . „ 5
56) St. Johann a. Saar . . . „ 150
57) Jüterbogk . . . . „ 8
58) Kiel . . . . „ 100
58a) Kirn (Stadt) . . . . . . „ 6
59) Königshütte i. Oberschles. „ 40
60) Konitz i. Westpreußen . . „ 10
61) Konstanz . . . . „ 25
61a) Krefeld . . . . „ 100
62) Kulmbach (für die Volksbibliothek) . . . . . . „ 3
63) Kyritz (Priegnitz, von 1897 ab) . . . . „ 10
64) Langenbielau . . . . „ 17
65) Langenfeld i. Voigtl. (von 1899 ab) . . . . „ 5
66) Lauenburg a. d. E.. . . . . „ 5
67) Leer (Ostfriesland) . . . . „ 20
68) Leobschütz . . . . „ 15
69) Lissa i. Posen . . . . . „ 10
70) Löbtau (Dresden-Löbtau) . „ 10
71) Lößnitz i. Erzgebirge . . . „ 6
72) Memmingen . . . . „ 10
73) Metz . . . . „ 50
74) Mittweida . . . . „ 15
75) Moers . . . . „ 6
76) Mülheim a. Rh. . . . . . „ 38
77) Münster i. Westf. . . . . „ 80
78) Neunkirchen (Reg.-Bezirk Trier) . . . . „ 5
79) Neurode i. Schlesien . . . „ 10
80) Neustadt (Oberschl.) . . . . „ 20
81) Neuwied . . . . „ 10
82) Nordhausen . . . . „ 20
83) Oberglogau . . . . „ 6
84) Oels . . . . „ 10
85) Oelsnitz . . . . „ 12
86) Oppeln . . . . „ 25
87) Oranienbaum (Anhalt) . . . „ 3
88) Ostrowo . . . . „ 10
89) Plauen i. V. . . . . „ 20
90) Posen . . . . „ 75
91) Pritzwalk . . . . „ 10
92) Rastenburg . . . . „ 8
93) Regensburg . . . . „ 20
94) Reinickendorf bei Berlin . . „ 15
95) Rendsburg . . . . „ 15

96) Rosenheim . . . . ℳ 12
97) Rostock . . . . „ 30
98) Rügenwalde . . . . . . „ 5
99) Saalfeld i. Thür. . . . . „ 10
100) Saarbrücken . . . . . . „ 30
101) Saarlouis . . . . „ 8
102) Sagan . . . . „ 15
103) Salzwedel . . . . „ 10
104) Sangerhausen . . . . . „ 12
105) Schmölln, S.-A. (Schulvorstand) . . . . „ 10
106) Schneeberg i. S. . . . . „ 3
107) Schöneberg bei Berlin . . „ 20
108) Schrimm . . . . „ 6
109) Siegen . . . . „ 20
110) Sonderburg . . . . . . „ 5
111) Sorau (N.-L.) . . . . . „ 15
112) Steglitz bei Berlin . . . „ 20
113) Stolberg (Rheinl.) . . . „ 5
114) Sterkrade . . . . „ 12
115) Straßburg i. Els. . . . . „ 120
116) Tarnowitz . . . . ℳ 15
117) Torgau . . . . „ 10
118) Treuen . . . . „ 6
119) Ulm (Stadtpflege) . . . . „ 20
120) Verden (Aller) . . . . . „ 20
121) Wald (Rheinland) . . . . „ 15
122) Wandsbeck . . . . . . „ 21
123) Wattenscheid . . . . . . „ 15
124) Weiden . . . . „ 8
125) Weinheim (Baden) . . . „ 10
126) Werdau . . . . „ 15
127) Werl . . . . „ 6
128) Wernigerode . . . . . . „ 10
129) Wetzlar . . . . „ 8
130) Wickrath . . . . „ 5
131) Witten . . . . „ 30
132) Wolfenbüttel . . . . . . „ 15
133) Wörlitz . . . . „ 3
134) Wriezen . . . . „ 7,50
135) Zerbst . . . . „ 20

b) Von 1894 ab auf sechs Jahre bewilligt.

1) Mylau . . . . ℳ 6
2) Sprottau . . . . ℳ 7

c) Von 1894 ab auf fünf Jahre bewilligt.

1) Altena . . . . ℳ 10
2) Görlitz . . . . „ 100
3) Lindau . . . . ℳ 5
4) München . . . . „ 100

d) Von 1895 ab auf fünf Jahre bewilligt.

1) Essen (Rheinprovinz) . . ℳ 100
2) Halberstadt . . . . . . ℳ 10

e) Von 1895 ab auf drei Jahre bewilligt.

1) Freiberg i. S. . . . . ℳ 30

f) Von 1896 auf fünf Jahre bewilligt.

1) Aue i. S. . . . . . . ℳ 10
2) Rudolstadt . . . . . . „ 12
3) Sondershausen . . . . . ℳ 10

g) Von 1896 auf drei Jahre bewilligt.

1) Schwetz . . . . ℳ 8
2) Stollberg i. Erzgeb. . . . ℳ 10

h) Von 1897 auf fünf Jahre bewilligt.

1) Bayreuth . . . . ℳ 10
2) Habelschwerdt . . . . . „ 6
3) Köthen . . . . „ 10
4) Neu-Ulm . . . . „ 5
5) Sulzbach (Kreis Saarbrücken) Bürgermeisterei . . . . ℳ 15
6) Ückermünde . . . . . . „ 8
7) Waldheim i. S. . . . . . „ 10

i) Von 1897 auf vier Jahre bewilligt.

1) Stendal . . . . ℳ 21

k) Von 1897 ab auf drei Jahre bewilligt.

1) Güstrow . . . . ℳ 20

l) Von 1898 auf fünf Jahre bewilligt.

1) Netzschkau . . . . ℳ 8

m) Von 1898 auf drei Jahre bewilligt.

1) Osterode (Ostpreußen) . . . . ℳ 10

n) Für 1898 bewilligt.

1) Altona . . . . ℳ 100
2) Annaberg i. Erzg. . . . . „ 15
3) Arnstadt . . . . „ 10
4) Beeck b. Ruhrort. . . . . „ 20
5) Belgard . . . . „ 10
6) Bernburg . . . . „ 33
7) Biebrich. . . . . „ 13
8) Bielefeld . . . . „ 30
9) Bischofswerda . . . . . „ 6
10) Blankenburg a. H. . . . . „ 10
11) Bonn . . . . „ 40
12) Braunschweig . . . . . . „ 50
13) Bückeburg (Schulvorstand) „ 6
14) Bütow (Reg.-Bez. Köslin) „ 6
15) Bützow (Mecklenburg) . . „ 6
16) Buxtehude . . . . „ 6
17) Celle . . . . „ 20
18) Charlottenburg . . . . . „ 100
19) Deutsch-Eylau . . . . . „ 10
20) Dortmund . . . . „ 50
21) Durlach, Baden (für das Jahrbuch) . . . . . . „ 3
22) Eckernförde . . . . „ 10
23) Ehrenbreitstein . . . . . „ 3
24) Eschwege . . . . „ 10
25) Eßlingen . . . . „ 25
26) Eupen . . . . „ 10
27) Falkenstein (Vogtl.) . . . „ 10
28) Flensburg . . . . „ 40
29) Frankenberg i. S. . . . . „ 5
30) Frankenstein (Schl.) . . . „ 12
31) Frankfurt a. M. . . . . . „ 200
32) Freienwalde . . . . . . „ 8
33) Greiz . . . . „ 25
34) Gumbinnen . . . . . . ℳ 10
35) Hanau . . . . „ 27
36) Hannover . . . . „ 250
37) Harburg. . . . . „ 10
38) Heide i. Holstein . . . . „ 15
39) Heilbronn . . . . „ 35
40) Helmstedt . . . . „ 3
41) Hildesheim . . . . . . „ 30
42) Hirschberg i. Schles. . . . „ 17
43) Homburg v. d. H. . . . . „ 20
44) Husum . . . . „ 10
45) Jena . . . . „ 20
46) Inowrazlaw . . . . . . „ 15
47) Kalk . . . . „ 15
48) Kattowitz (Oberschl.) . . . „ 25
49) Kempen (Posen) . . . . . „ 10
50) Koburg . . . . „ 20
51) Kolberg . . . . „ 20
52) Königsberg i. Pr. . . . . „ 100
53) Köpenick. . . . . „ 15
54) Kreuzburg (Oberschl.) . . „ 10
55) Kulm . . . . „ 10
56) Landeshut (Schl.) . . . . „ 14
57) Langenberg (Rheinland) . . „ 10
58) Leipzig . . . . „ 300
59) Leisnig . . . . „ 5
60) Lemgo . . . . „ 10
61) Lennep . . . . „ 20
62) Limbach i. Sachsen (Schulkasse) . . . . „ 12
63) Lötzen . . . . „ 5
64) Luckenwalde . . . . . . „ 5
65) Magdeburg . . . . . . „ 200
66) Walstatt-Burbach . . . . „ 20

67) Mannheim . . . . *M* 50
68) Marienberg i. S., Schulkassenverwaltung . . . . „ 7
69) Markneukirchen . . . . . . „ 6
70) Merzig . . . . „ 10
71) Minden i. W. . . . . „ 20
72) Nakel . . . . „ 10
73) Neumünster . . . . „ 20
74) Neu-Ruppin . . . . . . „ 15
75) Neustadt i. Ob.-Schl. . . . „ 20
76) Nienburg a. Weser . . . . „ 15
77) Nürnberg . . . . „ 4
78) Oberlahnstein . . . . . . „ 7
79) Odenkirchen . . . . . . „ 15
80) Offenbach . . . . „ 40
81) Oschatz i. S. . . . . „ 10
82) Oschersleben . . . . . . „ 12
83) Parchim . . . . „ 13
84) Peine . . . . „ 20
85) Penig . . . . „ 15
86) Pirna . . . . „ 15
87) Potsdam . . . . „ 50
88) Pritzerbe . . . . „ 2
89) Quedlinburg . . . . „ 20
90) Reichenbach i. V. . . . . . „ 25
91) Rheydt . . . . *M* 15
92) Riesa . . . . „ 10
93) Roßlau (Anhalt) . . . . . „ 10
94) Ruhrort . . . . „ 20
95) Schlettstadt . . . . „ 10
96) Schweidnitz . . . . „ 25
97) Seifhennersdorf . . . . . „ 7.50
98) Siegen . . . . „ 20
99) Spandau . . . . „ 50
100) Stolp i. P. . . . . „ 20
101) Teterow (Meckl.) . . . . . „ 8
102) Thorn . . . . „ 25
103) Treptow . . . . „ 12
104) Trier . . . . „ 40
105) Uckendorf (Amt) . . . . . „ 18
106) Viersen . . . . „ 30
107) Waren . . . . „ 10
108) Wiesbaden . . . . „ 75
109) Wittenberg (für d. Jahrbuch) . . . . „ 3
110) Wittenberge . . . . „ 12
111) Wolgast . . . . „ 10
112) Wurzen . . . . „ 20
113) Züllichau . . . . „ 6
114) Zwickau i. S. . . . . . . „ 30

III. Vereine.

1) Beuthen, Oberschlesien, Verein zur Waisenpflege . . . . *M* 15
2) Birnbaum, Volksbildungsverein. Kassierer: Lehrer Th. Glaspörn . „ 10
3) Braunschweig, Eisbahnverein. Vorsitzender: Turn-Insp. A. Hermann „ 50
4) Braunschweig, Lehrerverein. Lehrer C. Müller, Salzdahlumerstr. 11 „ 10
5) Bremen, Verein z. Beförderung d. Spiele im Freien. Senator H. Hildebrandt, Domhalde 10/12. Kassierer: Carl Schütte, Rembertistr. . . . . „ 30
6) Danzig, Verein der Ärzte des Reg.-Bez. Dr. Th. Wallenberg, Geistgasse 113 . . . . „ 10
7) Freiberg i. S., Ärztl. Bezirksverein. Dr. med. Curt Richter, Burgstraße 24 . . . . „ 6
8) Görlitz, Verein f. Knabenhandarbeit und Jugendspiel. Reallehrer Weise, Struvestr. 24 . . . . „ 30
9) Gotha, Verein d. Gothaer Ärzte. Dr. med. Greffrath . . . . . . „ 10
10) Hagenau, Ärztl. Hygien. Ver. in Elsaß-Lothringen. Sanitätsrat Dr. Bindert. Schatzmeister: Sanitätsrat Dr. Ewinger, Straßburg, Hoher Steg 17 . . . . „ 10
11) Hamburg, Knabenhort-Gesellschaft. Pastor Otto Schaodt, Besenbinderstraße 26 (4 Vereine à 3 *M*) . . . . „ 12
12) Kiel, Gesellschaft freiwilliger Armenfreunde. Kieler Spar- u. Leihkasse, H. Imhoff, Eisenbahndamm 6 . . . . „ 15

13) Kiel, Spielklub Sport . . . . ℳ 6
14) Lauenburg, Neuer Bürgerverein . . . . „ 5
15) Lauenburg, Verein für Leibesübungen in freier Luft. Prof. Dr. Blume „ 5
16) Leipzig, Deutsche Turnerschaft. Julius Hoppe, Berlin N. Auguststr. 29 „ 100
17) Leipzig, Ruderklub. A. Schneider, Ritterstr. 8 . . . . „ 10
18) Leipzig, Ärztlicher Bezirksverein für Leipzig-Land. Dr. med. Donath, Leipzig-Eutritzsch . . . . „ 10
19) München, Volksbildungsverein. Rathaus München 62, I Sparer . „ 20
20) Nürnberg, Verein für Kinderspielplätze. Schatzmeister: Kommerzienrat Reif . . . . „ 10
21) Trier, Verein f. erziehl. Knabenhandarbeit. Dr. von Nell . . . . . „ 2

IV. Sonstige Beiträge.

a) Laufende Jahresbeiträge.

1) von Dolffs & Helle, Fabrikanten, Braunschweig . . . . ℳ 40
2) C. Trapp, Fabrikbesitzer, Friedberg bei Frankfurt a. M. . . . . . „ 100
3) Kammerherr v. Unger, Weißer Hirsch bei Dresden . . . . „ 5
4) R. Voigtländer's Verlag, Leipzig . . . . „ 40

b) Von 1896 ab auf fünf Jahre bewilligt.

1) Geh. Medizinalrat Dr. Abegg in Danzig (auf einmal bezahlt) . . . ℳ 5
2) Richard Curtius, Gauvertreter Duisburg . . . . „ 10
3) Sanitätsrat Dr. Dittmar in Saargemünd. Von 1897 auf fünf Jahre (auf einmal bezahlt) . . . . „ 5
4) Hauptmann a. D. Geisberg in Görlitz . . . . „ 10
5) Sanitätsrat Dr. Kahlbaum in Görlitz . . . . „ 10
6) Siegfried Kaufmann, Fabrikbesitzer, Görlitz . . . . „ 25
7) C. Magnus, Braunschweig . . . . „ 10
8) Geh. Kommerzienrat E. Rolffs, Bonn . . . . „ 30
9) Geheimer Kommerzienrat C. Spaeter in Koblenz . . . . „ 20
10) Kaufmann Gustav Schultze in Görlitz, Mühlweg 21 . . . . . . „ 20
11) Dr. H. Traun, Hamburg, Meyerstraße 60 . . . . „ 20

c) Andere Beiträge.

1) F. Bachschmied, Augsburg, Bismarckstr. 10 (einmalig) . . . . . . ℳ 10
2) Erlös aus der Denkschrift über die Nationalfeste 28.40

---

3. Verzeichnis der Mitglieder des Zentral-Ausschusses und der Unter-Ausschüsse.

A. Der Zentral-Ausschuß.

v. Schenckendorff, Direktionsrat a. D., Görlitz, Vorsitzender.
Dr. med. F. A. Schmidt, stellvertr. Vorsitzender, Bonn. Professor

Raydt, Direktor, Leipzig, Geschäftsführer. Professor Dr. Koch, Braunschweig, Schatzmeister. Hermann, Turninspektor und Gymnasiallehrer, Braunschweig. Weber, Königlicher wirklicher Rat und Direktor der Turnlehrer-Bildungsanstalt, München.

Dr. v. Goßler, Königl. Preuß. Staatsminister, Oberpräsident der Provinz Westpreußen, Danzig, Ehrenmitglied.

Back, Bürgermeister, Straßburg i. E. v. Below-Saleske, Major a. D., Saleske i. Pommern. Bier, Direktor der Königl. Turnlehrer-Bildungsanstalt, Dresden. Blenck, Geh. Oberregierungsrat, Direktor des Königl. preuß. statist. Bureaus, Berlin. Böttcher, Stadt-Turninspektor, Hannover. Brandenburg, Amtsgerichtsrat, Mitglied des Abgeordnetenhauses und des Reichstags, Bersenbrück i. W. Dunker, Oberlehrer, Hadersleben. Professor Eckler, Oberlehrer der Königl. Turnlehrer-Bildungsanstalt, Berlin. Professor Dr. v. Esmarch, Geh. Mediz.-Rat, Generalarzt, Kiel. Professor Dr. Euler, Schulrat, Unterrichtsdirigent der Königl. Turnlehrer-Bildungsanstalt, Berlin. Frhr. v. Fichard, Straßburg i. E. Dr. med. Goetz, Vorsitzender der Deutschen Turnerschaft, Leipzig-Lindenau. Grimm, Stadtrat, Frankfurt a. M. Heinrich, Oberlehrer, Schöneberg b. Berlin. Hirschmann, Direktor des Königl. öffentl. Turnplatzes, München. Dr. Hueppe, Universitätsprofess., Prag. Dr. Kerschensteiner, Stadtschulrat, München. Professor Keßler, Vorstand der Königl. Turnlehrer-Bildungsanstalt, Stuttgart. Dr. Knörck, Oberlehrer, Berlin-Groß-Lichterfelde. Professor Dr. Kohlrausch, Hannover. Dr. Krosta, Stadtschulrat, Stettin. Dr. Küppers, Schulrat, Unterrichtsdirigent der Königl. Turnlehrer-Bildungsanstalt, Berlin. Prof. Dr. Lion, Direktor des städtischen Schulturnens, Leipzig. Mühlmann, Regierungs- und Schulrat, Merseburg. Platen, Stadtschulrat, Magdeburg. Dr. Reinhardt, Privatdozent an der Universität Berlin. Prof. Dr. Reinmüller, Direktor der Realschule in St. Pauli, Hamburg. Dr. Rolfs, Hofrat, München. Rentier Sombart, Stadtverordneter, Magdeburg. Dr. Schnell, Oberlehrer, Altona. Schröder, Oberturnlehrer, Bonn. Schröer, Städtischer Turnwart, Berlin. Dr. Tribukait, Stadtschulrat, Königsberg i. Pr. Vogel, Kaufmann, Leipzig. Walther, Turn- und Reallehrer, München. Prof. Wickenhagen, Oberlehrer, Rendsburg. Dr. Witte, Gymnasiallehrer, Braunschweig. Witting, Oberbürgermeister, Posen. Dr. v. Woikowsky-Biedau, Mitglied des Königl. preuß. statist. Bureaus, Berlin. Zettler, Direktor des städtischen Schulturnens, Chemnitz.

B. Unter-Ausschüsse.

1. Der technische Ausschuß.

G. H. Weber, Königl. wirkl. Rat, München, Vorsitzender. Dr. H. Schnell, Oberlehrer, Altona, 2. Vorsitzender. Dr. Reinhardt, Privatdozent an der Universität Berlin, Schriftführer. Heinrich, Oberlehrer, Berlin-Schöneberg. A. Hermann, Turninspektor, Braunschweig. Ch. Hirschmann, Vorstand der Königl. öffentl. Turnanstalt, München. Dr. K. Koch, Professor am Gymnasium Martino-Katharineum, Braunschweig. Dr. E. Kohlrausch, Professor am Kaiser Wilhelms-Gymnasium, Hannover. Dr. med. F. A. Schmidt, Arzt in Bonn. Fritz Schröder, Oberturnlehrer, Bonn. Max Vogel, Kaufmann, Leipzig.

2. Der Ausschuß für Volks- und Jugendfeste.

Dr. med. F. A. Schmidt, Bonn, Vorsitzender. A. Hermann, Turninspektor, Braunschweig, stellvertr. Vorsitzender. G. H. Weber, Königl. wirkl. Rat, München, Schriftführer. Oberlehrer Dusker, Hadersleben. Dr. med. Goetz, Vorsitzender der Deutschen Turnerschaft, Leipzig-Lindenau. Prof. Dr. K. Koch, Braunschweig. Turn- und Reallehrer E. Walther, München. Dr. E. Witte, Braunschweig.

3. Der Ausschuß für die deutschen Hochschulen.

H. Wickenhagen, Oberlehrer, Professor, Rendsburg, Vorsitzender. Heinrich, Oberlehrer, Berlin-Schöneberg. F. Schröder, Oberturnlehrer, Bonn.

4. Der Ausschuß für die Fortbildungs- und Fachschulen.

Platen, Stadtschulrat, Magdeburg, Vorsitzender. Dr. Kerschensteiner, Stadtschulrat, München. Schröer, städt. Turnwart, Berlin. Sombart, Stadtverordneter, Magdeburg. Dr. Tribukait, Stadtschulrat, Königsberg i. Pr.

4. Verzeichnis der vom Zentralausschuß herausgegebenen Schriften*).

Jahrbuch für Volks- und Jugendspiele. Herausgegeben von E. von Schenckendorff und Dr. med. F. A. Schmidt, Vorsitzenden des Zentralausschusses.

Es sind erschienen: Jahrgang I (1892) 1 M., II—IV (1893 bis 1895) je 2 M., V—VIII (1896—1899) je 3 M. Alle Jahrgänge sind noch zu haben, I und II zusammen zum ermäßigten Preise von 2 M. 20 Pf.

Kleine Schriften.

Heft 1. **Ratgeber zur Einführung der Volks- und Jugendspiele.** Im Auftrage und unter Mitarbeit des Zentralausschusses neu bearbeitet von Turninspektor A. Hermann in Braunschweig. Dritte, verbesserte und vermehrte Auflage. 1898. 64 S. 50 Pf.

Heft 2. **Anleitung zu Wettkämpfen, Spielen und turnerischen Vorführungen bei Volks- und Jugendfesten.** Von Dr. med. F. A. Schmidt in Bonn. 1896. 140 S. mit zahlreichen Abbildungen. Preis 1 M.

Taschenformat. Hübsch kartoniert.

Spielregeln des technischen Ausschusses.

Heft 1. **Faustball.** 2. Aufl.
" 2. **Fußball** (ohne Aufnehmen). 2. Aufl.
" 3. **Schlagball** (ohne Einschenker). 3. Aufl.
" 4. **Schleuderball. Barlauf.** 2. Aufl.
" 5. **Schlagball** (mit Einschenker).
" 6. **Tamburinball.**
" 7. **Schlagball mit Freistätten.**

Westentaschenformat. Stark kartoniert je 20 Pf., 30 Stück und mehr eines Heftes je 15 Pf.

Diese Sammlung von Spielregeln wird fortgesetzt. Sie ist dazu bestimmt, einheitliche, von Fachmännern erprobte Spielregeln in Deutschland einzuführen.

*) Sämtliche Schriften sind in R. Voigtländer's Verlag in Leipzig erschienen.

www.ingramcontent.com/pod-product-compliance
Lightning Source LLC
Chambersburg PA
CBHW030730280326
41926CB00086B/1086

* 9 7 8 3 7 4 2 8 1 6 8 0 1 *